CRISTO
NA TEOLOGIA
DE PAULO

LUCIEN CERFAUX

CRISTO
NA TEOLOGIA
DE PAULO

Santo André - SP
2020

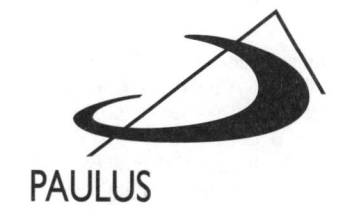

ACADEMIA CRISTÃ

PAULUS

© by Lucien Cerfaux
© Les Éditions du Cerf, Paris

Título original:
Le Christ dans la théologie de saint Paul

Tradução:
Monjas Beneditinas da Abadia de Santa Maria, S. Paulo

Rediagramação:
Cícero J. Silva - (11) 97463-6460

Capa:
James Cabral Valdana

Dados Internacionais de Catalogação na Publicação (CIP)
(Câmara Brasileira do Livro, SP, Brasil)

Cerfaux, Lucien, 1883-1968.
 Cristo na teologia de Paulo / Lucien Cerfaux ; [tradução Monjas Beneditinas da Abadia de Santa Maria]. – Santo André (SP): Academia Cristã; São Paulo: Paulus, 2012.

 Título original: Le Christ dans la théologie de Saint Paul

 16x23 cm.; 448 páginas

 Bibliografia.

 ISBN 978-85-98481-55-5

 1. Bíblia. N. T. Paulo – Crítica e interpretação 2. Jesus Cristo – Pessoa e missão 3. Paulo, Apóstolo, Santo – Teologia I. Título.

 03-2816   CDD-227.06

Índices par catálogo sistemático:

1. Cristologia paulina : Teologia das Epístolas   227.06
2. Jesus Cristo : Teologia das Epístolas paulinas   227.06

MISTO
Papel produzido a partir de fontes responsáveis
FSC
www.fsc.org   FSC® C108975

Proibida a reprodução total ou parcial desta obra, por qualquer forma ou meio eletrônico e mecânico, inclusive através de processos xerográficos, sem permissão expressa da editora (Lei n° 9.610 de 19.2.1998).

Todos os direitos reservados à

Editora Academia Cristã
Rua Mario Augusto do Carmo, 37 - Jardim Avelino
CEP 03227-070 - São Paulo, SP - Brasil
Tel.: (11) 3297-5730
E-mail: silvarico33@gmail.com
Site: www.editoraacademiacrista.com.br

Paulus Editora
Rua Francisco Cruz, 229
04117-091 - São Paulo - SP
Tels.: (11) 5087-3700
E-mail: editorial@paulus.com.br
Site: www.paulus.com.br

ÍNDICE

PRELIMINARES 13

Primeira Parte
O CRISTO "FAUTOR" DA SALVAÇÃO

Capítulo I - TEMAS LITERÁRIOS TRADICIONAIS 23
I - A mensagem primitiva 23
   1. O anúncio do juízo de Cristo 23
   2. Mensagem do reinado de Cristo 26
II - A "tradição" sobre a morte e a ressurreição
de Cristo 27

Capítulo II - A PARUSIA 35
I - Descrição da parusia 35
   1. O termo "parusia" e equivalentes 35
   2. O cenário da parusia 39
      A. 1 Ts 4.13-18 39
      B. 2 Ts 1.7-12; 2.3-12 45
      C. 1 Co 15.20-28; 51-57 48
II - Orientação da vida cristã para a parusia 53
   1. Mensagem e confissão de fé 54
   2. Exortações 54
   3. A esperança cristã 56
III - Antecipação da parusia na vida cristã 59

Capítulo III - A RESSURREIÇÃO DE CRISTO 63
I - A fé na ressurreição 63
   1. A visão de Cristo ressuscitado 64
   2. A fé da comunidade 66
   3. A Ressurreição e as Escrituras 66

II - Noção da ressurreição 68
   1. O vocabulário primitivo 68
      A. "Deus ressuscitou Cristo dentre os mortos" (com o
         verbo ἐγείρω) 68
      B. "Cristo ressuscitou" 68
   2. Ressurreição corporal e espiritual 69

III - Teologia da ressurreição 71
   1. Ressurreição e escatologia 72
   2. A ressurreição de Cristo, princípio de nossa ressurreição
      futura 74
   3. A eficiência atual da ressurreição de Cristo 76

Capítulo IV - O REINADO DE CRISTO 79
I - Os episódios do reinado 79

II - O reinado atual 81

III - O reinado de cristo e as potestades 83
   1. A hostilidade das potestades 83
   2. Submissão das potestades ao reinado de Cristo 88

Capítulo V - MORTE E RESSURREIÇÃO 90
I - Fórmulas teológicas 90
   1. Aplicação à ressurreição futura 90
   2. Aplicação à vida cristã 91
   3. Aplicação à liberdade perante a Lei 93
   4. Aplicação à vida apostólica 94

II - Alcance teológico 95

Capítulo VI - A MORTE DE CRISTO 99
I - O desenvolvimento da teologia da cruz 99
   1. Contatos com a tradição primitiva 99
      A. Lugares literários 99
      B. O vocabulário 101
   2. Ocasiões da explanação paulina 103

II - A "caridade" de Deus e de Cristo 103

III - A eficiência da morte de cristo 105
   1. Eficiência ontológica 105

2. Efeitos particulares e eficácia correspondente 109
   A. A morte de Cristo e o pecado 109
   B. A morte de Cristo e a Lei 121
   C. A morte de Cristo e as potestades cósmicas 124
IV - O discurso da cruz 125
V - Importância da teologia da redenção 129

Capítulo VII - A ENCARNAÇÃO DE CRISTO 131
I - Cristo segundo a carne 131
   1. A teologia paulina da encarnação 132
   2. Contrastes com a teologia subseqüente 134
   3. Orientação para a teologia da encarnação? 136
II - A vida mortal de Cristo 139
   1. Paulo teólogo 140
   2. O polemista 141
   3. Paulo didáscalos 144
      A. Morte e ressurreição de Cristo 144
      B. A humanidade de Jesus 145
      C. A imitação de Jesus 146
      D. Os nomes 147
      E. Pregação de Jesus 147
      F. As normas do Senhor 148
      G. Alguns pontos da doutrina 149
III - Síntese 151

Segunda Parte
O DOM DE CRISTO

Capítulo I - TEMAS LITERÁRIOS 159
I - Justiça de Deus e sabedoria de Deus 159
   1. Proposição da mensagem sob forma sintética: 160
   2. Antes da mensagem (antítese): 161
   3. Explicação: 161
   4. A revelação da justiça ou da sabedoria (tese) 162
   5. Função de Cristo 162
II - Fórmulas "místicas" 163

III - Mensagem de cristo "espiritual" 163

CAPÍTULO II - CRISTO, NOSSA JUSTIÇA 165
I - A justiça de Abraão e Cristo 166
   1. A fé de Abraão 166
   2. A paternidade de Abraão 167
   3. As bênçãos 170
   4. Promessas e herança 171
   5. Filhos de Deus 172
   6. Síntese 174

II - A lei e Cristo 175
   1. A Escritura anuncia Cristo 176
   2. A função da Lei 178

III - A antítese "tipológica" Adão-Cristo 183
   1. Na Epístola aos romanos 184
   2. Na primeira Epístola aos coríntios 188
   3. Nas epístolas do cativeiro 190
   4. Síntese 194

CAPÍTULO III - CRISTO, NOSSA SABEDORIA 197
I - Encontro com a filosofia 199

II - A filosofia humana 202
   1. Condenação da sabedoria humana 202
      A. A Escritura condena a sabedoria 202
      B. O fracasso da sabedoria 205
      C. Condenação por meio da experiência cristã 209
   2. A sabedoria humana e Cristo 210

III - A sabedoria de Deus 212
   1. Participação dos cristãos na sabedoria de Deus 212
   2. A sabedoria cristã e Cristo 214

CAPÍTULO IV - CRISTO SEGUNDO O ESPÍRITO 217
I - A antítese cristológica 217
   1. Aplicação a Cristo da antítese "carne-espírito" 217
   2. A antítese e o "corpo" de Cristo 220

II - Cristo "Espírito" 223

1. Cristo e o Espírito Santo (pessoa) 224
2. Cristo "espiritual" 230
III - Cristo, nossa santificação 232
   1. Santidade antiga e santidade nova 233
      A. Noção e vocabulário 233
      B. A impureza pagã 235
      C. A santidade do judaísmo 236
      D. A santidade cristã 237
   2. A santidade e Cristo 243

CAPÍTULO V - CRISTO, NOSSA VIDA 246
I - Graça (justiça), espírito (santificação), vida de Cristo 247
   1. Justiça e graça (Rm 3.21-4.25) 247
   2. Graça e vida (Rm 5-6) 248
   3. Justiça – vida – Espírito 250
II - A vida do cristão e Cristo 252
   1. Cristo, "causa" da vida cristã 252
   2. A teoria de Cristo-substância 253
      A. Cristo que vive em nós 254
      B. Viver em Cristo: ser batizado em Cristo 256
      C. "Cristo" (o corpo de Cristo) em 1 Co 12.12 263
III - A raça nova e Cristo 266
   1. Uma nova criação 266
   2. Cristo coletivo 267
   3. Conclusão 268

CAPÍTULO VI - O CRISTO E A IGREJA 270
I - A noção de igreja 270
   1. Igreja, povo e comunidade de Cristo 270
   2. Esposa de Cristo e construção celeste 274
   3. Corpo de Cristo 275
II - A VIDA DA IGREJA 277
   1. O batismo e a eucaristia 278
   2. Os carismas 279
   3. A fé, a esperança, a caridade 280
   4. A leitura do Antigo Testamento 282
III - A constituição da igreja 282
IV - Síntese 283

Terceira Parte
O MISTÉRIO DE CRISTO

Capítulo I - OS HINOS CRISTOLÓGICOS 288
I -   Os hinos sobre a carreira de Cristo 289
    1. O hino de 1 Tm 3.16 290
    2. O hino a Cristo-Servo de Deus (Fl 2.6-11) 292
       A. Autenticidade paulina 292
       B. A fonte principal 294
       C. Análise exegética 297
II - Hino sobre a obra de Cristo (Cl 1.15-20) 308

Capítulo II - A REVELAÇÃO DO MISTÉRIO DE CRISTO 312
I -   O meio literário 312
    1. Os hinos 315
    2. Ações de graças 315
    3. Interpretação do Antigo Testamento 317
    4. Desenvolvimentos teológicos 317

II - As fases na revelação do mistério 320
    1. Revelação do mistério aos apóstolos 320
    2. Paulo, dispensador do mistério 321
    3. O conhecimento do mistério pelos gentios 322
    4. Conclusão 322

Capítulo III - A EXPOSIÇÃO DO MISTÉRIO 325
I -   A unidade do mundo por Cristo 325

II - A recapitulação em Cristo 328

III - O corpo de Cristo e o pléroma 330

IV - A primazia de Cristo 332

V -   A imagem de Deus 335
    1. O homem celeste, imagem de Deus 335
    2. O Cristo na glória, imagem de Deus 337
    3. Cristo, imagem na criação 338

Capítulo IV - FILHO DE DEUS 340
I -   As intervenções do Filho de Deus 340

1. Na parusia 340
2. Na Paixão 343
3. A primeira "missão" 343
4. Na criação 346
5. Em nossa filiação 346

II - O Pai e o Filho 347

III - As origens da fórmula 348
1. Herança cristã e novas contribuições 348
2. Influência do Antigo Testamento e do judaísmo ... 351
3. Origem pagã? 352
4. Influência da filosofia 354

Capítulo V - O SENHOR 356
I - Antes de Paulo 356
1. A teoria de Bousset 356
2. Kyrios no cristianismo primitivo 358

II - O legado da comunidade primitiva a Paulo 361
1. Kyrios Jesus 361
2. O título "Kyrios" e a parusia 361
3. O título "Kyrios" e Jesus em sua vida mortal 362

III - O nome divino 362
1. Aplicação a Cristo de textos do Antigo Testamento 363
2. Deus nosso Pai e o Senhor Jesus Cristo 365
3. Θεός e Κύριος 366
4. O Nome acima de todo o nome 368

Capítulo VI - NOMES E TÍTULOS DE CRISTO 371
I - Cristo 371
1. "Cristo" nome próprio 372
2. A idéia messiânica e Χριστός 374
3. O uso de Χριστός nas epístolas 377
   1º) A mensagem e o apostolado 377
   2º) Fé, justificação, vida 380
   3º) Χριστός e o Antigo Testamento 383
   4º) A preexistência de Cristo 384

II - Jesus e o Senhor Jesus 385
1. Jesus 385

2. O Senhor Jesus – nosso Senhor Jesus 386
III - (O) Cristo Jesus – Jesus Cristo 387
IV - O Senhor Jesus Cristo e Nosso Senhor Jesus Cristo 390

Capítulo VII - A CRISTOLOGIA PAULINA (SÍNTESE) 393
I - A divindade de Cristo 393
   1. "Senhor" 394
   2. Filho de Deus 395
   3. Ἐν μορφῇ Θεοῦ 396
   4. Imagem de Deus 396
   5. Ὁ ἐπὶ πάντων Θεός 398

II - A ELABORAÇÃO TEOLÓGICA 402
   1. O plano da construção 403
   2. Os materiais 404
   3. A intuição fundamental 407

CONCLUSÃO GERAL 409

BIBLIOGRAFIA 415

ÍNDICE DOS AUTORES MODERNOS 419

ÍNDICE ALFABÉTICO DOS ASSUNTOS 423

ÍNDICE DE REFERÊNCIAS BÍBLICAS 431

ÍNDICE DAS PALAVRAS GREGAS 445

PRELIMINARES

O pensamento de Paulo, sempre complicado, é abordável de muitos lados. Interessa-nos sobretudo a contextura, poder determinar-lhe as diversas camadas, as fibras, as nervuras. Supomos tenha sido um pensamento vivo.

As Epístolas aos tessalonicenses e as grandes epístolas nos oferecem sólida base para os estudos sobre Paulo. As epístolas do cativeiro hão de sugerir o título de nosso terceiro livro: O mistério de Cristo. Quanto às epístolas pastorais, pertencentes a um período menos básico, serão utilizadas apenas por causa da luz que podem projetar sobre a teologia anterior. Deixamos de lado a teologia da Epístola aos hebreus a fim de não complicar uma tarefa já bastante árdua.

Se colocarmos a conversão de Paulo no começo da quarta década do primeiro século, quase vinte anos de vida cristã ou apostólica, de reflexão teológica, de trabalhos e de contatos com a comunidade primitiva prepararam este pensamento, que começa a manifestar-se nas Epístolas aos tessalonicenses. As grandes epístolas sucedem-se rapidamente, separadas das primeiras por alguns anos, que foram, de fato, bem fecundos. Seja qual for a teoria adotada para as epístolas do cativeiro, (cativeiro romano, de Cesaréia, ou mesmo de Éfeso), essas epístolas, sobretudo as cartas aos colossenses e aos efésios, representam nova etapa na teologia paulina[1].

Ao exame, mesmo superficial, revela-se na literatura paulina uma sucessão de pontos de vista. As questões da parusia e da ressur-

---

[1] Acentua-se cada vez mais o hábito de considerar autênticos, além da Epístola aos filipenses, o bilhete a Filemon e a Epístola aos colossenses. Acrescentamos, sem discussão, a Epístola aos efésios, que é bastante próxima da endereçada aos colossenses – como a segunda aos tessalonicenses da primeira – para que o traçado das grandes linhas de nossa síntese não dependa de um problema de crítica de autenticidade.

reição dominam as Epístolas aos tessalonicenses e continuam vivas na primeira Epístola aos coríntios. Discussões sobre a justiça cristã e a sabedoria de Deus determinam o nível das grandes epístolas, inclusive o da primeira aos coríntios, assim como o problema dos carismas, da ceia e talvez também de certa concepção mais "mística" da vida cristã. Nas epístolas do cativeiro concentra-se a exposição do "mistério" de Cristo.

A sucessão destes pontos de vista poderia depender das experiências feitas por Paulo no ambiente de Corinto e de Éfeso durante suas longas permanências nestas igrejas.

As grandes epístolas de Paulo, certamente, são contemporâneas ou posteriores a sua estada em Éfeso. É razoável, contudo, delas haurir informações sobre o estado de espírito de seus correspondentes e sobre suas próprias concepções ao fundar ele as igrejas da Galácia e da Acaia, sem excluir, no entanto, a verificação de que seu pensamento já leva em conta as experiências de Éfeso.

Depois de exame mais atento das fórmulas paulinas, convencemo-nos de que essas primeiras distinções podiam ser mantidas. Aos três pontos de vista correspondem três ensaios de sínteses sucessivas e encadeadas de tal modo que a síntese posterior não interrompa o movimento das precedentes.

Constitui o primeiro centro de interesse a parusia e a ressurreição às quais se junta logo a morte de Cristo. A síntese resultante das correspondentes conclusões teológicas é, na realidade, uma soteriologia: descrição da salvação futura na parusia, presente já na eficiência da ressurreição e da morte de Cristo. Os motivos soteriológicos hão de prosseguir evidentemente e serão explanados através de todas as epístolas, depois que as primeiras derem o tom fundamental.

A eficiência atual da ressurreição e da morte de Cristo dá ao cristianismo significado de religião santificadora da vida presente. Esta perspectiva fornece um novo centro de interesse: os valores espirituais já presentes na vida cristã, santificação, justificação, sabedoria cristã, vida sob a eficiência de Cristo, ou em sua presença. Falaríamos de uma "mística", se a expressão não estivesse sobrecarregada de tantos sentidos diferentes.

Paulo, apegando-se à noção de sabedoria cristã e explicitando-a para enfrentar as novas necessidades polêmicas nascidas nas igrejas da província da Ásia, é induzido a instaurar outra síntese que retoma os elementos soteriológicos e "místicos" das etapas precedentes e apresenta o cristianismo como a realização de uma vasta economia de salvação, mistério da sabedoria divina, tendo por objeto a obra de Cristo e o próprio Cristo. Chegamos a uma "cristologia" no sentido mais estrito do termo. De novo, aliás, é só a síntese, não os elementos, já preexistentes na maioria.

No intuito de reproduzir o pensamento paulino, no desenvolvimento sucessivo mais exterior, nosso plano apresenta o grande inconveniente de deixar para o III Livro o estudo da cristologia propriamente dita, enquanto seus traços fundamentais desde o começo já são determinados.

Paulo, efetivamente, entra no cristianismo com a percepção nítida da união íntima e pessoal de Cristo com Deus. Esta percepção foi-lhe revelada por ocasião de seu chamado. Qualquer que seja a idéia que se tenha do acontecimento do caminho de Damasco, mister se faz confessar que Cristo se torna num instante o centro de seu pensamento religioso e que esse Cristo é "Filho de Deus".

Que elementos utiliza esta fé imposta ao Apóstolo?

Paulo era fariseu. As doutrinas do farisaísmo provavelmente careciam de unidade. Há grande distância entre a cristologia dos Salmos de Salomão e aquela que se abeberava igualmente na corrente apocalíptica. Paulo já se havia acaso interessado, antes da conversão, pelas doutrinas apocalípticas? Parece-nos verossímil[2]. Em todo o caso, sua vocação o introduz de cheio na espera da parusia de Cristo, e ele concebe doravante o Cristo como um ser divino preexistente, correspondendo mais ou menos à representação do Filho do homem do Livro de Henoc ou do IV Livro de Esdras.

---

[2] Cf. E. STAUFFER, *Die Theologie des Neuen Testaments*, Gütersloh, 1948, p. 20. O culto da Lei e das tradições não excluía, no tempo de Paulo, a fé nas visões e na ação do Espírito Santo, nem o interesse pelos problemas próprios da corrente apocalíptica. As afinidades de Paulo com o IV Livro de Esdras supõe um denominador comum, que pode bem ser o farisaísmo vulgar (cf. H. GUNKEL, em E. KAUTZSCH, *Die Apokryphen und Pseudepigraphen des Alten Testaments*, II, Tübingen, 1900, p. 342s). Não é de admirar que a verificação de R. Aqiba, que tenta igualmente compará-lo a Paulo, dele realmente muito mais se distancie (cf. P. BENOIT, "Rabbi Aquiba ben Joseph, sage et héros du Judaïsme", em *Revue Biblique*, LIV [1947], pp. 54-89): o farisaísmo, após a ruína de Jerusalém, enrijeceu-se em seu legalismo e tomou posição contra as heresias.

O que sabia, então, Paulo de Jesus de Nazaré? A tradição reteve que ele assistiu ao martírio de Estêvão. Basta o fato para ter ele conhecimento de que os cristãos julgavam haver sido Cristo introduzido na glória de Deus. Não perseguiu a Igreja de Deus sem ter notado a sua característica; o que ele perseguia era a fé em Cristo "Senhor", pressentindo tudo o que tal fé punha em questão. Compartilhava a repulsa dos judeus por um Cristo crucificado. Fariseu, ele esperava, talvez apaixonadamente, a ressurreição dos mortos; compreendia todo o significado da afirmação da fé cristã de que Cristo havia ressuscitado. Esta ressurreição anunciava o término de todas as promessas do Antigo Testamento; o que para este era apenas uma esperança, pretendiam os cristãos ser um fato[3].

Estimulado pelas afirmações cristãs, ele havia provavelmente relido as páginas mais importantes do Antigo Testamento referentes a Cristo sofredor e à ressurreição, textos esses que a apologética cristã apresentava em apoio de seu sonho. Sabia que os cristãos batizavam em nome de Jesus, integrando-se assim no movimento inaugurado por João Batista. Não ignorava que eles se reuniam para a Ceia e que havia, em sua comunidade, profetas extáticos.

Em que medida o judaísmo helenístico exerceu influência sobre ele? Conhecia as obras de Fílon? O Livro da Sabedoria? É muito provável que certa afinidade de pensamento com o judaísmo de Alexandria não se explique por simples endosmose. O judaísmo tinha mais coesão do que nós pensamos.

Conhecia Paulo, e até que ponto, a filosofia religiosa e as religiões de seu tempo? Estava impregnado de gnose? Ao empreendermos nosso estudo, estas questões não teriam pertinência a não ser que fosse necessário excluir do judaísmo os judeus da Diáspora. Acentua-se cada vez mais a orientação da pesquisa em outra direção, e vê-se melhor que o pensamento de Paulo tem continuidade com a religião do Antigo Testamento, tal como podia interpretá-la o judaísmo de seu tempo.

Voltemos à conversão do Apóstolo[4]. O que nos importa é o modo como ele encarava o acontecimento decisivo de sua vida.

---

[3] At 26.6-8.
[4] A. D. Nock, *Saint Paul*, Londres, 1938; E. Pfaff, *Die Bekehrung des Heiligen Paulus in der Exegese der 20. Jahrhunderts*, Roma, 1942.

Deus tinha "revelado" seu Filho nele, para que ele o anunciasse aos gentios (Gl 1.15-16). Um raio iluminou-lhe a inteligência, forçando-o a admitir que Jesus estava na glória de Deus. Ele mesmo classifica o acontecimento de Damasco entre as aparições de Cristo ressuscitado (1 Co 15.8), em pé de igualdade com as aparições com as quais foram gratificados os apóstolos e que autenticam a mensagem deles. Viu Jesus em sua glória; portanto, ressuscitado. O verbo ἀποκαλύψαι de Gl 1.16 combina sem dúvida a aparição exterior e a certeza interior que a transmite à inteligência. O complemento ἐν ἐμοί sugere que Paulo trará em si a imagem de Cristo.

Julgamos que Paulo traduz exatamente sua intuição (intuição imposta por Deus, em oposição a um processo intelectual normal) ao dizer que Deus lhe revela "seu Filho". Eis sua fé inicial e as explicações todas nada lhe acrescentarão. O "Filho de Deus" não é uma criatura. Pertence a outra ordem de realidade que a criatura. Só pode ser a realidade divina.

Ressaltaremos fortemente a expressão "Filho de Deus". Excepcionalmente lhe daremos o valor de nome próprio, pois, nesta conjuntura, ela define e exprime a natureza de Cristo. A relação de filiação deste com o Pai é a razão pela qual Deus o revelou. Dir-se-ia que Paulo sente-se forçado a exprimir sua intuição por esta fórmula, ou mesmo que a fórmula é-lhe revelada imediatamente por Deus.

Dada a importância dos nomes em seu meio, é possível ser este o pensamento de Paulo. Deus lhe revelou que Jesus era seu Filho e possuía este nome.

Lucas confirma nossa hipótese. Cuidadoso da exatidão em seu vocabulário como é, põe na boca de Paulo o título de Filho de Deus, e estabelece a conexão com a conversão do Apóstolo. Imediatamente após ela, em Damasco, "logo, escreve Lucas, ele anunciava Jesus, afirmando que ele é o Filho de Deus" (At 9.20). Deve ser um eco do que, então, impressionava os cristãos. Talvez Paulo insistisse nisso por própria iniciativa. Havia necessidade, com efeito, de grande audácia para adotar esta fórmula, por cuja causa os judeus haviam condenado a Cristo. Os apóstolos tinham-na posto de lado. Nos discursos de Pedro, jamais aparece o título de "Filho de Deus", mas emprega-se a expressão παῖς Θεοῦ, mais susceptível de uma interpretação aceitável pela ortodoxia judaica. Estêvão, numa visão que não carece de analogia com a do caminho de Damasco, emprega o título "Filho do homem".

No discurso de Paulo em Antioquia da Pisídia, onde ouvimos pela segunda e última vez, nos Atos, ressoar o título de "Filho de Deus", Lucas nos conserva o texto da Escritura que, interpretando na inteligência de Paulo, iluminada pela luz de Deus, o sentido da visão, revela-lhe o nome de Jesus: "Tu és meu Filho; hoje eu te gerei" (Sl 2.7). A exegese de Paulo aplica este texto à ressurreição que revestiu Jesus da glória própria do Filho de Deus (At 13.33; cf. Rm 1.4).

A mesma luz da aparição de Damasco esclareceu Paulo a respeito do sentido da missão de Cristo. Ele compreendeu que Jesus realizava a vocação de servo definida pelo profeta Isaías e que ele em a salvação dos gentios (cf. At 13.47; 26.17s., 23). Daí recebia todo o significado sua própria vocação ao cristianismo, pois Deus o escolhera para fazer-lhe tal revelação e encarregá-lo de levá-la ao mundo pagão.

Os contatos de Paulo com o cristianismo primitivo são mais íntimos do que parecem. Veremos no decurso de nosso estudo quanto as tradições de Jerusalém modelaram a expressão de sua fé. Foi simultaneamente um dos primeiros operários da diáspora cristã; suas relações com os chefes da Igreja de Antioquia são-nos bem conhecidas graças ao Livro dos Atos.

Tudo isso ultrapassa o plano desta obra. Aliás, não se pode pensar em restabelecer o período de formação da teologia paulina a não ser por retrocesso, partindo das epístolas e de seus dados cristológicos. Nas epístolas, Paulo assinala ou faz-nos adivinhar suas dívidas para com a comunidade primitiva, o Antigo Testamento e as diversas tendências do judaísmo, até mesmo para com a filosofia e a religiosidade do mundo contemporâneo.

Primeira Parte

O CRISTO "FAUTOR" DA SALVAÇÃO

É compreensível começar a cristologia por uma soteriologia[5]. A mensagem cristã anuncia a salvação, uma grande intervenção divina da qual Cristo é o instrumento, o fautor. Deus é autor, o Cristo fautor, e os diversos episódios da ação divina vão da morte de Cristo, passando pela ressurreição, pregação do Evangelho, oposições coligadas contra Cristo (com as perseguições), até a parusia e a vitória final. Não é possível isolar o drama desenrolado na cruz, uma vez por todas, querendo depois que seja reproduzido em mistério ou participado na fé, a fim de se distribuírem aos homens os frutos da vitória. O mesmo poder de Deus esteve em ação na morte de Cristo e em sua ressurreição, está em ação na pregação do Evangelho, salvando os que crêem (Rm 1.16) e desabrochará na parusia. Deus salva por Cristo, desde a obra da cruz até a consumação final.

A idéia da "salvação" estará, pois, difundida nas epístolas paulinas. Quanto à palavra, ela não é prodigalizada[6], nem está presa a um contexto teológico determinado; o pensamento do Apóstolo concretizou-se em fórmulas mais precisas: morte, ressurreição, parusia de Cristo, justiça, santidade, vida, resgate etc. Paulo, contudo, emprega o termo "salvação" todas as vezes que define o cristianismo em confronto com o mundo não-cristão. A salvação é a noção mais geral que localiza sua mensagem[7] e que abrange ao mesmo tempo o passado (a cruz e a ressurreição), o presente, no qual ela nos une à obra de Cristo, e o futuro escatológico.

---

[5] A afirmação de R. BULTMANN é mais absoluta: "A cristologia paulina é simultaneamente uma soteriologia" (*Theologie des Neuen Testaments*, Tübingen, 1948, p. 188). Cf. E. GAUGLER, *Der Römerbrief*, I, 1-8, Zürich, 1945.

[6] "Salvação" (σωτηρία) 19 vezes (inclusive as pastorais), em contraste com "justiça" (δικαιούνη) 57 vezes (inclusive as pastorais). O título "Salvador" só aparece nas epístolas do cativeiro (duas vezes) e nas pastorais (dez vezes), ora atribuído a Cristo, ora a Deus.

[7] Rm 1.16; 10.1; 2 Co 6.2; 7.10; Ef 1.13 ("o bom anúncio da vossa salvação"); Fl 1.28 (oposta a ἀπώλεια); 2.12; 1 Ts 5.9; 2 Ts 2.13 (eleição para a salvação).

Se nos colocarmos simplesmente diante dos textos em que Paulo fala expressamente da salvação, não ousaremos dizer que ele principalmente a centraliza no presente, e ainda menos no passado[8]. Temos antes a impressão de que a "salvação", como sucede no judaísmo e nas religiões helenísticas da época, visa sobretudo a um benefício futuro. Espera-se a salvação (Fl 3.20). Faz-se mister "trabalhar na realização da salvação" (1 Ts 5.9; Fl 2.12). A Epístola aos romanos, todavia, apresenta uma gama de aplicações: ao lado da parusia (Rm 13.11) e da futura salvação dos judeus (Rm 10.1) alude à salvação dos gentios já conquistada (Rm 11.11) ou à salvação futura, mas com conotação mais ou menos explícita de sua antecipação atual (Rm 1.16). Este último uso é relativamente freqüente em nossas epístolas (2 Co 1.7; 6.2; 7.10; Ef 1.13). Quando houvermos seguido as diversas correntes do pensamento paulino, compreenderemos melhor a razão destes matizes.

Um capítulo preliminar iniciar-nos-á em alguns temas literários fundamentais e primitivos (mensagem aos gentios, "tradição"), que por sua vez servir-nos-ão de guia na distribuição dos capítulos seguintes, consagrados ao reinado de Cristo, à parusia, à ressurreição e à grande antítese paulina, morte e ressurreição. Ao último capítulo está reservado o problema do lugar da encarnação no sistema paulino.

---

[8] Pensamos na tese de O. CULLMANN. "A *expectativa*, escreve ele, subsiste, portanto, *como no judaísmo*. Continua-se a esperar do futuro o que os israelitas dele aguardavam; isto, porém, deixou de constituir o *centro* da história da salvação, colocado doravante num acontecimento histórico já realizado" (*Christ et le temps*, Neuchâtel, 1947, p. 59).

Capítulo I
TEMAS LITERÁRIOS TRADICIONAIS

1. Os discursos de propagação entre os gentios e a mensagem escatológica – A mesma mensagem nos discursos de Pedro no Livro dos Atos – A mensagem da exaltação de Cristo ou de seu reinado atual – A confissão de fé em Jesus "Senhor".
2. A tradição sobre a morte e a ressurreição de Cristo em 1 Co 15 – Pré-história deste tema – Variações a respeito desta "tradição" nas epístolas.

I - A MENSAGEM PRIMITIVA

1. O anúncio do juízo de Cristo

O primeiro texto cristológico do "corpus" paulino apresenta-se em 1 Ts 1.9-10, no momento em que, relembrando as circunstâncias da conversão de seus correspondentes, Paulo recorda-lhes como responderam a sua pregação:

A nosso respeito referem qual foi a nossa vinda no meio de vós e como dos ídolos vos convertestes a Deus, para servirdes ao Deus vivo e verdadeiro, e aguardardes o seu Filho lá dos céus, ao qual ressuscitou dos mortos: Jesus, que nos salva da ira vindoura.

Tal foi, portanto, a resposta dos tessalonicenses à mensagem de Paulo. Ela faz eco às razões que, ao abordá-los, ele sustentou. Mostrou-lhes a inanidade da idolatria e dos deuses inventados pelos homens ou os demônios, esses deuses "mortos", e apelou para seu senso religioso profundo, voltado para o verdadeiro Deus; em seguida, anunciou o julgamento que ameaçava o paganismo (por causa da idolatria e da imoralidade), e acrescentou a mensagem propriamente cristã: Jesus constituído por sua ressurreição juiz escatológico, oferecido como salvador aos homens que nele crêem.

Temos diante de nós as grandes linhas deste discurso de propagação paulina que podemos reconstituir com o auxílio dos dois discursos aos gentios do Livro dos Atos (o discurso inacabado de Listra, At 14.15-17, e o do Areópago, 17.22-31), e graças ao começo da Epístola aos romanos (Rm 1.14-32; 3.21-26) e da *primeira aos coríntios* (1 Co 1.21).

A passagem citada mais acima da Epístola aos tessalonicenses encontra um paralelo na peroração do discurso no Areópago:

E Deus, passando por cima desses tempos (pagãos) de ignorância, intima hoje, a todos os homens, de todas as nações, a se emendarem, porque estabeleceu um dia em que julgará a terra segundo a sua justiça, por meio de um homem que ele designou e acreditou junto de todos tendo-o ressuscitado dos mortos (At 17.30-31).

A trama geral de tal discurso de propaganda religiosa não é nova. Preparado no mundo grego desde o período clássico[9], o "discurso" foi adotado pelo judaísmo alexandrino[10].

Nem mesmo se deve cogitar que Paulo tenha sido o único a aclimatar este esquema na pregação cristã. Barnabé, Silas, Lucas e tantos outros certamente dele se serviram, com as inevitáveis variações e adaptações à vida concreta. O próprio Pedro, na casa de Cornélio, introduz bruscamente, em meio da exposição ordinária dos fatos de que foi testemunha, o "kerygma" cristão do discurso aos gentios: "(Jesus) impôs-nos anunciar ao povo e atestar que ele é aquele que foi constituído por Deus juiz dos vivos e dos mortos" (At 10.42)[11].

Possuímos na primeira aos tessalonicenses e nos discursos dos Atos apenas um esquema geral. A Epístola aos romanos, ao contrário, dele faz uma peça oratória e polêmica circunstanciada.

---

[9] PLATÃO, *Clitoph.*, 407s; DION CRISÓSTOMO, XIII, 15s; EPICTETO, III, 22.26, cf. L. CERFAUX, art. *Agnoia (Agnosia)* em *Reallexikon für Antike und Christentum*, I, p. 186; E. NORDEN, *Agnostos Theos*, Leipzig, 1913, pp. 10; 125-140.

[10] Sab. XIII-XIX; *Oráculos Sibilinos*, III, 8-62. O começo deste III Livro dos Oráculos Sibilinos, muitas vezes considerado de feitura cristã, apenas reúne, numa peça cuja trama é tradicional, temas esparsos em todo o restante do livro (de origem judaica).

[11] Observem-se as coincidências entre o discurso do Areópago e esta passagem do discurso de Pedro: κρίνειν... ἐν ἀνδρὶ ᾧ ὥρισεν... ἐκ νεκρῶν (At 17.31) e ὁ ὡρισμένος ... κριτής... καὶ νεκρῶν (At 10.42). O uso de ὁρίζω é significativo. É um termo mais ou menos peculiar a Lucas (Lc 22.22; At 2.23; 10.42; 11.29; 17.26,31). Paulo o emprega uma vez, e precisamente no contexto cristológico de Rm 1.4.

Graças ao Livro dos Atos ainda, sabemos que a fórmula escatológica que conclui o discurso de pregação cristã (anúncio do juízo realizado por Cristo ressuscitado dos mortos) não foi totalmente forjada; apenas adapta um tema anterior da mensagem dirigida aos judeus. Eis, com efeito, como Pedro se dirige a eles:

Emendai-vos, portanto, e convertei-vos, para que sejam apagados os vossos pecados, a fim de que cheguem os tempos do refrigério da parte do Senhor, e ele vos mande aquele que vos foi destinado para Messias, Jesus, que no céu deve ser acolhido até aos tempos da restauração de todas as coisas... (At 3.19-21)[12].

Perfeitamente nítida é a concordância geral com a mensagem aos gentios; judeus e gentios devem esperar a aparição de Cristo ressuscitado e exaltado no céu. Para os pagãos, todavia, a mensagem se une à ameaça do juízo; para os judeus, o reinado do Messias é a felicidade esperada (segundo a tradição profética que goza de suas preferências) e a aceitação da mensagem cristã determinará o grande advento de Cristo e o restabelecimento de todas as coisas.

Há, pois, uma tradição cristã na maneira de apresentar Cristo Jesus como o juiz ou o salvador dos últimos dias (At 3.20 e cf. 1 Ts 1.10) designado e já entronizado por sua ressurreição, e que deve descer do céu para o julgamento. Nesta tradição, a ressurreição está relacionada com o juízo; ela foi, da parte de Deus, a designação do juiz escatológico.

O caráter primitivo desta passagem ressalta do lugar que ocupa na literatura paulina e no Livro dos Atos. Trata-se de uma tradição judeu-cristã, supérstite nas confissões de fé sob a forma que ela reveste na mensagem aos gentios, mostrando Jesus como o Juiz dos vivos e dos mortos (At 10.42; 2Tm 4.1; 1 Pd 4.5; Barn. 7.2; Policarpo, Fl 2.1; 2 Clem. 1,1)[13].

---

[12] O vocabulário do capítulo 3, desde o versículo 13, contrasta com o de outros discursos de Pedro. O estilo é de cunho helenístico: antíteses à maneira asiática e termos inusitados e raros.

[13] Cf. R. BULTMANN, em *Theolog. Literaturzeitung*, LXXIV (1949), c. 41, contra O. CULLMANN, *Les Premières Confessions de foi chrétiennes*, Paris, 1948.

2. Mensagem do reinado de Cristo

À primeira vista, acreditar-se-ia ser apenas uma variação, sem grande importância do tema escatológico. O Livro dos Atos nos apresenta este esquema da mensagem cristã no discurso de Pentecostes: "Reconheça, pois, firmemente, toda a casa de Israel que a ele justamente Deus constituiu Senhor e Messias, esse Jesus que vós crucificastes" (At 2.36). Vem em seguida o convite à conversão conforme o gênero literário da mensagem. Reencontramos uma fórmula equivalente, até mesmo mais nítida, no segundo discurso diante do Sinédrio: "Deus o elevou, com a sua direita, como príncipe e salvador, a fim de dar a Israel a conversão e a remissão dos pecados" (At 5.31).

Lucas distingue, sem dúvida, de ordinário a ressurreição da exaltação (esta identificada concretamente com a ascensão). Podemos, contudo, crer que a exaltação implica sempre na ressurreição; no segundo texto, a antítese com a crucifixão e a referência ao testemunho apostólico, que segue imediatamente, atraem a atenção para a ressurreição.

A ressurreição, com a exaltação, não é, pois, somente prova de que Deus se dispõe a julgar por intermédio de Cristo; não estabelece simplesmente Cristo em sua função de Juiz e Senhor; no entretempo que medeia a ressurreição e a parusia, Cristo exerce o senhorio, que é *atual*.

A diferença entre esta mensagem e a primeira é, pois, muito importante. Pode-se evidentemente observar que a primeira já implicava de certo modo no reinado de Cristo; todavia, dela não se depreendia claramente. Doravante, a ressurreição (com a exaltação), o reino de Cristo e a parusia são três elos bem ligados. O reinado de Cristo é o central.

Desta mensagem brotará uma confissão de fé na soberania de Cristo.

O texto mais claro é Rm 10.9: "Se confessares por tua boca que Cristo é o Senhor e creres que Deus o ressuscitou dos mortos, serás salvo". É provável que a segunda afirmação "Deus o ressuscitou" seja um resumo da fórmula "Jesus morreu e Deus o ressuscitou" cuja história segue seu próprio curso (cf. 1 Ts 4.14). Podemos citar ainda 1 Co 12.3: "Ninguém pode dizer: 'Jesus é o Senhor', senão pelo Espírito Santo"[14].

As confissões de fé posteriores endossaram a expressão "Cristo está assentado à direita de Deus", que, paralelamente à fórmula "Jesus é Senhor", reconhece o reinado atual de Cristo. É sem dúvida muito antiga; contudo, seus traços no Livro dos Atos são relativamente apagados (At 2.34; 7.55: visão de Estêvão). Paulo emprega-a várias vezes: Rm 8.34; Cl 3.1; Ef 1.20.

II - A "TRADIÇÃO" SOBRE A MORTE E A RESSURREIÇÃO DE CRISTO

Paulo lembra aos coríntios – como o fez aos tessalonicenses – qual foi sua primeira mensagem. Denomina-a primeiro seu "evangelho" (1 Co 15.1) depois seu *kerygma* (1 Co 15.11; cf. 15.12). A mensagem tornou-se o fundamento da fé da Igreja (1 Co 15.2) e Paulo chama.a simultaneamente uma "paradosis", uma "tradição" recebida da comunidade de Jerusalém.

De fato, a exposição cristológica que lemos em 1 Co 15.3-8 é um resumo doutrinal já concebido, se julgarmos pelo estilo cerrado e pelos termos precisos (ao menos quanto aos versículos 3-5a), como uma espécie de "símbolo". Não queremos falar de confissão de fé em sentido próprio; trata-se antes de uma exposição, que reverte em história, dos fatos cristãos fundamentais:

---

[14] O. Cullmann escreve: "A expressão mais simples da fé na soberania de Cristo é a fórmula *Kyrios Christos*. Ela foi enunciada, durante as perseguições, diante das autoridades pagãs, no culto e nos exorcismos. Sua importância extraordinária aparece na passagem (Rm 10.9) em que o apóstolo Paulo designa qualquer 'confissão da boca' como uma profissão de fé no 'Kyrios Christos'" (*Christ et le temps*, p. 108). A fórmula primitiva, conservada exatamente por Paulo, Rm 10.9, é *Kyrios Jesous* e não *Kyrios Christos*. Esta última só é possível – trata-se da formulação – onde "Christos" é empregado como nome próprio, o que não é primitivo, mas fenômeno do cristianismo em terra pagã. A confissão de fé é resposta à mensagem; as perseguições virão depois. Em Fl 2.11, a aclamação correspondente à confissão de fé é: Jesus Cristo Senhor! e não simplesmente "Cristo é Senhor" (cf. 2 Co 4.5; Fl 3.20). Desta vez, trata-se de linguagem do cristianismo na diáspora. O antagonismo entre o culto dos imperadores, expresso pela fórmula *Kyrios Kaisar* e o culto cristão (*Kyrios Christos*), não desempenha um papel tão essencial nas perseguições. A tese de Lohmeyer em *Christuskult und Kaiserkult*, Tübingen, 1919, parece-nos exagerada.

Cristo morreu pelos nossos pecados, segundo as Escrituras;
foi sepultado,
ressuscitou ao terceiro dia, segundo as Escrituras;
apareceu a Cefas,
depois aos Doze...

Progride o testemunho apostólico sobre a ressurreição; a morte já adquiriu valor teológico, e nota-se o cumprimento das Escrituras tanto relativamente a esta quanto àquela.

O Livro dos Atos permite-nos esboçar a pré-história desta "tradição". Uma análise de seis discursos aparentados entre si (discurso de Pedro: em Pentecostes, At 2.14-36; ao povo após a cura do paralítico, 3.12-26; primeiro discurso diante do Sinédrio, 4.8-12; segundo discurso diante do Sinédrio, 5.29-32; discurso a Cornélio, 10.34-43; discurso de Paulo em Antioquia da Pisídia, 13.16-41) neles descobre primeiro duas partes que aparecem regularmente: uma afirmação antitética da morte e da ressurreição de Cristo e uma apresentação da mensagem da salvação cristã (esta mensagem cujas duas formas primitivas distinguimos no parágrafo precedente). Ocupamo-nos aqui apenas da antítese morte-ressurreição.

A mensagem cristã, concretamente, suscitou a oposição de alguns círculos judaicos, especialmente dos chefes. Recebem a resposta: "Jesus de Nazaré... vós o matastes. E Deus o ressuscitou" (At 2.23-24; 3.13-15; 4.10; 5.30; 10.39-40; 13.29-30).

Literariamente efetua-se a passagem de uma forma mais simples: ὃν ὑμεῖς ἐσταυρώσατε, ὃν ὁ Θεὸς ἤγειρεν ἐκ νεκρῶν a formas mais complicadas. Isto não significa que encontramos deste modo a evolução real: as formas mais complicadas podem ser primitivas, tendo sido estilizadas posteriormente. Enquanto o segundo membro da antítese fica geralmente invariável, os termos do primeiro variam de um discurso a outro. Estão insertas as concordâncias com a Escritura. Oferece-se assim, para designar a crucifixão, a expressão κρεμάσαντες ἐπὶ ξύλου, 5.30; 10.39: citação de Dt 21.22 (texto em que alguns subentenderam o anúncio da morte de Cristo e que Paulo igualmente conhece, Gl 3.13).

O discurso de Pentecostes faz alusão, mas sem indicação de texto particular, à previsão pela Escritura da morte de Cristo (At 2.23).

No discurso de Pedro ao povo depois da cura miraculosa, cujo estilo particular destacamos mais acima, desenrola-se uma série de antíteses oratórias a começar pela antítese latente da passagem de Isaías 52.12-53. Deus glorificou seu servo Jesus (ἐδόξασεν τὸν παῖδα αὐτοῦ 'Ἰησοῦν, cf. Is 52.13; 53.12) que vós entregastes nas mãos de Pilatos (παρεδώκατε, cf. Is 53.6.12); e negastes na sua presença, quando ele estava decidido a libertá-lo; vós, porém, acusastes (com o códex D) o Santo e o Justo (cf. Is 53.11) e pedistes que vos fosse agraciado um assassino. Vós matastes o autor da vida (jogo complicado de antítese). Deus o ressuscitou dos mortos! (At 3.13-15).

As personagens históricas aparecem apenas para estabelecer as antíteses, como, aliás, na oração da comunidade (At 4.24-30), servem para justificar a aplicação do Salmo 2 à paixão[15].

A história da paixão fornece também seu contingente de variantes. No discurso de Paulo, At 13.16-41, o primeiro membro está carregado de pormenores históricos aduzidos pelo contexto. Paulo começou por explicar como a Providência de Deus dirigiu o Antigo Testamento até Davi, que recebeu a promessa do Messias, depois relembrou a mensagem de João Batista com seu testemunho sobre Jesus. Do mesmo modo, em seu discurso em casa de Cornélio, Pedro prolonga até às antíteses uma exposição histórica paralela ao primeiro capítulo dos Atos. Notemos uma minúcia que nos servirá para interpretar a "tradição" da Epístola aos coríntios: excepcionalmente, o segundo membro da antítese ajunta à afirmação ordinária da ressurreição a menção do terceiro dia: τοῦτον ὁ Θεὸς ἤγειρεν ἐν τῇ τρίτῃ ἡμέρᾳ, (At 10.40); no contexto do discurso, ela aparece como um pormenor de fato, precisão do testemunho da ressurreição (μάρτυσιν, 5.41).

A lembrança da morte e da ressurreição, portanto, passou, segundo a documentação do Livro dos Atos, por várias etapas

---

[15] No caso de se explicarem essas antíteses como explicitação de um tema do Antigo Testamento, conviria pensar antes no servo de Deus de Isaías do que no tema de José perseguido por seus irmãos e exaltado pela Providência de Deus, que E. STAUFFER (*Die Theologie*, pp. 223; 317-319) salienta. Cf. A. DESCAMPS, *Les justes et la justice dans le christianisme primitif*, Louvain, 1950, p. 73s. A antítese está, aliás, expressa ainda no *logion* primitivo da "pedra", citado por Pedro, At 4.11.

sucessivas. Primeiro, a controvérsia. Os apóstolos sublinharam o contraste entre o modo como os judeus trataram seu Cristo e a intervenção de Deus que o ressuscitou. As citações da Escritura vieram juntar-se ao tema simples primitivo, antijudaico, para justificar o escândalo da cruz: Cristo "devia" sofrer[16]. O tema do cumprimento da Escritura dá nascimento a um tema secundário: a ignorância dos judeus e de seus chefes (At 3.17s). O tema antitético sobrecarrega-se em seguida de traços concretos e entra numa perspectiva histórica que conta os pormenores do processo[17], a crucifixão, o sepultamento, a ressurreição, as aparições.

Voltemos agora à "tradição" da Epístola aos coríntios (1 Co 15.3-7)[18]. Ela marca uma etapa posterior: a narrativa dos fatos, subordinada à polêmica (antítese) ou ao testemunho, apresenta-se doravante em forma de resumo oficial das reminiscências. Tudo está esquematizado. Cristo morreu, foi sepultado, ressuscitou, apareceu a Cefas, depois aos Doze etc. Como traço histórico foi conservado a menção do "terceiro dia"; a comparação com At 10.40 sugere-nos, com efeito, não recair o inciso "segundo as Escrituras" sobre "terceiro dia", mas sobre o verbo "ressuscitou". Simultaneamente faz-se a lista autêntica dos testemunhos. Conserva-se a relação com as Escrituras, que desempenhava papel capital no discurso dos Atos, tanto para apoiar a realidade da ressurreição como para atenuar o escândalo da cruz. Vê-se, além disso, destacar-se uma afirmação apenas implícita nos discursos: "Cristo morreu por causa dos nossos delitos", segundo as Escrituras. "Por causa dos nossos delitos "apresenta-se como base principal na estrutura da frase. A "tradição" encara, pois, doravante a paixão em seu valor redentor. O recurso a Is 53 faz refletir sobre o valor expiatório da morte de Cristo. Foi esse texto que forneceu a fórmula ὑπὲρ τῶν ἁμαρτιῶν ἡμῶν, "por causa de nossos

---

[16] As citações implícitas da Escritura, Dt 21.22 (At 5.30; 10.40; cf. Gl 3.13) e Is 53 (At 3.13; cf. 2.23) supõem o recurso aos testemunhos do Antigo Testamento. Há, além disso, a afirmação geral do cumprimento da Escritura (At 3.17s). O discurso de Filipe ao eunuco etíope aplica Is 53 à paixão (At 8.35).

[17] A. Descamps, *Les justes et la justice*, p. 61 nota o sentido jurídico das palavras ἀρνεῖσθαι , κατὰ πρόσωπον, ἀπολύειν, αἰτεῖν, χαρίζεσθαι, φονεύς, concluindo que tal descrição das peripécias do processo de Jesus é bem próximo dos fatos.

[18] Cf. E. Stauffer, *Die Theologie*, p. 223.

delitos" (Is 53.6.7 παρέδωκεν αὐτὸν ταῖς ἁμαρτίαις ἡμῶν, e 53.12 διὰ τὰς ἁματίας αὐτῶν παρεδόθη).

Enfim, nessa etapa em que a antítese primitiva transformou-se em resumo narrativo, note-se a inserção: "Cristo foi sepultado" (cf. At 13.29), a fórmula: "Jesus ressuscitou" em vez de "Deus o ressuscitou", e a supressão de qualquer alusão antijudaica e polêmica. Assim desapareceu a forma antitética.

A tradição engloba agora o testemunho histórico sobre a ressurreição, a prova subalterna do cumprimento das Escrituras e uma notação teológica: o valor redentor da morte de Cristo.

Paulo afirma ser ela uma tradição apostólica. O próprio estilo pleiteia a favor de uma origem aramaica. Paulo seria contudo responsável pelo último cunho literário? Não se pode evidentemente discutir sobre os ὅτι e os καί, mas todas as outras expressões dos versículos 3-5 são de uma maravilhosa sobriedade e refletem a atmosfera de Jerusalém. Esta conclusão se estende sem dúvida alguma até ὑπὲρ τῶν ἁμαρτιῶν ἡμῶν[19].

A dupla "morte-ressurreição" aplicada a Cristo e em seguida aos cristãos talvez seja o tema literário dominante nas epístolas paulinas. Dir-se-ia um veio subterrâneo que aflora ou jorra a todo instante e que assegura profundidade cristológica às outras antíteses habituais, carne-espírito, pecado-justiça, servidão-liberdade etc.

Nesta dupla tradicional, a antítese, ao menos latente, é de ordinário sublinhada e tratada literariamente. Todavia, não é mais a antítese dos discursos dos Atos, opondo o procedimento dos judeus à intervenção divina em favor de Jesus. A oposição se estabelece entre a morte e a vida, e atingimos assim a grande antítese de Heráclito que, através do platonismo e do estoicismo, influencia Fílon[20].

O fosso cavado entre Paulo e a comunidade é tão profundo que nos perguntamos a nós mesmos se ele adota esta antítese porque a comunidade primitiva já havia tocado nesta tecla literária. A questão

---

[19] Podemos notar o acordo de R. BULTMANN (*Theologie*, p. 47). Paulo dependeria da comunidade primitiva, não somente em 1 Co 15.5-8, mas igualmente em Rm 3.24s e 4.25. Quanto a Rm 3.24-25, cf. *Theolog. Literaturzeitung*, LXXV, (1950), col. 226 (KÄSEMANN).

[20] Cf. J. NELIS, "L'Antithèse littéraire ΖΩΗ-ΘΑΝΑΘΟΣ, dans les Épîtres pauliniennes", em *Ephem. Theolog. Lovanienses*, XX (1943), pp. 22-30.

é secundária e talvez insolúvel. É verossímil, contudo, e se julgamos de acordo com o contato literário manifesto entre 1 Ts 2.15 e a polêmica de Jerusalém, Paulo conhecia as fórmulas antitéticas da comunidade.

Anotemos através das epístolas algumas passagens onde aparece nossa dupla em estado puro[21].

Pois, se, como cremos, Jesus *morreu* e *ressuscitou*, devemos igualmente crer que Deus levará com Jesus os que já tiveram morrido no seio dele (1 Ts 4.14).

Paulo relembra a confissão de fé (se, como cremos), e dela retira uma conseqüência: o movimento escatológico, tendo começado, deve continuar. Ao mesmo tempo percebe-se que entram os cristãos na linha dos acontecimentos cristológicos: a morte em união com Jesus garante a presença na parusia (e, portanto, também a ressurreição; eles ressuscitarão como Jesus).

De fato, foi justamente com este fim que Cristo *morreu e ressuscitou:* (ἔζησεν) para ser o Senhor dos mortos e dos vivos (Rm 14.9).

O contexto desenvolve a antítese literária vida-morte. Por esta razão vemos que a volta à vida substitui a ressurreição.

Foi entregue à morte por causa dos nossos pecados
e ressuscitado para a nossa justificação (Rm 4.25).

A idéia assemelha-se muito à do símbolo: "Morreu por causa de nossos pecados e ressuscitou". Mas Paulo transforma-a para introduzir a antítese pecado-justificação que domina toda a Epístola aos romanos. "Foi entregue" assinala contato com Is 53.

Ele foi crucificado pela sua fraqueza,
mas vive pelo poder de Deus (2 Co 13.4).

Paulo combina aqui a antítese morte-vida (ressurreição) com outra antítese favorita "fraqueza-força"; em correspondência com a idéia "fraqueza" ele introduz "foi crucificado" em vez de "foi morto";

---

[21] J. NELIS, *ibid.* pp. 32-36.

fala da "vida" atual de Cristo, porque quer fazer a aplicação imediata da ação divina (fazendo surgir a vida da morte) a sua atividade entre os coríntios. Para melhor destacar a antítese, emprega a mesma preposição (ἐκ com sentidos diferentes) nos dois membros opostos, e dispõe as palavras, à maneira do paralelismo hebraico, em construções paralelas superpostas.

Cristo Jesus, que morreu (ὁ ἀποθανών)
mais ainda, que ressuscitou (μᾶλλον δὲ ἐγερθείς)
e está à direita de Deus,
e também (ὃς καί) intercede por nós (Rm 8.34).

Lietzmann observa que a semelhança desta passagem com o símbolo tradicional provavelmente não é fortuita[22]. Supondo-se que o Apóstolo parafraseia um texto já estabelecido, ele ao mesmo tempo o flexiona segundo as exigências da técnica literária tributária tanto da construção semítica pelo paralelismo como da retórica grega. A antítese convém aos dois gêneros. Paulo, primeiro, sublinhou a gradação antitética morte-ressurreição (μᾶλλον δέ); para fazer eco a esta primeira antítese prolonga a afirmação "que está à direita de Deus" por nova gradação, introduzida desta vez por ὃς καί. A variedade das construções ultrapassa evidentemente o paralelismo semítico. Assistimos, por assim dizer, ao trabalho literário de elaboração da antítese vida-ressurreição.

Ordinariamente, os dois membros da antítese reaparecem nas explanações em que o centro de interesse se transfere para a participação dos cristãos na morte e na ressurreição de Cristo e onde se enuncia *in recto* esta participação. Discutir o sentido preciso destas fórmulas levar-nos-ia prematuramente ao domínio da teologia. Assinalemos simplesmente alguns exemplos:

Uma vez que fomos enxertados nele, por morte semelhante à sua,
igualmente o seremos também por uma ressurreição semelhante à sua (Rm 6.5).

---

[22] *An die Römer*, Tübingen, 1928, p. 87.

Ora, se nós morremos com Cristo,
cremos que viveremos com ele (Rm 6.8).
Estávamos mortos pelos nossos pecados e
ele restituiu-nos à vida juntamente com Cristo...
com ele nos ressuscitou
e nos fez sentar nos céus, em Cristo Jesus (Ef 2.5 s).

Os dois tipos podem-se misturar, por exemplo:

Cristo morreu por nós,
a fim de que, vigiando ou dormindo, vivamos em união
com ele (1 Ts 5.10).

Voltaremos a estes temas do ponto de vista da teologia. Baste-nos ter sugerido como esta permanecerá em contato com os enunciados tradicionais.

Capítulo II
A PARUSIA

1. O termo "parusia" e equivalentes: apocalipse, epifania, dia do Senhor – Cenário da parusia: 1 Ts 4.13-18; 2Ts; 1 Co 15. 2. Orientação da vida cristã para a parusia – Mensagem, confissão de fé. Exortações – A esperança cristã. 3. Antecipações da parusia.

A mensagem primitiva, como vimos, propunha estes três elementos ligados: a ressurreição de Cristo, a parusia, o reino atual. A experiência da ressurreição no domínio dos fatos foi o fator decisivo desta concepção; no quadro teológico é a parusia que dá o colorido ao conjunto. O reinado começado na ressurreição antecipa o reinado definitivo; a ressurreição em si é concebida como a primeira das ressurreições escatológicas, e Cristo ressuscita já de posse desta glória que ele manifestará publicamente na parusia. Eis a razão por que começamos pela parusia uma primeira série de capítulos que retomam do ponto de vista teológico a mensagem da ressurreição, do juízo e do reinado de Cristo. Nosso interesse principal concentra-se no significado e na elaboração das fórmulas.

I – DESCRIÇÃO DA PARUSIA

1. *O termo "parusia" e equivalentes*

No sentido ordinário, a palavra παρουσία significa "presença" e em seguida "chegada"[23]. Tomou, no período helenístico, um sentido

---

[23] O. CULLMANN, *Le retour du Christ*, Neuchâtel, 1945, p. 18s, justifica o uso cristão da expressão "volta". Para Paulo, contudo, não são comparáveis as duas vindas de Cristo, cujo caráter teológico é totalmente diferente.

técnico político, designando a festiva entrada na cidade dos soberanos (reis, imperadores, magistrados superiores) e um sentido religioso: presença ou manifestação de uma divindade. A contaminação entre esses dois sentidos técnicos foi fácil, na atmosfera do culto dos soberanos e das concepções da realeza dos deuses.

Um decreto de uma cidade do reino de Pérgamo, concedendo a Átalo III (138-133 a.c.) as honras de uma entrada solene, introduzir-nos-á logo na atmosfera da festa helenística. Este decreto prevê a ordem das cerimônias em honra do rei.

Ao aproximar-se ele da cidade, todos os estefanóforos dos doze deuses e do deus, o rei Eumênio, deverão pôr a coroa, os sacerdotes e as sacerdotisas abrirão os templos dos deuses, espalharão incenso, rezarão as preces rituais para que agora e sempre sejam dadas ao rei Átalo, Philometor e Evergeta, quer declare guerra, quer se defenda, a saúde, a salvação, a vitória, a potência em terra e mar e que seu reino permaneça para sempre em toda segurança. Ao seu encontro devem ir os sacerdotes acima mencionados e as sacerdotisas, os estrategos, os arcontes e os vencedores dos jogos, com as coroas obtidas, o ginasiarca com os efebos e os menores, o pedônomo com as crianças e os cidadãos, e as mulheres e todas as jovens e os habitantes vestidos de branco com coroas. Será um dia de festa...[24]

A "parusia" é, portanto, uma festa eminentemente popular. Lançam-se impostos e taxas para cobrir as despesas, cunham-se moedas comemorativas; uma era nova começou na Grécia pela parusia do imperador Adriano[25].

A descrição da ressurreição feita por Paulo na primeira Epístola aos tessalonicenses (4.14-18) mostra até a evidência que o Apóstolo imagina a "parusia" de Cristo segundo o tipo de uma festiva entrada helenística; a palavra que pertence à linguagem cristã comum[26]

---

[24] W. DITTENBERGER, *Orientis Graeci Inscr.*, nº 332, I. 26-39.
[25] A. DEISSMANN, *Licht vom Osten*, Tübingen, 1923, pp. 314-320.
[26] Tg 5.7,8 (a parusia do Senhor), 2 Pd 1.16 (o poder e a parusia de nosso Senhor Jesus Cristo); 3.4; 1 Jo 2.28; Mt 24.3,37,39. Na literatura dos Padres Apostólicos, Inácio (*Philad.* 9,2) emprega a palavra a propósito da primeira vinda do "Salvador". HERMAS, *Sim.* V, 5,3 (cf. 2 Pd 3.19) fala da "parusia" de Deus. Muitas vezes, aliás, nos Padres Apostólicos, é Deus quem chega na parusia (exceto II Clem. 17,4). A fraseologia cristã prende-se aos apocalipses judaicos, cf. P. VOLZ, *Die Eschatologie der jüdischen Gemeinde im neutestamentlichen Zeitalter*, Tübingen, 1934, p. 164s.

toma tonalidade helenística. O mesmo acontece em 1 Ts 2.19 (Paulo refere-se à sua "coroa" de festa e à sua "alegria", termos técnicos relativos à parusia) e sem dúvida em todas as outras passagens da epístola[27], onde certa correlação parece existir entre a parusia e o título "Senhor" atribuído a Cristo nesta ocasião[28].

A manifestação de nosso Senhor no último dia pode também chamar-se "apocalipse" 1 Co 1.7: "o apocalipse do Senhor, do céu"[29]. A palavra assaz indica sua origem judaica (corrente "apocalíptica"). O Senhor em sua glória pertence a estas realidades celestes que descerão do céu onde estão ocultas. Em Rm 8.18, Paulo fala da "revelação da glória". A cólera de Deus e a justiça revelam-se desde agora antecipações do julgamento. O Anticristo "se revelará", 2 Ts 2.3,6,8 (antítese com a "revelação do Messias")[30].

Do mesmo modo que o termo "parusia", pertencente tecnicamente à esfera política, toma um colorido religioso desde que interfere no culto dos soberanos e pode designar até aparições e intervenções de deuses, o termo "epifania", eminentemente religioso e cultual, aplica-se às vezes às festivas entradas dos soberanos[31]. Na linguagem paulina, as duas palavras "parusia" e "epifania" podem designar a parusia de nosso Senhor. Talvez não seja inútil observar que o segundo termo, mais cultual, aparece nas epístolas pastorais, onde a divindade de nosso Senhor é posta em evidência, o que parece pleitear em favor de uma influência da linguagem helenística sobre o vocabulário paulino[32]. Poder-se-ia, contudo, e fá-lo-emos em parte,

---

[27] 1 Ts 3.13: "A parusia de nosso Senhor Jesus Cristo, com todos os seus santos"; 5.23: "A parusia de nosso Senhor Jesus Cristo"; cf. 1 Cor 15.23. Trata-se da parusia do Anticristo, 2 Ts 2.9. Em outras epístolas, a palavra "parusia" conserva o sentido ordinário de "presença". 2 Co 7.6s; 10.10; Fl 1.26; 2.12.

[28] E. Peterson, "Die Einholung de Kyrios", em *Zeitschr. f. system. Theologie*, VII (1929), pp. 682-702.

[29] Expressões equivalentes em Cl 3.4: "quando Cristo aparecer (φανερωθῇ)". Cf. 1 Pd 1.7,13; 4.13.

[30] Cf. A. Oepke, art. ἀποκαλύπτω, em *Theolog. Wörterbuch*, III, pp. 583, 585, 586. O autor coloca-se sobretudo do ponto de vista da revelação intelectual.

[31] A. Deissmann, *Licht vom Osten*, p. 320.

[32] 1 Tm 6.14: "a epifania de nosso Senhor Jesus Cristo"; 2 Tm 1.10, "a epifania de nosso Salvador (soter) Jesus Cristo"; 4.1: "sua epifania e seu reino"; 4.8; Tt 2.13: "a epifania da glória de nosso grande Deus e Salvador Jesus Cristo". Cf. 2 Ts 2.8: "a epifania de sua parusia", onde o primeiro termo significa a manifestação estrondosa

levar em conta o sentido da palavra "epifania" na Bíblia grega, onde designa as teofanias do Antigo Testamento[33].

A expressão paulina "dia do Senhor" refere-se sobretudo ao Antigo Testamento, mas evidentemente sob o influxo da corrente apocalíptica. Enquanto em outros documentos, mesmo cristãos, a palavra "Senhor" representaria nesta fórmula o nome próprio divino[34], ela designa Cristo nas epístolas paulinas[35]. Entende-se formalmente ora o juízo (por causa do significado do "dia do Senhor" no Antigo Testamento)[36], ora a parusia, manifestação gloriosa de Cristo[37].

Paulo não se serve do termo "visita" (ἐπισκοπή), tradicional nos apocalipses[38] e conservado por 1 Pd 2.12 (cf. Lc 19.44).

As fórmulas "dia do Senhor" etc. são as mais freqüentes, e seu emprego se estende a todas as epístolas, desde as Epístolas aos tessalonicenses até às pastorais. As influências das instituições helenísticas (culto ou entrada festiva dos soberanos) são, portanto, superficiais. A esperança da parusia corresponde a esta grande expectativa religiosa, despertada pelo Antigo Testamento e pelo judaísmo, da intervenção divina anunciada pelos profetas[39].

---

por causa dos prodígios. Comparar esta fórmula com a da inscrição de Epidauro, DITTENBERGER, *Sylloge*, III, nº 1.169, 34: τάν τε π[α]ρουσίαν τὰν αὐτο[ῦ π]αρενεφάνιξε ὁ ʼΑσκλαπιό[ς]: Asclepios manifestou sua parusia (cf. A. DEISSMANN, *op. cit.*, p. 317, nº 1). Ver também *II Clem.* 12,1 (a propósito de Deus) e 17,4 (a propósito de Cristo).

[33] 2 Rs 2.2; 2 Mc 3.24 etc.; 3 Mc 2.9 etc.
[34] Cf. G. DELLING, art. ἡμέρα, em *Theolog. Wörterbuch*, II, especialmente p. 955.
[35] 1 Ts 5.2; 2 Ts 2.2; 1 Co 5.5. Paulo emprega as fórmulas longas: "o dia de nosso Senhor Jesus Cristo", 1 Co 1.8; "o dia de nosso Senhor Jesus Cristo", 2 Co 1.14; em outras passagens diz só "o dia": 1 Co 3.13; 1 Ts 5.5. A Epístola aos filipenses não considera, parece, o valor quase técnico do título "Senhor" nessas expressões, e reencontramos as fórmulas: "o dia de Jesus Cristo", Fl 1.6; "o dia de Cristo", Fl 1.10; 2.16. Se Paulo diz apenas "o dia", 1 Co 3.13, cf. Rm 2.16, é por pensar antes no juízo do que na parusia; em 1 Ts 5.4s, Paulo emprega a palavra simples para sublinhar o motivo alegórico, fazendo um jogo com a palavra "dia". Alhures diz "aquele dia", 2 Ts 1.10; 2 Tm 1.18; 4.8.
[36] 1 Co 1.8; Fl 1.6,10; 2.16.
[37] 1 Ts 5.2; 2 Ts 2.2; 2 Co 1.14.
[38] Sl 15.12; Ap Br sir. 82.2; 4Esd 5.36; cf. P. VOLZ, *Die Eschatologie*, p. 164s. Encontraremos o termo *épiscopè* em *I Clem.* 50,4 ("na 'visita' do reino de Cristo").
[39] Note-se a analogia da missão escatológica do Filho do homem no Livro de Henoc com a de Cristo ou a do Filho do homem. Cf. sobre a função escatológica do Filho

2. O cenário da parusia

Paulo insiste várias vezes na descrição da parusia: na primeira Epístola aos Tessalonicenses (1 Ts 4.15-18), na segunda aos tessalonicenses (2 Ts 2.1-12; 1.7-12) e na primeira Epístola aos coríntios (1 Co 15.20-28). A alusão de Fl 3.20 é geral demais para nela nos determos. Respigaremos aqui e ali um traço descritivo.

A. 1 Ts 4.13-18

É a descrição mais direta e mais completa. Os tessalonicenses perguntavam se seus mortos participariam da parusia. Paulo os tranqüiliza e consola dizendo-lhes que os vivos não precederão os mortos. Aproveita a ocasião para descrever brevemente, mas num quadro cheio de vida, a vinda triunfal de Cristo:

Não queremos, pois, irmãos deixar-vos na ignorância acerca do que se refere aos defuntos, a fim de não vos contristardes como os outros que não têm esperança. Pois, se, como cremos, Jesus morreu e ressuscitou, devemos igualmente crer que os que já tiveram adormecido na fé de Jesus, Deus os levará com ele. Dizemos, portanto, segundo a palavra do Senhor: nós, os vivos, os que ficarmos para a vinda do Senhor, não precederemos os que morreram, porque o próprio Senhor, ao sinal dado, à voz do arcanjo, ao clangor da trombeta divina, descerá do céu; então ressuscitarão primeiro os mortos em Cristo; depois, nós, os vivos, os que ficarmos, seremos arrebatados, juntamente com eles, nas nuvens, para o ar, ao encontro do Senhor; e assim estaremos sempre com o Senhor. Consolai-vos pois, mutuamente com esses pensamentos.

Através de um cenário, inspirado juntamente, vê-lo-emos logo, pela corrente apocalíptica e pelo tema das entradas solenes dos soberanos, que as afirmações fundamentais são as da fé cristã. A ressurreição dos mortos no último dia está em causa quando Cristo vier revelar-se pública e gloriosamente como "Senhor". Paulo refere-se primeiro à confissão de fé: "Se, como cremos, Jesus morreu e ressus-

---

do homem E. SJOEBERG, *Der Menschensohn im Äthiopischen Henochbuch*, Lund, 1946, pp. 61-82.

citou"; daí se segue que Deus ressuscitará os mortos para a parusia. Apóia-se, além disso, na "palavra do Senhor" para afirmar que os vivos não precederão os mortos para irem ao encontro do Senhor. É difícil afirmar com certeza que ele recebeu a este respeito uma revelação pessoal[40]. O Apóstolo raciocina como cristão. Sua maneira de falar do "Senhor" revela quanto as realidades da fé são para ele vivas e concretas. O traço final "e assim estaremos sempre com o Senhor" exprime ainda os sentimentos de amor e de confiança que unem os cristãos a "seu Senhor".

Os traços apocalípticos são muito evidentes: a voz do arcanjo e o clangor da trombeta de Deus[41], a ressurreição dos mortos, as nuvens[42], Cristo descendo do céu.

A fórmula dos vv. 15 e 17: "os que ficarmos" (para o advento do Senhor) explica-se igualmente por um contexto apocalíptico. Os judeus, pensando na aparição do Messias e na salvação, distinguiam vivos e mortos. Perguntavam a si mesmos se a sorte dos mortos não era preferível, como um meio de escapar às calamidades do fim dos

---

[40] Aliás, nas Epístolas aos tessalonicenses (1 Ts 1.8; 2 Ts 3.1), a expressão "a palavra do Senhor" designa o Evangelho. Poder-se-á interpretar: "no espírito da mensagem evangélica". Nosso Senhor falou da ressurreição dos mortos, e os cristãos, assim como Paulo, devem aplicar esta palavra aos acontecimentos da parusia. G. Kittel, art. λέγω em *Theolog. Wörterbuch*, IV, p. 105, nº 145, não vê razão alguma de referir 1 Ts 4.15 a uma palavra de Cristo ressuscitado. Seria, pois, uma alusão a uma palavra de Jesus que deve ser comparada com 1 Co 7.25; 7.10,12; At 20.35. Ver também J. Jeremias, *Unbekannte Jesusworte*, Zürich, 1948, p. 57s. Paulo, contudo, 1 Co 15.51, numa ocorrência semelhante, apela para um "mistério", para uma revelação pessoal para precisar por analogia as circunstâncias da ressurreição. "É possível que o Apóstolo faça alusão às revelações pessoais de que foi favorecido por diversas vezes ou a uma palavra de Cristo não recolhida pela Escritura" (F. Amiot, *Saint Paul, Épître aux Galates, Épîtres aux Thessaloniciens*, 24, Paris, 1946, p. 331).

[41] Cf. Lothar Schmid, art. κέλευσμα em *Theolog. Wörterbuch*, III, pp. 656-659.

[42] O Filho do homem deve vir sobre as nuvens, cf. Dn 7.13; 4 Esd 13.3. H. Riesenfeld, *Jésus transfiguré*, Copenhagen, 1947, p. 133s. A. Oepke, art. νεφέλη em *Theolog. Wörterbuch*, IV, p. 909. Os antigos comentadores explicam as nuvens de maneira muito concreta, como meio de transporte entre o céu e a terra (Teofilacto, Teodoro de Mopsuéstia, Pelágio). Na Ascensão, elas sugerem uma comparação com a parusia, cf. At 1.11: "Esse Jesus, que do meio de vós foi elevado para o céu, assim há de vir, da mesma maneira que o vistes ir para o céu". Teodoreto já fazia essa aproximação.

tempos⁴³. Alguns concluíam pela afirmativa⁴⁴. Paulo adota, pois, uma distinção corrente ao opor a geração dos que ficaram para a parusia à geração que os tessalonicenses julgavam sacrificada⁴⁵.

Mas, este cortejo que se forma, composto de vivos e mortos ressuscitados, para ir ao encontro do Senhor nos ares, a rapidez denotada pela fórmula "seremos arrebatados", todos os traços que podemos respigar no resto da epístola: a coroa, a alegria, a esperança, a honra etc., o título Kyrios empregado com ênfase, tudo isso desenha um quadro que contrabalança as descrições das entradas solenes da literatura helenística⁴⁶.

Já citamos o decreto das honras de Átalo III. Relembremos ainda a descrição da entrada festiva de Tito em Antioquia, na Guerra Judaica de Josefo:

Quando os habitantes de Antioquia souberam que Tito se aproximava da cidade, de tanta alegria não podiam ficar dentro dos muros, mas se precipitaram ao seu encontro e avançaram mais de trinta estádios; não só os homens, mas uma multidão de mulheres com seus filhos saíram da cidade, e, quando o viram ir chegando, enfileiraram-se de cada lado ao longo da estrada, saudavam-no com as mãos levantadas. Regressaram com ele, aclamando-o de todos os modos, e no meio de suas aclamações não cessavam de pedir que os judeus fossem expulsos da cidade⁴⁷.

---

⁴³ 3 Esd 13.16-20: *Vae qui derelicti fuerint in diebus illis, et multo plus vae bis qui non sunt derelicti...* (Ed. B. Violet, p. 376).
⁴⁴ P. Volz, *Die Eschatologie*, p. 178.
⁴⁵ Temos razões de sobra para crer que ele pensa sobretudo nesta distinção e de forma alguma tem a intenção de afirmar serem seus leitores e ele próprio daqueles "que ficaram" para a parusia.
⁴⁶ Ver os textos reunidos por E. Peterson, *Die Einholung*, pp. 683-692.
⁴⁷ *Bell. Jud.*, VII, 100-103. Rememoremos igualmente um texto do panegírico de Trajano feito por Plínio, o Jovem: *Ac primum quidem, qui dies ille quo expectatus desideratusque urbem tuam ingressus es! iam hoc ipsum, quomodo ingressus es, quam mirum laetumque... non aetas quemquam, non valetudo: non sexus retardavit quo minus oculos insolito spectaculo impleret... aegri quoque neglecto medentium imperio ad conspectum tuum quasi ad salutem sanitatemque prorepere...* (Como foi aquele dia em que, esperado e desejado, entraste em tua cidade! Já o modo da entrada é admirável e alegre... nada, nem idade, nem saúde, nem sexo impediu que se enchessem os olhos daquele espetáculo insólito... até os doentes, contra as ordens dos médicos, acorreram a teu encontro, como que à busca da saúde e da cura...) *Panegyrici Latini*, ed. Aem. Baehrens, p. 19 (E. Peterson, *op. cit.*, p. 692).

João Crisóstomo não hesita em explicar Paulo, recorrendo à comparação de uma visita real:

Do mesmo modo que, ao ser recebido numa cidade o imperador, as pessoas revestidas de cargos e de dignidades, ou que gozam do favor do monarca, vão ao seu encontro fora da cidade, enquanto os culpados e os criminosos ficam na cidade sob segura custódia, esperando a sentença do imperador; assim, quando vier o Senhor, os homens que gozarem de seu favor, irão a seu encontro nos ares; os culpados e aqueles que estiverem cônscios de crimes numerosos, esperarão na terra seu juiz[48].

O cerimonial das entradas festivas fornecia naturalmente aos cristãos figuras com o auxílio das quais eles imaginavam a vinda do Senhor. A entrada de nosso Senhor em Jerusalém havia revestido os traços de uma visita do Messias à sua capital. Marcos introduz de fato em sua narrativa um Kyrios, muito acentuado, como a nos dizer que Jesus age como soberano[49]; a multidão aclama: "Hosana ao Filho de Davi!" (Mt 21.9); "Bendito seja ele que vem, o Rei, em nome do Senhor!" (Lc 19.38). O Evangelho de João é mais parecido com as descrições helenísticas, mencionando a multidão que sai da cidade ao encontro (εἰς ὑπάντησιν) do Senhor, com palmas na mão, aclamando: "Hosana! Bendito seja aquele que vem em nome do Senhor, o rei de Israel!" (Jo 12.12s)[50]. A Ceia eucarística também está relacionada com a parusia; vemos a liturgia às fórmulas escatológicas unir a lembrança da entrada triunfal em Jerusalém. Na ação de graças que saúda a presença eucarística, a Didachê liga a fórmula aramaica Maranatha, que anuncia a vinda escatológica de Cristo, à aclamação dos discípulos por ocasião da entrada em

---

[48] P. G. 49/50, c. 450s. Trad. BAREILLE, II, p. 396s. (Homilia sobre a ascensão). Mesma exegese na homilia 8 sobre a 1 Tessalonicenses, P. G. 62, c. 440.
[49] Cf. L. CERFAUX, "Le titre 'Kyrios' et la dignité royale de Jésus", em Revue des sciences philos. et theol., XII (1923), p. 130.
[50] Segundo H. RIESENFELD, Jésus transfiguré, p. 59s, a aclamação "Hosana" seria uma alusão aos salmos do Hallel (Sl 118.25-26) e indicaria uma reminiscência da festa dos Tabernáculos. Este paralelo não pode, contudo, contradizer o significado da entrada triunfal em Jerusalém. Quanto às palmas, em particular, cf. 1 Mc 13.51; 2 Mc 10.7; Ap 7.9. Cf. R. BULTMANN, Das Evangelium des Johannes, Göttingen, 1941, p. 319, nº 7.

Jerusalém[51]. Paulo mantém-se, portanto, na corrente tradicional aplicando à parusia de Cristo o aparato das entradas solenes helenísticas. Uma vez reconhecida esta influência, não se pode hesitar em estendê-la a muitos pormenores, particularmente à fórmula de 1 Ts 4.17: "Seremos arrebatados (ἁρπαγησόμεθα)[52] juntamente com eles (os mortos ressuscitados), nas nuvens, para o ar, ao encontro do Senhor (εἰς ἀπάντησιν τοῦ κυρίου)". Os cristãos vão ao encontro do Senhor para voltarem com ele em cortejo à Terra, onde se realizará o juízo.

De fato, João Crisóstomo estende até o julgamento a comparação com a entrada festiva; por ocasião de sua chegada, o imperador concede recompensas e pune os culpados. Assim os antioquenos, que vão ao encontro de Tito, esperam que ele expulsará os judeus ao entrar na cidade. A João Crisóstomo podem-se acrescentar santo Agostinho[53], Pelágio, Teodoreto, Teofilacto, Cornélio a Lápide[54].

---

[51] Didachê, 10.6: "Hosana ao Deus de Davi... Maranatha... Amém". Em sua nota *ad loc.*, F. X. FUNK sustenta com razão a lição θεῷ contra *Consto Apost.* 7,26 (υἱῷ).

[52] Paulo emprega o verbo ἁρπάζω em referência ao êxtase. Cf. 2 Co 12.2,4. Aqui a palavra assinala a ação irresistível de Deus (W. FOERSTER, art. ἁρπάζω em *Theolog. Wörterbuch*, I, p. 471). O ar é entendido como um lugar intermediário entre a Terra e o céu, donde se pode contemplar a ordem do mundo (*Herm. Trism.* V, 5). Cf. a nota de A.-J. FESTUGIERE, em *Corpus Hermeticum*, t. I, Paris, 1945, p. 66.

[53] *De civitate Dei*, XX, 20, p. 476 (ed. HOFFMANN): Quod enim ait: et ita semper cum Domino erimus, non sic accipiendum est tamquam in aere nos dixerit semper cum Domino esse mansuros: quia nec ipse utique ibi manebit, quia veniens transiturus est; venienti quippe ibitur obviam, non manenti; sed ita cum Domino erimus, id est, sic erimus habentes corpora sempiterna, ubicumque cum illo fuerimus. (Não se entenda a locução *e assim estaremos sempre com o Senhor* como se houvesse afirmado que ficaremos para sempre nos ares com o Senhor. Ele também não permanecerá, mas vem de passagem. Iremos ao encontro daquele que vem e não de alguém que lá se detenha. E assim estaremos sempre com o Senhor, isto é, teremos corpos sempiternos, onde quer que com ele estejamos.)

[54] Cornélio a Lápide fica fiel à tradição da qual se serve, aliás, de maneira original na descrição que faz do juízo: os reprovados enchem todo o vale de Josafá e os santos se colocam mais acima e mais perto de Cristo, nos ares; e acrescenta: et sic semper, videlicet, tam in iudicio quam in caelo ad quod mox ascendent, cum Domino (Christo) erunt, ut hic dicitur. (E assim, como se assevera aqui, estarão sempre com o Senhor [Cristo], tanto no juízo como no céu, para onde logo subirão.)

E. Peterson⁵⁵ e Dibelius⁵⁶, verificando o significado técnico da *apantésis*, aceitam a exegese patrística⁵⁷.

O ar não é o céu e pergunta-se por que o Senhor teria deixado o céu senão a fim de vir à Terra para uma entrada triunfal e o juízo (*venturus est cum gloria iudicare vivos et mortuos*).

Abandonamos sem escrúpulo a exegese dos comentadores que sacrificam a idéia do juízo, afirmando que o ar significa as esferas celestes, ou que o movimento começado pelos eleitos arrebatados ao encontro de Cristo no ar termina na bem-aventurança celeste. Estius dá o tom, cf. Lemonnyer, Vosté, Knabenbauer, Prat, Allo⁵⁸, Amiot, Frame e outros⁵⁹.

---

⁵⁵ *Die Einholung*, pp. 698-702.
⁵⁶ *An die Thessalonicher I. II, An die Philipper*, Tübingen, 1937, p. 28.
⁵⁷ Cf. também O. CULLMANN, *Le retour du Christ*, p. 18s.
⁵⁸ *Première Épître aux Corinthiens*, Paris, 1935, pp. 449-451.
⁵⁹ "Tendo-se unido ao Senhor no ar, segui-lo-ão até o céu, na glória: *e assim estaremos sempre com o Senhor*, numa sociedade e numa união íntima que constitui um dos elementos essenciais da bem-aventurança eterna" (F. AMIOT, *Épître aux Galates*, p. 333). Allo se apega à exegese dos antigos e descreve a seu modo o juízo: "E, mesmo antes que Cristo tenha tocado a terra, todos os que foram salvos, mortos e vivos, se *precipitam ao seu encontro no ar, arrebatados nas nuvens*. Não o fazem para tornarem a descer a fim de julgar com Cristo os reprovados que aguardam tremendo na terra; esta idéia dos antigos, como Teofilacto, é pura e simples adição, que nada justifica, nem o texto, nem a idéia. Porque está dito que "assim" (οὕτως, v. 18), isto é, sem qualquer outro acontecimento ou formalidade intermediária, "eles estarão sempre com o Senhor". Seu arrebatamento nas nuvens foi apenas o impulso de sua contínua ascensão para o céu, onde repousarão eternamente com Cristo...
Esta instantaneidade do drama supremo é levada tão longe que se pode procurar, não sem embaraço, onde, quando e como se fará o Juízo universal. E, no entanto, é indubitável que Paulo o pregou...
O juízo não é supresso, mas a totalidade apresenta-se condensada num instante indivisível. Seria como se todos os homens, conforme o ensinamento ulterior, do quarto Evangelho, tomassem, vendo vir Cristo-Juiz, a atitude que lhes impõe o ditame de sua consciência que lhes diz que estão com esta Presença (cf. Rm 2.15-16); e esta Presença sanciona seu julgamento; cada um recebe, diante de todo o Universo, que aprova, uma ou outra das sentenças explicitadas por são Mateus. Mas, tudo isso se faz numa visão rápida como o relâmpago, assim que Cristo aparecer "sobre as nuvens". De um só golpe todos os véus serão arrancados, todos os segredos das consciências desnudados, aprovados ou condenados por todos os anjos e todos os homens juntos, todas as sentenças pronunciadas pelo Juiz e pelos próprios justiçados... Quadro mais dramático ainda do que a descrição do Evangelho; esta concentração de uma grandeza formidável eleva a cena ao cúmulo do sobrenatural, e

Invoca-se sobretudo a fórmula "e assim estaremos sempre com o Senhor". Mas, é bem certo que esta fórmula significa, como tal, a bem-aventurança celeste? Estar com Cristo, formar seu cortejo, receber a honra de lhe servir de assessores, para julgar com ele os homens e os anjos, e começar assim com ele um reinado sem fim não é suficiente para legitimar a grande alegria? Não é tirar a nota de intimidade que dá colorido à expressão? Paulo dá importância à idéia de reinar com Cristo[60].

B. *2 Ts 1.7-12; 2.3-12*[61]

Paulo está muito preocupado com as perseguições que suportam os tessalonicenses da parte de seus compatriotas e com os obstáculos que se erguem à promulgação do Evangelho. Após os judeus que perseguiram os profetas, mataram Cristo, perseguiram os cristãos de Jerusalém, são os pagãos que se opõem ao Evangelho. Como nosso Senhor, em seu discurso escatológico, o Apóstolo projeta essas vexações num fundo escatológico. Elas assinalam a oposição religiosa a Deus e a Cristo, exasperada no fim dos tempos[62].

---

assim reconstituída, com o máximo de efeito, faz a transição e estabelece a união entre o quadro do Juiz no Primeiro Evangelho, e a concepção inteiramente intelectual e espiritual que dele apresenta o Evangelho de João (*Première Épître aux Corinthiens*, p. 451s).

[60] 1 Co 4.8; Rm 5.17. A vida de ressuscitado é uma vida "real".

[61] As dificuldades contra a autenticidade desta epístola provêm emgrande parte da comparação com a primeira aos tessalonicenses. As notas pessoais que fervilham na primeira epístola desapareceram quase completamente na segunda. Doutro lado, as expressões daquela são muitas vezes repetidas nesta, até mesmo com aplicações diferentes. Além disso, haverá diversidade sobre a questão da parusia. Compreende-se, contudo, que Paulo, não tendo tido contato novo com os tessalonicenses, repita na segunda carta o que diz na primeira, e que a segunda seja menos acurada que a primeira. Quanto às diversidades na questão da parusia, uma nova situação explicaria que Paulo agora insista na demora. Os sinais preparatórios não se deram ainda, e ele convida os tessalonicenses a conservar a calma. Na primeira epístola, ele simplesmente insistiu na necessidade da vigilância, pondo-se na hipótese de um prazo relativamente breve. No atinente à questão particular da cristologia, as doutrinas da segunda epístola se encadeiam com as da primeira. Cf. F. AMIOT, *Épître aux Galates*, pp. 260-280.

[62] Mt 10.17-21; 24.9-14; Mc 13.9-13; Lc 21.12-19; Jo 16.1-4; Ap, *passim; cf.* P. VOLZ, *Die Eschatologie*, pp. 148-152.

Não é de admirar, pois, ver descrita agora a parusia na linha dos apocalipses[63]. O vocabulário reflete esta orientação: a vinda do Senhor é o "apocalipse do Senhor" (2 Ts 1.7) ou "aquele dia" (2 Ts 1.10). A descrição, como veremos a seguir, relembra as manifestações do julgamento escatológico; os episódios da parusia, a grande apostasia e a luta com o Anticristo são do domínio apocalíptico. Inspiram-se em dois textos de Isaías, derivados de passagens referentes ao dia do juízo: Is 66.4-16 e 2.6-22. O primeiro opõe a atitude de Deus para com aqueles que o temem e para com os incrédulos; Paulo dele retira as expressões descritivas (2 Ts 1.8)[64]; do segundo, dirigido contra os ricos orgulhosos e contra os idólatras, Paulo usa outras expressões em 1.9[65]. Mais longe (2 Ts 2.8) depende de Is 11.1-8, uma das passagens mais características do messianismo real"[66].

Paulo expõe primeiro os pródromos da parusia. Os tessalonicenses imaginam que esta é iminente, agitam-se e abandonam as ocupações ordinárias. Paulo explica-lhes que a vinda de Cristo pode tardar, que provavelmente tardará, pois os sinais que devem precedê-la imediatamente, a grande apostasia[67] e a vinda do homem de pecado, não se deram ainda. Esses dois eventos são coordenados em seu pensamento, como nos apocalipses. O apocalipse de Mt 24.12 fala da multiplicação da iniqüidade e do esfriamento da caridade[68]. Um ponto de tradição judaica, portanto, penetrou no ensino cristão[69].

---

[63] O termo "parusia" (2 Ts 2.1,8) faz o acordo com a descrição da primeira epístola.
[64] Com influência de Jr 10.25 e Is 66.4.
[65] *"Para sacudir a terra"* é substituído por "naquele dia em que ele vier para ser glorificado nos seus santos" (Sl 88.8 e 67.35).
[66] Paulo refere-se sobretudo a Is. 11.4: πατάξει γῆν τῷ λόγῳ τοῦ στόματος αὐτοῦ, καὶ ἐν πνεύματι διὰ χειλέων ἀνελεῖ ἀσεβῆ. Sobre o emprego deste texto de Isaías nos apocalipses, em particular 4 Esd 13.10s.37s; cf. M. BRUECKNER, *Die Entstehung der paulinischen Christologie*, Strasburg, 1903, p. 151.
[67] Sobre a palavra "apostasia", com significado religioso, cf. H. SCHLIER, art. ἀποστασία, em *Theolog. Wörterbuch*, I, p. 510; B. RIGAUX, *L'Antéchrist et l'opposition au Royaume messianique dans l'A. et le N. T.*, Gembloux, 1932, pp. 266-269.
[68] Cf. L. CERFAUX, "La charitè fraternelle et le Retour du Christ selon Jo 13.33-38", em *Ephem. Theol. Lovanienses*, XXIV (1948), pp. 321-332.
[69] H. L. STRACK, P. BILLERBECK, *Kommentar zum Neuen Testament aus Talmud und Midrasch*, III (Munique, 1926), p. 637; H. SCHLIER, *ibid.*

A apostasia poderia visar ao conjunto da humanidade, intensificação da revolta contra Deus (apostasia judaica segundo a tradição, reduplicação do ódio contra Deus da parte dos pagãos), englobando os cristãos. O homem de iniqüidade, o filho da perdição[70], aparece neste contexto, concentrando em torno de si o movimento de oposição a Deus[71].

Paulo relembra aos correspondentes o seu ensino oral; falou-lhes freqüentemente ("eu vos dizia", 2 Ts 2.5) destas perspectivas e também do que "é que o detém" e também de "quem põe obstáculo" à manifestação do Anticristo. A comparação com Ap 11.7 e com Mt 24.14 ("esta boa-nova do reino será pregada em todo o mundo, como testemunho a todas as gentes, e então virá o fim") leva a pensar que o fim é retardado para permitir a propagação do Evangelho; o "obstáculo" não seria precisamente a própria pregação e os pregadores? Uma última geração verá a grande apostasia, quando houver cessado a pregação do Evangelho. "Até o fim dos tempos, as testemunhas de Cristo... detêm o adversário, e sua pregação muitas vezes é realçada por milagres qualificados de modo diferente do que os prodígios mentirosos pelos quais os asseclas de Satanás seduzirão os fracos no duelo final. É verdade que não impedirão este duelo e que serão até então impotentes. O desaparecimento momentâneo dos pregadores do Evangelho permanece um mistério, cuja obscuridade só a sua realização poderá dissipar"[72].

Atualmente, à espera do fim – no tempo de Paulo como no nosso –, o mistério da iniqüidade já faz a sua obra. Poder-se-á pensar, quanto ao século I, nas perseguições, revestidas de uma tonalidade

---

[70] Notar o colorido judaico dessas expressões. Paulo exprime-se de acordo com os temas apocalípticos correntes.

[71] Sobre a noção do Anticristo e as fontes desta descrição cf. B. RIGAUX, op. cit.; B. NOACK, Satanas und Soteria. Untersuchungen zur neutestamentlichen Dämonologie, Copenhagen, 1948, p. 118.

[72] F. AMIOT, Épître aux Galates, p. 227s. Sobre "o obstáculo", cf. F. AMIOT, ibid. pp. 274-278; O. CULLMANN, Christ et le temps, pp. 116-118; H. Hanse, art. κατέχω, em Theolog. Wörterbuch, II, p. 829s; J. SCHMID, "Der Antichrist und die hemmende Macht (2 Ts 2.1-12)", em Theolog. Quartalschrift, 129, (1949), pp. 323-343. A exegese ainda hesita entre a interpretação missionária, a interpretação mitológica e a interpretação política. E. STAUFFER, Die Theologie, pp. 63-68, apresenta esta última de modo atraente: o poder imperial é tradicionalmente oposto ao caos.

política e religiosa, talvez também nos falsos profetas de que fala o Evangelho e que Paulo pôde identificar com aqueles encontrados em seu caminho (filósofos, propagandistas de cultos pagãos, judeus inimigos do Evangelho, falsos apóstolos). Nem os perseguidores judeus ou pagãos, nem os falsos profetas, contudo, são o Anticristo. Deste, faz-se mister esperar um "apocalipse" (2.3,8) ou uma "parusia" (2.9), uma revelação extraordinária, "graças à influência de Satanás", com portentos mentirosos (como, por exemplo, os prestígios dos magos) e mesmo – as expressões de Paulo são tomadas de Daniel – uma entronização no templo de Deus, acompanhada de deificação[73]. Com este "tempo devido" do Anticristo coincidirá a manifestação da parusia do Senhor "no meio do fogo" do juízo. Este virá com os anjos de seu poder, na "poderosa glória" e destruirá o Anticristo com o sopro de sua boca, envolvendo na sua glória os seus santos e todos os que tiverem crido, tirando "vingança dos que não reconhecem a Deus e dos que não obedecem ao Evangelho de nosso Senhor Jesus"[74].

A orientação desta descrição é a do julgamento. Os homens são chamados a conhecer a Deus e a receber o Evangelho. A oposição existente desde o começo chega ao apogeu na pessoa do homem da impiedade; coisa jamais vista, Satanás encontrou o instrumento adequado[75]. Paulo já assiste a este desenlace da história religiosa. O Evangelho, de seu lado, é o apogeu da manifestação do apelo de Deus à humanidade. A vitória de Cristo na parusia será igualmente vitória do Evangelho e da fé.

C. *1 Co 15.20-28; 51-57*

Como a descrição de 1 Tessalonicenses, a nova descrição da parusia trata sobretudo da ressurreição dos mortos. Sob a influência

---

[73] Cf. E. SJOEBERG, *Der Menschensohn*, pp. 63-66.
[74] Combinamos a descrição de 1.7-10 com a do capítulo 2. A relação de 2.10-12 com Rm 1.32 mostra-nos como o pensamento de Paulo se alarga. É toda a história religiosa da humanidade, desviada de Deus ou crente, que recebe acabamento na parusia do Senhor.
[75] Quanto à atividade do Anticristo ver Dn 12.36; Is 14.13,14; Ez 28.2: "Parece-nos que a lembrança dos crimes de Andoco e talvez os textos de Isaías e Ezequiel concorreram para que se atribuísse ao homem de pecado a pretensão de se instalar no templo e de se fazer passar por Deus" (B. RIGAUX, *L'Antéchrist*, p. 261). Sejam lembrados ainda os acontecimentos trágicos do fim do reinado de Calígula.

de idéias platônicas[76], os coríntios punham em dúvida a ressurreição, julgando-a fora de propósito. Concepções religiosas e antropológicas gregas e semíticas entrechocavam-se. Paulo apela para a fé cristã. Cristo ressuscitou e sua ressurreição é escatológica, prelúdio do drama que terminará na parusia. A parusia será descrita sob o ângulo do triunfo sobre a morte.

A ressurreição de Cristo foi o primeiro ato[77] do triunfo: um homem causou a morte, um homem causa o triunfo da vida. O segundo ato será a ressurreição dos mortos (e a transformação dos vivos à imagem de Cristo ressuscitado): "num átimo, num abrir e fechar de olhos, ao clangor da última trombeta; pois soará a trombeta! e os mortos ressuscitarão incorruptíveis, e nós seremos transformados" (vv. 51-52). Paulo assinala como terceiro ato "o fim" (v. 24), quando o Filho, ao qual todas as coisas terão sido submetidas, submeter-se-á àquele que tudo lhe submeteu, a fim de que Deus seja tudo em todos (v. 28).

É o acabamento da história da salvação que se desenrolou no tempo. Este último ato, no fim dos tempos, corresponde ao que foi no começo a criação por Cristo e em vista de Cristo; do mesmo modo que o Filho era antes da criação, ele é depois da consumação de todas as coisas. Recapitulado nele tudo o que foi criado por ele e para ele, doravante é ele junto do Pai como que a suma de todas as coisas (v. 28)[78].

Interessa-nos agora, particularmente, uma coisa, a parusia com o ato central da ressurreição dos mortos. Devemos dar a τὸ τέλος do v. 24 o sentido de "resto" e compreender que o Apóstolo enumeraria três espécies de ressuscitados: Cristo, os cristãos e o restante dos mortos (os não-cristãos)? Parece-nos muito pouco provável, pois Paulo jamais se interessa pela ressurreição dos não-cristãos,

---

[76] Possuímos alguns indícios da existência de um movimento de "gnose" na Igreja de Corinto (cf. J. Dupont, *Gnosis. La connaissance religieuse dans les épîtres de saint Paul*, Louvain, 1949, pp. 259-263). Supõe-se que este movimento propagava fórmulas platônicas.

[77] O primeiro e segundo ato sucedem-se no tempo; o segundo e o terceiro coincidem, pois trata-se antes de aspectos da parusia (entendida no sentido mais largo) do que de momentos sucessivos.

[78] Trataremos de novo deste tema no terceiro livro.

sendo a ressurreição (gloriosa) para ele um privilégio reservado; e a ressurreição dos não-cristãos não é verdadeiramente vitória sobre a morte, e sim, segunda morte. Se aqui não se trata da ressurreição geral, ou antes, se está já implicada na ressurreição dos cristãos e no juízo universal, não vemos como possa Paulo pensar num reinado terrestre de Cristo, posterior à parusia, antes do fim dos tempos[79].

Interpretamos, pois, as fórmulas da primeira Epístola aos coríntios em harmonia com o conjunto da escatologia paulina. O reinado de Cristo de que se trata no v. 25 ("Pois é necessário que ele reine até que haja posto todos os seus inimigos debaixo de seus pés")[80] começou com a ressurreição e marcou a primeira vitória sobre as potes-

---

[79] Ver quanto às discussões a esse respeito E.-B. ALLO, *Première épître aux Corinthiens*, pp. 438-454. Segundo A. SCHWEITZER, *Die Mystik des Apostels Paulus*, Tübingen, 1930, p. 90, Paulo faria uma síntese do messianismo temporal nacional e do messianismo escatológico, à maneira de Baruc e de Esdras e em geral como os doutores da Lei, distinguindo um reinado temporal intermediário de Cristo de seu reinado eterno escatológico. M. GOGUEL, *La naissance du christianisme*, Paris, 1946, vê na passagem a sobrevivência – em contradição com a cristologia paulina normal – da idéia judaica de um reinado provisório do Messias. Compare-se esta posição de Paulo com a do Apocalipse de João e sua doutrina do reinado messiânico de mil anos (aceita mais tarde por Papias, Justino, Tertuliano, Apolinário de Laudicéia). Ver F. GUNTERMANN, *Die Eschatologie des hl. Paulus*, Münster in W., 1932, pp. 251-264. O milenarismo não combina com a tendência geral da teologia paulina. Um homem como Paulo não se interessa pela felicidade temporal, nem por um reinado terrestre de Cristo. O centro de seu pensamento é Deus e a união eterna a Deus, servindo Cristo de intermediário. Não há uma palavra em suas epístolas que sugira explicitamente a idéia de um reinado intermediário, e muitas vezes esta idéia é positivamente excluída. Na primeira Epístola aos tessalonicenses, a descrição da parusia termina com o juízo, e este juízo é evidentemente o juízo universal que nos introduzirá no reino eterno de Cristo. Na segunda Epístola aos tessalonicenses, a parusia se encerra com o aniquilamento do Anticristo e com ele de todo o poder do pecado. No mesmo sentido, W. G. KÜMMEL, "Mythische Rede und Heilsgeschehen im Neuen Testament", em *Coniect. Neotestament.*, XI, p. 123, n. 30 (contra O. CULLMANN, *Königsherrschaft Christi und Kirche im Neuen Testament*, 1941, p. 14s e H. BIETENHARD, *Das tausendjährige Reich*, Diss. Basiléia, 1944, que descobre o milenarismo em 1 Co 15). Ver também W. D. DAVIES, *Paul and Rabbinical Judaism*, Londres, 1948, p. 285ss.

[80] O Sl 110.1 talvez seja a passagem do A.T. mais freqüentemente citada pelos primeiros cristãos. É uma peça essencial da apologética da fé primitiva. Fornece a expressão "está assentado" (ou "está") à direita de Deus que afirma o reinado atual de Cristo, à espera da parusia (Mt 26.64 e par.; At 2.34; Rm 8.34; Ef 1.20; Cl 3.1;

tades, havendo Cristo estabelecido seu domínio sobre os cristãos, ao libertá-los[81].

A parusia assinalará a vitória pública e total, pelo aniquilamento destas mesmas potestades que continuaram sua oposição fora da Igreja ou do reino de Cristo. Deve esta última vitória seguir a parusia, precedê-la ou coincidir com ela? As fórmulas empregadas por Paulo poderiam desdobrar-se em diversas hipóteses. Algumas reflexões permitem-nos, contudo, circunscrever o problema. Paulo fala duas vezes da vitória sobre a morte. "O último inimigo a ser destruído é a morte", diz-nos no v. 26. Mais longe, v. 54-57, uma ação de graças pela vitória sobre a morte visa à ressurreição dos cristãos. Pode-se admitir que o v. 26 trataria de coisa diferente da ressurreição gloriosa dos cristãos? Tanto mais que somente ela é verdadeira vitória sobre a morte. Além disso, essa vitória não se distingue temporalmente da vitória sobre as potestades. A morte está personificada, à maneira dos apocalipses; como o pecado, está ligada às potestades e é destruída com elas (não tem outra existência pessoal além da que possui em seus protagonistas). Parece-nos, enfim, que, em nossa Epístola aos coríntios, as potestades tomaram o lugar que o Homem de iniqüidade ocupava na segunda Epístola aos tessalonicenses. Nesses dois casos, a parusia é acompanhada de uma vitória sobre os inimigos de Deus. Se identificamos ou antes se fazemos a equivalência entre o domínio de Satanás, o mandante do homem de

---

Hb 1.3,13; 8.1; 10.12; 12.2; 1 Pd 3.22). A afirmação da sessão à direita de Deus está em explícita ligação com a parusia, Mt 26.64 e par. A influência de Dn 7 produziu a variante de At 7.56: "de pé, à direita de Deus". Cf. Ap 14.14-16 (ver C. SCHNEIDER, art. κάθημαι em *Theolog. Wörterbuch*, III, p. 445; W. GRUNDMANN, art. δεξιός, em *Theolog. Wörterbuch*, II, p. 39). A apologética serve-se do mesmo versículo para fundamentar a ressurreição no A. T. (At 2.34). Combinado com Is 53, fornece a expressão "exaltado à direita de Deus". O judaísmo rabínico, para eliminar as pretensões cristãs, renuncia até 250, mais ou menos, à aplicação messiânica do salmo. Cf. STRACK-BILL., IV, p. 452ss; W. GRUNDMANN, *ibid.*, p. 39. A citação é de tal modo tradicional no cristianismo que não é necessário, para explicar que Paulo a tenha aplicado aos anjos, recorrer à crença do judaísmo tardio de que os anjos governam as nações (cf. O. CULLMANN, *Christ et le temps*, p. 138).

[81] Paulo refere-se aos mesmos textos do Sl 110 e 8 em Ef 1.20-23 ao falar da vitória alcançada pela ressurreição sobre estas mesmas potestades. Quanto ao triunfo de Cristo sobre as potestades, cf. R. BULTMANN, "Bekenntnis- und Liedfragmente im ersten Petrusbrief", em *Coniect. neotestam.* XI, pp. 6-9.

iniqüidade e das potestades celestes, tornar-se-á mais claro que estamos diante de duas fórmulas simétricas que exprimem a mesma oposição e uma só vitória por idêntica "destruição". Ora, quanto ao homem de iniqüidade, a destruição se dá em virtude da manifestação estrondosa da parusia (2 Ts 2.8). A aparição de Cristo acarreta o aniquilamento de tudo o que se lhe opõe e é imediata, necessária pela força das circunstâncias; como a luz destrói a sombra, a manifestação de Cristo aniquila a de seus inimigos[82].

As três descrições analisadas são complementares; os temas gerais da ressurreição de Cristo e da ressurreição dos cristãos (com transformação dos vivos em 1 Coríntios) continuam estáveis, mas o cenário varia em cada uma. Em 1 Tessalonicenses, Cristo vem no quadro ideal de uma entrada solene, mas outros traços indicam suficientemente que Paulo conhece o quadro apocalíptico. Este é conservado mais integralmente em 2 Tessalonicenses, onde Paulo descreve a fase imediatamente anterior à parusia e ao juízo: uma exasperação de iniqüidade, com um homem de iniqüidade (correspondente aos falsos profetas dos sinóticos); uma manifestação extraordinária do homem de pecado (sua "parusia") acarretando a idéia duma luta onde Cristo aniquila o representante de Satanás (talvez o próprio Satanás). Na primeira Epístola aos coríntios, empenha-se a mesma luta nas esferas celestes, com as potestades celestes que intervieram na história humana. Satanás e as potestades celestes representam as criaturas espirituais opostas à obra de Deus. Enquanto Satanás é o adversário pessoal, as potestades celestes estão menos nitidamente caracterizadas. Os três cenários de um lado revezam-se e de outro se sobrepõem, em equivalência.

Um reino terrestre de Cristo após a parusia é excluído pelo desenrolar dos acontecimentos de 1 Tessalonicenses. Uma frase como "estaremos sempre com Cristo", embora não se refira explicitamente à visão eterna, deve ser compreendida no espírito de Paulo; o que conta é estar com Cristo, união espiritual que evidentemente exclui maravilhas de ordem material. A carne e o sangue nada têm que ver com o reino de Deus. A vitória definitiva de Cristo sobre as potestades

---

[82] O julgamento dos anjos decaídos pelo Filho do homem é um tema apocalíptico. Cf. E. SJOEBERG, *Der Menschensohn*, pp. 6.755.

deve ser complementar da destruição do homem de pecado e coincidir com a parusia; o poder de Cristo sobre as potestades por ele criadas é tal que não é possível pensar numa luta prolongada. Tudo se faz num instante, como acontece com a destruição do homem de pecado. É o aniquilamento ao menos de todo seu poder e sua completa submissão[83].

Parece ser assim o raciocínio de Paulo: a parusia é o julgamento público, a manifestação da vitória de Cristo e de Deus. Os cristãos são glorificados; aqueles que não aceitaram o amor da verdade são condenados publicamente, bem como as potestades rebeldes. O juízo consiste numa sentença de condenação pronunciada contra todos aqueles que se opuseram a Deus. Dever-se-á precisar que este juízo universal foi precedido de um juízo particular que decidiu previamente a sorte dos eleitos e dos condenados. Pelo fato mesmo que os cristãos ressuscitaram gloriosos ou que os vivos foram transformados e já glorificados, não estão sujeitos ao juízo de condenação; afiguram-se instalados como assessores ao lado do juiz que vem cercado de seus anjos e de seus santos. De outro lado, os que não ressuscitaram à imagem da ressurreição gloriosa de Cristo, ou que não foram transformados, estão assinalados para o julgamento público de condenação. Tudo isso supõe uma discriminação preliminar que denominamos agora, na teologia, juízo particular[84].

Em suas grandes linhas, esta escatologia de Paulo é conforme à dos Evangelhos. Como os apocalipses sinóticos, incorpora a si elementos tradicionais da corrente apocalíptica judaica, elaborando-os e adaptando-os a uma fé superior.

II - ORIENTAÇÃO DA VIDA CRISTÃ PARA A PARUSIA

A mensagem cristã inclui a afirmação da parusia ao mesmo tempo que a da ressurreição, porque a ressurreição de Cristo lega à

---

[83] Quanto ao sentido de καταργέω ver G. DELLING em *Theolog. Wörterbuch*, I, pp. 453-455. A atenção de Paulo volta-se para a cessação de toda atividade e a abolição de todo poder. Não se conclui, no entanto, haver aniquilamento total desses seres celestes.

[84] Cf. E. B. ALLO, *Seconde épître aux Corinthiens*, Paris, 1937, pp. 155-160.

esperança cristã firmeza, e a parusia dá à ressurreição significado profundo[85].

1. Mensagem e confissão de fé

Conhecemos a mensagem que o Apóstolo transmitiu aos tessalonicenses, convidando-os a abandonarem a idolatria pelo culto de Deus vivo e verdadeiro, ensinando-os a "aguardarem o seu Filho lá dos céus, o qual ressuscitou dos mortos: Jesus, que nos salva da ira vindoura" (1 Ts 1.9ss). Pode-se imaginar em que medida semelhante mensagem, imposta pelo Apóstolo no poder do Espírito (Gl 3.5), orientaria as almas simples e espontâneas para a parusia; a certeza (fé e esperança) de que Jesus ressuscitado estava prestes a vir julgar e livrar os que nele criam, determina toda a sua atitude cristã. Paulo a ela unirá, em sua primeira carta, a fé na ressurreição dos cristãos, mortos antes da parusia: "Se, como cremos, Jesus morreu e ressuscitou, devemos igualmente crer que Deus levará com Jesus os que nele já tiverem morrido" (1 Ts 4.14; cf. Rm 14.9; 1 Co 15.12).

A confissão de fé no reinado de Cristo, explícita ou implicitamente, coloca no horizonte próprio a parusia, manifestação pública do reino. A fórmula primitiva "O Senhor vem", afirma ser a parusia tanto objeto de fé como de esperança.

2. Exortações

As exigências da vida cristã baseiam-se na fé na parusia. É uma vida em que importa vigiar e ser sóbrio, vigiar e orar, e uma vez que o mundo passa, usar dele com sobriedade, como se não se usasse – eis a maneira cristã de esperar a parusia.

Paulo desenvolve na primeira Epístola aos tessalonicenses a formulação clássica desta exortação. Após a afirmação fundamental: "Vós mesmos sabeis muito bem que o dia do Senhor virá como um ladrão, de noite" (1 Ts 5.2), ele continua com antíteses[86] e metáforas:

---

[85] O. CULLMANN, *Le retour du Christ*, pp. 11-20.
[86] A fórmula "o dia do Senhor virá à noite" desencadeou o jogo de antíteses gregas "dia-noite", "luz-trevas". Os cristãos não estão mais nas trevas, mas à luz do dia; daí, não podem ser surpreendidos de improviso no dia da parusia; daí também,

Mas vós, irmãos, não estais nas trevas, de modo tal que o dia supremo vos surpreenda como um ladrão. Vós todos sois já filhos da luz e filhos do dia. Não, nós não somos da noite, nem das trevas; não durmamos, portanto, como os outros, mas vigiemos e pratiquemos a temperança. Aqueles que dormem, dormem de noite, e os que se embriagam, embriagam-se de noite. Mas nós, visto que pertencemos ao dia, sejamos sóbrios, revestidos como de couraça, da fé e da caridade, tendo por elmo a esperança da salvação (5.4-8).

O paralelo com as parábolas escatológicas de Mateus é impressionante: o dia virá como um ladrão (24.43); é necessário, pois, que nos preparemos vigiando (25.13), no exercício da caridade (24.45,49).

A mesma exortação é repetida quase palavra por palavra em Rm 13.11-14; Paulo relembra em primeiro lugar a proximidade da parusia: "Nossa salvação está mais próxima do que quando acreditamos", e continua: devemos, pois, despertar de nosso sono, devemos pensar no que convém ao dia e à luz, praticar as obras do dia e tomar nossas armas.

Comparemos essas duas passagens com Ef 6.10-20; Paulo retoma a exortação sobre a armadura cristã e sobre a vigilância num contexto onde a alusão à parusia desempenha, ao menos, o papel de segundo plano. O "dia mau" evoca o fim do mundo e a grande apostasia. Mas, esse dia mau começou desde agora, e é na vida presente que se desenrola o combate contra as potências do mal.

Segundo o pensamento de Paulo como de acordo com o da comunidade primitiva, a parusia paira sobre a vida presente; os tempos messiânicos começaram e com eles a luta. Assistimos, pois, a este fenômeno de uma exortação, destinada a preparar os cristãos para a parusia futura, visar aos perigos presentes, encarados numa perspectiva escatológica. O tom da passagem de Efésios é mais marcial que o da passagem correspondente de Romanos e de 1 Tessalonicenses. Lembremo-nos de que em 1 Coríntios a parusia apresenta-se também como uma luta vitoriosa de Cristo guerreiro sobre as potestades.

---

    suas ações devem ser convenientes ao dia e à luz, isto é, a vigilância, a sobriedade etc., para preparar a salvação; daí ainda, devem-se revestir de suas armas como convém a soldados durante o dia. Uma dependência verbal de Paulo em relação ao Antigo Testamento e sobretudo a Isaías é muito perceptível em Ef 6.14-18 e em 1 Ts 5.8.

Esta primeira série de textos apresenta-nos um conjunto literário bem determinado, habitual em Paulo que o repetia, sem dúvida alguma, freqüentemente em suas instruções aos cristãos. Outras passagens desenvolvem temas análogos. Em Gl 6.10, Paulo apóia na parusia sua exortação à caridade: "Portanto, enquanto para isso temos tempo, façamos o bem a todos, máxime aos nossos irmãos de fé"[87]. 1 Co 7.29-31 é uma exortação ao desapego: "Isto, portanto, vos digo, irmãos: o tempo é reduzido; aqueles, pois, que têm esposas sejam como se não as tivessem, os que choram, como se não chorassem, os que andam alegres, como se não andassem, os que compram, como se não possuíssem, os que se servem do mundo, como se dele não usufruíssem; porque passa o cenário deste mundo". Em toda a primeira Epístola aos tessalonicenses as exortações sobre o mesmo tema visam à santidade: 1 Ts 2.11s ("exortamos a cada um de vós, e vos animamos e conjuramos a proceder de maneira digna de Deus, que vos chama ao seu reino e à sua glória"); 3.12s; 5.23; cf. 2 Ts 1.11[88]. Aliás, é uma série de recomendações diversas, apoiadas na alusão à parusia, Fl 1.9-11; 4.4-9,

Todas as principais manifestações da vida cristã são, pois, mais ou menos profundamente condicionadas pela expectativa da parusia. Esta não as rege no temor, mas na alegria e no entusiasmo, pois ela é esperança, expectativa de um evento feliz que as coroará.

3. A esperança cristã

A esperança cristã, com a fé e a caridade, foi produzida pelo Espírito Santo na primeira comunidade cristã,

A esperança volta-se para os bens futuros e escatológicos, matizada pela noção de confiança em Deus (πεποίθησις), que foi desenvolvida no Antigo Testamento; ela é confiança absoluta em Deus, certeza da parusia, entusiasmo e alegria. A confiança reforça-se com a certeza plena da ressurreição de Cristo, e torna-se assim sentimento

---

[87] Cf. Mt 14.45-49; L. CERFAUX, La charité fraternelle, p. 325. Observar-se-á como a tríade fé, esperança e caridade gravita primeiro em torno da parusia.
[88] A escolha do tema santidade depende sem dúvida do esquema descritivo da parusia; o cortejo de Cristo é constituído de ἅγιοι, anjos e santos; é preciso, pois, que nos preparemos desde agora com a santidade, a veste de gala deste dia.

especificamente cristão. Os pagãos não a possuem (1 Ts 4.13; Ef 2.12; cf. II Clem. 1,7). As perspectivas futuras desenvolvidas nos mistérios pagãos são efetivamente vagas demais para rivalizarem com a esperança cristã. Entre os judeus, a confiança em Deus não vai até a esperança certa da vida eterna. Os fariseus colocavam a esperança da vida futura em suas próprias ações e não no poder divino; procuravam uma espécie de garantia jurídica que jamais puderam atingir, e ficavam no mesmo nível dos pagãos, morrendo sem esperança eficaz. O Rabino Jochanan ben Zakkai, contemporâneo dos apóstolos, desfez-se em lágrimas quando seus discípulos se aproximaram de seu leito de morte para reclamar sua última bênção. Como o interrogassem sobre a causa de sua tristeza, respondeu: "Há dois caminhos diante de mim, um que conduz ao paraíso, outro à geena, e não sei a qual dos dois estou destinado"[89].

O objeto primário mais concreto, mais expressivo da expectativa cristã, o que excita também o entusiasmo dos fiéis, é a vinda de nosso Senhor com a alegria que ela trará e a glória que se refletirá nos cristãos[90].

A esperança cristã aparece-nos sobretudo sob esta forma primitiva nas Epístolas aos tessalonicenses. O objeto da esperança é o Senhor, 1 Ts 1.3 (a esperança do Senhor), a alegria e a coroa de honra em presença de nosso Senhor na parusia (2.19; cf. Rm 12.12), a salvação (5.8). Estas idéias reaparecem em outras epístolas, embora elas a exprimam talvez com menor vivacidade: cf. 1 Co 1.7; Fl 3.20; 2 Co 1.14. Paulo, de modo muito especial, repete a fórmula quando diz que os cristãos das igrejas por ele fundadas serão sua honra e sua coroa na parusia: cf. 1 Ts 2.19; 2 Co 1.14 ("Nós somos a vossa glória justamente como vós também sereis a nossa glória, no dia de nosso Senhor Jesus"); Fl 2.16 ("A fim de que eu tenha de que me gloriar no dia de Cristo, por não ter corrido em vão, nem em vão ter-me afadigado").

Paulo excita muitas vezes os cristãos à esperança ao mesmo tempo que à vigilância, lembrando-lhes que o tempo é breve e que a parusia poderá não estar distante: Gl 6.10; 1 Co 10.11; Rm 13.11;

---

[89] Cf. H. RENGSTORF, art. ἐλπίς, em *Theolog. Wörterbuch*, II, p. 524.
[90] Todo o potencial sentimental que entra em jogo na entrada solene dos soberanos helenísticos confirma ou precisa o sentimento religioso dos cristãos.

Rm 16.20; Fl 4.4,5⁹¹. Termina a primeira Epístola aos coríntios (16.22), escrevendo do próprio punho: "Maranatha", "o Senhor vem!" (cf. Rm 16.20).

As tribulações (θλίψεις, παθήματα) estão em relação com a esperança; é uma associação muito primitiva. A comunidade apostólica sabia que era participante pelas tribulações e perseguições das próprias tribulações e perseguições de Cristo. Uma vez que é necessário passar pelas tribulações messiânicas para chegar à parusia, as tribulações são penhor de salvação, certeza de que somos escolhidos. Os perseguidos são os que se hão de salvar, os perseguidores serão os condenados (cf. 2 Ts 1.4,6).

A certeza de esperança produzida pelas tribulações duplamente se funda em motivo escatológico: os sofrimentos são o lote dos que partilham a sorte de Cristo, que passou pelas tribulações dos tempos messiânicos para chegar à glória, e nós seguimos este caminho (1 Ts 1.3; Rm 5.3,5); e experimentalmente: o Espírito Santo deposita em nós, por ocasião das tribulações, a alegria e o consolo, penhor e antecipação das alegrias futuras, cf. 2 Co 1.3-6.

A esperança da salvação concretiza-se na certeza de nossa ressurreição (2 Co 4.14) e sobretudo da glória que revestirá nossos corpos ressuscitados. O pensamento de Paulo longa e freqüentemente se deteve neste último aspecto (1 Ts 4.13-18; Fl 3.8-11). Em Rm 8.18-39 o tema da esperança da glória atinge sob sua pena uma amplidão insólita: "Eu estimo, declara ele de início, efetivamente, que os sofrimentos da vida presente não têm proporção alguma com a glória que há de revelar-se em nós" (Rm 8.18). Assim, está bem definido o objeto da esperança, a glória que deve ser revelada em nós, entendamos, em nossos corpos ressuscitados na parusia, quando a glória de Cristo (do Senhor da glória, 1 Co 2.8) se manifestar em nossos corpos mortais. A epístola pinta em seguida a expectativa da criação (vv. 19-21). Toda a criação nos foi associada, deseja ver nossa aparição na qualidade de filhos de Deus, na glória; a liberação de nossos corpos será o sinal de sua própria liberação.

---

⁹¹ A proximidade da parusia não entra como componente fundamental na fé; esta afirma que Cristo ressuscitou, reina e virá. A esperança terá por si mesma a tendência (sob a influência do sentimento) de encurtar os prazos. Cf. O. CULLMANN, *Le retour du Christ*, pp. 2, 21-32.

Da criação (vv. 22-27) eleva-se um concerto de gemidos por sua liberação. Nós, que possuímos as primícias do Espírito, também suspiramos pela qualidade de filhos, pela redenção de nossos corpos que a ressurreição há de resgatar da corrupção. Não possuímos no momento senão a certeza correspondente ao estado transitório da vida cristã, mas esta já é exaltante: de um lado, o Espírito Santo presente em nós exige por seus gemidos os bens inefáveis; de outro, podemos ter fé nas promessas de Deus que tomou a iniciativa de nos salvar e acabará sua obra. Paulo termina toda a seção num hino dedicado à esperança[92].

III - ANTECIPAÇÃO DA PARUSIA NA VIDA CRISTÃ

O avanço do pensamento leva Paulo a ver nos bens espirituais presentes uma antecipação dos bens futuros que começarão para nós na parusia de Cristo. Depois de haver dito (Rm 3.21) que a ira de Deus (uma realidade escatológica) já pesa sobre a humanidade, ele continua: "Agora, pois, manifestou-se a justiça de Deus sobre todos os crentes". Assim, pois, o juízo de Deus a realizar-se publicamente no fim dos tempos começa desde já na ira ou na justiça. Do mesmo modo, a sabedoria de Deus que se revela agora no Espírito (1 Co 2.10) estava escondida em Deus e nos era predestinada para nossa glória no fim dos tempos: é, portanto, ainda, uma realidade do fim dos tempos que se comunica agora na vida cristã, antecipação dos bens apocalípticos[93].

Paulo chama o Espírito as primícias (Rm 8.11; 8.23) ou arras (2 Co 1.22; 5.5; Ef 1.14); quer ele dizer que o Espírito nos é dado em antecipação dos bens celestes reservados para a parusia[94]. Esta antecipação se faz muito especialmente pelos carismas, e estes nos serão

---

[92] Pode ser comparada com esta explanação de Romanos, a de 2 Co 3.4-5.10. A glória do Novo Testamento antecipa a glória futura e certos versículos devem ser interpretados como referentes à esperança escatológica: cf. 2 Co 4.17 (Rm 8.18); 5.2 (Rm 8.22); 4.18 (Rm 8.30).
[93] Nas epístolas pastorais, a encarnação, denominada *epifania*, é considerada uma antecipação do advento glorioso de Cristo. Cf. C. Spicq, *Les Épîtres Pastorales*, Paris, 1947, pp. 263-265.
[94] O Espírito faz parte dos bens messiânicos, cf. At 2.16-18 (a citação do profeta Joel) e especialmente At 2.33; 5.32.

concedidos, seja para nos preparar para a parusia, seja para nos tornar pacientes na espera, 1 Co 1.7. Por isso, quando Cristo voltar e nos conceder a perfeição do conhecimento, todos os carismas, que são apenas conhecimentos provisórios, desaparecerão diante do conhecimento perfeito (1 Co 13.8s).

Recebemos igualmente uma antecipação da glória da parusia; assim pela vida que nos é dada aqui em Cristo, antecipamos a ressurreição. Teremos oportunidade de reexaminar mais adiante estas diferentes fórmulas.

A antecipação dos bens não deve suprimir a tensão para a parusia. Jamais podemos considerar os dons atuais como capazes de saturar nossas almas. Eles devem deixar subsistir a expectativa. Não nos dispensam dos sofrimentos e das humilhações próprios ao período atual no qual vivemos (1 Co 4.8-13).

Pode-se dizer que a vida cristã está essencialmente colocada sob o signo da espera[95]. Paulo nunca mudou de parecer neste assunto e seu protesto contra os coríntios que negavam a ressurreição, e com ela a parusia, é sintomático acerca de seu estado de espírito. A parusia sempre se manteve no horizonte de seu pensamento. Encontra-se nas fórmulas da esperança cristã, seja direta, seja indiretamente (a salvação oposta ao julgamento de condenação, a ressurreição, a glória dos corpos ressuscitados). Acha-se ainda nas exortações à vigilância, tão freqüentes nas epístolas. Está, enfim, em todas estas fórmulas em que ele nos convida a encararmos o fim das coisas (Gl 6.10; 1 Co 7.29-31; Rm 13.11-14; 16.20; Fl 4.4s).

Em tudo isto, Paulo não considera tanto períodos sucessivos e sim a imperfeição das realidades cristãs[96], que participam simulta-

---

[95] Cf. W, G. KÜMMEL, *Mythische Rede*, p. 122.
[96] Entendemos o protesto de Cullmann e precavemo-nos da fraseologia grega e platônica que opõe o tempo à eternidade (*Christ et le temps*, pp. 45-47). A antítese paulina não é entre tempo e eternidade, mas entre corporal, carnal, empenhado neste mundo através da carne, e espiritual, proporcionado ao século futuro por esta mesma qualidade. Por aí, contudo, temos uma equivalência entre os bens estáveis do mundo das idéias da filosofia platônica, equivalência muito mais realista, e que acentua a antítese entre este mundo e o mundo celeste. Este mundo não só é caduco e instável, como também está em proporção com a nova criatura que nós nos tornaremos e já nos tornamos. Suspiramos, pois, pela qualidade de espirituais na medida mesma em que a possuímos de maneira incompleta, provisória.

neamente do século futuro e do presente. A participação no século futuro é apenas provisória[97], poder-se-ia mesmo dizer que o século presente pesa mais sobre os cristãos, porque está em rebelião ainda não definitivamente vencida contra a obra de Deus. O problema, hoje levantado de maneira tão aguda, sobre o valor das realidades deste mundo não poderá ser solucionado na linha paulina sem levar em conta a inserção na vida cristã de realidades futuras, antecipadas e que são de ordem completamente diversa do século presente.

Sobre o ponto preciso dos eventos escatológicos, o pensamento paulino não difere do pensamento da comunidade primitiva, e esta faz eco ao ensino de Jesus, nos quadros apocalípticos comuns. Manifestação do Messias ou do Filho do homem, juízo, ressurreição dos mortos; e preliminarmente, as tribulações e a luta entre os poderes do mundo futuro e os do mundo que desaparece. Tudo isto bem se enquadra nas doutrinas escatológicas do judaísmo.

O que mais nos interessa na cristologia é verificar que o Cristo da parusia reúne os traços do Filho do homem e os do Messias nacional. Já esboçada nas tradições apocalípticas, esta identificação é muito mais nítida no cristianismo. A identificação, contudo, faz-se em proveito da figura do Filho do homem que absorve os traços do Messias nacional.

A existência de uma comunidade messiânica dos últimos tempos é característica do cristianismo. Não se poderia, aliás, encontrar senão pálidas analogias. A pequena comunidade que cercava Jesus já era esse pequeno rebanho a quem pertencia o reino[98]. Após a ressurreição e Pentecostes, a comunidade sente-se chamada a inaugurar na Terra a Igreja dos tempos escatológicos; é a este título que ela recebia as promessas dos tempos messiânicos.

Tais como as concebe Paulo, as antecipações da parusia não equivalem a fazer começar desde a morte ou a ressurreição de Cristo o "século futuro", escatológico. As fórmulas não são tão simples,

---

[97] É bom notar com F. BUCHSEL (*Theolog. Literaturzeitung*, LXVI [1941], col. 88), que Paulo jamais diz que o novo eon já teria começado em segredo, com a ressurreição de Cristo.
[98] Quanto à escatologia de Jesus (e da comunidade primitiva), cf. W. G. KÜMMEL, *Verheißung und Erfüllung*, Basiléia, 1945; R. BULTMANN, "Zur eschatologischen Verkundigung Jesu", em *Theolog. Literaturzeitung*, LXXII (1947), col. 271-274.

nem tão unilaterais. Seríamos talvez mais fiéis ao habitual modo de pensar paulino, se nos contentássemos antes com falar de participação em "mistério" dos bens futuros da salvação, ao invés de datar da morte ou da ressurreição de Cristo o começo dos tempos escatológicos; mas, pelo fato de que o início escatológico não produz imediatamente a ressurreição geral e o juízo, a parusia e nossa ressurreição ficam no horizonte, e são estes acontecimentos que inaugurarão o século futuro. Sua ação temporalmente escatológica sendo diferida, a eficácia da ressurreição de Cristo consistirá em depor em nós, desde agora, a sua participação em mistério.

Capítulo III
A RESSURREIÇÃO DE CRISTO

1. A fé na ressurreição. A visão de Paulo – Fé da comunidade primitiva. As Escrituras.
2. O vocabulário primitivo. O corpo ressuscitado – Corpo espiritual. Corpo glorioso.
3. Teologia da ressurreição. Ressurreição e escatologia – Eficiência da ressurreição: futura, presente.

A ressurreição do Messias ou do Filho do homem é desconhecida na corrente apocalíptica. Não convinha nem à figura do Messias nacional, nem à do Filho do homem transcendente.

São os fatos que impuseram aos cristãos este dado original, que, aliás, tivera alguma preparação no Antigo Testamento; a figura do Servo sofredor, em particular, podia já indicar seus vestígios. Cristo Jesus ressuscitado tornou-se o chefe da vida nova, o primeiro Homem da raça dos ressuscitados. A idéia do novo Adão, tenuamente insinuada no judaísmo[99] poderá adquirir relevo no pensamento paulino. A ressurreição assegurará esta missão a Cristo. Ao mesmo tempo, a ressurreição dos cristãos coordenar-se-á com a ressurreição de Cristo.

I - A FÉ NA RESSURREIÇÃO

A fé na ressurreição é a pedra angular da comunidade cristã que se recompõe após a morte de Cristo. Não hão de se opor entre si fé e fato. A fé supõe o fato. Transpõe o simples testemunho para a esfera do Espírito; a testemunha segundo a fé testemunha no Espírito, sem que seu testemunho humano cesse por isso de ser um ver-

---

[99] P. Volz, *Die Eschatologie*, p. 189s.

dadeiro testemunho; quem recebe o testemunho, recebe-o na dupla qualidade de testemunho humano e de testemunho no Espírito. O documento em que Lucas descreve a comunidade de Jerusalém dizia expressamente: "E com grande poder os apóstolos davam testemunho da ressurreição do Senhor Jesus" (At 4.33). O "testemunho" define o aspecto mais humano da missão deles, a "força" vem do Espírito Santo. No discurso de Pedro lemos: "É, pois, necessário que um dentre os homens que estiverem conosco durante todo o tempo em que ia e vinha entre nós o Senhor Jesus, a partir do batismo de João até o dia em que do meio de nós foi elevado ao céu, se torne, conosco, testemunha de sua ressurreição" (At 1.21ss).

Ao testemunho apostólico corresponde a fé primitiva. Referente primeiro à ressurreição (At 4.4; Mc 16.14-16), estender-se-á a toda a vida de Cristo e às verdades que esta nos revelou. Paulo atinge o nível do cristianismo primitivo por sua fé na ressurreição; ele participa do apostolado como testemunha da ressurreição[100].

1. *A visão de Cristo ressuscitado*

Paulo se converte por causa da visão de Cristo ressuscitado. Na primeira Epístola aos coríntios, ele assimila sua visão à dos apóstolos e às de todas as outras testemunhas da ressurreição:

Cristo morreu pelos nossos pecados, segundo as Escrituras, foi sepultado e ressuscitou ao terceiro dia, segundo as Escrituras, apareceu a Cefas, depois aos doze.

Em seguida apareceu, de uma só vez, a mais de quinhentos irmãos, a maioria dos quais vivem até ao dia de hoje, enquanto alguns faleceram.

Apareceu também a Tiago, depois a todos os apóstolos; finalmente, depois de todos, apareceu-me também a mim, como a um aborto (1 Co 15.3-8).

Refere-se a última frase ao evento do caminho de Damasco: a visão de Cristo ressuscitado fornece a Paulo o título jurídico de seu

---

[100] H. F. VON CAMPENHAUSEN, "Der urchristliche Apostelbegriff", em *Studia theologica*, XX (1947), pp. 96-130; W. G. KÜMMEL, *Kirchenbegriff und Geschichtsbewusstsein in der Urgemeinde und bei Paulus*, Zürich-Upsala, 1943, pp. 2-11.

apostolado. Ele foi escolhido como "testemunha da ressurreição" e sua voz se juntará à dos outros apóstolos. Em outro contexto, apologético, ele afirma novamente que sua visão "de Jesus nosso Senhor" lhe conferiu a função de apóstolo. "Não sou apóstolo? Não vi a Jesus, nosso Senhor?" (1 Co 9.1).

De outro ângulo, a visão foi de Cristo glorioso: "Mas, quando àquele que me escolheu desde o seio de minha mãe e me chamou pela sua graça, aprouve revelar (ἀποκαλύψαι) em mim o seu Filho[101], a fim de que eu o anunciasse entre os gentios" (Gl 1.15-16). Paulo é beneficiário de um apocalipse do "Filho de Deus", do Messias celeste que os evangelhos denominam nesta missão "Filho do homem" e cuja vinda do céu aguardam os cristãos (1 Ts 1.10). Paulo teve como que as primícias de sua aparição gloriosa. Sua visão antecipa para ele pessoalmente a parusia e permitir-lhe-á anunciá-la aos pagãos. Sob este aspecto, a visão de Paulo apresenta certa analogia com a de Estêvão a quem o "Filho do homem", Cristo da parusia, se mostrou de pé, à direita de Deus (At 7.55). Os dois pontos de vista são complementares. A ressurreição de Cristo exaltou-o concretamente, colocou-o à direita de Deus revestido de sua glória, e tudo isto em função da parusia, à qual a ressurreição logicamente se ordena.

As outras aparições de Cristo a Paulo, assinaladas no Livro dos Atos, não têm mais o mesmo caráter[102]. Cristo que aparece intervém no governo da Igreja e nos destinos do apostolado. Ele aparece para governar, não para "se manifestar". Ao contrário, a visão de Damasco e a de Estêvão revelam-no, manifestam-no.

Uma distinção do mesmo gênero aparece no Apocalipse. A visão inaugural é uma revelação solene do Filho do homem, quase ainda uma antecipação de sua parusia; ao mesmo tempo, Cristo dirige as Igrejas da Ásia.

---

[101] Cf. p. 341s.
[102] Ver a propósito da distinção entre "aparição" e "visão" a disputa E. HIRSCH-P. ALTHAUS: E. HIRSCH, *Die Auferstehungsgeschichte und der christliche Glaube*, Tübingen, 1940; P. ALTHAUS, *Die Wahrheit des kirchlichen Osterglaubens*, Gutersloh, 1940 (2ª ed: 1941); E. HIRSCH, "Zum Problem des Osterglaubens", em *Theolog. Literaturzeitung* LXV (1940) col. 295-301.

2. A fé da comunidade

A fé de Paulo veio inserir-se naturalmente na fé da Igreja primitiva, com o acréscimo de sua própria experiência, enquanto testemunho apostólico[103]. Reencontra-se em suas epístolas o liame arcaico da confissão de fé com a ressurreição e aqui se ouve freqüentem ente a reminiscência do símbolo ordinário baseado no ensino apostólico comum e que lhe foi "transmitido" pela comunidade de Jerusalém: "Pois se, como cremos, Jesus morreu e ressuscitou..." (1 Ts 4.14); "se confessares por tua boca que Cristo é o Senhor e creres com o coração que Deus o ressuscitou dos mortos" (Rm 10.9); "por causa de nós, aos quais foi creditado o crer naquele que ressuscitou dos mortos a Jesus nosso Senhor" (Rm 4.24). A "tradição" de 1 Co 15.1-7 visa essencialmente ao testemunho concernente à ressurreição. Nenhum pormenor sobre a maneira pela qual se teria Cristo manifestado vem velar a nomenclatura dos fatos, simples enumeração de testemunhos sobre os quais se funda a fé da comunidade. A morte, o sepultamento, a saída do túmulo (é o sentido concreto que adquire ἐγήγερται neste contexto) precisam o sentido realista dado a esta ressurreição.

3. A Ressurreição e as Escrituras

Na "tradição" de 1 Co 15, intervém simultaneamente, quanto à Paixão e à Ressurreição, a menção do cumprimento das Escrituras. Devemos interpretar a afirmação no espírito da comunidade primitiva.

A Escritura não sugeriu o fato da ressurreição, mas a polêmica antijudaica, para explicar o escândalo da cruz e para demonstrar que a figura messiânica de Jesus correspondia bem à vontade divina, foi levada a mostrar a concordância entre o desígnio profético do Antigo Testamento e o fato cristão. É assim que se nos apresentam, no Livro dos Atos, os testemunhos proféticos. A ressurreição provou que Jesus de Nazaré era o Messias dado por Deus a seu

---

[103] A literatura recente sobre a ressurreição de Cristo foi analisada por W. G. KÜMMEL, "Das Urchristentum", em *Theolog. Rundschau*, XVIII (1950) pp. 21-24.

povo; com toda a evidência esta situação de fato deveria ter sido anunciada pelo Antigo Testamento, que tendia para Cristo. Donde a necessidade de perscrutar neste sentido as Escrituras; os apóstolos recebem do Espírito Santo a luz que lhes revela o valor dos textos. Mas, acontece aqui o mesmo que ao testemunho apostólico, que é simultaneamente humano e "espiritual"; a exegese dos textos é literal e "espiritual" ao mesmo tempo, sendo o sentido real dos textos iluminado à luz carismática.

Paulo tem exatamente este espírito da comunidade primitiva. Sabe que os cristãos são esclarecidos pelo Espírito para encontrarem na Escritura a imagem de Cristo; conhece também o tema geral do cumprimento das Escrituras por meio da ressurreição; o Evangelho de Deus, a mensagem apostólica, "de antemão prometida por meio de seus profetas nas santas Escrituras", tem por objeto o Filho de Deus, "nascido, segundo a carne, da estirpe de Davi, constituído Filho de Deus com todo o poder, segundo o Espírito de santificação, mediante a ressurreição dos mortos" (Rm 1.2-4). As profecias recaem, pois, sobre a ressurreição de Cristo, elas o propõem como "Filho de Deus com todo o poder". Isto nos sugere um dos textos que Paulo destacou. Trata-se do Sl 2.7: "Tu és meu Filho; hoje eu te gerei". Refere-o no seu discurso de Antioquia da Pisídia, segundo At 13.33; Lucas, que jamais o emprega nos discursos de Pedro, sabe que ele é familiar a Paulo.

Ajuntaremos a esta passagem o Sl 110.1 que visa à exaltação à direita de Deus e que Paulo cita a propósito da exaltação de Cristo (Ef 1.20; Cl 3.1), e exegeses menos diretas sobre o milagre da geração de Isaac (Rm 4.17-19), sobre a criação de Adão (1 Co 15.45), sobre a exaltação do "servo" de Deus (Fl 2.9).

O balanço é fraco, porque Paulo não teve ocasião de relembrar em nossas epístolas suas instruções nas sinagogas judaicas; senão veríamos desfilar os testemunhos escriturísticos que conhecemos pelos discursos do Livro dos Atos (cf. At 13.34-37, discurso de Antioquia da Pisídia).

Pode-se perguntar se o apelo às Escrituras de 1 Co 15.3-4 confirma o fato da ressurreição, ou mais especialmente o pormenor do terceiro dia. No ambiente de Jerusalém, tal como descrito nos discursos dos Atos, não é citada Escritura alguma que especifique o terceiro dia; esse pormenor parece ao contrário simplesmente dado histórico (At 10.40). A passagem de Jonas 2.1 citada em Mt 12.40 não pôde dar ensejo à expressão "o terceiro dia"[104].

II - NOÇÃO DA RESSURREIÇÃO

1. O vocabulário primitivo

A. *"Deus ressuscitou Cristo dentre os mortos"* (com o verbo ἐγείρω)

Esta fórmula provém da comunidade apostólica. Vemo-la no contexto que opõe ao procedimento dos judeus que dão a morte a Cristo, a intervenção divina que entroniza na glória messiânica aquele que seu povo rejeitou. Assim, nos discursos de Pedro, At 3.15; 4.10; 5.30; 10.40; nos discursos de Paulo, At 13.30; cf. 13.37; 26.8. Paulo relembrou aos judeus este comportamento que provoca a intervenção divina em 1 Ts 2.15.

A fórmula "Deus ressuscitou a Cristo dos mortos" está explicitamente em relação com o ato de fé, Rm 10.9; 4.24; 1 Co 15.15. Quando a idéia de fé não é explícita, pode ser subentendida, em 1 Co 6.14; 2 Co 4.14; Rm 8.11; 1 Ts 1.10. O emprego do verbo ἐγείρω nesta fórmula não é o que se poderia esperar segundo o uso religioso da linguagem helenística que prefere ἀνίστημι[105]. O Livro dos Atos ora emprega ἐγείρω ora ἀνίστημι.

B. *"Cristo ressuscitou"*

Esta fórmula ainda deriva provavelmente da comunidade primitiva, não, contudo, da formulação da fé, mas antes da narração dos fatos nos quais se baseia a formulação da fé. Cristo morreu, foi sepultado e ressuscitou (ver At 1.3; Mc 16.9; Lc 24.7,46). Paulo se acha sob a influência desta fraseologia tradicional da comunidade quando escreve 1 Co 15.3s: "Cristo morreu... foi sepultado... e ressuscitou"[106].

---

[104] Ver os paralelos não bíblicos em J. LEIPOLDT, "Zu den Auferstehungsgeschichten", em *Theolog. Literaturzeitung*, LXXIII (1948), col. 737-742.
[105] Cf. A. OEPKE, art. ἐγείρω em *Theolog. Wörterbuch*, II, p. 334.
[106] Nesta fórmula, o verbo está no passivo médio; deve-se traduzir antes: "ele ressuscitou" do que "fê-lo ressuscitar".

2. Ressurreição corporal e espiritual

A ressurreição de Cristo pertence à ressurreição dos mortos; é a primeira cronologicamente na ordem da dignidade e da causalidade, mas primeira de uma série.

Paulo é levado a insistir no aspecto espiritual da ressurreição. De um lado, deve responder às objeções dos coríntios contra uma reanimação material dos corpos[107], de outra parte considera Cristo ressuscitado como a fonte de nossa própria espiritualização.

O judaísmo concebia a ressurreição de um modo decepcionante para nós. Em grande parte isso vem da antropologia semítica; não concebe a pessoa sem estar concretizada num corpo. Esse corpo pode ser simplesmente material, isto é, matéria pura, sem influxo divino, ou espiritualizado. Neste caso, seu substrato material é transformado e passa da ordem terrestre à ordem celeste. Paulo desenvolveu seu pensamento anteriormente na primeira Epístola aos coríntios. Havia falado da ressurreição dos corpos na primeira Epístola

---

[107] Os coríntios criticaram o ensino de Paulo; era bem da têmpera desses atenienses que, no discurso de Paulo no Areópago, destacavam a alusão à ressurreição dos mortos e dela escarneciam (At 17.32). Quanto mais um grego pensa religiosamente (como filósofo ou mysta), mais combate a idéia da ressurreição. A ressurreição está nos antípodas de sua esperança. O mundo grego culto jamais esqueceu os ensinamentos de Sócrates moribundo. Quem ama mais do que tudo o exercício de sua inteligência nutre a esperança de vê-lo desabrochar quando "ele próprio chegar ao Hades (PLATÃO, *Phedon*, 69e-84b). A esperança cristã e esta esperança grega são diametralmente opostas, aquela referindo-se à ressurreição, esta à libertação do corpo. Órficos e pitagóricos estão de acordo: o filósofo purifica sua alma nesta vida e livra-a das paixões, dos prazeres e das penas, isto é, do corpo. A morte é a magnífica ocasião da libertação total. Do Phedon de Platão, por Posidônio até as Tusculanas de Cícero, ouvimos por toda a parte o mesmo desprezo do corpo e da sepultura, o mesmo cuidado de purificação, a mesma esperança da imortalidade da alma separada do corpo, voltando à vida divina e imortal.

A doutrina de Paulo foi, portanto, recebida friamente. Se o Apóstolo tinha eloqüência, os corintios não a possuíam em menor grau para ridicularizarem a ressurreição. Em que estado retornaremos? O túmulo devolverá esqueleto e podridão? Para que serve isso? Não é a questão da possibilidade do milagre que então se levantava. Não se duvidava nem em Corinto nem alhures que Deus pudesse reanimar um cadáver, mas por que reanimar um cadáver já em estado de corrupção? Cf. A. FESTUGIÈRE, *L'idéal religieux des Grecs et l'Évangile*, Paris, 1932, pp. 143-160; PH. H. MENOUD, *Le sort des trépassés*, Neuchâtel, 1945, pp. 11-17.

aos tessalonicenses, sem precisão alguma; era claro, no entanto, que os corpos ressuscitados estariam em harmonia com a glória de Deus. Na primeira aos coríntios determina: uma transformação do corpo assinala a obra da ressurreição. A natureza nos ajuda a conceber a diversidade dos corpos. Não só há diversidade de "carnes" entre os animais, mas a diferença mais profunda entre os astros e os corpos terrestres coloca-nos na pista (por analogia muito deficiente) da concepção de um corpo ressuscitado transformado em corpo celeste, glorioso, espiritual:

> "O corpo semeia-se (pela morte) corruptível, ressuscita incorruptível[108].
> Semeia-se desprezível, ressuscita glorioso[109].
> Semeia-se na fraqueza, ressuscita cheio de força.
> Semeia-se corpo físico, ressuscita corpo espiritual"[110]
> (1 Co 15.42-44).

---

[108] O rabinismo concebia o reino de Deus, "o século futuro", como uma realidade diferente do século presente. Contudo, os traços descritivos nos revelam muitas vezes a incapacidade dos semitas de se elevarem radicalmente acima das concepções materiais e terrestres. Eles transportam ao céu, ao mundo futuro, as realidades do mundo presente. No pensamento paulino, sob a influência do helenismo, há um esforço para ir mais alto. A idéia do "sobrenatural" está certamente presente, representada pela palavra "celeste". As coisas do céu são essencialmente diferentes das coisas da terra. A doutrina de Cristo já havia insistido neste aspecto. Paulo reforça-a introduzindo a noção de incorrupção e de imortalidade. "A carne e o sangue não são capazes de possuir o reino de Deus."

[109] O liame entre a glória e a ressurreição faz-se no terreno da escatologia. Vemos delinear-se esta concepção no judaísmo. A glória, que é própria de Deus, e constitui de algum modo o que pode aparecer de sua natureza íntima, com seu aspecto de luz, caracteriza o século futuro e sobretudo sua manifestação. O Messias se revelará na glória. De modo especial, a idéia de realeza e a de glória unem-se intimamente; os ressuscitados, pertencentes ao reino de Deus, vestem-se de glória. Ao Cristo dos cristãos, o Soberano do reino, o lugar-tenente de Deus no juízo e na parusia, a glória pertence a um título eminente. A ressurreição dos mortos, que em todos eles se destina "à glória", é para Cristo gloriosa de modo completamente diverso, porque a glória lhe pertence intrinsecamente. Ele é o "Senhor da glória".

[110] Já verificamos no judaísmo um laço estreito entre a ressurreição e o Espírito (o poder). A força de Deus, seu Espírito, ressuscita os mortos. Cristo ressuscitou pelo poder de Deus e possui doravante em si este poder realizado em seu corpo ressuscitado. Seria erro conceber a espiritualização como sendo oposta à idéia da ressurreição corporal. A carne e o sangue não entrarão no reino de Deus, isto é, os corpos

Imediatamente após esta descrição, Paulo revela-nos que o corpo ressuscitado de Cristo possui todos esses privilégios; ele os possui em grau supremo e de maneira eminente, porque sua espiritualidade é eficiente. O corpo de Cristo ressuscitado é espírito vivificante; é celeste, protótipo de todos os outros corpos que ao ressuscitar serão celestes, à sua imagem.

III - TEOLOGIA DA RESSURREIÇÃO

A ressurreição outorga a Cristo as funções soberanas do reino de Deus. Estabelece-o como Senhor e assim o constitui na dignidade de juiz, que ele exercerá na parusia; reveste-o da glória na qual ele se manifestará em sua vinda. A parusia está no primeiro plano, retardada momentaneamente, mas é em vista dela que Cristo ressuscitou.

Sob outro aspecto, a ressurreição é um evento absoluto, que não se define mais essencialmente em função da vinda gloriosa, mas em função do Espírito e da vida; Cristo foi estabelecido Filho de Deus com poder, segundo o Espírito de santificação, pela ressurreição dentre os mortos (Rm 1.4). Encontra-se aí a diferença que existe entre um pensamento orientado para a salvação futura e uma concepção da salvação atual[111]. Os dois aspectos se completam e se reclamam mutuamente.

Por causa da importância atribuída nas Epístolas aos tessalonicenses e na primeira Epístola aos coríntios à parusia, é natural que a ressurreição, que de fato é seu pródromo, apareça aí em seu primeiro

---

concebidos de um modo material não são os corpos ressuscitados. Há uma transformação no sentido de espiritualização, acrescentando-se à matéria o poder divino. A dificuldade provém de nossa maneira de compreender o que é o Espírito. Para nós, o Espírito se define pela imaterialidade. Paulo não reflete sobre o aspecto "imaterial". O Espírito é força, luz, santidade divinas; o acento coloca-se no aspecto que hoje chamamos "sobrenatural". Os corpos ressuscitados são introduzidos na esfera do divino e recebem as qualidades do divino: poder, glória, claridade e santidade. Estas não são diretamente opostas à materialidade, entendida simplesmente no sentido físico. "A carne e o sangue" de Paulo devem ser compreendidos no sentido religioso, exclusivo do caráter "sobrenatural". Ver W. G. KÜMMEL, *Mythische Rede*, p. 125s (toma partido contra a ressurreição corporal).

[111] Cf. p. 143.

aspecto. Quando a atenção voltar-se mais para o estado cristão atual, inaugurado pela grande intervenção divina, ligado à morte e à ressurreição de Cristo, e que produz desde agora seus efeitos de vida e de santificação, a ressurreição aparecerá mais em sua eficácia presente do que nas promessas para o futuro.

1. Ressurreição e escatologia

A ressurreição de Cristo e sua parusia com a ressurreição dos mortos (e transformação dos vivos) constituem na teologia (1 Ts 4 e 1 Co 15) um sistema coordenado. A ressurreição de Cristo era considerada como a primeira das ressurreições dos mortos, a abrir o drama escatológico que sela o mundo presente[112] e introduz no céu a Cristo ressuscitado, primeiro para ser juiz e salvador (1 Ts 1.10); o processo começado deverá necessariamente continuar pela ressurreição dos mortos. O nexo entre a ressurreição de Jesus e a presença dos mortos na parusia (com exigência implícita de sua ressurreição) é assinalado em 1 Ts 4.14: "Pois, se, como cremos, Jesus morreu e ressuscitou, devemos igualmente crer que Deus levará com Jesus os que já tiverem morrido no seio dele". A concatenação faz-se essencialmente em virtude dos princípios da escatologia, isto é, da vontade divina que movimentou o aparelhamento escatológico. Uma vez que Deus ressuscitou a Cristo, primícias da ressurreição dos mortos, essa mesma vontade necessariamente vai tocar e ressuscitar todos aqueles que lhe pertencem.

O mesmo acontece em 1 Co 15.20 e 23. A expressão "primícias dos mortos" significa o primeiro da série[113], cada um em seu lugar, primeiro Cristo, depois os outros. Contudo, no mesmo contexto, 15.21-22, Paulo já estabelece entre a ressurreição de Cristo e a dos cristãos liames internos que ultrapassam a simples concepção escatológica[114].

---

[112] Poder-se-ia falar neste sentido de uma identificação da ressurreição com a parusia. Não se deve, porém, concluir que a ressurreição foi concebida primeiro como uma parusia (cf. W. G. KÜMMEL, "Das Urchristentum", p. 21s contra H. W. BARTSCH, "Parusieerwartung und Osterbotschaft", em *Ev. Theol.*, 1947-1948, pp. 115-126.
[113] Cf. G. DELLLING, art. ἀπαρχή, em *Theolog. Wörterbuch*, I, p. 484.
[114] Cf. *infra*, p. 76ss.

Em outra passagem ainda, por exemplo, quando o título "Senhor" é empregado a propósito da ressurreição, Paulo concebe a ressurreição de Cristo no quadro da parusia (1 Co 9.1; Rm 4.24). O texto de 2 Co 4.14 é particularmente expressivo: "Aquele que ressuscitou o Senhor Jesus ressuscitará a nós também com Jesus e nos fará aparecer convosco ao lado dele". A mesma vontade divina prossegue através do desenrolar dos eventos escatológicos[115].

A menção da glória a respeito da ressurreição religa-a estreitamente à parusia. Com efeito, a própria noção de glória está unida à manifestação divina dos últimos tempos. Verifica-se essa junção já no Antigo Testamento. "Assim manifestar-se-á a glória do Senhor" (Is 40.5); a glória descerá então sobre Jerusalém, sobre o Templo, sobre toda a Palestina[116]. Iluminará de modo todo especial o Messias, os povos virão para ver sua glória, "a glória do Senhor com a qual Deus o glorificou" (Sl 17.34). A glória prende-se ainda de maneira muito particular ao Messias na linha do messianismo celeste, pois o Filho do homem se acha no céu, na glória de Deus, em seu trono de glória[117]. No Novo Testamento, a glória pertence primeiro à manifestação do Filho do homem: "Então verão o Filho do homem vir sobre as nuvens, com muita potência e glória" (Mc 13.26; cf. Mt 16.27; 1 Pd 4.13; cf. 5.1). É aguardada "a feliz esperança e a manifestação gloriosa de nosso grande Deus e Salvador Jesus Cristo" (Tt 2.13). Nos sinóticos, a transfiguração é uma espécie de parusia antecipada, e é bem natural nela reconhecer a manifestação da glória do Filho do homem: cf. Mc 8.38; Mt 16.27 (O Filho do homem virá na glória de seu pai com seus anjos). Cf. At 7.55.

No capítulo 15 da primeira Epístola aos coríntios, referindo-se simultaneamente à ressurreição de Cristo e à ressurreição dos cristãos, Paulo insiste na glória essencial à ressurreição. Pode-se citar igualmente Rm 6.4: "Cristo ressuscitou dos mortos para a glória do Pai". Lagrange explica este texto: "Pela potência do Pai". Cremos que διά com o genitivo significa antes "mediante a glória do Pai",

---

[115] Cf. *I Clem.* 23,5-24,1: "Notemos, bem-amados, como o Senhor nos revela claramente a ressurreição futura rujas primícias são o Senhor Jesus Cristo, que ele ressuscitou dos mortos."
[116] Ver L. CERFAUX, *La Théologie de l'Église suivant saint Paul*, Paris, 1948, p. 223s.
[117] P. VOLZ, *Die Eschatologie*, p. 223s.

porque Cristo ressuscitado participa doravante da glória que pertence essencialmente a seu Pai. A 2 Co 3.18 contém uma alusão à glória de Cristo ressuscitado.

2. A ressurreição de Cristo, princípio de nossa ressurreição futura

Encara-se também a ressurreição como causa intrínseca de nossa futura ressurreição. O nexo não é mais simplesmente da ordem da vontade divina, que movimenta o drama escatológico. Ao invés da escatologia, o ponto de referência principal é a ressurreição, fato do passado.

Aqui se situa, se compreendemos bem as coisas, a linha divisória de dois sistemas soteriológicos. De um lado o sistema de referência escatológica principal, tendo como centro de interesse a parusia; de outro, o sistema em que a ressurreição de Cristo e com ela a realidade cristã, já presente, é, como tal, o objeto essencial da fé. Os dois sistemas implicam-se sempre mutuamente. Desde o início, a ressurreição de Cristo, com o seu valor de fato realizado, já é objeto da fé; a parusia continuará a ser para o pensamento do cristianismo o ponto para o qual tende o movimento inaugurado pela ressurreição. Distinguimos, para compreender melhor, os componentes de um só pensamento complexo.

Em 1 Co 15.21-22, depois de haver dito que Cristo é o primeiro dos ressuscitados, primícias, princípio, o Apóstolo continua: "Porque por um homem veio a morte, também por meio de um homem há a ressurreição dos mortos. E como todos morrem em Adão, assim em Cristo todos reaverão a vida". Neste contexto, a volta à vida significa antes de tudo a ressurreição final[118]. Uma noção de causalidade intrínseca matiza a concepção escatológica. O pecado de Adão, porque Adão é chefe de linhagem, na ordem da vontade divina, mas,

---

[118] Dizemos "antes de tudo", pois o termo "vivificar" tem certamente uma tendência de antecipação, na presente vida cristã. Paulo desenvolverá a tipologia Adão-Cristo, aplicando-a à justificação (Rm 5.12-21); o pecado de um lado, a justiça de outro (com relação, entre o chefe e a raça, de causalidade ativa e de semelhança); a antítese tipológica morte-vida desempenhará neste contexto um papel, e Paulo indica acidentalmente a ressurreição futura: "reinarão na vida" (v. 17).

também na ordem das relações misteriosas de causa e efeito, provocou a morte de todos os seus descendentes; a ressurreição de Cristo torna-se também causa das ressurreições futuras que se realizam "em" Cristo, com uma dependência que penetra nas próprias coisas e não provém mais unicamente da vontade divina. Por causa destas relações intrínsecas, nossa ressurreição nos constituirá à imagem de Cristo ressuscitado (1 Co 15.49).

Alguns outros textos têm o mesmo tom. Parece-nos conveniente citar aqui 1 Co 6.14: "Deus que ressuscitou o Senhor também ressuscitará a nós pelo seu poder". O movimento da frase e o contexto parecem recomendar-nos uma exegese que estabelece intrínseca relação entre a ressurreição de Cristo e a nossa[119]. A menção do "Senhor" está de atalaia na primeira proposição: havendo Deus ressuscitado o Senhor e porque ele o ressuscitou. Nem o poder de Deus deve ser posto em questão, nem a necessidade de afirmar que a ressurreição é um milagre (J. Weiss), mas antes a relação entre a ressurreição do Senhor e a nossa, relação que faz a dignidade de nossos corpos. Entendemos o "poder" como o princípio da ressurreição, que se incorpora em Cristo e fá-lo entrar na esfera do poder. "Constituído Filho de Deus com todo o poder, segundo o espírito de santificação, mediante a ressurreição dos mortos" (Rm 1.4). Cf. Fl 3.10: "Assim poderei conhecê-lo, a ele, e a força da sua ressurreição". É verdade que o poder de Deus ressuscitou a Cristo, mas há transferência de poder como de glória e de nome. Doravante o poder e seu exercício na ordem da ressurreição dos mortos pertencem a Cristo; ele se estende a nossos corpos como o do corpo humano, princípio de unidade e de vida, se estende a todos os seus membros (v. 15). O nexo entre a ressurreição de Cristo e a nossa se faz, pois, agora na ordem também do poder de Cristo e da comunidade de vida e de santidade que existe doravante entre Cristo e nós, sendo Cristo o princípio de toda a vida "espiritual".

O mesmo liame ontológico, sob expressões variadas, ressalta noutros textos. "Havemos de ser salvos pela sua vida" (Rm 5.10); "Seremos (enxertados) também por uma ressurreição semelhante à sua" (Rm 6.5); "viveremos com ele" (Rm 6.8); "seremos glorificados

---

[119] Esta exegese é expressamente excluída por HUBY; cf. ALLO, J. WEISS, LIETZMANN.

com ele" (Rm 8.17). A eficiência do Espírito Santo concretiza a causalidade da ressurreição: "Se o Espírito daquele que ressuscitou a Jesus dos mortos habita em vós, esse, que dos mortos ressuscitou a Cristo Jesus, vivificará também os vossos corpos mortais, por meio de seu Espírito, que habita em vós" (Rm 8.11). O Espírito representa a força de Deus, mas a força que habita em nós, que nos é conferida como foi unida a Cristo em sua ressurreição. É, aliás, por causa de nossa identificação com Cristo ressuscitado que ela já se comunica a nós como força que se irá desenvolvendo até a ressurreição final de nossos corpos[120].

3. A eficiência atual da ressurreição de Cristo

Se a ressurreição de Cristo é causa intrínseca de nossa própria ressurreição, torna-se bem natural que exerça sua eficiência desde agora.

Poder-se-á falar de ressurreição antecipada. Ou, se a idéia mesma de ressurreição se desvanece, a eficácia da ressurreição de Cristo assinalar-se-á simplesmente na vida que nos é comunicada. Poder-se-á conceber esta vida, reflexo em nós da vida de Cristo, sem relação explícita com a ressurreição. A noção de eficácia transportar-se-á da ressurreição a Cristo ressuscitado, em seguida simplesmente a Cristo (sem que se pense mais explicitamente na ressurreição). Alcançamos assim o tema de "nossa vida em Cristo" que será o objeto de capítulo ulterior.

O poder da vida espiritual que age desde agora em Cristo realiza-se em nossa santificação, à espera de realizar-se plenamente em nossa ressurreição. É não só causa eficiente, mas também causa formal, constituinte de nossa própria vida. Nossos corpos não são excluídos, unem-se a Cristo como um membro está ligado a seu corpo; violá-los pelo pecado, sobretudo pelo pecado contra a carne, é cometer um sacrilégio contra Cristo e contra o Espírito (1 Co 6.12-20).

A glória da ressurreição nos é dada desde agora. Como a lua é luminosa por causa da luz do sol, pelo fato de olharmos e refletirmos em nossos olhares a luz de glória que brilha na face de Cristo –

---

[120] K. DEISSNER, *Auferstehungsglaube und Pneumagedanke bei Paulus*, Leipzig, 1912.

imagem do Deus de glória –, nossas faces são iluminadas pela mesma glória. Um fenômeno comparável à transfiguração de Cristo se produz, pois, em nós; esta glória, que nos transfigura de modo permanente, não é uma glória efêmera distinta de Deus, simples criação de Deus como a glória de Moisés no Antigo Testamento. Ela é misteriosamente glória de Deus, eterna, divina, comunicada a nossos corpos. Evidentemente esta transmutação de natureza, em que a carne se torna Espírito e glória, não é visível, mas ela é tão real como se fosse visível (2 Co 3.7-18).

Forma em nós o homem interior, imagem de Cristo glorioso. Um corpo glorioso se constrói para substituir nossos corpos mortais, e este corpo glorioso, eterno, nos é reservado no céu. A presença do Espírito em nós é outra fórmula paralela (2 Co 5.1-19).

A antecipação da ressurreição ou a presença da vida de Cristo em nossa vida cristã atual não pode, contudo, suprimir a necessidade da ressurreição. Paulo encontrou em Corinto uma doutrina que se enxerta na mística grega e mais tarde se desenvolve no movimento gnóstico com todas as suas repercussões sobre a vida moral. Mas, conforme seu parecer e o do cristianismo primitivo, esperamos um estado de vida superior ao estado atual e do qual a ressurreição futura de nossos corpos é como expoente.

Compreender que o estado atual do cristão é uma divinização equivalente a uma ressurreição – se não lhe é superior – é uma proposição que destrói os princípios do cristianismo. Já – escreve Paulo aos coríntios com eloqüência mordaz estais saciados! Já sois ricos! Também sem nós vos tornastes reis! Oxalá fosse verdade que, enfim, sois reis, para nós reinarmos igualmente convosco! (1 Co 4.8). O temperamento cristão se opõe ao temperamento grego. O cristão para Paulo ainda não é o "sábio" que é "rei" ou, para falar a linguagem evangélica, "um homem que teria entrado no reino de Deus". O homem é um viajante a caminho para o reino, nem mais, nem menos. Todos os carismas do mundo em nada mudam a situação de fato, pois os carismas são apenas bens inferiores, à espera da ressurreição.

Seria sedutor construir logicamente, tomando a ressurreição como ponto de partida, uma síntese que colocasse toda a realidade cristã, santificação, justificação, vida mística, Igreja, corpo de Cristo etc., na eficiência da vida de Cristo. Não sabemos se no curso do pensamento paulino não intervêm *theologumena* capazes de destruir a engrenagem do movimento. Pode ser, por exemplo, que a noção de justificação, num dado momento, se torne o princípio regulador do curso do pensamento[121].

Paralelamente a esta síntese, ou dominando-a, poder-se-ia pensar, tomando como ponto de partida a idéia de criação nova, ou concretamente o tema do novo Adão, chefe do eon dos ressuscitados, personalidade coletiva. Os historiadores das religiões identificarão o novo Adão com o Anthropos celeste, e imaginarão a doutrina de Paulo modelada por uma gnose, que impusera à teologia paulina uma forma preexistente.

Não é para facilitar a tarefa que recusamos estes métodos. Paulo não desenvolveu logicamente todas as sínteses que entretiveram seu pensamento. Para lhe ser fiel, temos de parar em determinados momentos o trabalho construtivo. Será preciso voltar à oficina para aprender a manejar os materiais como o próprio Paulo os manejou.

---

[121] Esta síntese, em conjunto, corresponde, contudo, ao aspecto fundamental do pensamento paulino. Poder-se-ia notar que corresponde, à maneira de Paulo, ao pensamento profundo de Jesus. Cf. E. LOHMEYER, *Kultus und Evangelium*, Göttingen, 1941.

Capítulo IV
O REINADO DE CRISTO

1. Os episódios do reinado de Cristo: a exaltação ou entronização no céu, o reinado atual, a parusia – A relação do reinado atual com a parusia.
2. O reinado atual.
3. As potestades e o reinado.

I - OS EPISÓDIOS DO REINADO

"O reino de Deus é semelhante a um príncipe que partiu para um país distante para receber uma coroa e depois voltar" (Lc 19.12). Esta pequena parábola resume o pensamento do cristianismo primitivo. Cristo foi designado como príncipe real pela ressurreição dos mortos, e já está mesmo instalado em seu trono no céu. Mas, momentaneamente está ausente de seu reino terrestre. Espera-se a cada momento sua volta gloriosa.

Ressurreição, realeza atual e invisível de Cristo e parusia constituem os episódios de um reinado.

A ressurreição, com seu aspecto positivo, a exaltação à direita de Deus, faz a função de primeira entronização de Cristo, uma verdadeira tomada de posse. Cristo é glorioso, está assentado em seu trono celeste. A entronização foi notificada aos apóstolos, testemunhas da ressurreição, e seu efeito manifestou-se nos dons de Pentecostes.

O reinado atual de Cristo é, contudo, uma etapa intermediária apenas. Manifestam-se os efeitos espirituais. Nada está terminado. Os carismas são somente presságios dos bens futuros. Os súditos do reino são enobrecidos, glorificados, ressuscitados (porque o reino é o da ressurreição dos mortos, do século futuro) só invisivelmente; o mundo material continua a suspirar pela manifestação final.

É invisível o próprio rei, cujas aparições continuam intermitentes e preparatórias e cujas intervenções se limitam ao governo da Igreja.

Depois, produzir-se-á o grande e esperado acontecimento para o qual se orienta o atual estado de coisas. Cristo manifestará publicamente sua glória e seu poder, aniquilará as potestades hostis. Então, entregará o reino a seu Pai.

As relações do período intermediário com o período definitivo se definem de diversas maneiras.

Nossa noção de imperfeição está empenhada demais na teoria da evolução para representar o pensamento de Paulo. O mundo atual não se alça pouco a pouco para o reinado definitivo. Continua sempre diante dele em seu estado inferior e terrestre. A criação "suspira" pela aparição da glória. Se há crescimento, é um crescimento na mesma ordem inferior, crescimento quantitativo e não qualitativo, de tal sorte que o estabelecimento do reino escatológico será sempre um acontecimento de outra ordem. Será a messe feita pelos anjos de Deus. A árvore passa bruscamente da fase de crescimento à da maturidade plena, quando as aves do céu estabelecem ninhos em seus ramos.

A verdadeira relação é a da imagem defronte da realidade, do "mistério" diante do que é claro. Temos de nos limitar a essas fórmulas para respeitar o raciocínio cristão primitivo.

De outro lado, o mundo futuro e sua imagem pertencem por oposição ao "mundo" atual, a idêntica ordem superior. A mesma realidade é dada em toda clareza, ou no mistério. Há, pois, sempre dois hiatos a respeitar simultaneamente, o hiato entre as realidades carnais e as realidades espirituais, e o hiato entre o estado espiritual no mistério e o estado espiritual feito visível. A passagem do mistério à claridade supõe uma reviravolta total, isto é, torna-se perceptível o invisível divino e impõe-se aos anjos e aos homens, enquanto o carnal e o material aparecem em sua inanidade.

O primeiro fosso foi coberto para os cristãos. As realidades espirituais nos são dadas. Conhecemos a Deus, os bens celestes. Possuímos o Espírito, as riquezas do reino de Deus. Estamos unidos a Cristo, já ressuscitados. Mas, resta o segundo fosso. O progresso que podemos fazer em nossa etapa atual não nos aproxima verdadeiramente da outra etapa. Permanece ainda, a heterogeneidade entre mistério e manifestação luminosa.

II - O REINADO ATUAL

Nossa intenção não é descrever concretamente o reinado e seus efeitos. A isto será dedicado nosso segundo livro. Contentar-nos-emos com ver em que medida Paulo pensa na categoria de um reinado atual de Cristo. Suas cartas conservam traços da importância revestida pelas idéias do reino de Deus no cristianismo primitivo.

Empregando o título "Senhor", pensará, em certos casos, na soberania de Cristo que deve revelar-se na parusia, que se revelará porque já existe[122] e foi inaugurada na ressurreição[123]. No cristianismo primitivo, "Jesus é Senhor" equivale a uma afirmação do reinado de Cristo. Esta primitiva confissão de fé cristã desempenhou tal papel que a sua expressão aramaica foi conservada. Paulo relembrará esta antiga confissão de fé nas epístolas. Embora ele a tenha impregnado, como aliás o título "Senhor", das implicações de sua teologia (Jesus Cristo é nossa santidade, nossa justiça, nossa vida etc.) por causa do uso tradicional do título Kyrios, ouve-se ainda aí, apesar de todas as outras ressonâncias, a afirmação primitiva da realeza de Cristo. Far-se-á análoga observação a propósito da "glória" de Cristo. A palavra está ligada à noção de reinado e conota mais ou menos explicitamente o tema de sua realeza[124].

A idéia de reinado, no sentido formal, é mais nítida na afirmação paulina – tomada ainda da comunidade primitiva, com o texto do Salmo 110.1, que lhe serve de fundamento do que Cristo "está assentado (ou simplesmente 'está') à direita de Deus"[125]. Paulo aplica a expressão ao reinado atual de Cristo em Rm 8.34 (Cristo *está* à direita do Pai); Cl 3.1 (Cristo *está assentado* à direita de Deus); Ef 1.20 (Deus o ressuscitou dos mortos e fê-lo assentar-se à sua direita, acima de todas as potestades e tudo submeteu a seus pés)[126].

---

[122] 1 Ts 4.16 (o "Senhor" em pessoa descerá do céu); cf. 1 Ts 2.19; 3.13; 2 Ts 1.7; 2 Co 1.14.
[123] 1 Co 9.1; 2 Co 4.14; Rm 4.24; cf. Fl 2.11. Nas duas passagens Rm 16.18 e Cl 3.24, o título Kyrios em relação com o verbo δουλεύειν é tomado mais no sentido de mestre do que de soberano.
[124] Cf. 1 Co 2.8; 2 Co 3.18; 4.4; Cl 3.4 etc.
[125] At 2.34, nos discursos de Pedro, com referência à Ascensão; 7.55.
[126] Na Epístola aos efésios, Sl 8.7: "Submetestes-lhe todas as coisas" funde-se naturalmente ao Salmo 110 ("debaixo dos seus pés"). Os dois textos foram citados em 1 Co 15.25, mas aplicados antes ao triunfo da parusia do que ao reinado atual. Cf. p. 50.

Outro texto, Rm 14.9, encerra ainda uma afirmação nítida do império atual de Cristo. "Cristo morreu e ressuscitou para ser o Senhor (κυριεύσῃ) dos mortos e dos vivos". Este reinado se exerce desde agora, pois trata-se para os cristãos, segundo o contexto, de pertencer ao Senhor, durante a vida atual ou na hipótese da morte. A solenidade da fórmula (os vivos e os mortos), que evoca o juízo, obriga-nos a falar do reinado.

São, pois, sobrevivências de fórmulas do cristianismo de Jerusalém. De modo geral, contudo, Paulo não exprime as realidades da existência cristã segundo as categorias do reinado de Cristo. Só a custo e formalmente, antecipa-se o reinado. Dir-se-á que o Apóstolo, pouco preocupado com incidências políticas do cristianismo, e limitando-se a este respeito aos princípios de Jesus, evita as conveniências com o vocabulário político[127]. As epístolas pastorais indicam uma mudança de perspectiva e uma intenção polêmica que apresenta em antítese as fórmulas cristológicas (σωτήρ, κύριος, ἐπιφάνεια) e a linguagem imperial[128]. Mais tarde, quando tiver de tomar posição no decurso das perseguições contra as pretensões religiosas do Império Romano, a idéia do império de Cristo será ainda mais acariciada. A teologia de Paulo, no nível em que a estudamos, prende-se às fórmulas: justiça, santidade, vida, que nada têm que ver com a esfera política. Não é de admirar, pois, que só apareça o termo *basiléia*[129], aplicado ao reinado atual de Cristo, em Cl 1.13 (transferiu-nos para o reino de seu Filho muito amado). Em Ef 5.5 (não será herdeiro no reino de Cristo e de Deus), o reino é escatológico sem excluir uma alusão à Igreja[130].

Se nos resignássemos a ser menos fiéis às fórmulas do que à realidade concreta, diríamos evidentemente que a Igreja é o lugar

---

[127] O. Eck, *Urgemeinde und Imperium*, Gütersloh, 1940 (com a notificação de G. Kittel), em *Theolog. Literaturzeitung*, LXVII (1942), col. 154-160.
[128] C. Spicq, *Les Épîtres Pastorales*, pp. CLXII-CLXIV.
[129] Segundo as circunstâncias, traduzir-se-á βασιλεία por reino ou reinado (a esfera onde se exerce o reinado, o domínio).
[130] Os paralelos deste último texto, 1 Co 6.9s e Gl 5.21, falam simplesmente do reinado de Deus. E. Percy, *Die Probleme der Kolosser und Epheserbriefe*, Lund, 1946, p. 313s, nota a progressão que continua nas epístolas pastorais (2 Tm 4.18) e atinge o apogeu em 2 Pd 1.11. (τὴν αἰώνιον βασιλείαν τοῦ κυρίου ἡμῶν καὶ σωτήρος Ἰησοῦ Χριστοῦ). Cf. L. Cerfaux, *La Théologie de l'Église*, p. 294.

onde se realiza o reinado atual de Cristo. "A Igreja, escreve Cullmann, é o centro terrestre de onde se torna visível toda a soberania de Cristo"[131]. O reinado de Cristo cria um reino, uma esfera de influência terrestre, e este reino, cujo trono é celeste, é a Igreja. Não é este, no entanto, o modo normal do pensamento de Paulo[132].

III - O REINADO DE CRISTO E AS POTESTADES

1. A hostilidade das potestades

O reinado de Cristo, para se estabelecer na Terra, deve vencer um estado de coisas hostis a Deus, representado pelo pecado, pela idolatria, por vezes também pelas realezas deste mundo, e sobretudo pelos demônios ou potestades misteriosas que excitam a revolta e o antagonismo contra Deus. As fontes do pensamento paulino no concernente a esses seres hostis são bastante diversas. Seu vocabulário reflete esta diversidade ao mesmo tempo que certas hesitações diante da realidade a definir.

No judaísmo, tradicionalmente, Satã é o adversário, com seu exército de maus anjos ou de demônios. De seus malefícios nascem os prestígios mágicos, as doenças e também excitações ao pecado, sobretudo ao pecado carnal[133]. Pelo Anticristo a oposição de Satã toma um matiz político. Para interpretar as indicações parcimoniosas das epístolas, seria necessário apelar para o judaísmo e os sinóticos, e sobretudo ao Apocalipse, onde aparece o caráter satânico das perseguições[134].

De outro lado, o mundo demoníaco está em relação com a idolatria. Atrás dos ídolos, há demônios. Paulo (1 Co 10.20) cita a Bíblia: os sacrifícios pagãos são dedicados aos demônios e não a Deus (Dt 32.17; cf. Sl 105.37). Esta fórmula concorda com teorias pagãs sobre

---

[131] *Christ et le temps*, p. 109.
[132] Cf. L. CERFAUX, *La Théologie de l'Église*, pp. 293-298.
[133] B. NOACK, *Satanas und Soteria*, pp. 12-49.
[134] Notar-se-á, porém, que o Apocalipse acentua este aspecto. Cf. K. L. SCHMIDT, "Die Natur-und Geistkräfte im Paulinischen Erkennen und Glauben", em *Eranos Jahrbuch*, XIV (1946), pp. 87-143; W. SCHWEITZER, *Die Herrschaft Christi und der Staat im Neuen Testament*, Zürich, 1948.

os sacrifícios que são oferecidos aos deuses inferiores, aos demônios. Mas os demônios de Paulo não são simplesmente divindades inferiores, são seres espirituais em ruptura de exílio, que usurparam os direitos de Deus. A primeira Epístola a Timóteo, 4.1, faz a ligação entre demônios e "espíritos" (πνεύμασιν)[135]; distinguimos como que um eco do mesmo vocabulário em 1 Co 12.2: os ídolos mudos para os quais os coríntios, ainda pagãos, se desviavam em arrebatamentos extáticos pertencem ao mundo dos espíritos demoníacos[136]. Paulo luta contra esses espíritos maus[137].

O reinado de Cristo está sobretudo em oposição com as "potestades" cósmicas. Devemos primeiro tentar destacar os traços principais de um pensamento que não realizou a própria síntese.

Dizemos "potestades" quando Paulo, especialmente nas epístolas do cativeiro, emprega um vocabulário mais rico. Fala de principados (ἀρχαί), potestades (ἐξουσίαι), virtudes (δυνάμεις), tronos (θρόνοι), dominações (κυριότητες). Os nomes correspondem aos que encontramos no judaísmo apocalíptico, e sem dúvida o pensamento paulino está em consonância com este ambiente[138]. Os próprios nomes são de algum modo substantivos abstratos, do gênero daqueles que empregamos ao falar de excelências ou altezas; assinalam provavelmente uma deferência receosa e o desejo de evitar nomes concretos demais, que nos aproximariam destas potestades perigosas[139].

É possível que Paulo tenha sido levado a servir-se deste vocabulário em seus contatos com as doutrinas do judaísmo da Ásia. Sua doutrina torna-se um novelo difícil de desembaraçar.

Nas grandes epístolas, as potestades enfileiram-se na oposição radical a Cristo. Paulo parece ter feito a equação entre elas e os anjos

---

[135] Cf. Ef 2.2.
[136] Cf. L. Cerfaux, *Le monde païen vu par saint Paul*, em *Studia hellenistica*, V (1948), pp. 155-163.
[137] Cf. Rm 16.20; 1 Co 5.5; 7.5; 2 Co 2.11; 6.15; 11.14; 12.7.
[138] As potestades não existem como tais no helenismo nem na gnose hermética. Encontramo-las no judaísmo tardio (apocalipse) e na gnose cristã; a literatura rabínica, no estado em que chegou até nós, polemiza contra as teorias cristãs. Cf. W. Foerster, art. ἐξουσία em *Theolog. Wörterbuch*, II, pp. 568-570; W. Bousset-H. Gressmann, *Die Religion des Judentums*, Tübingen, 1926, p. 326.
[139] W. Foerster, *ibid*. p. 569.

de Satã. Serão aniquiladas na parusia (1 Co 15.24). Tiveram parte também na morte de Cristo, e devem ser identificadas com os ἄρχοντες τοῦ αἰῶνος τούτου de 1 Co 2.8[140].

Abordando as epístolas do cativeiro, temos a impressão de que, em certos textos redigidos do ponto de vista dos erros combatidos pelas Epístolas aos efésios e aos colossenses[141], a atitude de Paulo para com as potestades celestes é mais conciliadora. Já não se trata do aniquilamento das potestades, mas de sua sujeição a Cristo, o que talvez não seja a mesma coisa. Estas potestades agora são claramente poderes cósmicos, a regerem o mundo. Foram criados por Cristo, e em Cristo, tronos, dominações, principados, potestades (Cl 1.16), e não são certamente concebidos aqui como potestades opostas a Deus. Paulo falará em seguida de sua reconciliação (Cl 1.20); isto supõe que antes são desgarradas do que fundamentalmente más. A ressurreição de Cristo o colocou no céu, à direita de Deus, "acima de todo o principado, potestade, virtude e dominação e acima de toda e qualquer criatura, que tenha um nome, não só neste mundo, mas também no que há de vir" (Ef 1.20-21). Certas potestades têm, pois, um posto não só no século presente, mas ainda no século futuro, ao qual elas pertenciam. Cristo é o chefe de todo o principado e de toda a potestade (Cl 2.10): este contexto é o do mundo colocado sob a influência de Cristo e da renovação após a ressurreição.

A subordinação das potestades a Cristo é fruto da vitória que ele alcança pela morte, paralela a que ele obtém sobre a Lei. Despoja as potestades e os principados (de seu poder sobre o mundo) e expõe-nos publicamente à derrisão, levando sobre eles pleno triunfo na cruz (Cl 2.15).

Se as potestades não devem ser identificadas com os "elementos" do mundo, astros, elementos materiais, servem-se destes, contudo, para exercerem o domínio. Assim se estabelece o paralelismo entre as potestades do paganismo e os anjos que deram a Lei.

Quando, nessas mesmas epístolas, Paulo se acha mais no contexto do culto judaico dos anjos, suas expressões mudam de tom

---

[140] A identificação é recomendada por Ef 6.12.
[141] Sobre esses erros, cf. E. Percy, *Die Probleme*, pp. 137-178; G. Bornkamm, "Die Häresie des Kolosserbriefes", em *Theolog. Literaturzeitung*, LXXIII (1948), col. 11-20.

e fazem-se mais severas. Parece colocar de novo as potestades na esfera demoníaca. Os cristãos devem lutar contra os principados e as potestades, contra os dominadores deste mundo tenebroso, contra os "espíritos malignos espalhados pelo ar" (Ef 6.12), que estão a serviço do diabo (Ef 6.11). São as potestades das trevas das quais nos subtraiu Deus para nos transferir para o reino de seu Filho muito amado (Cl 1.13).

Cremos não trair Paulo se distinguimos duas categorias de potestades[142]. Umas são relacionadas ao tempo presente e ao mundo inferior: demônios do ar, potências que regem o cosmos, os astros, os elementos e por eles exercem uma espécie de tirania sobre o gênero humano; impuseram-se no culto e até mesmo impuseram o culto dos elementos. Os outros são "celestes" no sentido próprio; não estão presos ao mundo inferior, e pertencem ao mundo futuro (entenderíamos, o mundo superior, divino, tal como se revela no fim do século presente).

As potestades, nesta primeira linha de pensamento, identificam-se com os maus anjos. Seria preciso pensar numa queda, pois não se pode imaginar que Deus as haja criado no estado de revolta contra ele.

Em outra linha de pensamento, dir-se-ia que as potestades governam o mundo e podem abusar de sua autoridade contra Deus, mas que Paulo hesita em identificá-las formalmente com potências más[143]. É difícil dizer em que medida o Apóstolo quis pronunciar-se se é que o intencionou; também em que medida sua maneira de se exprimir depende da polêmica contra doutrinas que podemos concretizar na heresia de Colossos, ou ainda, de seu desígnio na Epístola

---

[142] Numa série de pares antitéticos, Rm 8.38-39, Paulo enumera os anjos e os principados (οὔτε ἄγγελοι οὔτε ἀρχαί). Isto parece sugerir que os anjos pertenceriam à esfera divina, os principados à esfera demoníaca (a presença de δυνάμεις, neste contexto, quebra aliás o desenvolvimento antitético e é bastante difícil de explicar). Pensamos que, em certos casos, como Ef 1.21, os principados etc. podem designar, de modo neutro, os seres espirituais, sejam angélicos ou demoníacos.

[143] Poder-se-ia imaginar depender esta reserva de Paulo da doutrina que ele teria sobre os anjos das nações ou de Israel. Se essas potências cósmicas são verdadeiros anjos prepostos ao governo do mundo, como admitir que sejam todas demoníacas e más?

aos gálatas, de rebaixar a Lei, como que comparando suas práticas rituais com as do paganismo[144].

O reinado de Deus é, pois, combatido não só por Satã e seus anjos ou demônios, mas também pelas potências cósmicas. Cristo alcançou sobre elas uma vitória definitiva pela cruz; foram aprisionadas durante o reinado dele, à espera de serem aniquiladas na parusia. O mundo foi liberado em princípio, e por isso, o reinado de Cristo pode nele expandir-se. Concretamente, a Lei judaica foi supressa; o paganismo cessa de pesar como uma necessidade; talvez se devesse acrescentar que as religiões astrais, cuja atração na Ásia Paulo percebeu, não podem opor-se à vitória do cristianismo. As potestades e os elementos do mundo são privados de seu prestígio. Contudo, quando Paulo identifica essas potestades com os anjos que têm Satã por príncipe, vê-se que continuam a luta contra os cristãos; mas estes, fortes por causa da vitória de Cristo, lutam com a confiança de superá-los e conhecem, aliás, a fraqueza de seus inimigos.

Se tentarmos sintetizar toda esta hostilidade, chegaremos a este esquema. Satanás realiza a manobra. Tem em reserva o Anticristo, seu último trunfo, mas não pode lançá-lo no momento, enquanto a mensagem cristã não for totalmente promulgada e enquanto o reinado de Cristo não atingir o apogeu. Satanás, todavia, seus anjos e as forças más continuam operando no mundo contra o cristianismo. Luta desigual, contudo; Cristo é vitorioso desde agora, e com ele os cristãos apoiados em sua vitória.

A situação na qual se encontram os cristãos, deste ponto de vista, é sensivelmente semelhante à que descreve o Apocalipse. Paulo e João viveram horas de angústia diante das perseguições que lhes pressagiaram as dores do fim dos tempos, e horas de entusiasmo à espera da vinda de Cristo. Poder-se-ia concluir que, para um como para o outro, os dias do mundo estavam contados. Esta perspectiva não pode ser isolada de outra que nos aparecerá cada vez mais claramente e que confere ao cristianismo estatuto de religião destinada a substituir

---

[144] Leiam-se algumas páginas com fortes matizes de J. BONSIRVEN, *L'évangile de Paul*, Paris, 1948, pp. 79-83. R. BULTMANN, *Theologie*, pp. 171-178, coloca as potestades entre os motivos de gnose que se impuseram a Paulo. Já citamos a tese muito cuidada de B. NOACK, *Satanas und Soteria*.

o judaísmo e o paganismo. O reinado de Cristo, por ser um período transitório, nem por isso é efêmero. Os cristãos deverão estabelecer um equilíbrio entre a tensão para o reino vindouro e a submissão sem reservas às exigências do reino presente, que deve ser promovido.

A vitória de Cristo nos libera da esfera de influência de Satã e das potestades cósmicas. Foi criada a Igreja, região de luz, subtraída ao Príncipe das trevas. Entrar na Igreja é passar de uma região a outra. Ser lançado fora da Igreja é recair no poder de Satã e de seus anjos. Encontramos aqui ainda a idéia de uma vitória imperfeita, no sentido de que Satã continua a perseguir os cristãos, sem poder esperar uma mudança da situação em seu proveito. Podemos tudo naquele que nos fortifica; potestade alguma poderá separar-nos do amor de Cristo.

Esses combates que podem ainda exercer os anjos de Satã e essa influência má que as potestades exercem no conjunto do cosmos, de maneira menos pessoal[145], não podem, aliás, atingir senão a carne, porque o espírito se subtrai a seu domínio.

2. *Submissão das potestades ao reinado de Cristo*

Deus pôs à disposição de Cristo seus anjos que virão com ele na parusia, mas desde agora são-lhe submissos. Têm conhecimento do mistério que continuava desconhecido nos séculos anteriores[146].

Se podemos falar de potestades do mundo vindouro (das quais os gnósticos valentinianos farão os anjos do pléroma), será necessário concretamente assimilá-las aos bons anjos da angelologia comum. Anjos e potestades celestes serão englobados no reinado de Cristo. Não, contudo, no mesmo nível que os cristãos para os quais Cristo foi enviado, morreu e ressuscitou; eles admirarão a obra de Cristo, a ela se associarão, mas não constituirão o reino (menos ainda a Igreja) com o mesmo título que os cristãos[147].

Desde que as potestades são poderes cósmicos deputados para o governo do mundo presente que se concretizou no paganismo,

---

[145] B. Noack, *Satanas und Soteria*, pp. 1.248.
[146] Cf. pp. 320-322.
[147] Cf. L. Cerfaux, *La Théologie de l'Église*, pp. 255-258; J. Dupont, *Gnosis*, pp. 451-453.

possuem um caráter de hostilidade contra Deus que as impede de serem associadas de boa vontade ao reinado de Cristo. A idéia de unidade e de harmonia restaurada no cosmos por Cristo e sua "reconciliação" não acarreta uma mudança análoga à que denominamos "conversão". Não pode, pois, ser questão de integrar as potestades cósmicas do mundo presente no reino a não ser por uma sujeição sem reação interior; elas são submetidas, mas constrangidas a fazer uma obra que as ultrapassa[148]. Falta-nos ainda observar o elemento de incerteza ou antes de confusão que verificamos nas alusões paulinas às potestades e que afeta sua relação com o reinado de Cristo. Confusão análoga, e que não deixa de se referir à primeira, existe na noção do mundo presente, que pode ser encarado como criação de Deus, ou como criação já desviada de seu primeiro estado. Poder-se-ia talvez chegar aproximadamente ao modo de Paulo se exprimir imaginando que as potestades, indivisas, possuem indivisamente o mundo, bom ou mau. Entre estas potestades, umas são aliadas ao mundo presente desgarrado e votado à destruição. A vitória de Cristo submete-as à força. As outras, que têm Nome no mundo futuro, conservaram intactas sua primeira deputação ao governo da criação e têm por missão conduzi-la a Deus, por uma submissão plena e espontânea ao reinado de Cristo.

---

[148] Cf. O. CULLMANN, *Christ et le temps*, pp. 137-150.

Capítulo V
MORTE E RESSURREIÇÃO

1. Fórmulas de teologia. Aplicação à ressurreição futura, à vida cristã, à liberação da Lei, à vida apostólica.
2. Alcance teológico. Retórica e teologia – Anterioridade lógica da teologia da ressurreição – Teoria da eficiência da morte redentora.

Justifiquemos a colocação deste capítulo. Após termos recolhido o conteúdo da mensagem inteiramente primitivo construído sobre a base da ressurreição de Cristo, temos de tomar um novo ponto de partida. Encontramo-lo precisamente na antítese morte-ressurreição, nascida primeiro, como vimos, na apologética da comunidade primitiva e em seguida adaptada por Paulo à sua teologia.

Preparamos assim a teologia da morte de Cristo. Parece-nos recomendado pelo raciocínio paulino seguir os destinos da dupla morte-ressurreição, antes de nos interessarmos diretamente pela teologia da morte e da cruz.

I - FÓRMULAS TEOLÓGICAS

Demonstramos mais acima como Paulo havia desenvolvido literariamente a antítese morte-ressurreição de Cristo[149]. À seqüência literária corresponde um desenvolvimento da teologia.

1. Aplicação à ressurreição futura

Citamos em nosso primeiro capítulo um fórmula arcaica:
Se, como cremos, Jesus morreu e ressuscitou, devemos igualmente crer que Deus levará com Jesus os que nele já tivessem morrido (1 Ts 4.14).

---
[149] Cf. pp. 30-33.

Eis uma fórmula mais evoluída:
Quando ainda éramos pecadores, Cristo morreu por nós. Com muito mais razão, portanto, uma vez justificados agora no seu sangue, seremos nós, por seu intermédio, salvos da ira divina. Porque se de fato, sendo nós ainda inimigos, fomos reconciliados com Deus mediante a morte de seu Filho, com muito maior razão havemos de ser salvos pela sua vida, agora que estamos reconciliados (Rm 5.9s).

Poder-se-ia ainda citar aqui Rm 6.5-8. Preferimos deixar esta perícope no seu contexto, o da sua aplicação à vida cristã.

2. *Aplicação à vida cristã*

O tema pode ser muito simples:
Foi entregue à morte por causa dos nossos pecados e ressuscitou para a nossa justificação (Rm 4.25).

Geralmente as fórmulas são mais complicadas. Citemos primeiro o longo excurso de Rm 6:

Nós, que já morremos para o pecado,
como poderíamos viver ainda nele?
Ou ignorais, porventura, que quantos fomos batizados em Cristo Jesus,
fomos imersos à semelhança da sua morte?
Fomos, pois, sepultados juntamente com ele, por meio da imersão,
à semelhança da morte, para que, assim como Jesus Cristo
ressuscitou dos mortos mediante a gloriosa potência do Pai,
assim caminhemos, nós também, numa nova vida.

Efetivamente, uma vez que fomos enxertados nele, por morte semelhante à sua, igualmente o seremos também por uma ressurreição semelhante à sua...

Ora, se morremos com Cristo,
cremos que viveremos com ele,
sabendo que Cristo uma vez ressuscitado dos mortos,
já não morre,
e a morte já não tem mais domínio sobre ele,

porque na morte que sofreu, morreu ele para o pecado
uma só vez para sempre, ao passo que, na vida, vive para Deus.
Do mesmo modo, vós também, considerai-vos mortos para
o pecado
e vivos para Deus em Cristo Jesus (Rm 6.2-11).

A atenção se dirige para a vida cristã, conseqüência da justificação. Nada temos mais de comum com o pecado, estando "mortos ao pecado". O batismo nos uniu à morte de Cristo; participamos, pois, agora, de sua vida de ressuscitado e devemos viver por conseguinte uma vida nova. Nossa ação deve conformar-se com nosso "ser" cristão. Depois vêm as afirmações: seremos conformados à imagem de sua ressurreição; viveremos com ele.

Lagrange, partindo do sentido geral da perícope, julga que Paulo fala da "ressurreição mística" (como Cl 2.12; Ef 2.5). Mas o Apóstolo poderia pensar na ressurreição escatológica, e o futuro "seremos" merece consideração[150]. A exegese dos antigos, de Lietzmann e de outros modernos conservam com mais razão a idéia da ressurreição futura. A alusão à fé (que se refere à ressurreição de Cristo e à nossa) parece-nos decisiva (v. 8); o paralelo com 1 Tessalonicenses convida-nos a pensar na fé comum, fundada na ressurreição[151].

Não nos surpreenda misturar Paulo esses temas da ressurreição futura e da vida cristã, que conservam suas ligações em sua imaginação[152]. Notemos que o sepultamento aparece aqui; isto demonstra tomar Paulo por base de sua explicação o tema da "tradição", como analisado acima[153].

Uma parte desta explanação reaparece quase textualmente na Epístola aos colossenses.

Sepultados com ele no batismo,
no batismo ressuscitastes juntamente com ele, pela fé na potência de Deus que o ressuscitou dos mortos.

---

[150] E. Percy, *Die Probleme*, p. 110, explica, contudo, os futuros dos vv. 5 e 8 como "futuros lógicos".
[151] Lagrange compreende πιστεύομαι no sentido de ter con fiança.
[152] Cf. p. 76.
[153] Cf. pp. 22-31.

Vós que estáveis mortos por causa dos vossos pecados e da circuncisão de vossa carne, Deus chamou-vos de novo à vida, juntamente com ele, tendo perdoado todos os vossos pecados (Cl 2.12s).

Paulo, às vezes, explicita o segundo membro da antítese; as fórmulas são muito variadas, em harmonia com o contexto no qual se inscrevem.

Vós *morrestes*, e a vossa *vida* está escondida com Cristo em Deus.

Quando Cristo, nossa vida, aparecer,
então também vós, revestidos de glória, haveis de aparecer com ele (Cl 3.3s).
Restituiu-nos à *vida* juntamente com Cristo,
justamente quando estávamos *mortos* pelos nossos pecados,
e com ele nos *ressuscitou* e *nos fez sentar* nos céus, em Cristo Jesus (Ef 2.5s).

Esta passagem é interessante porque nos mostra a equivalência das fórmulas: vivificar com Cristo, ressuscitar com ele, estar assentado com ele no céu (fórmula que se apóia na afirmação tradicional de que Cristo está à direita de Deus).

Normalmente a idéia da ressurreição dos corpos se desvanece e é substituída pela vida que constitui o ser novo do cristão. Em Cl 3.3-4, a parusia consiste em fazer aparecer o que já existe realmente.

3. Aplicação à liberdade perante a Lei

Uma corrente secundária aplica a morte de Cristo à liberação dos cristãos perante a Lei.

Do mesmo modo, meus irmãos, vós também morrestes para a lei por meio do corpo de Cristo, para pertencerdes a outro, ao Ressuscitado dos mortos, a fim de produzirmos frutos para a causa de Deus (Rm 7.4).

Os cristãos estão unidos à Lei como a esposa o está a seu marido; a morte de Cristo significa nossa morte em relação à Lei; sua ressurreição significa um novo matrimônio ao qual passamos e que nos une a Cristo ressuscitado. É nele, doravante, que viveremos e produziremos frutos de justificação em Deus.

De fato, eu, por meio da lei, morri para a lei, a fim de viver para Deus; com Cristo me encontro cravado na cruz; e já não sou eu que vivo, é Cristo que vive em mim. E, enquanto eu vivo a vida mortal, vivo na fé do Filho de Deus, que me amou e entregou a si mesmo por mim (Gl 2.19s).

De novo a morte e a crucifixão de Cristo significam nossa morte à Lei. Em antítese com a morte à Lei aparece a vida para Deus ou a vida de Cristo em nós, substituindo nossa vida natural.

4. Aplicação à vida apostólica

Outra série de explanações aplica a morte e a vida de Cristo ressuscitado à vida apostólica submetida às perseguições num processo de morte, condição para que o processo de vida se realize.

Por toda a parte levamos sempre no corpo os sofrimentos de Jesus, para que também a vida de Jesus se manifeste em nosso corpo.

De fato, nós, enquanto vivemos, somos continuamente entregues à morte por causa de Jesus, para que a vida de Jesus se manifeste na nossa carne mortal (2 Co 4.10-12).

A fórmula antitética é repetida três vezes. A morte se realiza nas perseguições, a vida nas potências espirituais da vida apostólica.

Nós também nele somos fracos,
mas, em relação a vós, viveremos com ele pela virtude de Deus (2 Co 13.4).

Paulo exprimiu primeiro a antítese entre a fraqueza da crucifixão e a vida de Cristo pelo poder de Deus; aplica esta antítese a sua vida apostólica. O Apóstolo é fraco em suas perseguições, mas em compensação, ele viverá com Cristo segundo a virtude de Deus para exercer seu poder de apóstolo na igreja de Corinto.

É certo, do mesmo modo como são abundantes para nós os sofrimentos de Cristo, assim por obra de Cristo é também superabundante a nossa consolação (2 Co 1.5).

A idéia da vida não é expressa senão indiretamente e pela fórmula "por Cristo", resumo que envolve a idéia de participação no poder de Cristo ressuscitado. "A consolação" indica implicitamente os frutos apostólicos.

Reduz-se facilmente ao mesmo tema:

Dou cumprimento na minha carne ao que falta às tribulações de Cristo, em benefício do seu corpo que é a Igreja (Cl 1.24).

A Igreja evoca a idéia dos frutos da ressurreição[154].

Citamos aqui um texto que não classificamos na primeira categoria por causa da alusão que encerra aos sofrimentos "apostólicos". Esta primeira categoria visava à ressurreição no sentido ordinário; a participação na morte dizia simplesmente a qualidade ontológica da oposição ao pecado.

O texto em questão fala da participação na morte pelos sofrimentos da vida apostólica. Mas ao invés de se desenvolver a antítese na esfera do apostolado chega simplesmente ao tema fundamental da ressurreição.

Assim poderei conhecê-lo, a ele, e a força da sua ressurreição, e ser integrado na participação dos seus sofrimentos, transformado numa imagem de sua morte, com a esperança de chegar à ressurreição dos mortos (Fl 3.10s).

II - ALCANCE TEOLÓGICO

1. Não é a única antítese teológica que encontraremos no curso de nosso estudo. Deixando-se influenciar pela retórica grega e talvez seguindo uma inclinação de seu espírito que a conversão ainda acentua, Paulo gosta deste jogo por vezes superficial de antíteses, que valoriza um pensamento teológico profundo e marca a novidade total do cristianismo, revolução divina no tempo, introdução de um mundo celeste no mundo antigo, criação nova etc. Carne-espírito, homem velho e homem novo, fraqueza-força, loucura-sabedoria, Lei e fé, pecado e justiça, morte-vida constituem outras tantas

---

[154] Cf. E. Percy, *Die Probleme*, pp. 128-134 (boa síntese sobre a "mística da Paixão").

duplas teológicas às quais o pensamento do Apóstolo refere-se continuamente. São como que marcos plantados ao longo dos caminhos de suas explanações teológicas. A antítese morte-vida foi-lhe fornecida pelo ambiente grego; passagens como 1 Co 3.22-23; Rm 8.38, comparadas à literatura da diatribe estóica, mostram com evidência que Paulo sofreu o influxo da literatura grega contemporânea[155].

Este ponto de vista literário não nos interessa mais diretamente; devemos, contudo, levá-lo em conta se quisermos apreciar o exato alcance teológico de tantas fórmulas sobre as quais exerce a retórica sua influência. Teremos muitas vezes de pesar menos o sentido preciso das palavras do que os contrastes que elas exprimem. Os mesmos contrastes poderiam ser expressos por palavras diferentes, de sorte que não estamos autorizados a esgotar todo o significado dos termos que Paulo escolheu.

2. Cremos poder afirmar que o desenvolvimento literário e teológico da antítese morte-ressurreição de Cristo adquire toda amplidão durante a estada do Apóstolo em Corinto. As Epístolas aos tessalonicenses forneceram-nos sobre este capítulo um só texto, de tom arcaico, onde a antítese vida-morte mal é indicada. Pode-se, pois, admitir – o que, aliás, corresponde às verossimilhanças – que Paulo elaborou literariamente a confissão de fé durante seu contato com os gregos da Acaia. Ignoramos o que ele deve a sua formação e longa estada na Cilícia e em Antioquia sobre o Oronte; acreditamos, porém, que a expressão teológica do pensamento se fixou e tomou certos contornos mais firmes pela necessidade de ensinar em Corinto. O cunho mais literário da prosa se desvanece a seguir. As epístolas do cativeiro contêm ecos das fórmulas das grandes epístolas. Paulo já não cria; repete[156]. Nas epístolas pastorais, o veio se esgotou. A primeira Epístola de Pedro 1.18-21 elabora a confissão de fé, deixando cair a antítese. A dupla morte-ressurreição reaparece amiúde nas cartas de Inácio; só por exceção a antítese é acentuada[157].

---

[155] J. Nélis, "Les antithèses littéraires dans les Épîtres de saint Paul", em *Nouvelle Revue théologique*, LXX (1948), pp. 360-387; H. Riesenfeld, "Accouplements de termes contradictoires dans le Nouveau Testament", em *Coniect. neotestament.*, IX, 1944, pp. 1-21.
[156] E. Percy, *Die Probleme*, pp. 107-113.
[157] *Eph.*, 20,1; *Magn.* II. *Filad.* Inscr. 8.2; 9,2; *Esmir.* I, 2. Com antítese, Rm 6.1; *Esmir.* I, 2 (numa passagem de evidente inspiração paulina); *Esmir.* 7,1,2; Cf. Policarpo, *Fil.* 9,2.

3. A teologia da ressurreição nada ganha com o desabrochar da antítese. Vemos ao contrário que a teologia da morte de Cristo começa com isso a se afirmar. O dado primitivo, Cristo morreu por causa de nossos pecados, já adquire certa amplitude. Cremos poder inferir que a doutrina sobre a ressurreição desenvolveu-se independente da antítese e é logicamente anterior a ela (verificação idêntica a que fizemos quanto à antítese apologética da comunidade primitiva), enquanto a confissão de fé a unir morte e ressurreição parece apresentar um lugar de desenvolvimento da teologia redentora.

Combinada com a precedente, esta observação permite-nos traçar com certa segurança a curva seguida pela teologia paulina da morte, ressurreição e parusia de Cristo. As primeiras fórmulas teológicas explanam os temas da parusia e da ressurreição, amiúde unidos; vem em seguida a vez da dupla antítese morte-ressurreição; enfim elabora-se a teologia da morte e da cruz.

4. Se é verdade que a teologia da ressurreição precede a da morte redentora, poder-se-ia deduzir daí uma conseqüência quanto ao modo do qual Paulo se serviu para formular a teoria da causalidade da morte de Cristo. A ressurreição agia, já o vimos, como causa eficiente, formal e também "mística". A causalidade da morte de Cristo é concebida paralelamente. A eficiência se produz sobre o estado de pecado para purificar, fazer passar da não-santidade ao estado de santidade, justificar (no aspecto negativo da justificação).

A eficiência do batismo intervém neste contexto, mas a noção de causalidade da morte formou-se independente do sacramento; queremos dizer que Paulo não a deduz da noção de sacramento. "O batismo para a remissão dos pecados", instituição tradicional, é interpretado em função de uma teologia preexistente que representa já a eficiência da morte redentora.

Paulo considera o batismo como um símbolo da morte e do sepultamento[158]. No ponto de partida está o motivo geral: estamos unidos à morte de Cristo para dela receber a eficiência. O motivo ultrapassa o batismo, e desenvolveu-se partindo da antítese tradicional; vemos nitidamente nos textos que o pensamento de Paulo

---

[158] Falaremos mais adiante, p. 106ss, da eficácia deste símbolo.

trabalha sobre o fundamento do enunciado tradicional. Neste caso, que importância deve-se atribuir à analogia com os mistérios pagãos? Sem dúvida, a concepção paulina do batismo apresenta semelhanças com a noção pagã. Admitimos que seja o mesmo esquema geral. Mas todos os elementos do esquema são cristãos. No fundo, só a idéia simbólica constitui a semelhança; será preciso crer que a tenha Paulo pedido de empréstimo aos mistérios pagãos, tendo percebido a analogia do batismo cristão com esses mistérios? A idéia de símbolo ultrapassa os mistérios ou o sacramento; Paulo pensa simbolicamente como os antigos e como os judeus helenistas. Seu pensamento sobre o batismo teria seguido o molde simbólico, mesmo sem o paralelo das religiões de mistérios.

Como, pois, representar mais precisamente a causalidade do batismo, interferindo na causalidade mais geral da morte de Cristo? O. Casel supõe que o batismo reproduz, "representa" misticamente a sepultura e a morte. Outros imaginam uma morte e uma ressurreição virtual de todos os homens com Cristo e em Cristo morto na Sexta-feira Santa e que ressuscitou no dia de Páscoa; ato virtual que se torna "atual" pelo batismo[159].

Por que se deveria aproximar temporalmente os cristãos (pois Paulo não fala da humanidade em geral) dos acontecimentos da salvação, ou trazer a cruz e o sepulcro até a proximidade local e temporal com o ato do batismo? Deixemos cada elemento em seu lugar e em sua data. Basta o jogo das metonímias para suprimir as distâncias espaciais e temporais. Começada na cruz, a eficiência de Cristo continua no batismo dos cristãos; cruz, ressurreição e batismo formam um só princípio eficiente que atinge os cristãos. Em outros termos – e acreditamos exprimir assim a intuição paulina –, a vida nova nasceu da cruz e da ressurreição como de sua fonte. Desenvolve seu curso como um rio. Inserimo-nos em nosso lugar, pela fé e pelo batismo, nesta corrente de vida, nesta criação contínua que começa já agora a realidade espiritual do século futuro.

---

[159] E. DRUWÉ, "Medegegraven en -verrezen met Christus, Rm 6.3-11 en Odo Casel", em *Bijdragen*, X (1949) pp. 201-224.

Capítulo VI
A MORTE DE CRISTO

1. O desenvolvimento da teologia da cruz. Contatos com a tradição primitiva: lugares literários, temas, vocabulário – Ocasião de desenvolvimento: controvérsias com os judaizantes, com os coríntios, com os asiáticos.
2. A "caridade" de Deus e de Cristo.
3. Eficiência da morte de Cristo. O modo de eficiência ontológica – Os efeitos diante do pecado, da Lei e das potestades cósmicas.
4. O discurso da Cruz.
5. A importância da teologia da redenção.

I - O DESENVOLVIMENTO DA TEOLOGIA DA CRUZ

1. Contatos com a tradição primitiva

As epístolas revelam-nos que a teologia paulina da morte de Cristo se desenvolve a partir de lugares literários e teológicos e de fórmulas da comunidade primitiva.

A. *Lugares literários*

1º) A tradição sobre a morte de Cristo

Não é necessário que voltemos a este ponto. Paulo confessa sua dependência quanto ao resumo doutrinal de 1 Co 15.1-11. A narrativa dos acontecimentos que fundaram a comunidade primitiva é apresentada como mensagem, evangelho, "catequese" e "tradição". Os acontecimentos são, pois, a um tempo objeto da confissão de fé, da tradição de catequese que instrui os cristãos sobre pormenores da fé, e objeto da mensagem evangélica. Àqueles que é preciso lucrar para a fé, anuncia-se a boa-nova da morte de Cristo e de sua ressurreição.

Uma fórmula posterior, que inspirará o símbolo primitivo, está relacionada com a confissão de fé diante dos tribunais: Cristo Jesus, "sob Pôncio Pilatos, deu o mais belo testemunho" (1 Tm 6.13)[160].

2º) A celebração da Ceia – o batismo

Segundo 1 Co 11.23-25, narrava-se a morte de Cristo ocasião da celebração da ceia eucarística. Paulo faz ainda a propósito um apelo solene à tradição recebida de Jerusalém: "Eu efetivamente, aprendi do Senhor isto, que por meu turno vos transmiti: Que o Senhor Jesus, na noite em que foi traído tomou do pão etc..." As próprias expressões vêm, pois, da comunidade primitiva. Reconhece-se aqui o mesmo esboço da teologia que nos doou a narrativa do capítulo 15: o corpo de Cristo entregue pelos homens (τὸ ὑπὲρ ὑμῶν), o cálice da nova aliança em seu sangue.

Neste contexto da Ceia, impunha-se com efeito, exprimir o valor teológico da paixão. A Ceia, no pensamento de Cristo, reproduz o gesto solene da noite em que ele foi entregues, a fim de persistir a memória de seu sacrifício. Sua morte possui valor, utilidade, razão de ser independentes da ressurreição: é o testamento novo no sangue. O termo "entregue", aqui empregado pela tradição, remonta à narração evangélica; a expressão "a noite" prende-se ao relato tradicional (Mt 26.31-34; Mc 14.30; Jo 13.30).

O batismo e a morte de Cristo unem-se pela mesma fórmula: a remissão dos pecados. A confissão de fé que acompanha o sacramento colocava o batismo na atmosfera da morte expiatória.

3º) A propósito das perseguições

A mesma perseguição desencadeada pelas autoridades contra Cristo, segundo as Escrituras (recorria-se ao Sl 2.1s) continuava na comunidade, cf. At 4.23-30. Depois de ter citado e comentado o Sl 2, a oração da comunidade acrescentava: "Agora, Senhor, olha para as

---

[160] Cf. O. CULLMANN, *Les premières confessions de foi*, p. 19ss.

suas ameaças"; as ameaças que pesam sobre a comunidade pertencem ainda ao mesmo conflito messiânico que ocasionou a morte de Cristo.

Paulo partilhava o mesmo modo de ver e as emoções da comunidade de Jerusalém. Podia haver um conflito momentâneo e teórico entre eles, mas para ele representava esta comunidade o verdadeiro Israel de Deus, o Resto reservado para a salvação, os que Deus tinha escolhido dentre o povo eleito, os santos. A primeira Epístola aos tessalonicenses conserva um testemunho vivo desta simpatia e ao mesmo tempo do estado de espírito no qual eram relembrados os sofrimentos de Cristo. Paulo felicita os tessalonicenses por terem sido tão corajosos como os cristãos da Palestina (as Igrejas de Deus) perseguidos pelos judeus:

De fato, vós, irmãos, vos fizestes imitadores das Igrejas de Deus que estão na Judéia, que se deram a Cristo Jesus, tendo igualmente devido sofrer, da parte dos vossos compatriotas, o mesmo que eles próprios sofreram dos judeus; judeus esses que deram a morte a Jesus e aos profetas[161] e nos perseguiram; eles não agradam a Deus e são adversários de todos os homens, e nos impediram de pregar aos gentios para que eles se salvem. Assim, vão enchendo sempre mais a medida dos seus pecados. Mas a ira de Deus já os atinge, até ao fundo (1 Ts 2.14-16).

O tema da imitação da Paixão de Cristo passará para as Atas dos mártires. Já é reconhecível no martírio de Estêvão.

A tradição dá, pois, às lembranças primitivas o colorido de uma teologia elementar: valor expiatório da morte de Cristo para nós, por nossos pecados (em relação com Is 52-53) e apresentação desta morte como "exemplo" para os cristãos.

B. *O vocabulário*

Não é de esperar haja nas epístolas pormenores muito precisos sobre a morte de Cristo. Paulo se interessa por seu aspecto teológico e salvífico. Emprega os termos ordinários, tradicionais: a morte,

---

[161] A comunidade de Jerusalém tinha desenvolvido este paralelo en tre as perseguições contra Cristo e as realizadas contra os profetas, cf. At 2.23; 3.15; 7.52.

matar (ἀποκτείνω)¹⁶², morrer (ἀποθνήσκω)¹⁶³, a cruz¹⁶⁴, crucificar¹⁶⁵. Nos sinóticos, o verbo πάσχω é empregado nos dois primeiros contextos dos anúncios da Paixão Mt 16.21; 17.12 e paralelos; e cf. Lc 24.26.46: Cristo devia *sofrer*. A fórmula reaparece várias vezes no Livro dos Atos 1.3; 3.18; 17.3¹⁶⁶; cf. 1 Pd 2.21; 3.18. Como falta o verbo simples, encontramos em Paulo o composto συμπάσχω, Rm 8.17 (passagem interessante por causa do paralelo com Lc 24.15); ele fala dos παθήματα de Cristo. Cf. 2 Co 1.5; Fl 3.10 (onde se trata formalmente da Paixão).

No Antigo Testamento, como entre os gregos, o sangue podia tornar-se símbolo da morte violenta. A expressão "derramar o sangue" é freqüente¹⁶⁷. Na celebração da Ceia, faz-se menção do sangue, isto é, da morte (1 Co 10.16; 11.25-27). A alusão à morte é evidente em 1 Co 11.27 (culpado do sangue). A idéia do sangue se une para Paulo à idéia de sacrifício, Rm 3.25; à de resgate, Ef 1.7; da pacificação, Ef 2.13; Cl 1.20 ("pelo sangue de sua cruz"); da justificação, Rm 5.6-11.

O termo σῶμα em Paulo evoca a morte de Cristo. A fórmula "o corpo" se prende ao "pão" eucarístico como "o sangue" ao vinho da Ceia (1 Co 10.16; 11.27). Este uso remonta à comunidade primitiva que emprega regularmente a palavra σῶμα (eufemismo para designar o cadáver de Cristo, Mt 27.58-59; Mc 15.43; Lc 23.52; 24.3.23; Jo 19.31). Em 1 Co 12.13 aparece a fórmula "batismo para constituir o corpo de Cristo" equivalente a "batismo na morte de Cristo". Ver ainda 2 Co 4.10, onde a idéia de morte vem unida à menção do corpo.

Paulo ainda repetirá as fórmulas teológicas primitivas da morte ao pecado e a expressão "entregar"¹⁶⁸. Assimilará também em sua teologia do batismo a expressão "ser sepultado"¹⁶⁹.

---

¹⁶² At 3.15; 1 Ts 2.15; cf. Mt 26.4 etc.
¹⁶³ 1 Ts 4.14 etc. Cf. Mc 15.44.
¹⁶⁴ 1 Co 1.17 etc.; Mt 27.32 etc.
¹⁶⁵ 1 Co 1.13, etc.; Mt 26.2 etc.; At 2.36; 4.10.
¹⁶⁶ Cf. At 26.23: εἰ παθντὸς ὁ χριστός.
¹⁶⁷ Cf. J. Behm em *Theolog. Wörterbuch*, I, pp. 173-175.
¹⁶⁸ Cf. Mt 17.22 (2º anúncio); 20.18 (3º anúncio); três outras passagens do Evangelho de Mt 26.2.24.45, confirmam as relações do texto evangélico com a profecia de Isaías. Cf. Mt 27.2.18.26. Marcos conservou as mesmas expressões e igualmente Lucas; cf. sobretudo Lc 9.44 comparado com Jo 6.64.
¹⁶⁹ O termo poderia também estar relacionado com Isaías (cf. 53.9).

2. Ocasiões da explanação paulina

Notamos, ao estudarmos a fórmula antitética morte-ressurreição (vida) que a retórica exercia certa influência sobre a apresentação da morte de Cristo. O contraste com a ressurreição faz atribuir à morte uma eficiência na mesma ordem da santificação, da justificação etc.
As controvérsias tiveram grande influxo. Nas discussões em torno da justificação e da Lei, a noção de pecado desempenhava papel importante. A fraqueza do sistema da Lei revelava-se por sua ineficácia em justificar o pecador e em fazer evitar as transgressões. Paulo vai mesmo mais longe, colocando a Lei ao lado do pecado. Por contraste, insistir-se-á na eficácia da morte de Cristo que atinge o pecado e mesmo a Lei. Mais tarde, o pensamento de Paulo alarga-se ainda e inclui as potestades cósmicas entre as realidades do mundo presente, cujo fim marca a mensagem cristã[170]; a morte de Cristo faz soar a hora do aniquilamento do pecado, da Lei e das potestades cósmicas. As controvérsias com os promotores do culto dos anjos nas Igrejas da Ásia estão na seqüência das controvérsias com os judaizantes.

Quando Paulo se encontrou às voltas com a confiança exagerada dos coríntios na filosofia e na retórica humanas, nas fórmulas religiosas que o cristianismo ultrapassava, reagiu de novo sublinhando o contraste entre o método, a economia da salvação de Deus e os métodos humanos. A Cruz de Cristo pareceu-lhe o próprio símbolo desta regra divina que une a salvação à demissão do orgulho e da sabedoria dos homens. Então, pôde falar do "discurso da cruz", como se a mensagem cristã se limitasse a anunciar a morte de Cristo e a apresentar a cruz aos olhares do mundo. Mas a cruz simbolizava também o poder de Deus que ressuscita os mortos.

II - A "CARIDADE" DE DEUS E DE CRISTO

A morte de Cristo é o efeito de sua "caridade" para conosco[171]. A fim de excitar os coríntios à caridade – que é superior aos carismas

---

[170] G. Wiencke, *Paulus uber Jesu Tod*, Gütersloh, 1939, p. 25.
[171] H. Riesenfeld, "Étude bibliographique sur la notion biblique d'ΑΓΑΠΗ, sobretudo em 1 Co 13", em *Coniect. neotestam.*, V (1941), pp. 1-27.

– Paulo põe-lhes diante dos olhos o crime que cometem "fazendo que se perca" por sua "gnose" um irmão cuja consciência é fraca: "esse teu irmão por quem Cristo morreu" (1 Co 8.11-13). A caridade de Cristo condena a inconsciência dos cristãos. O mesmo tema é retomado em Rm 14.15: "Se, portanto, por causa de um alimento se entristece o teu irmão, já não andas segundo a caridade. Não queiras, pelo teu alimento, proceder de modo que se perca aquele por quem Cristo morreu".

A caridade de Cristo nos aparece ainda em ligação com a sua morte em Gl 2.20: "Vivo na fé do Filho de Deus, que me amou e entregou a si mesmo por mim". Devemos ser imitadores de Deus, dirá Paulo, e caminhar na caridade, a exemplo de Cristo, que nos amou e se entregou a si mesmo por nós, como oblação e sacrifício a Deus de agradável odor (Ef 5.1-2). "Maridos, amai as vossas mulheres – escreve ele um pouco mais adiante – como Cristo amou a Igreja e se entregou a si mesmo por ela" (Ef 5.25).

As relações entre a caridade e a Paixão são, pois, muito firmes. Cristo se entregou por caridade. A mesma nota é sublinhada por João (Jo 13.1): a Paixão foi a grande revelação da caridade que devemos imitar (1 Jo 3.16). As fórmulas "entregar-se" e "dar-se" (Gl 1.4) evocam naturalmente a caridade.

O amor de Cristo leva a pensar no amor de Deus. Paulo confunde de propósito os dois. Passa de um ao outro na mesma frase. Deus prova sua própria caridade por nós, porque, quando ainda éramos pecadores, Cristo morreu por nós (Rm 5.8; cf. Ef 5.2). A caridade de Cristo é a revelação da caridade de Deus. Cristo se entrega, e Deus o entrega por nós: "Nem sequer poupou seu próprio Filho, mas o entregou à morte por todos nós" (Rm 8.32). Ao escrever esta frase Paulo pensava em Abraão que "não recusou oferecer seu filho, o seu unigênito" (Gn 22.16): o estilo matizava-se com a ternura da antiga narrativa do Gênesis[172].

Esta caridade que se revela na Paixão de Cristo é o movimento de amor que desabrocha na "caridade", no coração dos cristãos. Está enriquecida de outro lado com toda a experiência espiritual que os

---

[172] Uma nota de ternura reaparece em Isaías: "todos nós, como ovelhas, nos desgarrarmos; mas Deus entregou seu servo por nós".

cristãos tiveram na atividade do Espírito (Rm 5.5). Jesus havia revelado concretamente seu amor por seus discípulos, sua compaixão para com as multidões. É o tema dos sinóticos. E concretamente foi uma revelação do amor de Deus. O Evangelho de Lucas avança mais longe nas parábolas (o bom samaritano, o filho pródigo). Esta ternura de Cristo identifica-se com o amor de Deus pelos pecadores. A teologia joanina identifica a caridade humana de Cristo com a caridade divina; o movimento da encarnação, a atividade humana de Cristo e da consumação, que constitui a Paixão, são a mesma caridade vinda de Deus. Deus é caridade; a morte de Cristo é sua grande revelação.

III - A EFICIÊNCIA DA MORTE DE CRISTO

1. Eficiência ontológica

1. A ressurreição estabelece Cristo em seu poder espiritual; Cristo ressuscitado é o ponto de partida da nova criação espiritual, possuindo a eficiência de transformar à sua imagem os que se unirão a ele pela fé, célula primeira que vai comunicar sua própria vida a todos os cristãos.

A morte de Cristo é, à primeira vista, estranha a esse contexto. Ela não tem poder algum sobre a vida. É destruição e não criação.

Seu papel aparece desde que refletimos sobre a natureza da corrente de vida iniciada na ressurreição de Cristo. Esta criação não é um começo absoluto como a primeira criação; é uma recuperação, o que explica por que Deus deve primeiro pôr termo ao que precede. O mundo novo só nasce sobre as ruínas do antigo; é preciso uma prévia destruição porque o mundo antigo está viciado. A morte de Cristo será encarregada de destruir os elementos opostos a Deus no mundo de então. É um aspecto negativo; mas suprimindo os obstáculos, a nova criação terá eficiência mais positiva, porque vai reaproximar do "criador" o homem que se havia dele afastado. Poder-se-á falar de justificação e reconciliação.

A ressurreição de Cristo exerciu eficiência direta; criava cristãos. Não é um evento que se deu de maneira abstrata, ou num momento do tempo, sem eficiência no curso do mesmo; a ressurreição é ponto de partida, causa geradora do que vem depois. Não é um reservatório onde se haure pela fé; é uma fonte que corre para aqueles que crêem e que, pela fé, vêm banhar sua vida na corrente espiritual. Deveremos encarar a morte de Cristo de maneira análoga. Não se deu uma vez por todas, no absoluto de uma atividade isolada da história; ela tem verdadeira eficiência na humanidade cristã. A morte de Cristo nos constitui em estado de morte e de separação, por verdadeira causalidade intrínseca, análoga à que produz a vida de ressurreição. A vida do cristão está, pois, sob o impulso da morte e da ressurreição de Cristo. A fé é a condição existente no indivíduo para que se exerça a eficiência de Cristo. Preenchida a condição, o poder eficiente atua. Um estado de morte definirá, pois, a vida cristã; esta morte, efeito permanente da morte de Cristo sobre nós, continua a isolar-nos do mundo antigo e a estabelecer-nos em permanente hostilidade e separação ativa.

A causalidade da morte de Cristo exprimir-se-á de diversas maneiras. Cristo morreu para que nós morrêssemos. Nossa vida está escondida nele, morta nele; estamos unidos a sua morte, morremos com ele. Todas essas fórmulas parecem mais ou menos equivalentes. À idéia da causalidade acrescentam uma idéia de contato ou de identidade. A causalidade que se exerce sobre nossa vida cristã é, efetivamente, de natureza muito particular; a eficiência traz consigo a presença de seu princípio divino, o Espírito Santo e Cristo.

2. A morte de Cristo age sobre nós, comunica-se a nós ao mesmo tempo pela fé e pelo batismo.

A mensagem cristã da morte e da ressurreição, recebida pela fé, coloca-nos sob o influxo do poder de Deus. A teoria da justificação pela fé desenvolve esta noção teológica fundamental. "Se, como cremos, Jesus morreu e ressuscitou..." (1 Ts 4.14). "Deus o apresentou como vítima de expiação, no seu sangue, pela via da fé" (Rm 3.25).

A eficiência do batismo ajunta o realismo sacramental à eficiência da fé. Concretamente, na instituição cristã, é pelo batismo que deixamos o século presente para entrar na vida nova, voltando as costas à esfera do pecado. O batismo, banho de purificação, simboliza naturalmente a remissão dos pecados. Toda a história do rito, dispõe-no para este significado.

A ligação do batismo com a morte de Cristo pertence ao fundo comum do cristianismo: Cristo morreu por nossos pecados, e o batismo os perdoa[173]. O batismo cristão é um batismo na morte de Cristo, Rm 6.3; cf. 1 Co 1.13: "Acaso, Paulo é que foi crucificado por vosso benefício? Ou foi em nome de Paulo que fostes batizados?" O batismo em nome de Cristo relembra sua crucifixão[174]. Nesta noção do batismo se enxerta o simbolismo que Paulo utiliza em Rm 6.4 e C1 2.12: a imersão do batismo é uma imagem do sepultamento de Cristo, imagem eficiente, pois o batismo verdadeiramente nos estabelece numa vida que ontologicamente participa da morte de Cristo.

O batismo é simultaneamente símbolo e realização da causalidade da morte de Cristo. Os que são batizados são sepultados com Cristo (para ressuscitar com ele). Símbolo: a morte de Cristo é interpretada segundo seu significado profundo. Realidade: pela ação simbólica, a morte de Cristo exerce seus efeitos sobre a vida cristã, que passa doravante do mundo antigo ao mundo novo. A concepção paulina apresenta também alguma analogia com os mistérios. Mas, trata-se de uma concepção corrente, uso dos símbolos, significado simbólico de um rito[175].

Cada vez mais se desiste de interpretar o batismo como um rito mágico a transformar por encanto à imagem de Cristo, produzindo fantasticamente uma existência divina[176]. O pensamento de Paulo é completamente diferente. A realidade profunda do cristão pertence doravante ao mundo espiritual, e a vida terrestre continua. As duas existências são de ordem essencialmente diferente. Esta concepção é cristã e explica-se por causa da escatologia.

A causalidade do batismo pela eficiência da morte de Cristo não suprime de modo algum a eficiência da ressurreição. A participação na morte implica em participação na ressurreição, e a eficiência

---

[173] CULLMANN atrai a atenção para a citação de Isaías 42.1, na narração do batismo no Jordão (Mc 1.10s; Mt 3.16s). Jesus é identificado com o servo sofredor, que deve morrer para a expiação dos pecados (*Die Tauflehre des Neuen Testaments*, Zürich, 1948, pp. 11-13; *Le baptême des enfants*, Neuchâtel, 1948, pp. 13-16): ver a crítica desta exegese em A. DESCAMPS, *Les justes et la justice*, p. 116s.
[174] Cf. Hb 6.6.
[175] Cf. p. 97s.
[176] L. CERFAUX-A. DESCAMPS, art. Justice et Justification, em *Suppl. Dict. de la Bible*, IV, col. 1495; FR. J. LEENHARDT, *Le baptême chrétien*, Neuchâtel, 1946, pp. 59-62.

da imersão prepara os dons espirituais. Por nossa participação a um tempo na morte e na ressurreição, tornamo-nos naturezas novas, plantas novas, criaturas renovadas.

3. Guardadas as devidas proporções, a Ceia vem inserir-se também nesta perspectiva da causalidade ontológica da morte de Cristo. Ela realiza igualmente em nós a morte que deve ser seguida da ressurreição e assegura nossa salvação na parusia.

Paulo recebeu da tradição a Ceia e conservou-lhe o significado tradicional. "Anunciais a morte do Senhor até que ele venha" (1 Co 11.26)[177]. Concebe a relação com a morte do Senhor num sentido muito realista: comer o pão ou beber o cálice de modo não apropriado, sem atender ao significado profundo, é participar da morte de Cristo como se estivéssemos do lado dos que o mataram, é votar-se a si mesmo à morte espiritual, à condenação que atinge o mundo (1 Co 11.27-32).

Não é de admirar vermos Paulo considerar a Ceia como uma refeição sacrifical e compará-la aos banquetes sacrificiais do judaísmo ou aos sacrifícios do paganismo. A morte de Cristo é um sacrifício, e a Ceia que a "representa" (no sentido realista), que a simboliza e renova, é também sacrifício; a refeição é uma refeição sacrifical, à mesa de Cristo. O pão que é partido é participação no corpo imolado de Cristo, o cálice é participação em seu sangue derramado em sacrifício (1 Co 10.16-21).

Esta participação na morte, segundo o curso ordinário do pensamento paulino, implica em participação na vida de ressurreição. À condenação daqueles que comem o pão indignamente corresponde a santificação dos seguidores do pensamento de Cristo. A Ceia une os cristãos entre si, porque ela os une ao corpo de Cristo (corpo, doravante, vivo, ressuscitado); o alimento e a bebida milagrosos do deserto, símbolos da eucaristia, asseguravam aos hebreus a benevolência divina (1 Co 10.3-5).

---

[177] JOACHIM JEREMIAS compara com este texto as palavras de Cristo: "Fazei isto em minha memória", compreendendo-as assim: "para que Deus se lembre de mim", isto é, apresse a vinda do reino (*Die Abendmahlsworte Jesu*, Göttingen, 1949, pp. 115-118). J. JEREMIAS (*ibid.*, pp. 80-81) reconhece na narrativa de Paulo, 1 Co 11.23, uma fórmula litúrgica primitiva. O emprego absoluto de παραδίδωμι assinalaria uma dependência de Is 53.

Assim, o sacramento da Ceia, enquanto contém a eficácia da morte de Cristo, alinha-se com o batismo.

2. Efeitos particulares e eficácia correspondente

As considerações teológicas que acabamos de fazer não encararam os efeitos específicos da morte de Cristo. O antigo estado era determinado segundo nossas relações com o pecado, com a Lei, com as potestades más ou cósmicas. A morte de Cristo, exercendo eficiência ontológica, vai suprimir essas diversas relações. Sua eficácia há de definir-se doravante de modo mais concreto, sob fórmulas por vezes metafóricas[178].

A. *A morte de Cristo e o pecado*

"Cristo morreu por causa de nossos pecados". Esta fórmula primitiva deriva em última análise do capítulo 53 de Isaías. Paulo retoma os próprios termos do profeta: "foi entregue à morte por causa dos nossos pecados" (Rm 4.25). "Cristo morreu por nós" é só uma variante, que se explica como tendo por base os mesmos textos. Paulo a conhece: "Ele (Cristo) morreu por (περί) nós" (1 Ts 5.10); "um morreu por todos" (2 Co 5.14); "quando éramos ainda enfermiços... morreu Cristo pelos homens ímpios" (Rm 5.6); "quando ainda éramos pecadores, Cristo morreu por nós" (Rm 5.8). Cristo morreu pelos (ὑπέρ) cristãos (Rm 14.15; 1 Co 8.11). Transpomo-nos para o estilo paulino quando dizemos que morremos para o pecado (subentendido, pela morte de Cristo), Rm 6.2,10; ou que o velho homem que éramos foi crucificado com Cristo, para que o corpo do pecado fosse destruído (Rm 6.6).

As explicações que Paulo introduzirá na teologia, elaborando o artigo de fé, dependerão da noção de pecado e de todas as suas particularidades[179].

---

[178] K. M. SCHELKLE, *Die Passion Jesu in der Verkundigung des Neuen Testaments*, Heidelberg, 1949, pp. 127-194.

[179] Art. ἁμαρτία, em *Theolog. Wörterbuch*, I, pp. 267-320, especialmente W. GRUNDMANN, pp. 311-317; A. KIRCHGAESSNER, *Erlösung und Sunde im Neuen Testament*, Freiburg-im Breisgau, 1950, pp. 21-32.

Paulo fala geralmente não de "pecados" no plural, mas do "pecado" no singular (ἁμαρτία). Mais do que de atos particulares, trata-se de um modo de ser resultante de atos passados ou também de uma forma ruim que se impõe aos homens e rege seu comportamento. O pecado aparece como um estado do gênero humano, oposto a Deus desde a falta de Adão, e implica em toda a degenerescência do paganismo e nas infidelidades contínuas dos judeus. A este estado de pecado do gênero humano corresponde a ira de Deus que se manifesta contra o mundo (Rm 1.18). Em suma, o pecado concretiza melhor o mundo velho votado à destruição.

Quando quer designar os atos pecaminosos, Paulo emprega o termo ἁμαρτήματα no plural (Rm 3.25; cf. 1 Co 6.18). Utiliza παραπτώματα quando opõe pecados e justificação[180].

1º) A morte de Cristo suprime o estado de pecado

As fórmulas teológicas descrevem sobretudo como a morte de Cristo, de um só lance, de direito e de fato, muda um estado de inimizade com Deus. Exprimem a transformação jurídica e ontológica da humanidade sob a eficiência da morte de Cristo. Se o homem, pela fé, se coloca na corrente da salvação, o tipo humano é transformado, não está mais sob a ira de Deus, ou em estado de pecado. É nova criatura. O aspecto realista desta concepção corresponde à noção realista do pecado, estado, maneira de ser da humanidade.

a) Liberação

A época fornecia a Paulo uma antítese muito conveniente para representar os dois estados do mundo: a escravatura e a liberdade. O estoicismo já opunha a situação do sábio, que é o verdadeiro homem livre, à dos escravos da paixão. Para Paulo, o pecado e a morte conseqüente nos constituíram em estado de escravidão: "Éramos escravos do pecado" (Rm 6.7; 16.19-20), "presos à lei do pecado" (7.23); "o pecado nos tiranizava" (6.14); "reinava sobre nós" (5.21); "estávamos sob o império do pecado" (3.9).

---

[180] Cf. L. Cerfaux, A. Descamps, *Justice et justification*, col. 1485.

A vida cristã, ao contrário, nos introduz numa esfera de liberdade: liberação do pecado (Rm 6.18,20,22), para estarmos a serviço da justiça (Rm 6.18) e de Deus (Rm 6.22). "A Lei do Espírito da vida em Cristo Jesus libertou-nos da lei do pecado e da morte" (Rm 8.2). Os textos que acabamos de citar não fazem menção explícita da causalidade da morte de Cristo; mas é bem entendido que é ela que libera, assim como redime, destrói, pois "já morremos para o pecado" (Rm 6.2) – entenda-se, por nossa participação na morte de Cristo –, bem sabendo que o homem velho foi crucificado com Cristo, para que o corpo de pecado fosse destruído (Rm 6.6)[181].

A liberdade aparece a Paulo em seu aspecto positivo. É o produto da justiça, do dom, da vida cristã, e assim o termo corresponde à ressurreição. A morte libera para introduzir na liberdade.

Quando se trata de precisar o modo de passagem do estado de servidão ao de liberdade, ou o modo de aquisição do estado cristão, basta a Paulo recorrer aos costumes do tempo. O escravo é liberado quando é comprado por outro senhor ou pode ele mesmo pagar o preço de sua liberdade. Paulo encara o fato de que nós somos resgatados por Cristo.

b) Compra, resgate (redenção)

Essas metáforas mais precisas explicam, pois, a eficácia da morte de Cristo na passagem da servidão do pecado à liberdade ou, de modo mais geral, na aquisição da liberdade cristã[182]. Pode-se falar

---

[181] O tema "liberdade" ultrapassa nas epístolas a aplicação particular que nos ocupa neste momento. Paulo conhece o tema (político e estóico) da liberdade e da franquia (παρρησία). Ele o aplica seja à vida cristã em geral, seja à condição especial dos apóstolos, sendo estes, por excelência, livres e desimpedidos. Não há mais no cristianismo nem escravo, nem homem livre. Todos são igualmente cristãos, livres de tudo, exceto de Cristo, do qual são escravos. A esfera da liberdade estende-se a todas as manifestações da vida, especialmente às abstinências, à circuncisão e muito particularmente à Lei (Gl 4.21;5.1). A liberdade estende-se a toda a criação, que recobrará na parusia: "De fato, a criatura foi submetida à caducidade, não por sua inclinação, mas por vontade daquele que a submeteu, na esperança, porém, de que as próprias criaturas serão libertadas da escravatura da corrupção, para participarem da gloriosa liberdade dos filhos de Deus" (Rm 8.20s). Cf. H. SCHLIER, art. ἐλεύθερος, em *Theolog. Wörterbuch*, II, pp. 484-500; F. BURI, *Clemens Alexandrinus und der Paulinische Freiheitsbegriff*, Zürich, 1939.
[182] A. KIRCHGAESSNER, *Erlösung und Sunde*, pp. 106-109.

de uma aquisição (ἀγοράζω) dos cristãos, pela qual um grande preço foi pago (1 Co 6.20; 7.23). Em Gl 3.13, entender-se-á a liberação como liberação da Lei, mas da Lei relacionada com a maldição do pecado: "Cristo resgatou-nos da maldição da Lei, tornando-se, por nós, maldição (pois está escrito: 'Maldito seja todo aquele que é suspenso ao lenho'"[183]. Este texto mostra nitidamente que a morte de Cristo na cruz vem em primeiro lugar ao espírito desde que se quer determinar a maneira pela qual se cumpriu a liberação. A fórmula complementar nos é fornecida por Rm 7.14: "vendidos ao pecado".

Alguns exegetas precisam a metáfora recorrendo ao costume grego de conceder a liberdade aos escravos por uma fórmula religiosa, um ato fictício que fazia o escravo passar da propriedade de seu dono à de um deus. Deissmann exagerou a importância de tal prática a respeito da qual temos alguns testemunhos sobretudo em Delfos[184]. Parece-nos que a metáfora geral do resgate basta para explicar os textos paulinos.

Paulo fala, mais ou menos da mesma maneira, da "remissão". O termo que significa no sentido próprio o resgate, o preço pago para a libertação de um cativo, ou esta própria libertação, pode tomar um sentido mais geral e significar qualquer resgate ou redenção[185], e mesmo simplesmente a liberação incluída no resgate[186].

Em Rm 3.24-25: "são gratuitamente justificados pela sua misericordiosa bondade, em virtude da 'redenção' realizada por Cristo Jesus", pensa-se na remissão operada pela morte de Cristo e, segundo o contexto, no resgate e na liberação do estado em que nos encontrávamos por causa de nossos pecados. Em 1 Co 1.30, Cristo é "nossa redenção", assim como nossa sabedoria, nossa justiça, nossa

---

[183] A imagem da destruição do documento da dívida, Cl 2.14, é análoga à fórmula de Gl 3.13.
[184] *Licht vom Osten*, pp. 270-284; cf. F. BUECHSEL, art. ἀγοράζω, em *Theolog. Wörterbuch*, I, p. 125s.
[185] Deve-se entender esse último termo sem lhe dar todo sentido técnico que adquiriu na teologia atual.
[186] Cf. F. BUECHSEL, art. ἀπολύτρωσις, em *Theolog. Wörterbuch*, IV, pp. 354-359. W. ELERT, "Redemptio ab hostibus", em *Theolog. Literaturzeitung*, LXXII (1947), col. 265-270, mostra que a idéia de redenção dos cativos pode ter inspirado Paulo. Mas, é de se supor apenas uma única fonte de inspiração?

santificação. Nele obtemos, pois, sabedoria, justiça, santidade e alcançamos tais bens positivos passando, pelo resgate, do estado de pecado ao estado de justiça.

Mesmo sentido geral em Ef 1.7: "Nele, pelo seu sangue, temos nós a redenção, a remissão dos pecados, segundo as riquezas da sua graça". Uma passagem paralela se lê em Cl 1.14[187].

Podemos perguntar se, através destas metáforas jurídicas de liberação e de resgate, que certamente devem ser ilustradas parcialmente pelos costumes do tempo, o Antigo Testamento não exerceu influência mais fundamental sobre Paulo do que as representações helenísticas. Nós, com demasiada facilidade, esquecemos na prática que o Novo Testamento "cumpre" o Antigo e que os cristãos projetam as realidades por eles vividas na tela de fundo da história sagrada. Escreve com justeza Gelin: "Para descrever a salvação como obra divina, a Bíblia serve-se de bom grado de dois termos que têm uma longa história. Deus redime (*padah*). Deus liberta (*ga'al*). O primeiro significa 'pagar o preço de resgate', mas ao se tratar de Deus, não existe parte habilitada para receber um resgate. Inadequação essencial da linguagem humana! O 'resgate' (ou Redenção) já se realizou no passado para o povo de Israel quando saiu da servidão do Egito (Dt 7.8; 9.26; 13.6; 15.15; 21.8; 24.18; Mq 6.4; Sl 78.42;

---

[187] Paulo conhece outro uso do termo resgate: "a redenção de nosso corpo" (Rm 8.23) possui um sentido escatológico, não designando nada mais, em nosso caso, do que a liberação na parusia. Não se trata de preço pago; mesmo a morte de Cristo não está em jogo. A expressão aparece por causa da idéia de escravidão contida no versículo 21. A escravidão da corrupção estende-se a todo o mundo material e sabemos que nosso corpo partilha os destinos da matéria e está sujeito à corrupção. Do mesmo modo que a criação inteira geme e sofre as dores de parto do mundo novo, nós próprios, que possuímos as primícias do Espírito, gememos igualmente com o Espírito, esperando a adoção e a redenção de nossos corpos. O mesmo sentido escatológico e por conseguinte o mesmo enfraquecimento da idéia de preço pago em redenção se encontra em Ef 1.14 (pela liberação que constitui a aquisição completa dos bens celestes) e 4.30 ("o dia da libertação"). Os dois contextos são idênticos: o Espírito nos é dado como penhor. Por ele recebemos o selo para o dia da redenção. É muito possível que o uso da palavra em sentido mais fraco deva explicar-se aqui pelo fenômeno da repetição quase mecânica de certas palavras que caracteriza o estilo paulino, sobretudo nas epístolas do cativeiro (ver Ef 1.7). É bem difícil reduzir à unidade de origem as duas maneiras de utilizar a metáfora. Talvez não seja o caso de uni-las uma a outra; o uso escatológico pode provir diretamente do judaísmo. Cf. F. Buechsel, art. ἀπολύτρωσις, p. 354s.

Ne 1.10). Quando chegar o tempo da salvação, quando Deus julgar conveniente agir por sua graça (*héséd*), haverá de novo Redenção"[188].

Os escritores eclesiásticos por vezes exageram o alcance da metáfora da compra ou do resgate[189], dramatizando o ato realizado por ocasião da morte de Cristo. No pensamento de Paulo o preço da compra certamente não é pago às potestades, nem ao demônio. Parece também que não é entregue a Deus. Uma vez que era o Pecado (mais ou menos personificado) que nos mantinha em escravidão, com ele a transação teria de ser concluída, mas Paulo deixa vaga a questão. Não resta dificuldade alguma se pensarmos que a idéia essencial é a de liberação; desta se passa ao modo ordinário pelo qual alguém se libera da servidão.

O aspecto objetivo do ato é salvaguardado. A natureza humana é verdadeiramente remida, pois a morte de Cristo subtraiu ao pecado uma humanidade que se torna a origem de outra, nova, liberada, adquirida, remida a fim de pertencer a Cristo e submeter-se à eficiência de sua santidade e de sua vida. Toda a atenção se volta para coisa diferente de um mito ou de uma simples analogia jurídica, bem apropriada.

2º) Reconciliação com Deus

O pecado é um estado de servidão, um estado de inimizade com Deus. A passagem do estado de pecado à vida cristã, sob a ação da morte de Cristo, exprimir-se-á, pois, também pela idéia de reconciliação com Deus[190]. "Porque se, de fato, sendo nós ainda inimigos – escreve Paulo – fomos reconciliados com Deus mediante a morte de seu Filho" (Rm 5.10-11) ou ainda: "Mas tudo isso vem de Deus que nos reconciliou consigo por meio de Cristo e nos deu o ministério da reconciliação. Efetivamente, Deus estava em Cristo, reconciliando consigo o mundo, não imputando aos homens os seus pecados e

---

[188] *Les idées maîtresses de l'Ancien Testament*, Paris, 1949, p. 34s; F. PRAT, *La Théologie de saint Paul*, II (Paris, 1929), pp. 227-230; O. PROCKSCH, *Theologie des Alten Testaments*, pp. 662-668.
[189] Cf. J. BONSIRVEN, *L'évangile de Paul*, pp. 168-174.
[190] Cf. C. A. A. SCOTT, *Christianity according to St Paul*, Cambridge, 1927; pp. 75-84; F. BUECHSEL, art. καταλλάσσω, em *Theolog. Wörterbuch*, I, pp. 254-259.

depondo em nossos lábios as palavras da reconciliação" (2 Co 5.18-19). Nas epístolas do cativeiro, Paulo emprega ἀποκαταλλάσσω no mesmo sentido que o verbo simples, Ef 2.16; Cl 1.21-22: "Éreis estranhos a Deus... reconciliou-vos agora mediante a morte no seu corpo de carne"[191].

A iniciativa da reconciliação vem de Deus (por Cristo) e como não há aliança verdadeira entre Deus e o homem (entendendo-se por aliança mais uma disposição generosa de Deus que aceita o homem em sua amizade), assim na reconciliação, Deus só age: "Deus estava em Cristo, reconciliando consigo o mundo" (2 Co 5.19). A morte do Filho de Deus produzia a reconciliação.

Poderíamos falar também de "aproximação" (cf. Ef 2.13), de acesso a Deus (Rm 5.2; Ef 3.12). Falaríamos igualmente de paz com Deus (Rm 5.1)[192]. Mais ainda do que o conceito de liberdade, o de paz ultrapassa evidentemente o campo dos efeitos imediatos da morte de Cristo que nós consideramos. A paz é o sentimento profundo inspirado pelo Espírito Santo aos justificados em Cristo. A pacificação e a paz se correspondem como a justificação e a justiça, a santificação e a santidade.

A reconciliação, nas grandes epístolas, explica-se segundo o contexto de Rm 5. A obediência (Rm 5.19) e a justiça de Cristo (v. 18) fazem contrapeso à falta e à desobediência de Adão. Nas epístolas do cativeiro, à idéia de reconciliação com Deus se une a da reconciliação com os gentios e os judeus[193]. O acesso à mesma paz divina suprime a inimizade que havia entre eles. Cristo, na cruz, aniquila qualquer inimizade (Ef 2.16). O conceito ainda se alarga em Cl 1.20: A reconciliação e a pacificação atingem "todas as coisas, quer na Terra, quer no céu" (alude à atitude das potestades, causa e objeto de uma desarmonia cósmica). A esta altura, a reconciliação é uma idéia generalizada, que Paulo aplica tanto ao cosmos

---

[191] E. Percy, *Die Probleme*, p. 86, observa que Paulo é o único a empregar os verbos da raiz καταλλαγ.

[192] Já Is 53.5 anuncia que o servo sofre por causa dos nossos delitos e assim "a punição que nos traz a paz (παιδεία εἰρήνης) foi infligida a ele".

[193] Desta vez, o ponto de partida de Isaías, 57.19 é muito claro: "Ele veio anunciar-vos a paz, a vós que estáveis longe (gentios), e a paz também para aqueles que estavam perto (judeus)" (Ef 2.17).

quanto ao universo (judeus e pagãos) e à vida cristã. Comparar Cl 1.20 e 1.21s[194].

Ao mesmo tempo, Paulo dramatiza o ato da morte de Cristo na cruz, que se torna uma espécie de réplica da parusia. Diante de Cristo na cruz acham-se o homem-pecador, a Lei que aumenta nossas faltas e testemunha contra nós, as potestades celestes:

"Vós que estáveis mortos por causa dos vossos pecados e da incircuncisão de vossa carne, Deus chamou-vos de novo à vida juntamente com ele, tendo perdoado todos os nossos pecados e cancelado o cartel escrito contra nós, com as suas disposições desfavoráveis a nós. Ele o cancelou, pregando-o na cruz; e, despojando os principados e as potestades, expô-los publicamente à derrisão, levando sobre eles pleno triunfo em Cristo" (Cl 2.13-15).

Embora Paulo não tenha o hábito de considerar a justificação independente de seu conteúdo positivo – que é menos efeito da morte de Cristo do que da vida de ressuscitado –, por vezes, contudo, pára num aspecto mais negativo, pois a justificação marca formalmente o abandono do pecado e a transformação correspondente do pecador. Justificação e reconciliação são sinônimos. O texto mais claro neste sentido é Rm 5.9: "Com muito maior razão, portanto, uma vez justificados agora no seu sangue, seremos nós, por seu intermédio, salvos da ira divina. Porque se, de fato, sendo nós ainda inimigos, fomos reconciliados com Deus, com muito maior razão havemos de ser salvos pela sua vida, agora que estamos reconciliados". Do mesmo modo devemos entender Rm 5.19: "Pela desobediência de um só homem todos foram constituídos pecadores, assim também pela obediência de um só, todos serão constituídos justos". Ver ainda Rm 5.16; 5.18. São precisamente os casos em que a morte é considerada como o agente da mudança que se introduz no pecador. Rm 3.21-26 tem o mesmo tom. A justiça apresenta-se como remissão dos pecados (cf. Rm 6.7), obtida pela morte de Cristo. Esta noção da justificação tem alguma consistência no pensamento paulino, pois se

---

[194] Quanto a Cl 1.20; E. Percy, *Die Probleme*, pp. 92-101.

encontra no primeiro plano de um texto tão solene como aquele em que Paulo, em antítese com a ira de Deus, anuncia a introdução da justiça de Deus no mundo, em virtude das realidades cristãs.

Poder-se-á classificar aqui Rm 8.3-4: "(Deus) enviou o seu Filho em carne semelhante à carne pecadora, e, para expiar o pecado[195], condenou o pecado na carne, para que todas as exigências justas da Lei se cumprissem em nós".

A passagem se faz do estado antigo, do pecado (e da Lei), onde o homem era incapaz, por causa da fraqueza da carne, de observar a Lei e era assim pecador, ao estado novo, em que podemos observar a Lei, isto é, submeter-nos à regra de justiça segundo Deus que ela promulga para nos justificar. Como sofreu Cristo toda a condenação do pecado em sua carne, somos agora capazes de andar segundo o Espírito.

Sobre a morte de Cristo projeta-se a luz da ressurreição, como acontece na teologia joanina. É forçoso que o efeito positivo da justificação, representado pela ressurreição, já não seja exigido pelo efeito negativo (representado pela morte).

3º) A expiação dos pecados

O pecado não é somente uma maneira de ser do pecador, um estado. A situação do pecador, escravo do Pecado, inimigo de Deus, tem sua fonte nas ações do pecado. Os pecados, enquanto atos, devem ser perdoados por Deus, expiados pelo pecador. Aqui se apresenta, na economia do Antigo Testamento e na economia religiosa em geral, a noção do sacrifício.

a) O perdão

Paulo emprega muito raramente os termos jurídicos que indicam perdão[196], a remissão dos pecados (atos), isto se deve, sem

---

[195] A condenação do pecado não se faz pela encarnação (Cornely), mas pela cruz. (Cf. A. Hulsbosch, "Passibilitas et mors Christi in doctrina soteriologica s. Pauli", em *Divus Thomas* [Piac.], XLVII-XLIX [1944-1946], p. 217).

[196] Pode-se comparar a remissão dos pecados (ἄφεσις) com as expressões χαρίζεσθαι (Cl 2.13; 3.13; Ef 4.32) e μὴ λογίζεσθαι (2 Co 5.19; Rm 4.8-11). Cf. A. Kirchgaessner, *Erlösung und Sunde*, p. 101.

dúvida, ao fato de conceber ele sobretudo o pecado como um modo de ser. O que se espera de Deus não é um simples ato de perdão, mas uma transformação de situação, real e jurídica ao mesmo tempo[197].

A fórmula perdoar os pecados aparece numa citação do Antigo Testamento (Sl 32.1-2) feita em Rm 4.7: "Bem-aventurados aqueles rujas iniqüidades foram perdoadas, e cujos pecados foram cobertos. Bem-aventurado o homem a quem Deus não imputar o pecado". Em outra citação (Rm 11.27) encontra-se a expressão: "Quando eu houver tirado os seus pecados". Paulo falará, contudo, por si mesmo de "remissão (πάρεσις) dos pecados anteriores" ao lado de "expiação no seu sangue, pela via da fé" (Rm 3.25)[198]. Comparar 2 Co 5.19; nas epístolas do cativeiro, a remissão (ἄφεσις) dos pecados é indicada: Ef 1.7 (em concorrência com "pelo seu sangue, a redenção"); Cl 1.14 ("tendo perdoado todos os nossos pecados")[199].

Conforme o contexto de todas essas fórmulas, os pecados são atos que ofenderam a Deus; a iniciativa do perdão vem dele, e o perdão nos é concedido por causa da morte de Cristo. Esta desempenha o papel dos sacrifícios propiciatórios do Antigo Testamento.

b) Valor sacrifical expiatório da morte de Cristo

Paulo recebeu da comunidade primitiva a teoria do valor sacrifical da morte de Cristo. As palavras da Ceia que a tradição conservava preciosamente como provindas de Cristo: "o corpo dado pelos homens", "o sangue da nova aliança derramada", faziam divisar no horizonte a idéia de um sacrifício. De Cristo vinha ainda a relação de sua Paixão com a morte do servo de Deus do capítulo 53 de Isaías; e esta morte era apresentada pelo profeta sob as cores de um sacrifício: "O Senhor o entregou por causa de nossos delitos... era como

---

[197] A remissão dos pecados equivale à primeira justificação. Cf. A. KIRCHGAESSNER, *ibid.*, pp. 109-117. Aqui encontramos novamente os temas ordinários a respeito da justificação real ou jurídica, ou existencial. Cf. L. CERFAUX-A. DESCAMPS, *Justice et justification*, col. 1482-1496.

[198] Quanto ao sentido de "remissão" e não de "paciência em suportar" nesta passagem de Romanos, cf. a análise de A. KIRCHGAESSNER, *op. cit.*, pp. 102-104 (contra Lietzmann, Bultmann, Mundle, Kümmel).

[199] A remissão dos pecados é a fórmula ordinária dos Evangelhos: Mt 6.12,14,15; 9.2, 5.6 etc.; Jo 20.23; Tg 5.15.

cordeiro levado ao matadouro... foi ferido de morte por causa dos delitos do povo, foi entregue por causa de suas iniqüidades" (Is 53.6-12).

Em Paulo, as semelhanças com a liturgia sacrifical são ainda mais estreitas. A passagem mais importante é Rm 3.23-26.

Todos, de fato, pecaram e estão privados da glória de Deus, e são gratuitamente justificados pela sua misericordiosa bondade, em virtude da redenção realizada por Cristo Jesus. A ele, Deus apresentou como vítima de expiação (ἱλαστήριον), no seu sangue, pela via da fé, para fazer resplandecer sua justiça, tendo deixado de punir os pecados outrora cometidos, que ele suportou com paciência; para fazer resplandecer, digo, a sua justiça, no tempo presente, a fim de ser reconhecido justo e autor da justificação daquele que crê em Jesus.

A antiga versão latina considera ἱλαστήριον como adjetivo masculino (*propitiatorium*) atributo de ὅν. O mesmo acontece na versão boaírica[200]. É normal nesta construção que o adjetivo atributivo[201] exprima a conseqüência da ação; traduzir-se-á pois: para que seja propiciador (que ofereça propiciação)[202] por seu sangue. O sentido geral de expiação é em todo o caso garantido pela grande importância desta idéia no Antigo Testamento e no judaísmo posterior, onde os sentimentos do pecado, da expiação, isto é, da recuperação do favor de Deus, eram muito vivos. Entre os meios de expiar o pecado, o culto teve durante muito tempo o lugar principal: primeiro, o dia da expiação, depois os sacrifícios, particularmente o sacrifício

---

[200] Esta traduz: – "Aquele que Deus começou por colocar como (alguém) em que perdoa pela fé em seu sangue." Versão saídica: "Aquele que Deus colocou desde o começo como remissão pela fé no seu sangue."
[201] Ver os exemplos em O. RIEMANN-H. GOELZER, *Grammaire comparée du grec et du latin*, Paris, 1897, p. 57.
[202] O sentido imediato não é que Cristo expia como sacerdote, mas que realiza a expiação por seu próprio sacrifício. Fornece o sangue do sacrifício. É propiciador mais enquanto vítima do que como sacerdote. Se fosse o caso de sua missão sacerdotal, ele seria ἱλαστήρ. Chega-se ao mesmo resultado compreendendo ἱλαστήριον como sacrifício de propiciação, por analogia com σωτήριον, χαριστήριον, καθάρσιον. O. BARDENHEWER, *Der Römerbrief des hl. Paulus*, Freiburg-im-Br., 1926, p. 59s; cf. J. JEREMIAS, "Zwischen Karfreitag und Ostern", em *Zeitschr. f. d. neutestamentliche Wissenschaft*, XLII (1949), p. 197, nº 8.

cotidiano²⁰³. O rito do sangue tinha valor expiatório muito especial. A menção do sangue e a concepção cristã da morte de Cristo nos orientam, pois, para o valor expiatório da morte de Cristo concebida como sacrifício²⁰⁴.

Acrescentemos que o sentido geral do texto não muda se considerarmos, segundo a exegese corrente, ἱλαστήριον como adjetivo neutro nominal; quer tenha Paulo evocado diretamente o "propiciatório" da arca da aliança sobre o qual se aspergia o sangue no dia da expiação²⁰⁵, quer se conserve o sentido mais geral de meio de expiação²⁰⁶.

A insistência com a qual Paulo volta ao valor expiatório do sangue²⁰⁷ explica-se bem, se ele coloca a morte de Cristo na categoria dos sacrifícios e a compara com os sacrifícios do Antigo Testamento. Do mesmo modo, a comparação de Cristo com o cordeiro pascal: "Cristo, nosso cordeiro pascal, já foi imolado" (1 Co 5.7) sugere que a morte na cruz é uma imolação sacrifical²⁰⁸. Daremos, pois, à θυσία em Ef 5.2 o sentido de sacrifício, entendendo a palavra sem metáfora: "Cristo nos amou e se entregou a si mesmo por nós, como oblação e sacrifício de agradável odor"²⁰⁹. Neste texto, como talvez também Gl 2.20 e Rm 8.34, Cristo é considerado sacerdote a oferecer o sacrifício²¹⁰.

Lembremo-nos, contudo, de que Paulo sofre a influência da corrente de espiritualização que atravessa o judaísmo. Serve-se da

---

²⁰³ A morte dos justos e a morte em geral têm valor de expiação. F. BUECHSEL, art. ἱλάσκομαι, em *Theolog. Wörterbuch*, III, p. 313s.
²⁰⁴ J. HERRMANN, art. ἱλάσκομαι, em *Theolog. Wörterbuch*, III, pp. 307-310. Cf. Levítico 17.11. A função do sangue de Cristo é sublinhada por Paulo como meio de recuperar o favor de Deus (o que supõe a expiação dos pecados pelo sangue) Ef 1.7 (resgate); Rm 5.9 (justificação); Cl 1.20-22 (pacificação); Ef 2.16 (reconciliação). W. D. DAVIES, *Paul and Rabbinic Judaism*, Londres, 1948, pp. 232-237.
²⁰⁵ É difícil, contudo, identificar Cristo com o propiciatório da arca. Como, no mesmo contexto, seu sangue forneceria também a matéria da expiação? Seria, pois, a vítima ao mesmo tempo que o "kapporeth".
²⁰⁶ J. HERRMANN-F. BUECHSEL, art. ἱλαστήριον, em *Theolog. Wörterbuch*, IV, pp. 319-324; W. D. DAVIES, *op. cit.*, pp. 237-242.
²⁰⁷ Cf. p. 101.
²⁰⁸ θύω é expressivo; cf. 1 Co 10.20.
²⁰⁹ Paulo cita aqui o Sl 40.7.
²¹⁰ Cf. O. MOE, "Das Priestertum Christi im NT außerhalb des Hebrärbriefs", em *Theolog. Literaturzeitung*, LXXII (1947), c. 338.

linguagem dos sacrifícios para designar realidades espirituais que não são sacrifícios no sentido próprio (Fl 4.6; Rm 12.1; 15.16). Não põe, certamente, a morte de Cristo em pé de igualdade com os sacrifícios sangrentos do Antigo Testamento. Seu valor expiatório vem-lhe simultaneamente de ser morte sangrenta, ato de amor e obediência. A espiritualização modifica, pois, a noção de sacrifício sangrento, elevando-o a uma esfera superior, em que a oferta voluntária toma todo o relevo sem que se desvaneça o caráter de imolação real. A morte de Cristo é verdadeiramente um sacrifício, mas um sacrifício de uma ordem à parte, transcendente. A Epístola aos hebreus submeterá a noção de sacerdócio a uma transposição da mesma ordem. Cristo é o sumo sacerdote por excelência, do qual os sacerdotes da Antiga Lei eram apenas sombra e figura. Assim, a Páscoa judaica e os sacrifícios sangrentos prefiguravam o verdadeiro sacrifício que foi a morte de Cristo[211].

B. *A morte de Cristo e a Lei*

Não se trata aqui da Lei que designa o Pentateuco, ou todo o Antigo Testamento, nem mesmo da legislação dada por Deus a seu povo. Encaramos a Lei, assim como Paulo o faz de ordinário, enquanto sistema religioso do qual vivia o povo judeu desde Moisés[212].

A Lei veio após o testamento e as promessas dadas a Abraão, que visavam a Cristo e ao povo cristão (Gl 3.15-18). À primeira vista, na teologia paulina, sua função era fomentar o pecado, isto é,

---

[211] G. WIENCKE, *Paulus uber den Tod Jesu*, Gütersloh, 1939. R. Bultmann, depois de ter admitido que certo número de fórmulas paulinas interpretam a morte de Cristo no sentido dos sacrifícios judaicos, pretende ainda explicá-la por analogia com a morte das divindades de mistério e mesmo introduzi-la na categoria do mito gnóstico (*Theologie*, pp. 290-294; 48). Relembremos para memória o descrédito da teoria sacrifical entre os protestantes; cf. A. SEEBERG, *Der Tod Christi in seiner Bedeutung für die Erlösung*, Leipzig, 1895, pp. 176-221, com exegeses muito cuidadosas das passagens nas quais acabamos de nos apoiar. Sobre a expiação e a morte de Cristo em sacrifício, cf. C. A. A. SCOTT, *Christianity according to St Paul*, Cambridge, 1927, pp. 75-97; V. TAYLOR, "The Unity of the N. T. The Doctrine of the Atonement", em *Exp. Times*, LVIII (1946-1947), pp. 256-259; M. S. ENSLIN, "The Atoning Work of Christ", em *Harvard Theolog. Rev.*, XVIII (1945), pp. 39-61.
[212] Cf. L. CERFAUX, *La Théologie de l'Église*, p. 22s.

fazer aparecer toda a fraqueza e mesmo a malícia da humanidade privada do dom sobrenatural de Deus (Rm 3.20; 4.15; 7.11; 8.3). Neste sentido, era a prisão que nos retinha para a fé a se revelar em Cristo (Gl 3.23). Era o pedagogo que nos governava rudemente, em vista da justiça a obter por Cristo (Gl 3.24). Fazia-nos escravos dos elementos do mundo como crianças que éramos, não ainda emancipados, assimilados aos escravos (Gl 4.1-3). É figurada por Agar, a escrava (Gl 4.24-25).

A Lei, contudo, é "espiritual" no sentido de manifestar a vontade de Deus. Seria espiritual sem restrição se transformasse nossa natureza e suas inclinações ao pecado. Infelizmente, nossa natureza, a carne, permanece; a Lei em nada a muda. Isto, aliás, exprime o desígnio de Deus que queria precisamente valorizar a "graça" de Cristo. A Lei é essencialmente uma instituição de expectativa. Desnuda o pecado e a situação impossível na qual se encontra a humanidade sem Cristo.

Grande é, pois, a diferença entre a servidão da Lei e a do pecado. O pecado é só servidão; a Lei é o pedagogo que conduz a Cristo, uma servidão que prepara a liberdade. Cristo é "o termo" da Lei, aquele para o qual ela tendia e que sela o seu fim.

Mais uma vez a morte de Cristo é que vai efetuar a mudança[213]. Morremos para a Lei, quando crucificados com Cristo (Gl 2.19). Morremos à Lei pelo corpo (crucificado) de Cristo, para pertencermos doravante àquele que ressuscita os mortos (Rm 7.4). "Efetivamente, quando éramos homens carnais (vivemos agora da vida do Espírito!), as paixões pecaminosas excitadas pela lei operavam em nossos membros, de sorte que nós produzíamos frutos para a morte. Mas agora fomos emancipados da lei, tendo morrido para a lei, que nos detinha ligados; de modo que somos servos, sim, mas sob um novo regime espiritual, e não mais sob o antigo regime da letra" (Rm 7.5s). Sabemos bem que esta morte do cristão de que fala Paulo está ligada à morte de Cristo.

Recaímos aqui muito naturalmente nas metáforas de que se servia Paulo a propósito do pecado: liberação da servidão, redenção

---

[213] Paulo recorre a uma comparação jurídica (Rm 7.1-6) para estabelecer a relação entre a morte de Cristo e a anulação da Lei.

por Cristo: "Cristo resgatou-nos da maldição da lei, tornando-se, por nós, maldição (pois está escrito: 'Maldito seja todo aquele que é suspenso ao lenho')" (Gl 3.13). A redenção daqueles que estão sob a Lei, de que fala Gl 4.5, na plenitude dos tempos, não pode ser outra coisa que o comércio da cruz. O mesmo acontece com a liberação. Somos livres, liberados por Cristo (Gl 4.31).

O momento em que Cristo morre na cruz, em que nascem a fé e a justiça da fé, marca ao mesmo tempo o fim da Lei e o seu auge; ela se esgota a si mesma neste ponto culminante.

A Lei causava a morte da humanidade precipitando-a no pecado (Gl 2.18; Rm 7.7-25). Esta morte, que seria sem saída (é sem saída do lado da Lei), toma um sentido quando Cristo morre na cruz. A morte pela Lei era, portanto, orientada para esse momento decisivo; ela encontra sua explicação e justificação profunda quando Cristo morre, concentrando em si todas as maldições parciais dos pecados fomentados pela Lei. A Lei se consuma na morte de Cristo e resolve-se assim misteriosamente na vida que nasce. Neste momento produz-se a grande reviravolta. A Lei morre com Cristo, nós todos morremos para a Lei, e vivemos com Cristo.

Em Gl 2.18-20 (como em Rm 7), Paulo fala em nome de toda a humanidade sujeita à Lei. Eu morri pela Lei, por esta condenação que a Lei acarreta para o homem que a transgride, mas minha morte se une à morte de Cristo na cruz e assim é um adeus à Lei (διὰ νόμον νόμῳ ἀπέθανον) e o começo da vida em Deus (ἵνα Θεῷ ζήσω)[214].

A Epístola aos colossenses 2.13-14, como vimos, dramatiza a anulação da Lei pela cruz de Cristo. Os preceitos da Lei, que não eram observados, sublinhavam nossos pecados e tornavam-se nosso ato de acusação[215]. Cristo o anula.

Mas, surge outra idéia. Neste momento supremo, a Lei era, enfim, observada[216]. Cristo cumpria, ao morrer, a grande justiça legal de obediência a Deus e de amor aos homens; e todos os cristãos, doravante, por Cristo, participando do Espírito Santo, poderão cumprir

---

[214] Chegamos por outro caminho a uma exegese análoga à de H. SCHLIER, *Der Brief an die Galater*, Göttingen, 1949, pp. 60-63.
[215] Quanto à construção da passagem, cf. E. PERCY, *Die Probleme*, p. 88.
[216] Cf. W. GUTBROD, art. νόμος, em *Theolog. Wörterbuch*, IV, p. 1.068s.

a justiça da Lei. Chegamos assim ao aspecto mais otimista da Lei, emanação dá vontade de Deus, para aqueles aos quais tinha sido recusado temporariamente o socorro indispensável, a fim de tornar necessária a graça de Cristo[217].

Assim, Paulo se une à concepção do cristianismo primitivo, para o qual a "justiça" da Lei encontra seu cumprimento na instituição cristã[218].

C. A morte de Cristo e as potestades cósmicas

As "potestades" cósmicas[219] tomaram parte na morte de Cristo. Elas não conheciam o plano da sabedoria divina. Essas potestades só possuem um conhecimento da ordem deste mundo; exerceram influência no mundo antigo pela filosofia religiosa, que se congraçou com a mitologia, e por meio da idolatria, do culto dos soberanos e da convivência entre o poder político e as religiões pagãs. Paulo transpõe para esta linguagem a crença no influxo dos astros, tal como o paganismo a havia elaborado?[220] Seus contatos com a astrologia parecem-nos muito tênues. Essas potestades "crucificaram a Cristo", porque ignoravam o plano divino. Se o houvessem conhecido, não teriam, ao certo, crucificado o Senhor da glória" (1 Co 2.8)[221].

Mais uma vez, a morte de Cristo marca a grande revolução. As potestades que regiam o mundo antigo foram desapropriadas de direito e, em parte, de fato[222]. Cristo é doravante o soberano do mundo. As potestades foram aprisionadas em seu triunfo, em vias da ruína, mas resistirão até o aniquilamento definitivo, que se realizará na parusia. Em outros termos, prosseguirão sustentando neste mundo já condenado a revolta contra Deus. O paganismo continua a ser um perigo presente e permanente.

---

[217] Seria lógico prosseguir o pensamento paulino e perguntar se os judeus sujeitos à Lei não podiam participar pela fé – uma fé antecipada em Cristo – da graça de Cristo.
[218] L. CERFAUX-A. DESCAMPS, *Justice et Justification*, col. 1463-1468.
[219] Cf. pp. 83-89.
[220] W. L. KNOX, *St Paul and the Church of the Gentiles*, Cambridge, 1939, pp. 100-110.
[221] Cf. p. 214s.
[222] Cf. supra, p. 85; O. CULLMANN, *Christ et le temps*, p. 142.

Muitas vezes comparou-se o mito gnóstico e o triunfo de Cristo sobre as potestades (Cl 2.13-15; cf: Ef 2.14s). Paulo pensaria na morte de Cristo por analogia com o mistério pagão e teria desenvolvido a idéia do mistério, transpondo-a para a categoria dos mitos gnósticos[223]. Quanto às potestades em si mesmas, a flora de suas expressões indica suficientemente que ele não pensou, ou quase nada, nos eons gnósticos, supondo-se que existissem em seu tempo. Faz um compromisso entre as crenças sincretistas dos judeus da Ásia, os dados apocalípticos e a fé tradicional do Antigo Testamento. A vitória de Cristo interessa-lhe mais do que os vencidos.

Esta maneira de descrever a morte de Cristo e seus efeitos como um triunfo alcançado sobre as potestades cósmicas transpõe e antecipa o triunfo da parusia. O pensamento de Paulo obedece a esta lei de antecipação que domina os apocalipses. A parusia antecipa-se na ressurreição de Cristo, e a parusia e a ressurreição, por sua vez, já estão anunciadas pela morte, que se torna assim uma vitória. Doutro lado vimos que a intervenção das potestades na parusia era um sucedâneo da função de Satanás e do Anticristo. Podemos, pois, explicar o cenário da parusia ou da morte triunfal sem recorrer ao mito, guardando os princípios e a linha da construção cristã original. As semelhanças de expressão não são tais que nos obriguem a mudar nossa perspectiva ordinária.

IV - O DISCURSO DA CRUZ

O gênio de Paulo aparece nos contrastes. Entre sua pregação em Tessalônica e sua chegada a Corinto, alguns meses apenas decorreram, e um mundo separa os dois modos de apresentar Cristo.

Baste-nos desenvolver o esboço que ele mesmo faz de sua mensagem na Macedônia, na primeira Epístola aos tessalonicenses (1.9-10), para recuperarmos o discurso clássico que nos é bem conhecido (discurso em Listras, discurso no Areópago). Parte dos temas que os judeus helenistas apresentavam ao mundo pagão: Deus criador do gênero humano, senhor das nações, é também o juiz que em breve intervirá para restabelecer seus direitos na humanidade. Até aqui,

---

[223] R. BULTMANN, *Die Theologie*, p. 293.

explicava Paulo, Deus deixou o gênero humano seguir o próprio caminho (At 14.16), embora houvesse marcado a criação com os vestígios de sua divindade (Rm 1.20); vem agora intervir no mundo pela ressurreição de Cristo, declarando assim sua decisão de julgar os homens. Deste modo, a parusia aparece no horizonte, e o ponto de partida do cristianismo se acha assinalado pela ressurreição de Cristo.

Há mudança completa no começo da primeira Epístola aos coríntios, que reflete o modo como Paulo abordou seu novo campo de apostolado na metrópole da Acaia. O cristianismo aparece de então em diante baseado na cruz. Pode-se tentar uma explicação.

Segundo o Livro dos Atos, o Apóstolo continuou a pregar em Atenas como o havia feito na Macedônia. Seu discurso no Areópago terminava com a parusia e a ressurreição (At 17.31), e sabe-se o pouco êxito que obteve (At 17.34). Imagina-se uma crise no apostolado de Paulo. Os agravos contínuos que sofreu na Macedônia, a perseguição, o insucesso em Atenas levantam um problema diante de seu espírito sempre alerta para descobrir as indicações de Deus. Ele o resolve. Os tempos messiânicos não podem evitar as perseguições, que foram preditas pelos profetas; o próprio Cristo foi perseguido, os cristãos de Jerusalém o foram por sua vez, os cristãos da Macedônia o são, e imitam Cristo e seus irmãos da comunidade apostólica; as perseguições de Paulo se colocam naturalmente nesta perspectiva (1 Ts 2.14-16). Aliás, a morte e a ressurreição de Cristo, condicionam antes a vida cristã. Deus quis fundamentar o cristianismo tanto na morte de seu Filho quanto na ressurreição. A morte conduz à vida.

Deus, de outro lado, não quer propor ao mundo uma mensagem agradável ao pensamento humano; seria rebaixar a obra da salvação. A salvação pertence a Deus e só a Deus. Os meios humanos não têm de intervir. A filosofia humana, da qual Atenas era a cidadela, está condenada pela mensagem cristã; foi condenada pela Escritura de modo absoluto[224]. O homem não pode gloriar-se diante de Deus, nem atribuir a salvação a uma atividade que lhe seja

---

[224] Paulo reúne os textos que exprimem a condenação da filosofia ou talvez os encontre já colecionados (1 Co 1.19; 2.6). Cf. pp. 202-204.

própria. Aqui o pensamento de Paulo finaliza num contraste que domina todo o pensamento judaico e que o Senhor também adotou[225]. Os meios são sempre inadaptados a uma obra divina. Tal é a exação de grandeza de Deus, incomensurável para a natureza humana, inacessível, misteriosa.

A mensagem cristã submete-se, pois, à grande tradição que Deus seguiu ao criar todas as suas obras no mundo. Escolhe um caminho, antípoda da sabedoria humana; anuncia o pensamento divino, um meio de salvação inventado por Deus, uma via que não é via humana, mas é a loucura da cruz, o discurso da cruz, loucura humana, sabedoria divina. Só Deus podia imaginar este plano de salvar pela cruz. Donde a mensagem de Cristo crucificado (1 Co 1.17-25)[226].

O contraste que ainda existe entre a doutrina a pregar e a sabedoria humana continua no recrutamento das comunidades cristãs. Sob a luz de Deus, Paulo percebe o significado profundo dos acontecimentos que está prestes a viver. Deus não escolhe, para estabelecer suas igrejas, filósofos, nobres ou magistrados; recruta o que há de menor no mundo: "Não há entre vós muitos homens sábios segundo a carne, nem muitos poderosos, nem muitos nobres. Mas, ao contrário, os que são loucos aos olhos do mundo é que Deus escolheu para confundir os sábios, e os que são fracos no mundo é que Deus escolheu para confundir os fortes, e os ignorantes e desprezados pelo mundo é que Deus escolheu, em suma, as coisas que não existem a fim de reduzir a nada as que existem" (1 Co 1.26-29). É assim que deve acontecer, e verificam-se as palavras de Jeremias: "Quem se gloria, glorie-se no Senhor" (1 Co 1.31). O cristianismo deve repousar unicamente em Cristo.

Aliás, Paulo percebeu em si mesmo este contraste entre a fraqueza humana e o poder de Deus. Abordou o novo terreno de apostolado em circunstâncias muito desfavoráveis. Estava doente, trêmulo de febre e de angústia, desterrado, privado dos companheiros

---

[225] Pensamos particularmente no contraste que há entre os apocalipses e o Evangelho a respeito do reino de Deus. Este começa por uma pequena pedra destacada da montanha, pela sementinha lançada na terra etc.

[226] Jerônimo, sendo da antigüidade, percebia ainda toda a força deste contraste e o exprime num estilo digno de seu modelo (*In Ev. Mt.* P. L. XXVI, col. 93: Parábola do grão de mostarda).

com os quais tinha o costume de contar e sob a impressão do fracasso sofrido em Atenas. Deus tinha querido tudo isso, e havia aplicado a Paulo a grande lei que preside a toda obra divina. A fraqueza é necessária para Deus agir (1 Co 2.1-5).

Tudo, então, se compreende: deficiência do recrutamento, fraqueza da pessoa e do talento do apóstolo, loucura aos olhos dos homens da mensagem que ele traz. O terreno está maravilhosamente preparado para que se perceba a ação divina, despojada de todos os ouropéis da atividade ou da gloríola humanas. O Evangelho é obra de Deus, o poder de Deus, estendendo-se sobre a fraqueza humana, simbolizada pela Cruz de Cristo. O cristianismo baseia-se precisamente naquilo que, aos olhos dos homens, é apenas fraqueza e ignomínia, cruz. Mas, nesta altura opera o poder de Deus.

Paulo viveu intensamente tal contraste e não é de admirar haja escrito então uma das melhores páginas de suas epístolas. Eis-nos num dos pontos mais profundos de seu pensamento. Ele viveu e vive dessas idéias. A Mensagem é ele mesmo, no meio do mundo grego, um homem isolado, perdido, que só encontra socorro em Deus. Mas, Deus é sua força; sua própria fraqueza deixa avaliar o poder divino, permitindo Deus esta fraqueza para fazer brilhar o próprio poder.

O campo de visão do apóstolo alarga-se. O discurso da cruz não é só a antítese do cristianismo e da filosofia do mundo grego. Há outra antítese: as exigências judaicas diante de Deus e o que Deus realiza. Enquanto o mundo grego pede à obra divina bela linguagem e fórmulas filosóficas, os judeus reclamam dela um messias poderoso, sinais. Os judeus dos apocalipses esperavam sinais do céu, os fariseus e os zelotes exigiam vitórias políticas. Deus fez coisa completamente diferente, e melhor (1 Co 1.22-24). Toda a instituição cristã, em sua origem e em seu desenvolvimento, estará marcada com o selo da cruz de Cristo.

Na esfera da justiça e da santidade, nossa vida é morte ao pecado, em união com a morte de Cristo. Participamos da imolação do cordeiro pascal e celebramos uma Páscoa perpétua (1 Co 5.7-8). Estamos em um estado de morte, pois as realidades espirituais que constituem nossa vida ainda são invisíveis; elas só aparecerão, quando Cristo, nossa vida, manifestar-se na parusia (Cl 3.3-4). Participamos da morte de Cristo pelas perseguições, humilhações, sofrimentos; eis o lote dos cristãos, e especialmente o lote dos apóstolos, os últimos dos homens, condenados à morte, insensatos, fracos, odiados, vivendo de privações, penas, desprezo, rebotalho do mundo (1 Co 4.9-13; 2 Co 4.7-10; 6.4-10; 11.23-29; Rm 8. 35-36). Carregam a morte de Cristo em seu corpo para que a ressurreição de Cristo se manifeste no mundo cristão (2 Co 4.10-11; 15). A morte de Cristo torna-se assim um tema essencial de apologética e parênese; o Apóstolo explica aos cristãos o escândalo das perseguições e das resistências à obra de Deus, e exorta os fiéis a imitarem sua constância.

Haverá no discurso da cruz a parte da retórica, sem ser esquecido o segundo membro da antítese habitual, a ressurreição. Este segundo membro é, na realidade, o primeiro logicamente: Cristo teve de morrer porque deve ser o primeiro dos ressuscitados; pregar a cruz é ainda anunciar a ressurreição.

V - IMPORTÂNCIA DA TEOLOGIA DA REDENÇÃO

Estamos de posse de toda a documentação da morte de Cristo. Poder-se-ia fazer uma síntese teológica que absorvesse todas as explanações referentes à redenção[227].

Acabamos de recolocar o discurso da cruz em seu contexto histórico. Esse discurso não constitui toda a mensagem paulina. A mensagem completa consiste em Cristo apresentado na morte, ressurreição e parusia. A teologia não desnaturou a mensagem[228]. É fácil prová-lo. Se o discurso da cruz (no caso de uma teologia que colocasse no cume a cruz *como tal*) fosse na teologia paulina o ponto de chegada, o cume da perfeição, as epístolas posteriores trariam essa marca, mais ou menos exclusivamente.

Nada disso acontece. Releiamos sob este ponto de vista as Epístolas aos filipenses e aos colossenses.

No começo da Epístola aos filipenses e por toda a carta, encontramos a parusia (1.6,10; 2.16; 3.20; 4.5). Depois são as fórmulas anti-

---

[227] R. G. BANDAS, *The Master-Idea of Saint Paul's Epistles, or, the Redemption: a Study of Biblical Theology*, Bruges, 1925.
[228] Cf. W. G. KÜMMEL, *Mythische Rede*, p. 124.

téticas morte-vida (1.20-22) e até o fim da epístola hão de se suceder as equivalências desta antítese: a antítese entre humilhação até à morte e exaltação (2.6-11), o poder da ressurreição e a participação nos sofrimentos, a conformidade com a morte para atingir a ressurreição dos mortos (3.10s), os inimigos da cruz de Cristo e aqueles cuja pátria é o céu (3.14-20). A morte e a vida (ressurreição de Cristo, parusia, ressurreição dos mortos, vida cristã) contrastam-se do começo ao fim da epístola.

A mesma construção antitética domina a Epístola aos colossenses: redenção e ressurreição (1.14,18); sepultamento e ressurreição (2.12); morte com Cristo, ressurreição com Cristo, (2.20; 3.1); morte, parusia (3.3s); velho homem, homem novo (3.9s). A carta se resume bem pela antítese de 3.3s, onde a parusia substitui a ressurreição na dupla primitiva e tradicional.

> Vós morrestes,
> e vossa vida está escondida com Cristo em Deus.
> Quando Cristo, nossa vida, aparecer,
> então também vós, revestidos de glória, haveis de aparecer com ele.

Compreende-se que a cruz já se aureola do triunfo (2.14s). A insistência a respeito da cruz (1.20), da reconciliação pela morte de Cristo (1.21s) e dos sofrimentos de Cristo (1.24) é compensada pelas alusões à parusia: 1.5,12,23,27.

Se há uma evolução, faz-se visível sobretudo no emprego dos temas. A antítese determinada morte-ressurreição substitui decididamente a antítese morte-vida, e nesta a vida sugere antes a vida celeste do que a ressurreição ou a ressurreição antecipada. A participação na ressurreição ou na parusia torna-se participação da vida de Cristo; a ressurreição e a parusia já não conservam contornos tão precisos. A teologia da morte com isso nada lucra.

Capítulo VII
A ENCARNAÇÃO DE CRISTO

1. Cristo segundo a carne – Teologia paulina da encarnação Contrastes com a teologia subseqüente. Encaminhamento para a teologia da encarnação?
2. A vida mortal de Cristo – Paulo teólogo, polemista, didáscalos – Síntese do Livro I.

Empregamos o termo encarnação, na carência de outro melhor, embora seja um neologismo, do ponto de vista da linguagem paulina. Sobretudo porque Paulo jamais considerou o momento preciso em que Cristo assumiu a carne – sentido mais ou menos ligado a nossa palavra "encarnação". A encarnação diria, em sua linguagem, o acesso de Cristo ao estado de humanidade, estando voltada a atenção para a humilhação do Filho de Deus que se apresentou numa natureza humana privada de prerrogativas, às quais tinha legitimamente direito.

I - CRISTO SEGUNDO A CARNE

A teologia de Paulo atribui à ressurreição de Cristo a função essencial em vista de nossa transformação em "cristãos". Eis a fonte da vida que faz de nós novas criaturas. Cristo ressuscitado, nesta função de santificador, é o Filho de Deus revestido de poder, segundo o Espírito de santificação, a manifestar tal poder em nossa própria santificação. Para resumi-lo adequadamente, seria Cristo segundo o Espírito (Rm 1.4). Se há um Cristo segundo o Espírito após a ressurreição, havia antes um Cristo segundo a carne (cf. Rm 1.3; 9.5).

Dupla antítese, portanto, comanda a teologia paulina da encarnação antítese entre o Filho de Deus e o Cristo encarnado na fraqueza;

antítese entre Cristo em sua humanidade humilhada e Cristo ressuscitado (ou exaltado).

Para melhor compreendermos a posição de Paulo, que não desenvolveu senão esta "teologia da encarnação" antitética, nós a poremos em contraste com teologias subseqüentes e perguntaremos se ao menos suas fórmulas não o levavam a estas doutrinas.

1. A teologia paulina da encarnação

Quando se trata de determinar as relações entre a encarnação e a salvação (obtida em conseqüência da ressurreição), Paulo contenta-se com a vaga idéia de preparação (evocando implicitamente uma humilhação) ou mais exatamente com a idéia de humilhação; o contraste ressalta o poder da ressurreição (Rm 1.4). Percorramos os textos principais.

Em Gl 4.4-5: "Ao chegar a plenitude dos tempos, enviou Deus o seu Filho, nascido de uma mulher, nascido sob a lei, a fim de resgatar os que estavam sujeitos à lei, e para que nós recebêssemos a adoção de filhos"; a intenção de sublinhar o abaixamento do Filho de Deus em sua missão temporal é manifesto: "nascido de uma mulher, nascido sob a lei"; a mulher dá à luz normalmente na dor, a Lei está ligada ao pecado. Este abaixamento está subordinado à obra da salvação: sob a Lei para poder redimir os que estão sob a Lei; nascido de uma mulher, a fim de nos conceder a qualidade de filhos de Deus. A preparação no abaixamento toma o colorido de condição preliminar da salvação. A idéia é mais nítida em Rm 8.3ss: "Deus enviou o seu Filho em carne semelhante à carne pecadora e, para expiar o pecado, condenou o pecado na carne, para que todas as exigências justas da lei se cumprissem em nós, que não andamos segundo a carne, mas segundo o espírito". A encarnação consistiu em tomar uma "carne pecadora", inteiramente semelhante à de todos os pecadores e sintetizando em si todas as carnes pecadoras. Era a condição para que a condenação do pecado pudesse cumprir-se na carne de Cristo, e a vida abrir o caminho para si. Note-se que Paulo faz um jogo com a antítese, segundo a carne, segundo o Espírito.

Vamos introduzir nesta série um texto como 2 Co 5.21: "A ele que não conhecera o pecado, Deus tratou-o, por nós, como pecado, para que nele nos tornássemos justiça de Deus". É certo que Paulo pensa antes de tudo na cruz; o contraste essencial está entre morte-ressurreição; é sobre a cruz que Cristo carregou os nossos pecados (cf. 1 Pd 2.24) e nossa maldição (Gl 3.13). A encarnação, contudo, está no horizonte. A expressão "ele que não conhecera pecado" visa à preexistência de Cristo e destaca o privilégio do Filho de Deus[229]; daí, "tratou-o como pecado" abrange simultaneamente a encarnação e a morte.

Cristo foi colocado no estado de pecador e de maldito, sujeito à Lei, privado da situação privilegiada na qual se achava. Inicia-se assim em segundo lugar uma antítese entre o que Cristo é em sua existência divina e o que ele se tornou. Esta antítese é sublinhada quando Cristo (não o Pai) toma a iniciativa da encarnação; Paulo insiste então no aniquilamento e na humilhação à qual ele se condena, deixando as prerrogativas de sua preexistência para entrar em nossa humanidade.

O grande texto cristológico de Fl 2.5-11 descobre este movimento do pensamento teológico do Apóstolo. A encarnação significa uma humilhação voluntária que se aprofunda cada vez mais por esses degraus: estado de um servo diante de Deus; obediência do servo até à morte; morte de cruz. É este um motivo para Deus exaltar Cristo encarnado, e dar-lhe (sua natureza humana estando doravante ligada à pessoa divina) o exercício deste domínio, a função de Deus em suas relações com os seres criados, à qual ele havia primeiro renunciado.

A antítese está profundamente modificada, porque Paulo quer dar uma lição de humildade e também porque ele depende literariamente da passagem de Isaías sobre o servo sofredor[230].

Os verbos escolhidos para significar o abaixamento são ἐκένωσεν (v. 7) e ἐταπείνωσεν (v. 8), indicando o segundo o processo de humilhação de Cristo já encarnado. A passagem da "forma de Deus"

---

[229] ALLO interpreta assim o texto: "O homem que jamais cometeu pecado, Deus fê-lo como que a encarnação do pecado, tratou-o como o maior dos pecadores" (p. 180). "Não conhecer o pecado" não seria antes nada ter que ver com o pecado, estar isento dele por direito de origem divina? O paralelismo desta passagem com aquelas que acabamos de analisar parece impor-nos esta exegese.
[230] Cf. pp. 294-297.

à "forma de servo" é caracterizada pela fórmula ἐκένωσεν. O verbo aqui significa que Cristo esvaziou-se, empobreceu-se (diríamos: com as mãos vazias) de suas prerrogativas divinas. Não se trata de aniquilamento[231].

A confusão que fizeram os teólogos acerca da *kenosis* provém de não terem bem compreendido o ponto de vista de Paulo. Ele não se interessa de forma alguma pela metafísica da encarnação, como uma pessoa divina pode assumir uma natureza humana, e em que relações se encontram as duas naturezas. O problema está em que Cristo encarnado não é "Senhor", mas "Servo", quando normalmente teria devido transportar para sua existência humana suas prerrogativas divinas.

Na primeira antítese insere-se outra; ao aniquilamento corresponde a exaltação de Cristo. Cristo é exaltado, recebe o título de κύριος, as homenagens divinas e a eficiência deste Nome acima de qualquer nome.

Aliás, num resumo vigoroso, Paulo opõe a pobreza de Cristo encarnado às riquezas que ele nos traz. "Riquezas" caracteriza os bens possuídos por Deus[232] e que se tornam nossa partilha, enquanto pobreza representa o estado da humanidade despojada: "Conheceis muito bem a graça de nosso Senhor Jesus Cristo, que, sendo rico, fez-se pobre por vosso amor, a fim de enriquecer-vos com a sua pobreza" (2 Co 8.9). No primeiro plano, a encarnação: Cristo abandona suas riquezas celestes (a metáfora ordinária para exprimir a glória e os "bens" divinos, o estado de Cristo na existência divina) e se faz pobre (na humanidade), a fim de obter para a humanidade os bens celestes.

2. Contrastes com a teologia subseqüente

Este modo de encarar a encarnação tem a vantagem de sublinhar a eficiência da redenção pela cruz e ressurreição, e o inconveniente de apresentar sob uma luz desfavorável a presença de Cristo

---

[231] Quanto a esses dois sentidos de κενόω, ver A. OEPKE, art. κενός, κενόω, em *Theolog. Wörterbuch*, III, pp. 659-662.
[232] Rm 9.23; 11.33; 1 Co 1.5 etc.

em sua vida mortal. É incompleto e parcial, pois concretamente a vida de Cristo tinha sua importância e preparava positivamente a salvação, fundando o reino de Deus na terra. A teologia cristã, em seu conjunto, corrigiu uma síntese rígida demais.

Em sua vida temporal, efetivamente, Cristo foi o revelador de Deus. Sua doutrina ensinava à humanidade as leis do reino de Deus. O sermão da montanha tornar-se-á a carta do cristianismo comum. Cristo aclimata, pois, na Terra a Lei nova, a revelação definitiva. Deus fala por seu Filho (Hb 1.2).

Sob outro aspecto, o ensino de Cristo revela-nos os segredos do céu. Será elaborada uma teoria que opõe duas etapas da doutrina de Cristo: a revelação em mistério, no segredo das "parábolas" durante a vida mortal, e o ensino sem véus após a Ressurreição, quando o Espírito Santo já nos foi dado em princípio. A teologia joanina, graças a esta distinção, faz a ligação da doutrina evangélica com as luzes espirituais da comunidade cristã.

Paulo não avançou nesta direção; para ele o mistério nos é revelado diretamente pelo Espírito, sem que se perceba o nexo com o ensino de Jesus.

Os milagres de Cristo estabeleciam na Terra o reino de Deus. As potestades demoníacas haviam sido despojadas de seu poder e expulsas deste mundo. O poder de Deus manifestava-se. O Evangelho de Marcos introduziu aqui a noção de manifestações veladas, subordinando os milagres de então à grande manifestação de Cristo no fim dos tempos. O Evangelho de João viu os milagres sob o ângulo da revelação, patenteando, no mistério de uma iluminação, de uma cura ou de uma ressurreição, o poder iluminador ou vivificador do Verbo de Deus, Vida e Luz do mundo. Assim a palavra e a atividade do Verbo encarnado têm valor "revelador". Do mesmo modo que não considerou as palavras de Cristo uma manifestação da sabedoria, Paulo não procurou em seus milagres uma manifestação do poder de Deus. Deus quis revelar a sua sabedoria e seu poder no paradoxo da cruz e na eficiência da ressurreição.

Meliton de Sardes comentará como segue a encarnação: "Sendo simultaneamente Deus e homem perfeito, (Cristo) manifestou-nos suas duas naturezas: sua divindade pelos milagres durante os três anos que seguem o batismo, sua humanidade durante os trinta anos antes do batismo, durante os quais, por causa da imperfeição da carne, ele escondeu os sinais de sua divindade, embora sendo sempre o Deus vivo e eterno"[233]. Para Paulo é toda a vida de Cristo – e não somente os trinta anos da vida escondida – que se acha sob o signo da humanidade, enquanto a divindade está presente apenas sob os véus da fraqueza.

Estudos recentes ilustraram a teoria da deificação entre os Padres gregos. O Logos, ao se encarnar, põe a natureza humana em contato com sua divindade. Diviniza esta natureza e com ela a humanidade inteira. Assim, a encarnação torna-se um primeiro passo, positivo, na via da salvação.

Esta teologia da encarnação é oposta à concepção fundamental de "Cristo segundo a carne". Paulo jamais tentará reconhecer na encarnação como tal um valor salvífico qualquer, na mesma linha da morte e da ressurreição. Submeter Cristo às condições da carne, para que a obra da redenção possa cumprir-se em seu corpo mortal: eis toda a teoria paulina. Semelhante preparação não é ação salvífica; toda a função salvífica é reservada à morte e à ressurreição.

3. Orientação para a teologia da encarnação?

Certas fórmulas das epístolas, contudo, foram assimiladas pela teologia da encarnação[234]. Os gregos e Paulo manejam uma antítese que à primeira vista parece equivalente.

A antítese de Gl 4.4, "nascido de uma mulher... para que nós recebêssemos a adoção dos filhos (de Deus)", evoca esta teoria da troca que vai fornecer aos Padres gregos a fórmula fundamental: qui propter immensam suam dilectionem factus est quod sumus nos, uti nos perficeret esse quod est ipse[235]. "(O Logos) fez-se homem para que fôssemos divinizados"[236].

As fórmulas são aparentadas, mas o espírito é completamente diferente. O Apóstolo pensa: Cristo nasceu de uma mulher para

---

[233] Fragm. 7. ROUET DE JOURNEL, *Enchiridion patristicum*, 1ª ed. p. 79.
[234] Cf. E. STAUFFER, *Die Theologie*, p. 223s.
[235] IRINEU, *Adv. Haer.* V, proem.
[236] ATANÁSIO, *De incarn.* 54, P. G. XXV, col. 192 B.

poder morrer num corpo humano, e assim obter-nos a dignidade de filhos de Deus. Os Padres gregos eliminam os intermediários, e vêem na própria encarnação a causa, ou ao menos uma causa subordinada de nossa divinização.

Compreende-se toda a diferença entre a teoria mística da divinização dos gregos e a fórmula paulina, justapondo ao texto de Paulo, como tal, um comentário de Grilo de Alexandria: "Nascido segundo a carne, de uma mulher, ele apropriou-se do corpo (recebido) dela, a fim de se implantar em nós por uma união indissolúvel e tornar-nos mais fortes do que a morte e a corrupção"[237].

A fórmula de 2 Co 8.9 está ainda mais próxima das fórmulas teológicas: "Conheceis muito bem a graça de nosso Senhor Jesus Cristo, que, sendo rico, fez-se pobre por vosso amor, a fim de enriquecer-vos com a sua pobreza". Pensemos que as riquezas deixadas por Cristo são a incorruptibilidade e a imortalidade, e poderemos traduzir no estilo de Irineu: "Como não teríamos podido estar unidos à incorruptibilidade e à imortalidade, se a incorruptibilidade e a imortalidade não se houvessem tornado o que nós somos, a fim de que o que era corruptível fosse absorvido pela incorruptibilidade e o que era mortal pela imortalidade e recebêssemos a adoção de filhos?".[238] Bastará a Grilo de Alexandria acrescentar duas palavras à frase paulina para que ela exprima sua teoria da encarnação: "Sendo rico, fez-se pobre, a fim de enriquecer-nos com as suas próprias riquezas e, pela carne que lhe está unida, tem-nos a todos nós em si mesmo"[239].

Falta em Paulo a idéia fundamental de que a união do Verbo com a natureza humana constitui para a natureza humana em geral um enriquecimento. Para ele, a encarnação não enriquece a carne que Cristo assume e que continua carne na ordem da eficiência[240] e, portanto, não introduz, na natureza humana, um princípio divino ativo. É a ressurreição que produz a mudança na humanidade. Paulo

---

[237] *In Luc* V, 19, P. G. LXXII, col. 909 A. Tradução em J. Gross, *La divinisation du chrétien d'après les pères Grecs*, Paris, 1938, p. 281s.
[238] *Adv. Haer.*, III, P. G. VII, I col. 939-940. Trad. *ibid.*, p. 150.
[239] *Adv. Nestor.*, I, P. G. LXXVI, col. 17 A. Trad. *ibid.* p. 284.
[240] Para os gregos, a antítese marca a distinção das naturezas.

Jamais teria escrito como Hipólito: "O lagos de Deus, incorpóreo se revestiu da santa carne recebida da Virgem Santíssima, como um noivo o seu manto, tecendo-o no sofrimento da cruz, a fim de unir nosso corpo mortal a seu poder, unir o corruptível ao incorruptível, o fraco ao forte e salvar o homem perdido"[241]. A carne de Cristo durante a vida e na cruz é "carne pecadora"; ela será poderosa e gloriosa apenas quando ressuscitar.

Portanto, para Paulo, a encarnação continua a ser o caminho para a ressurreição; só esta conta, com a morte, na atividade salvífica.

Os Padres, permanecendo fiéis, contudo, ao ensino paulino, justapuseram, sem confundi-las – teria sido impossível –, as duas teorias da salvação: pela encarnação e pela ressurreição. Paulo, ao contrário, é constante, coerente consigo mesmo: o ponto de partida muito firme de sua soteriologia, que é a morte e a ressurreição, e sua concepção de Cristo, segundo a carne, impedi-lo-ão sempre de atribuir à encarnação uma ação positiva e eficiente na ordem da salvação.

Tentar-nos-ia ainda reduzir ao contexto da encarnação as fórmulas: "(Cristo) tornou-se para nós justiça, santificação e redenção" (1 Co 1.30). É bem evidente que não é a encarnação que está em jogo, mas a redenção. Quando, mais tarde, distinguir-se menos a sobrevivência de Cristo ressuscitado e sua vida mortal, as fórmulas paulinas poderão incluir a teoria física da divinização. Severiano de Gábala ainda comenta, contudo, com justeza: "Não foi a sabedoria humana que salvou – pois ela caiu no erro –, mas ele próprio se tornou nossa sabedoria para nos levar à ciência de Deus; não foi a inteligência humana que nos santificou, mas Jesus Crucificado"[242].

Assinalaria, contudo, as epístolas do cativeiro[243] um progresso no pensamento de Paulo e revelariam já uma cristologia mais orientada para a encarnação?

---

[241] *De Antichr.*, 4, ACHELIS, p. 6, P. G. X, cal. 732, B. Trad. *ibid.*, p. 188.
[242] K. STAAB, *Pauluskommentare aus der Griechischen Kirche*, Münster in W., 1933, p. 231. Corrigimos a expressão impossível ἥρπασεν (οὐκ ἀνθρώπων σύεσις ἥρπασεν) por ἡγίασεν (cf. o texto de I, *ibid.*).
[243] Quanto às pastorais, cf. p. 59, n. 71.

É relacionada com freqüência à encarnação a habitação do pléroma em Cristo (Cl 1.19; 2.9). Neste caso, a afirmação de 2.10: "E vós tudo tendes plenamente nele", visaria também com verossimilhança à encarnação, e poderíamos atingir aqui, equivalentemente, a teoria da divinização pela encarnação.

A exegese não é tão simples como parece. Se Prat, Meinertz e Tillmann se pronunciam resolutamente pela encarnação, Abbott toma claramente partido: o pléroma habita corporalmente (não mais ἀσωμάτως como no Logos antes da encarnação), no corpo glorificado (σῶμα τῆς δόξης αὐτοῦ, Fl 3.21). Dibelius mudou de opinião ao publicar a segunda edição de seu comentário. Pensara primeiro na glorificação de Cristo. Impressionado agora pela alusão à cruz de 1.20, estende a habitação do pléroma à totalidade da obra salvífica da salvação. Explica o duplo aspecto que revestiria a teologia paulina (salvação pela ressurreição ou já pela encarnação) por uma dupla forma da teoria do homem primitivo e do enviado divino no Irã. Ora o enviado vem ao mundo sem os atributos de sua divindade, ora aparece no mundo como estrangeiro, mas com sua força divina. Não tendo confiança alguma nestas "dependências" de Paulo, não vemos como tornariam elas plausíveis a coexistência em suas cartas de duas teologias.

II - A VIDA MORTAL DE CRISTO

Se a obra de salvação de Cristo começa verdadeiramente com a paixão e a ressurreição, as primeiras manifestações de sua vida, milagres e doutrina, parecem secundárias. Este aspecto é muito acentuado na teologia paulina, a ponto de ter feito nascer a célebre questão: "Jesus e Paulo". Hoje, a unidade do cristianismo parece muito mais assegurada[244]. Talvez obteremos maior clareza situando a teologia de Paulo no conjunto de sua atividade.

---

[244] E. STAUFFER, *Die Theologie*, pp. 19-24; J. KLAUSNER, *From Jesus to Paul*, New York, 1943, pp. 580-590; W. G. KÜMMEL, "Jesus und Paulus", em *Theolog. Blätter*, XIX, (1940) pp. 209-231; A. E. J. RAWLINSON, "The Unity of the N. T. The Doctrine of Christ", em *Exp. Times*, LVIII (1946-1947) pp. 200-203; A. M. HUNTER, *The Unity of the N. T. The Kerygma, ibid*. pp. 228-231.

1. Paulo teólogo[245]

Convertido por uma visão de Cristo ressuscitado, Paulo concebe o cristianismo como fé em Cristo elevado à glória e de pé à direita de Deus, devendo vir julgar o mundo. Encontrou estas fórmulas nas primeiras profissões de fé da comunidade primitiva; a "teologia" começara pelo testemunho da ressurreição, pela interpretação da cruz e pela afirmação da soberania de Cristo elevado à glória. O desenvolvimento da "teologia" paulina era, pois, bem legítimo e não destoava do ensino apostólico[246]. Era mesmo conforme ao ensinamento de Cristo, para quem sua própria pessoa e mais precisamente sua morte e ressurreição seriam o fundamento do reino que se fundava na Terra.

Nesta teologia não consistia a doutrina cristã completa. As cartas de Paulo não dariam talvez tal impressão unilateral se as polêmicas contra os judaizantes não tivessem ainda avivado as arestas de sua doutrina soteriológica. Pois, ao lado da teologia, que elaborava as afirmações essenciais da fé, a tradição conservava os fundamentos da vida cristã, superiores à Lei e que a substituíam[247]. A distinção entre um cristianismo helenístico e um cristianismo judeu-cristão não acarreta de modo algum uma desafeição dos helenos-cristãos para com a vida de Cristo. São esses últimos que nos legam os evangelhos sinóticos em sua redação atual. Os Evangelhos mostram a continuidade da tradição, desde Jesus, passando pela comunidade apostólica. Paulo não tinha razões para se separar do cristianismo comum, pois sua fé versava sobre o messianismo e a divindade de Jesus. Pretender, como o fez Bultmann, que exclua esta fé precisa-

---

[245] R. BULTMANN, "Die Bedeutung des geschichtlichen Jesus für die Theologie des Paulus", em *Theolog. Blätter*, VIII (1929), pp. 137-151, artigo que reapareceu em *Glauben und Verstehen*, Tübingen, 1933, pp. 188-213.

[246] G. WIENCKE, *Paulus uber Jesu Tod*, p. 179, observa uma diferença essencial entre Paulo e a comunidade primitiva, pelo fato de que a comunidade vê o começo dos tempos novos, escatológicos, na doutrina e nos milagres de Jesus, enquanto Paulo coloca na morte de Cristo a peripécia dos séculos. De um lado e de outro, a proposição parece-nos fortemente esquematizada. Pode-se provar de igual modo que os tempos novos, para a comunidade, começam em Pentecostes (At 2.16ss). É preferível afirmar que não começarão realmente senão na parusia.

[247] R. LIECHTENHAN, *Gottes Gebot im Neuen Testament*, Basiléia, 1942.

mente apresentar e poder apresentar a vida histórica de Cristo um interesse qualquer é uma proposição só materialmente fiel a certas fórmulas avançadas de Paulo.

2. O polemista

Havia cristãos, mesmo na igreja de Corinto fundada por Paulo que colocavam Cefas acima do Apóstolo. Cefas era a testemunha da vida de Jesus e referia os atos e as palavras deste último. Na mesma igreja existia um partido de Cristo, cujas pretensões ninguém conhecia exatamente[248]. Seriam pessoas que, em protesto contra os excessos dos "espirituais", "judaizavam" e reduziam o cristianismo a uma doutrina moral? Relembremo-nos de que houve, em Éfeso, um cristianismo que conhecia somente, como Apoio a princípio, a "via de Jesus" e ignorava os dons do Espírito. É fácil imaginar que entre certos cristãos daquela geração que tinha ouvido Jesus ou os Doze, e se chamavam entre si "os discípulos" (subentendido, de Jesus) havia poucos entusiastas de Paulo[249].

Diante da oposição, Paulo afirma sua tese e, algumas vezes, sem matizes. Processo de um polemista vigoroso que não evita todos os perigos de exageros. Tem o ar de quebrar os laços que prendiam o cristianismo ao pensamento concreto e à atividade concreta de seu fundador.

É neste contexto polêmico que preferimos reler 2 Co 5.16: "Nós, portanto, doravante não mais conhecemos a ninguém segundo a carne; e, se todavia temos conhecido a Cristo segundo a carne, agora, porém, já não o conhecemos assim"[250].

Paulo revela sua própria consciência apostólica. Toda a sua audácia está em Cristo que o enviou e lhe deu uma missão espiritual (2 Co 3.4-6). A fraqueza de sua própria vida (4.7) prova o poder de Deus que trabalha por meio dele. Só leva em consideração este ponto de vista sobrenatural de sua obra. Mesmo em Corinto, não é

---

[248] Quanto às discussões a respeito dos partidos em Corinto, cf. E.-B. ALLO, *Seconde Épître aux Corinthiens*, pp. 269-274; J. DUPONT, *Gnosis*, pp. 259-261.
[249] Paulo evita empregar esse título "discípulos", que os primeiros cristãos davam-se mutuamente (At 6.1, 2.7 etc.).
[250] J. DUPONT, *Gnosis*, pp. 180-186.

sempre compreendido. Deixam-se os coríntios influenciar pelas manobras de judeus-cristãos, pretendidos apóstolos, que apelam para Cristo (o partido de Cristo?), para os privilégios do judaísmo, e gabam-se de suas relações com os apóstolos de Jerusalém[251]. Paulo queria ser mais bem compreendido. Se ele se mostra insensato[252], como lho censuram, é em Deus que o faz, mas sabe também, no interesse dos coríntios, ser prático. Os cristãos encaram tudo sob o ângulo da morte de Cristo, fruto de sua caridade e de sua ressurreição. De então em diante, todos são mortos, todos vivem unicamente por e para aquele que morreu por eles. "Nós[253], portanto, conclui Paulo, doravante não mais conhecemos a ninguém segundo a carne; – se todavia temos conhecido a Cristo (segundo a carne) agora, porém, já não o conhecemos assim –. Portanto, se alguém está em Cristo é uma nova criatura. As coisas antigas passaram; ei-las que novas surgiram!..."

Discute-se sobre o alcance da frase colocada entre travessões. Seria um parêntese no sentido de que, no contexto em que ele desenvolve a idéia da grande mudança operada no mundo, e que suprime qualquer valor absoluto das coisas do mundo – Cristo ressuscitado é o único que "existe" de então em diante –, Paulo volta às acusações de que é alvo. Objetam-lhe que não teve relações pessoais com Cristo, sendo nisto inferior aos apóstolos. Num outro contexto, ele responde que viu Cristo ressuscitado; aqui, em harmonia com o conjunto, afirma estarem as relações pessoais doravante ultrapassadas diante da grande novidade cristã. Pouco importa ter, ou não,

---

[251] São vantagens pessoais que Paulo tem em vista ao falar de tirar glória das aparências (ἐν προσώπῳ, 5,12). Ele diz mesmo que se gloria segundo a carne (κατὰ τὴν σάρκα: 11.18).

[252] Ver as diversas interpretações possíveis em E.-B. ALLO, *Seconde Épître aux Corinthiens*, p. 164s.

[253] As interpretações variam ainda aqui. No começo da passagem, o "nós" designava Paulo (v. 12ss) que se defendia pessoalmente com consciência de ser apóstolo e contra seus adversários. No v. 18, ἡμῖν, de novo, representará Paulo. No v. 14-15, depois de κρίναντας τοῦτο, a atenção concentra-se em todos os cristãos. Reagirá isto sobre o v. 16, e poderíamos dizer que o "nós" aqui designa mais os cristãos do que Paulo? A atmosfera da passagem nos orienta para aceitar esta hipótese. Cf. F. LOFTHOUSE, "Singular and Plural in saint Paul's Letters", em *Exp. Times*, LVIII (1946-1947) pp. 179-182.

conhecido a Cristo. Mesmo os que o conheceram em sua humanidade concreta não o conhecem mais agora deste ponto de vista[254].

O tom polêmico permite-nos, pois, não tomar tudo isso como tese absoluta. Se não se tratasse de Paulo, falaríamos de um gracejo. Mas Paulo afirma uma verdade profunda: desde a morte e a ressurreição, Cristo transformou o mundo e introduziu "a novidade"; só o conhecemos verdadeira e profundamente sob a perspectiva da salvação. Sua vida mortal não é levada em conta.

A dificuldade de tal posição aparece imediatamente. Os adversários de Paulo, judaizantes, e que apelam para os ensinamentos de Cristo, tais como propostos pelos apóstolos, em parte têm razão. Têm razão de não lançarem ao mar a vida temporal de Cristo, mas o motivo de apelarem para ela, não é puro: é humano, segundo a carne.

De acordo com o método que seguiu em sua disputa com os judaizantes a respeito da Lei e da circuncisão, Paulo responde com argumentação cerrada. É pela fé em Cristo, dizia então, que somos justificados; portanto, a Lei não tem mais utilidade alguma. Aqui, ele afirma: é a ressurreição de Cristo e sua morte que nos salvam; portanto, a vida de Cristo não importa.

Seria apreciável houvesse uns *distinguo*. Na polêmica de Antioquia, a questão da Lei ficara aberta. O raciocínio de Paulo excluía que a Lei pudesse opor-se à ação da fé; mas devia-se, por isso, condená-la sem apelo? Paulo, concretamente, não condenava, deixando-a subsistir para os judeus-cristãos, dobrando-se ele próprio em certas circunstâncias diante dela, reconhecendo os serviços que ela lhe havia prestado. Isto não impede que na mente do leitor fique da Lei uma idéia desfavorável.

Na presente polêmica, seria preciso distinguir de modo análogo. Na morte de Cristo e na ressurreição fundamenta-se a obra espiritual do cristianismo; mas a pregação e a atividade de Cristo não conservam hoje a própria virtude? Não foi Cristo o mestre por excelência e sua doutrina não é a Lei nova? Veremos que Paulo pondera

---

[254] Seguindo o pendor natural da frase e da gramática, encaramos, pois, o verbo ἐγνώκαμεν no perfeito, como o modo da realidade, aplicando-se a hipótese a uma categoria de cristãos que Paulo põe em cena na sua controvérsia (estilo da diatribe).

muito mais do que o diz, a revelação contida nas palavras e na vida do Salvador.

3. Paulo didáscalos

Jamais existiu um cristianismo isolado dos ensinamentos de Cristo. Tudo nos mostra o interesse que as igrejas em terras pagãs tinham pela doutrina e pelos milagres de Cristo. A literatura que se transformará em nossos evangelhos sinóticos acompanhava desde o começo a difusão cristã e formava os "discípulos".

No máximo, poderíamos crer que Paulo deixava a outros, nas igrejas, o cuidado de transmitirem as tradições vindas de Cristo. Abandonava, é verdade, a administração do batismo. Esta perspectiva provavelmente não é a verdadeira; Paulo percebia a importância do Antigo Testamento que ele mandava ler, e das palavras de Jesus, que ele fazia repetir para edificar as comunidades nos fundamentos da humildade, da caridade, da castidade e de outros costumes cristãos.

Paulo foi "didáscalos" na Igreja de Antioquia[255]. É verossímil que o didáscalos cristão haurisse antes de tudo nos ensinamentos de Jesus e os transmitisse. Por que teria Paulo cessado de usar este modo de ensinar? Temos suas cartas. Obras polêmicas, muitas vezes elaborações teológicas unilaterais, não constituem toda a doutrina do Apóstolo e, sobretudo, falsearíamos a perspectiva se as encarássemos como manuais de teologia integral.

Temos, pois, o direito estrito de sublinhar nas epístolas as alusões a um ensino orientado de outra maneira e revalorizá-las.

A. *Morte e ressurreição de Cristo*

No que concerne aos fundamentos da teologia, a morte de Cristo e sua ressurreição são fatos, e Paulo assim os considera. Seu ensino segue a catequese apologética e teológica que se formou em Jerusalém. A morte de Cristo para ele não é uma abstração. Vibra ainda

---
[255] At 13.1.

de indignação, como a comunidade de Jerusalém, à recordação do assassínio do "Senhor Jesus"[256] perpetrado pelos Judeus; a "traição" da noite trágica, coisa bem concreta, começa a narrativa histórica, enquadrando a celebração da Ceia[257]. Depois conhece Paulo e as suas cristandades não só a morte na cruz, mas toda a paixão. A catequese apostólica à qual apela Paulo em 1 Co 15.3-7 supõe pormenores concretos do sepultamento e das aparições do ressuscitado.

B. *A humanidade de Jesus*

Jesus participa de nossa natureza humana e qualquer docetismo é rejeitado. O pormenor *Jesus é da raça de Davi* (Rm 1.3) não tem importância alguma do ponto de vista especulativo, nem interessa aos cristãos da gentilidade; Paulo apenas recebe da tradição o fato da descendência davídica. Não ousaríamos insistir demais nas fórmulas "nascido de uma mulher", ou "nascido sob a lei" (Gl 4.4), mas não queríamos também excluir que essas expressões, tão eloqüentes, têm valor concreto para todos os que conheceram de perto a Jesus.

Temos ao menos de confessar que nada, na vida mortal de Jesus, desmente as afirmações de que "ele não conheceu o pecado" (2 Co 5.21) e "fez-se pobre por nosso amor" (2 Co 8.9), "humilhou-se", "obedeceu até à morte de cruz" (Fl 2.8). Isso não basta. Como haveria harmonia entre as atitudes atribuídas ao Cristo transcendente e as de Cristo presente junto de nós e acessível em sua humanidade? Não é pelos sentimentos deste Cristo "humanizado" que foram conhecidos os sentimentos da pessoa transcendente que a nós se revelava? A unidade perfeita da pessoa de Cristo Jesus é sempre suposta por Paulo, como coisa conseqüente. Mesmo se os sentimentos parecem ser deduzidos de uma tese teológica, na realidade não é pelos sentimentos humanos de Cristo que os cristãos conhecem as disposições divinas? Paulo está tão perdido em abstrações que não tem mais noção alguma da maneira pela qual se formou o pensamento

---

[256] 1 Ts 2.15: τόν κύριον ἀποκτεινάντων ᾽Ιησοῦν Jesus, com este reforço, evoca a vítima dos judeus, o homem Jesus. "Senhor" tornou-se o título da personagem histórica.
[257] 1 Co 11.23.

cristão? A vida de Cristo foi uma "revelação". Conhecemos o amor de Deus pela caridade de Jesus a envolver os discípulos e toda a humanidade e pela doutrina que brilhava em suas "parábolas", no lava-pés ou na parábola do bom samaritano. Conhecemos a humildade por suas atitudes e pelas que ensinava a seus discípulos; a comunidade destes últimos rezava humildemente, vendo-o rezar e adaptando suas orações às dele. Seria possível que nada devesse Paulo à personagem humana de Jesus de Nazaré, a norma e o mestre de todos os cristãos, mesmo que seu débito fosse inconsciente?

C. *A imitação de Jesus*

O tema paulino da imitação sugere algumas reflexões[258]. Sem dúvida pode-se imitar a Deus (Ef 5.1) e bem conhecido é o tema pitagórico e estóico. Mas, na doutrina de Paulo, esta imitação é colorida por uma revelação bem concreta. Imita-se o "amor" de Deus, que ele nos revelou, "entregando" por nós seu Filho único. Tal amor se comunicou e se manifestou no amor do próprio Filho que exprimiu na doação de sua morte a caridade divina: "Cristo nos amou e se entregou a si mesmo por nós, como oblação e sacrifício de agradável odor" (Ef 5.2). Seria pura abstração a caridade de Cristo, ou o sentimento concreto que animava a Jesus? Não existia teologia a não ser baseada nos sentimentos concretos de Jesus. As cenas da Paixão não foram descritas para justificar um postulado teológico, e o sentimento da caridade cristã não é uma descoberta da teologia. Foi primeiro um sentimento vivido intensamente numa alma humana e irradiando-se até os que dela se aproximavam.

"E vós, escreve Paulo aos tessalonicenses (1 Ts 1.6), tornastes-vos imitadores nossos, bem como do Senhor, tendo recebido a doutrina de Jesus Cristo, no meio de muitas tribulações, com a alegria infusa pelo Espírito Santo". Seria isto compreensível sem referência à coragem humana ou sobre-humana de Jesus na paixão? Não é este

---

[258] G. WINGREN, "Was bedeutet die Forderung der Nachfolge Christi in evangelischer Ethik", em *Theolog. Literaturzeitung*, LXXV (1950), col. 3908, compara o tema paulino com o evangélico.

o primeiro modelo de humanidade tão concretizada que se impõe à imitação? O alcance do exemplo se alarga em 1 Co 11.1. "Sede meus imitadores, escreve Paulo, como eu o sou de Cristo". Trata-se de não procurar os próprios interesses, mas de se dar à grande causa do reino de Deus. Cristo deu o exemplo aceitando a morte (cf. Rm 15.3). Por causa da analogia que estabelece Paulo entre o exemplo que ele dá e o que dá Cristo, poder-se-ia excluir todas as notações da psicologia humana? Se em Fl 2.5s Cristo dá exemplo simultaneamente em sua existência eterna, depois em sua situação humana, isto não nos autoriza, mesmo nesta passagem, a recusar à obediência uma ressonância humana[259].

D. *Os nomes*

O modo de empregar os nomes e apelativos de Cristo conduz ao mesmo resultado. Percebe-se, sob as fórmulas paulinas, a fé do cristianismo primitivo, que partia da figura concreta de Jesus de Nazaré. Assim, o emprego do título "Kyrios", para designar a Jesus em sua vida mortal, senhor de doutrina ou que dá a vida pelos seus; o uso do nome próprio Jesus, nos contextos que exprimem a fé apostólica; o da fórmula "o Senhor Jesus" onde se nota ainda a profissão de fé ou a aclamação da comunidade: Jesus (aquele que foi o nosso mestre) é doravante o Senhor.

E. *Pregação de Jesus*

Paulo faz uma alusão discreta à pregação de Jesus: "Cristo foi o ministro da circuncisão", no sentido de que consagrou ao povo judeu sua pregação para cumprir as promessas divinas (Rm 15.8)[260]. O emprego esporádico da fórmula βασιλεία τοῦ Θεοῦ ou deriva sem dúvida também das reminiscências da pregação evangélica.

---

[259] Em sentido contrário, R. BULTMANN, *Die Bedeutung des geschichtlichen Jesu*, p. 206s (em *Glauben und Verstehen*).

[260] Adotamos aqui a interpretação de Cornely; cf. Lagrange, p. 246. O paralelo com 2.9 pleiteia vigorosamente em favor desta exegese rejeitada por Sanday-Headlam, Lagrange e outros. Cf. H. WINDISCH, *Paulus und Christus*, Leipzig, 1934, p. 164s.

F. As normas do Senhor

Paulo apela várias vezes para a autoridade do "Senhor"[261], título regularmente empregado nestes contextos para designar seja aquele que detém a autoridade "soberana" em seu reino (Cl 1,13; cf. 1 Co 15.24)[262], ou, melhor, simplesmente aquele que os cristãos agora denominam o Senhor. Paulo apela para a autoridade do Senhor na questão do casamento e da castidade, e isto por várias vezes (1 Co 7; cf. 1 Ts 4.2s). Tem, pois, o costume, assim como seus correspondentes, de se referir às prescrições de Cristo em matéria de moral. Se isto acontece principalmente a propósito do matrimônio, é por causa da importância do assunto no mundo grego. Nenhum ponto é tão candente e distingue mais os pagãos dos judeus. Se apela para Jesus é porque sabe Paulo que, neste ponto, Jesus determinou a doutrina judaica, purificando-a das excrescências rabínicas.

Já em 1 Co 7.6, uma vez que em todo o contexto a doutrina de Jesus é ressaltada, "a ordem" à qual alude Paulo deve ser um mandamento do Senhor. Mais longe escreve: "Quanto aos casados, não sou eu que ordeno, mas o Senhor..." (7.10). "Aos restantes, digo-lhes eu, não o Senhor" (7.12). "Quanto ao estado das pessoas virgens, não tenho mandamento algum do Senhor, mas dou um conselho como homem que merece confiança pela misericórdia que alcançou do Senhor" (7.25). Na primeira Epístola aos tessalonicenses, relembrando-lhes seu ensinamento oral no concernente à castidade, escrevia: "Sabeis, de fato, quais foram os preceitos que vos damos no nome do Senhor Jesus" (4.2). Esta última fórmula deve ainda se referir aos ensinamentos de Cristo. É verossímil que o mesmo aconteça com a exortação no começo do capítulo: "Nós vo-lo pedimos e exortamos em nome do Senhor Jesus: conforme aprendestes de nós a respeito de como deveis proceder, para agradar a Deus" (4.1); se Paulo emprega esta palavra *"tradições"*, seu ensinamento se baseia no de outro, que somente pode ser o Senhor (cf. 1 Co 11.23).

---

[261] Sobre o "preceito do Senhor", cf. N. D. DALL, "Anamnesis", em *Studia Theol.*, I (1948), p. 88s; P. BLAESER, *Das Gesetz bei Paulus*, Münster in W., 1941.

[262] Entre as fórmulas dos Evangelhos: "O Filho do homem é senhor também do sábado", "poder de perdoar os pecados" e esta de Paulo há um matiz: "o Filho do homem" legisla numa antecipação do juízo.

O Senhor legislou em outras matérias. Ordenou celebrar a Ceia em memória de sua morte, e Paulo insiste nesta sua vontade (1 Co 11.23; 11.24s: "Fazei isto"). Deu ordens concernentes à maneira de pregar o Evangelho: "Assim também é para aqueles que anunciam o Evangelho: o Senhor determinou que vivam do Evangelho" (1 Co 9.14)[263].

G. Alguns pontos da doutrina

Os paralelos estreitos existentes entre a doutrina apocalíptica de Paulo e a dos Evangelhos mostram uma conexão tão forte que só pode provir de uma tradição recebida na comunidade cristã e que se impõe a todos. Podemos pensar no Mestre comum, fundador da comunidade. Aliás, Paulo refere-se expressamente, quanto aos pormenores, a uma palavra do Senhor: "Dizemos, portanto, segundo a palavra do Senhor" (1 Ts 4.15). Não há razão alguma para compreender esta "palavra" como sendo uma revelação particular, e impressiona o paralelismo entre esta fórmula e aquelas que ressaltamos mais acima.

A parusia é certamente um dos temas essenciais da doutrina de Cristo; outro consiste na atitude que liberta das prescrições legais sobrepostas. Sobre este último ponto estranhamos um pouco não afirme Paulo com mais insistência seu acordo fundamental com o Mestre[264]. Percebemos, nós que estamos distantes, o acordo da atitude de Jesus com a de Estêvão e a de Paulo, e podemos acrescentar com a de todo o cristianismo primitivo; se a tese paulina, com efeito, prevalece, a razão está em que a tradição apostólica lhe era favorável, e nem Cefas, nem Tiago podiam contradizer, em nome de Jesus, o ensino do Apóstolo dos gentios. Um pormenor, aliás, é muito eloqüente: Paulo vale-se do ensinamento do Salvador que rejeita as

---

[263] Observar que as fórmulas empregadas por Paulo indicam nitidamente "ordens" (διατάσσομαι, παραγγέλλω, ἐπιταγή) e pertencem à linguagem jurídica. O διάταγμα (καίσαρος) é um "edito" (cf. Hb 11.23). Para Paulo, "Cristo segundo a carne" tinha, pois, autoridade "imperial". Nada mostra melhor como a teologia se impõe a uma realidade que a transcende.

[264] Sobre este acordo, cf. R. BULTMANN, Die Bedeutung des geschichtlichen Jesu, pp. 192-202.

minúcias das prescrições legais: "Sei e estou bem convencido no Senhor Jesus (entenda-se, conforme o ensinamento do Senhor Jesus) que nada é impuro (κοινόν) em si mesmo" (Rm 14.14). A fórmula relembra Mt 15.11.17-20. Os termos de Cl 2.22 são ainda mais semelhantes a Mateus[265]. Tanto um como o outro, Jesus e Paulo atacam diretamente as "tradições" dos fariseus[266].

Seria possível que a doutrina paulina sobre a caridade nada deva aos ensinamentos de Cristo? Paulo denomina a caridade "a lei de Cristo" (Gl 6.2). Como excluir a revelação que Cristo nos trouxe do amor do próximo? Neste mesmo contexto (5.14), Paulo relembra que toda a lei se resume numa palavra: "Ama o teu próximo como a ti mesmo", exatamente como Jesus se exprime em Mt 23.39[267]. Relativamente à oração de Jesus, Paulo conserva a fórmula aramaica "Abbá, Pater" (Rm 8.15; Gl 4.6; cf. Mc 14.36).

Reconhecemos de bom grado que o Apóstolo não sublinha, como seria de desejar, sua dependência do ensinamento do Mestre. Especialmente no tocante às virtudes eminentemente cristãs, a caridade e a humildade, teria podido dizer-nos mais explicitamente de onde as tirou. Refere-se, em geral, à experiência espiritual dos cristãos: somos ensinados por Deus, a caridade de Deus se derramou em nossos corações, as virtudes são frutos do Espírito. Os cristãos das primeiras gerações, contudo, tinham por modelo os exemplos e as palavras de Jesus. Foi apenas sob a influência de uma teoria, cujo rigor seu espírito sistemático exagerava, que o Apóstolo, na síntese das grandes epístolas, preferiu atribuir à ação do Espírito presente na comunidade cristã, o que brotara primeiro da doutrina de Jesus. A antítese com a Lei é mais nítida. Mais tarde, quando as heresias nascentes acentuarem demais o princípio da liberdade espiritual, o Apóstolo fará justiça à sabedoria da doutrina de Jesus: "as salutares palavras de nosso Senhor Jesus e a doutrina que é conforme a piedade" (1 Tm 6.3).

Apesar das afirmações excessivas, a obra de A. Resch, *"Le Paulinisme et les Logia de Jésus"*, merece ainda ser lida e meditada.

---

[265] ἅ ἐστιν πάντα εἰς φθορὰν τῇ ἀποκρήσει.
[266] Ver os paralelos entre os Evangelhos e as epístolas sobre este assunto: "profano", em A. RESCH, *Der Paulinismus und die Logia Jesu*, Leipzig, 1904, p. 193s.
[267] H. WINDISCH, *Paulus und das Judentum*, Stuttgart, 1935, p. 65.

Nela é tangível que a linguagem de Paulo assemelha-se muito mais à dos Evangelhos do que à de Fílon. Paulo, no entanto, seria espiritualmente aparentado a Fílon, o filósofo eclético e místico alexandrino, judeu da diáspora como ele. Mas, o teólogo cristão entra num movimento vital, nascido da doutrina de Jesus e impregnado dos modos de ver e de se exprimir do Mestre, que lhe impõe concepções e fórmulas.

A afinidade das fórmulas paulinas com as dos Evangelhos irrompe em todas as partes, sem que se possa de ordinário apresentar provas minuciosas convincentes. Ao menos, o argumento de convergência impõe-se pouco a pouco ao espírito. Demonstrar-se-ia em particular – é esta mais ou menos a tese de A. Resch – que Paulo conheceu os discursos de Jesus. Nos pormenores destacados acima, há coincidência muito precisa com dois dos grandes sermões conservados por Mateus, o sermão escatológico e o da missão. Bastante eloqüentes são os índices a evidenciarem ter Paulo conhecido certas parábolas, especialmente a do semeador[268].

Foi notado com justeza que os outros escritos do Novo Testamento, mesmo as Epístolas de João, exceto evidentemente os Evangelhos, são tão reticentes quanto as Epístolas paulinas acerca das minúcias da vida e do ensinamento de Cristo[269]. A razão se acha na fixidez relativa das formas literárias. Compete à catequese e ao "ensino" formar os cristãos à imagem de Cristo, rememorando seus feitos, gestos e ditos. Cada vez que as Epístolas de Paulo reproduzirem este gênero literário, apenas poderão fornecer-nos minudências biográficas ou palavras de Cristo. Mas, as cartas pertencem a outro gênero literário, e as principais explanações epistolares de Paulo pertencem a outros gêneros, discursos de propaganda, controvérsia, apologia, liturgia, parênese etc.

III - SÍNTESE

Dois grupos de fórmulas teológicas ocuparam-nos de início, o binômio parusia-ressurreição e a antítese morte-ressurreição.

---
[268] *Der Paulinismus*, pp. 190-192; 523-525. Cf. H. DODD, "Matthew and Paul", em *Exp. Times*, LVIII (1946-1947), pp. 293-298.
[269] F. PRAT, *La Théologie de saint Paul*, II, p. 29ss.

O primeiro é o mais arcaico e conexo com os discursos de propaganda. Paulo parece ter renunciado desde sua primeira permanência em Corinto a esta maneira de apresentar o cristianismo. Desde este momento dá mais importância ao discurso da cruz; como verificamos que precisamente da antítese morte-ressurreição desenvolveram-se os temas teológicos sobre a eficiência da morte de Cristo, é verossímil que o uso regular da antítese corresponda à época em que Paulo prega na Acaia. Confirmação literária, a antítese morte-ressurreição tem a tendência de se dissolver na antítese grega morte-vida.

Duas perspectivas de síntese teológica se abriram a nossos olhos. A primeira partiria da ressurreição. Pudemos observar quando a ressurreição de Cristo abandona a conotação de parusia e, sendo um evento ancorado em nossa história e voltado para o presente, é considerado ao mesmo tempo como fonte de vida espiritual dos cristãos. O primeiro efeito da ressurreição fora prometer-nos a, ressurreição futura na parusia; doravante é tornar nossa vida participante desde agora da própria vida de Cristo; somos ressuscitados – sem esquecer a surdina que Paulo emprega nesta afirmação, da qual abusam alguns coríntios. A perspectiva que parte da ressurreição de Cristo será desenvolvida na Segunda Parte.

A outra síntese prender-se-ia à morte de Cristo e a seus efeitos. Prevenimos contra uma elaboração rígida demais. Paulo jamais esquece a antítese morte-ressurreição (vida): a morte é um aspecto, mais negativo, da obra de Cristo. A morte destrói e aniquila os pecados, a Lei e as potestades; desbrava o terreno para que a vida possa vingar. Se Paulo deu tanta importância, em sua primeira Epístola aos coríntios, ao discurso da cruz, foi sobretudo – vê-lo-emos melhor na Segunda Parte – para rebaixar o orgulho dos gregos. Podemos estar certos de que a ressurreição, os carismas e o lado positivo da vida cristã que se inicia na ressurreição não eram esquecidos. Em suma, o binômio morte-ressurreição continua a ser o motivo dominante, e, na antítese, a ressurreição é o membro principal. O cristianismo é vida que nasce da ressurreição e continua sendo vida e alegria de viver na glória antecipada. Assim, a idéia da glória e do triunfo ilumina a cruz[270].

---

[270] No Evangelho de João, a exaltação na cruz simboliza o triunfo.

Como havemos de verificar na Segunda Parte, a antítese, literária e realmente, vai exprimir-se na noção de justificação e de justiça. A ressurreição é, pois, o ponto de partida da salvação cristã. O princípio de antecipação, válido para a morte, igualmente o é para a encarnação? Nossos textos deram-nos a impressão de que Paulo permaneceu fiel a sua primeira idéia: a encarnação, isto é, a presença de Cristo numa humanidade, é apenas preparação para a redenção, e só neste sentido Cristo toma uma natureza humana, a fim de se submeter à Lei e apagar o pecado. Em teoria, Cristo só manifesta seu poder santificador desde a ressurreição, por meio de seu corpo glorificado.

Concretamente, a vida mortal de Cristo inaugura a salvação: é o Filho de Deus, presente na carne humana, e que age em vista da morte e da ressurreição, e em favor da comunidade por ele criada. Paulo, didáscalos e fundador de igrejas, não ignora a doutrina cristã comum. A teologia, isto é, um sistema de pensamento mais abstrato, corresponde a uma sistematização aplicada a uma realidade mais complexa. A sistematização paulina prolonga, aliás, a da comunidade cristã primitiva, fortemente impressionada pela morte de Cristo, a ressurreição e os eventos de Pentecostes.

Segunda Parte

O DOM DE CRISTO

A atitude escatológica jamais é inteiramente "conseqüente". Se há tensão numa alma cristã para o reino vindouro, esta se inscreve necessariamente numa realidade já "cristã", existente em si mesma e para si mesma. Se o reino de Deus se origina do grão de mostarda, ele "começa", e tal começo já é o reino "em mistério". Para Paulo existe, pois, uma vida cristã, um estado atual do cristão.

É assim que o estudo da ação de Cristo na parusia, na ressurreição e na cruz, objeto de nosso primeiro livro, familiarizou-nos com o conceito de antecipação das realidades escatológicas e fixou já a atenção sobre o estado cristão. O segundo livro prolonga esta última perspectiva. Destaca o estado cristão da escatologia e apresenta-o antes como dom e presença de Cristo. Ao mesmo tempo, verificamos a tendência de abstrair dos princípios concretos da salvação, morte e ressurreição de Cristo, e encarar uma eficiência mais geral relacionada diretamente com Cristo.

"Os que são fracos no mundo é que Deus escolheu para confundir os fortes, e os ignorantes e desprezados pelo mundo é que Deus escolheu; em suma as coisas que não existem, a fim de reduzir a nada as que existem, para que ninguém se possa gloriar diante de Deus. Pois bem, é por meio dele que vós estais com Cristo Jesus, o qual se tornou para nós sabedoria por obra de Deus, bem como justiça, santificação e redenção, a fim de que, como está escrito: 'Quem se gloria, glorie-se no Senhor'" (1 Co 1.28-31).

É um texto-programa. Deus inaugura na humanidade um novo estatuto de vida. Nada tem valor diante dele, e os sistemas religiosos que se baseiam em qualquer sublimidade humana são condenados. Doravante, graças a Cristo, pela missão de Deus que ele cumpriu no mundo e por nossa união com ele, podemos diante de Deus "ser" alguma coisa; possuímos sabedoria, justiça e santidade e somos "remidos".

Tal é o novo horizonte da teologia paulina[271]. A obra de Cristo consiste essencialmente na morte e ressurreição. Vamos, porém,

---

[271] W. L. KNOX, *St Paul*, atrai a atenção para este texto-programa (p. 115, nº 1). Este mesmo texto foi notado por Epifânio e Severiano de Gábala.

ultrapassar essas modalidades de realização do plano divino para ver num relance o plano de salvação e as novas leis religiosas que nos foram transmitidas pelo dom da presença eficiente de Cristo. A história religiosa da humanidade foi transformada. Foram as duas grandes religiões conhecidas por Paulo, o judaísmo e o paganismo, substituídas pela economia fundamentada em Cristo. O dom de Cristo significa para os cristãos sabedoria vinda de Deus – e esta afirmação é endereçada aos helenos. Representa a justiça descida do céu: isto para os judeus. O cristianismo[272] sublima esses dois grandes movimentos religiosos.

Paulo, em primeiro lugar, experimentou que Cristo nos traz a verdadeira justiça. Por aí devemos começar. Opõe, em seguida, o cristianismo à filosofia grega. Mas, são apenas resultados mais exteriores de uma transformação profunda da humanidade submetida à ação de Cristo. A vida nova, tendo por fonte a ressurreição de Cristo, invade os homens e submerge toda a antiga economia religiosa do mundo.

Como na Primeira Parte, iniciamos nossa pesquisa pelo exame de algumas fórmulas literárias.

---

[272] É sabido que Paulo não possui em seu vocabulário este substantivo. Ele o substitui ordinariamente por uma metonímia de Χριστός.

Capítulo I
TEMAS LITERÁRIOS

1. Transformação da mensagem cristã primitiva – Paralelo entre as duas formas do discurso de propagação no começo das duas grandes epístolas, 1 Co e Rm.
2. Fórmulas místicas.
3. A mensagem de Cristo espiritual.

I – JUSTIÇA DE DEUS E SABEDORIA DE DEUS

Dois grandes desenvolvimentos literários pertencem certamente ao assunto: a mensagem da justiça de Deus "revelada" no cristianismo (começo da Epístola aos romanos) e o da sabedoria cristã (começo da primeira Epístola aos coríntios). São ambos avatares do *kerigma* primitivo que analisamos sob sua forma escatológica e conforme a pregação do reinado atual. Podemos omitir a idéia de reinado e anunciar simplesmente *a salvação resultante da presença de Cristo*.

O Livro dos Atos fornece-nos duas fórmulas originais desta última forma de mensagem. No discurso de Pedro, por ocasião da cura do paralítico, a promessa escatológica (At 3.20) é antecipada numa promessa de "bênção" para o presente. Pedro cita Gn 22.18: "Na sua descendência (de Abraão) serão abençoadas todas as estirpes (πατριαί) da terra" e continua: "Para vós, em primeiro lugar, Deus, ressuscitando o seu servo Jesus, o enviou para vos trazer bênçãos (εὐλογοῦντα), convertendo-se cada um de vós das suas iniqüidades" (At 3.25ss). Cristo, enviado, está presente no meio de seu povo para transmitir-lhe a bênção prometida a Abraão e para lhe conceder a conversão; é a era da salvação que começa.

Outra fórmula no discurso do sinédrio: "É ele a pedra rejeitada por vós, os construtores, e que veio a tornar-se a pedra angular; e em nenhum outro existe a salvação, pois não há sob o céu outro nome, dado aos homens, pelo qual possamos ser salvos" (At 4.11s). Há um edifício salvífico, uma fonte de bênção, um Nome, isto é, um poder colocado à disposição dos homens que buscam a salvação.

Não somente se aparta da fórmula escatológica, mas ainda da idéia de reinado, coordenada demais com a escatologia. A bênção, o poder do Nome de Jesus para salvar (figurado na cura do coxo), a conversão, a construção assentada sobre os alicerces de Cristo, pedra angular, tudo isso se refere a um estado religioso atual. Poderia significar que a religião de Cristo é uma instituição oferecida aos homens a fim de abrigá-los momentaneamente (esperando o fim dos tempos; mas o abrigo está pronto, presente).

São equivalentes, numa linguagem arcaica (a figura bíblica da pedra, o tema da bênção dada a Abraão, o Nome) às fórmulas paulinas que vão apresentar-nos o cristianismo como Justiça de Deus ou Sabedoria de Deus. As fontes das expressões são inteiramente outras, mas a orientação já é semelhante. O cristianismo é uma instituição, uma religião que se localiza no mundo presente.

O início de nossas duas epístolas, que se baseiam ambas, em última análise, na mensagem (o discurso de propaganda) aos pagãos, apresenta o cristianismo em antítese com uma religião de "sabedoria". Mas, nas duas, o tema amplia-se. O cristianismo eleva a justiça a um ponto que todos os homens, judeus e pagãos, eram incapazes de atingir. É ele a realização da Sabedoria de Deus a ultrapassar o que judeus e gregos podiam esperar.

A Paulo, portanto, era lícito, utilizar, em ambas, um esquema e materiais idênticos. Uma análise sinóptica do início das duas epístolas é possível e comprobatória.

1. *Proposição da mensagem sob forma sintética:*

Rm 1.16s: "Oh! em verdade, eu não me envergonho do Evangelho, que é a força de Deus para a salvação de todo o crente: primeiramente do judeu, depois do gentio, porque nele se revela (ἀποκαλύπτεται) a justiça de Deus, procedendo da fé para a fé, conforme está escrito: 'O justo vive da fé'".

1 Co 1.18: "De fato, a palavra da cruz é loucura para aqueles que se perdem, mas para nós, que estamos no caminho da salvação, é força de Deus. Pois está escrito: 'Arruinarei a sabedoria dos sábios'".

2. Antes da mensagem (antítese):

Rm 1.18: A ira de Deus revela-se, de fato, lá do céu contra toda a impiedade e injustiça dos homens, que pela injustiça aprisionam a verdade.
1 Co 1.20: Não tornou Deus, acaso, estulta a sabedoria deste mundo?

3. *Explicação*:

Rm 1.19-22: O conhecimento de Deus é-lhes acessível. Deus se manifestou a eles.

Desde a criação do mundo, com efeito, os atributos invisíveis de Deus, tanto o seu poder eterno como a sua divindade, tornam-se reconhecíveis com a consideração da mente humana acerca das coisas criadas.

Eles, portanto são indesculpáveis,
porque, conhecendo a Deus, não o honraram como Deus,
nem lhe renderam graças,
mas se entregaram a seus pensamentos vãos
e entenebrou-se-lhes a obtusa mente.
1 Co 1.21: O mundo, com toda a sua sabedoria,
não conheceu a Deus nas obras da sabedoria divina.

Esta passagem de 1 Coríntios é um esquema que assim se desenvolve: os raciocínios da filosofia (da sabedoria) eram aptos para conduzirem ao conhecimento de Deus, porque Deus se manifesta na criação, mas um plano misterioso de Deus (que não suprime a responsabilidade dos homens) permitiu falhasse a sabedoria humana. Vê-se a afinidade com a Epístola aos *romanos*.

4. A revelação da justiça ou da sabedoria (tese)

Rm 3.21: Agora, porém, independentemente da Lei, manifestou-se a justiça de Deus, atestada já pela Lei e pelos profetas.

1 Co 2.6-7.10: É, de fato, da sabedoria que nós falamos entre os perfeitos, não, porém, da sabedoria deste mundo, nem dos príncipes deste mundo, que são reduzidos à impotência; mas falamos da sabedoria de Deus, envolta em arcano, sabedoria escondida, que, antes dos séculos, Deus já havia destinado para nossa glória. Deus a revelou por meio do Espírito.

5. Função de Cristo

Rm 3.24: (Somos) gratuitamente justificados pela misericordiosa bondade, em virtude da redenção realizada por Cristo Jesus. A ele Deus apresentou como vítima de expiação, no seu sangue, pela via da fé.

1 Co 2.8: (Sabedoria que) nenhum dos príncipes deste mundo conheceu, porque, se, de fato, a tivessem conhecido, não teriam, ao certo, crucificado o Senhor da glória.

I Co 1.23,25: Nós, ao invés, pregamos a Cristo crucificado... potência de Deus e sabedoria de Deus.

Cristo é instrumento da justiça por seu sangue; é o objeto da sabedoria na crucifixão. Paulo pode, pois, asseverar que Cristo é justiça de Deus, sabedoria de Deus.

De uma comparação entre a mensagem de Romanos e as passagens de controvérsia com os judaizantes, judeus ou cristão, na mesma epístola e em Gálatas, deduzimos ter-se a expressão "justiça de Deus" insinuado em dado momento da mensagem paulina, tendo aparecido seu alcance no curso das discussões. Paulo, diante do judaísmo, foi levado a colocar o cristianismo no mesmo campo, chamando-o justiça, considerando-o "justiça", mas "justiça de Deus", revelada e dada gratuitamente por Deus. Em Corinto, ao invés, encontra as filosofias religiosas e místicas do mundo grego, e de novo, em posição polêmica, denomina o cristianismo sabedoria, a sabedoria de Deus.

O cristianismo, pois, define-se como uma religião deste mundo, possuidora dos bens divinos, que podem dar resposta às tendência humanas, causa do sucesso de outras religiões. É boa tática. Mas, ao mesmo tempo, o cristianismo revela e exprime suas próprias riquezas.

II - FÓRMULAS "MÍSTICAS"

Nenhum trecho das epístolas é consagrado *ex-professo* ao que se chama comumente a mística ontológica.

Verifica-se, contudo, que as fórmulas com as quais Paulo define a justiça, a santidade e a vida cristã tendem a criar uma fórmula mais sintética que traduziria o ser cristão, a "natureza" do cristão, expressos sob o véu de uma relação geral com Cristo: o ser cristão em Cristo, a presença de Cristo no cristão. Literariamente, essas expressões fundamentam-se em metonímias. O significado do nome "Cristo" não fica afetado. Verificar-se-á simplesmente que Paulo colocou Cristo não mais a ressurreição, a cruz ou a parusia com seu valor distinto – no centro de seu pensamento. O cristianismo é a religião que se exprime por relações cada vez mais simplificadas, aprofundadas e convergentes para Cristo.

Ao lado destas fórmulas, poder-se-ia perguntar se não existem também temas de mística de outro tipo, a prolongar a noção de sabedoria cristã, da mesma forma que a mística ontológica corresponde a esta concepção de ser o cristianismo uma justiça, uma santidade, uma redenção, uma vida. O problema apresentar-se-á em nosso terceiro livro, quando estudaremos o mistério de Cristo, desabrochar do tema da sabedoria cristã.

III - MENSAGEM DE CRISTO "ESPIRITUAL"

Paulo foi levado a caracterizar Cristo pela posição que ele ocupa na vida cristã. A vida cristã é o lugar das experiências espirituais. É vida celeste, cuja realidade não é do mundo presente, vida segundo o Espírito, oposta à vida segundo a carne. A antítese carne-espírito transfere-se para Cristo. Cristo que rege e explica a vida cristã é "Cristo segundo o Espírito".

Donde deriva nova maneira de exprimir a mensagem cristã, que ainda remonta à mensagem apostólica, vertendo o que o discurso de Pedro indicava obscuramente ao falar da pedra angular e sobretudo do Nome presente entre os homens com seu poder, para dar a salvação. O preâmbulo da Epístola aos romanos expõe sob esta forma o Evangelho de Deus, isto é, a mensagem:

"Paulo, servo de Jesus Cristo, chamado a ser apóstolo,
escolhido para anunciar o Evangelho de Deus,
por este de antemão prometido por meio de seus profetas
nas Santas Escrituras, acerca de seu Filho,
nascido segundo a carne, da estirpe de Davi,
constituído Filho de Deus com todo o poder, segundo
o espírito de santificação, mediante a ressurreição dos mortos"
(Rm 1.1-4).

O Evangelho de Deus é tanto a mensagem dos apóstolos quanto a de Paulo e tem a Cristo por objeto. Cristo, diz-nos, tal como anunciado previamente pelos profetas. A Escritura anuncia Cristo em duplo estado. Primeiro, Cristo é filho de Davi: é o Cristo "segundo a carne", a quem os judeus esperavam, receberam, mas não aceitaram. As Escrituras tinham outra mensagem, essencial está, que os cristãos compreenderam e os apóstolos anunciaram: Cristo segundo o Espírito. Realizam-se verdadeiramente as promessas nele, o poder de Deus, espiritual, capaz de santificar. A ressurreição revelou-o e estabeleceu-o deste modo.

Capítulo II
CRISTO, NOSSA JUSTIÇA

1. A justiça de Abraão e Cristo – A fé de Abraão; sua paternidade; as bênçãos e promessas – Herdeiros de Abraão e filhos de Deus.
2. A Lei e Cristo – Cristo anunciado nas Escrituras – A função da Lei, que não é instrumento de justificação, mas conduz a Cristo, revelando o pecado – O mistério da vontade divina.
3. Antítese tipológica Adão-Cristo – O texto de Rm 5.10-21: pecado por um homem, justiça por um homem; o texto de 1 Co 15: aplicação à ressurreição – Nas epístolas do cativeiro – Influência do mito?

Paulo compreendeu melhor do que ninguém a grande novidade do cristianismo. O convertido do judaísmo rompe completamente as relações com a religião farisaica da justiça pela Lei. "Nós somos judeus de nascimento, e não pecadores, provenientes dos gentios; não obstante, sabendo muito bem que nenhum homem é justificado pelas obras da lei, mas por meio da fé em Jesus Cristo; também nós cremos em Cristo Jesus, para sermos justificados pela virtude da fé e não em virtude das obras da lei, porque pelas obras da lei ninguém será justificado" (Gl 2.15s). Foi desta maneira que Paulo, na famosa discussão de Antioquia, colocou Pedro diante da verdadeira noção da fé cristã. Afirmou a tese claramente também no manifesto solene da Espístola aos romanos: "Agora, porém, independente da Lei, manifestou-se a justiça de Deus, atestada já pela lei e pelos profetas, digo a justiça de Deus, mediante a fé em Jesus Cristo, para todos e sobre todos os crentes" (Rm 3.21-22). A justiça, pois, não se obtém pela Lei, jamais foi obtida pela Lei, mas é Deus que, por Cristo, nos revela sua justiça e nos estabelece nela pela fé[273].

---

[273] Esta afirmação fundamental de Paulo coincide com a de Isaías. Cf. O. PROCKSCH, *Theologie des Alten Testaments*, Gütersloh, 1949, pp. 180-183.

Uma proposição tão nítida, além da experiência cristã, supõe uma longa maturação teológica esclarecida pela luz de Deus. A tendência fundamental de seu espírito e sua polêmica no mundo judeu levaram o Apóstolo a procurar no Antigo Testamento o desígnio de Deus no estabelecimento do cristianismo e seu pensamento teológico se definiu ao contato com a Bíblia perscrutada com novo espírito. Se queremos familiarizar-nos com este pensamento, sem arriscar-nos a desnaturá-lo ou transpô-lo inconscientemente para nossas próprias categorias, devemos resignar-nos a entrar no dédalo das exegeses[274]. Este caminho dos escolares parece longo, com idas e vindas, mas é insubstituível para dar às afirmações de Paulo os verdadeiros contornos e o valor exato, absoluto e relativo.

Nosso centro de interesse neste capítulo será a função de Cristo, sua posição perante a justiça e os cristãos que a recebem.

I - A JUSTIÇA DE ABRAÃO E CRISTO

O gênio teológico do Apóstolo viu a vida de Abraão como figura e mesmo antecipação do princípio religioso da fé. Vai religar incansavelmente esses três pontos: a justiça de Abraão, Cristo e a justiça dos cristãos. O esquema não é uma linha reta onde Cristo seria necessariamente o meio da linha, mas um triângulo, movendo-se o pensamento e o desenho entre os três pontos, e marcando suas relações recíprocas.

1. A fé de Abraão

No capítulo 15 do Gênesis, Deus fez uma promessa solene ao patriarca, anunciando-lhe um herdeiro e uma posteridade numerosa como as estrelas. Abraão creu. "Abraão creu em Deus, e Deus lho imputou como justiça" (ἐπίστευσεν δὲ ᾿Αβραὰμ τῷ Θεῷ, καὶ ἐλογίσθη αὐτῷ εἰς δικαιοσύνη) (Gn 15.6, segundo a citação de Rm 4.3 e de Gl 3.6). O texto havia chamado a atenção antes que Paulo o notasse[275],

---

[274] A. OEPKE (*Das neue Gottesvolk*, Gütersloh, 1950, pp. 202-213) analisa os textos de outro ponto de vista.
[275] O. MICHEL, *Paulus und seine Bibel*, Gütersloh, 1929, p. 87s. Quanto às relações de Gn 15.6 e Hb 2.4 no judaísmo, cf. O. MICHEL, *ibid.*, p. 88.

mas ninguém havia dado tal relevo aos termos ἐπίστευσεν e δικαιοσύνη. São prefiguradas, e até realizadas, a fé e a justiça do regime cristão. Abraão é o primeiro dos crentes. Preludia o sistema da justificação cristã por sua fé, que se contrapõe em antítese à justiça derivada das obras (não as obras da Lei, mas pela obediência à fé, Gl 3.5; "dom gratuito e não coisa devida", Rm 4.4), e tem por termo a Deus que "justifica o ímpio" (Rm 4.5).

Paulo exalta a fé de Abraão, emoldurando-a de maneira mais determinada com a fé dos cristãos, cujo objeto principal é a ressurreição de Cristo. Abraão crera em Deus "que dá a vida aos mortos e, chamando-as, faz existir as coisas que não existem" (Rm 4.17). Paulo explica seu modo de pensar: "E sem vacilar na fé, não considerou nem o seu corpo, já sem vitalidade, por ser quase centenário, nem a falta de vigor do seio de Sara; nem hesitou por falta de fé, perante a promessa de Deus, antes hauriu força na sua fé, dando glória a Deus" (Rm 4.19-20). Notem-se as expressões "morte" (o corpo de Abraão, o seio de Sara estão mortos) e "dar a vida". É a antítese morte-ressurreição. A fé de Abraão constitui o primeiro esboço da fé cristã; pela maneira com a qual a formula, suspeita-se que Paulo a encara como um "tipo" de fé na morte e ressurreição de Cristo.

2. A paternidade de Abraão

Em Rm 4, no curso de sua exegese do texto-programa de Gn 15.6 (Abraão creu em Deus, e Deus lho imputou como justiça), Paulo cita o Salmo 32.1ss, onde a expressão comum "imputar" sugere um paralelismo com o texto do Gênesis. "Bem-aventurados, diz o Salmo, aqueles cujas iniqüidades foram perdoadas, e cujos pecados foram cobertos. Bem-aventurado O homem a quem Deus não imputar o pecado" (Rm 4.7-8). Paulo pergunta se a bem-aventurança proclamada pelo *Salmo* visa aos circuncisos somente ou também aos incircuncisos. A segunda alternativa é a exata. Para prová-lo, toma o texto de Gn e nota 1) quando Abraão foi justificado, era ainda incircunciso; e 2) a circuncisão foi dada após, como "sinal" (segundo Gn 17.10ss), isto é, como sinal da justiça da fé que ele havia recebido sendo ainda incircunciso. Deduz Paulo então duas conseqüências, segundo as duas observações acima mencionadas. Em relação à primeira: Abraão é, pois, "o pai de todos os que haviam de crer sem estar circuncidados, e assim fosse creditada a justiça também a eles". Quanto à segunda: "e que fosse pai dos circuncisos, isto é, daqueles que não se limitam à circuncisão, mas que, além disso, seguem na esteira da fé que, ainda incircunciso, possuía nosso pai Abraão" (Rm 4.11s)[276].

---

[276] Os exegetas explicam com bastante unanimidade: "Abraão continua sendo o pai dos circuncisos (περιτομῆς sem artigo, como uma categoria conhecida), mas sob a condição de que eles não se contentem com a circuncisão, e sigam as pegadas da fé de Abraão antes da circuncisão". M.-J. LAGRANGE, *Épître aux Romains*, p. 90. Para chegar a esta interpretação, seria preciso corrigir o texto, apesar de todos os testemunhos em contrário. Lagrange nota: "τοῖς antes de στοιχοῦσιν é supérfluo; encontra-se, contudo, nos manuscritos. Sanday-Headlam e Cornely consideram este τοῖς como o fim de αὐτοῖς mal copiado. Tal é o sentido, mas donde proviria o erro? Somos constrangidos a ver τοῖς como uma negligência inexplicável" (*ibid.*, p. 91). Lietzmann escreve no mesmo sentido: "Sendo dado que a tradição textual das epístolas paulinas é excelente, as conjeturas estão sujeitas a caução; pode-se admitir em Paulo uma repetição incorreta do τοῖς (*An die Römer*, p. 54). Os inconvenientes desta exegese são manifestos. Torna ela necessário corrigir o texto dos manuscritos e atribuir a Paulo a banalidade de dizer que os judeus-cristãos são filhos de Abraão, com a condição de abraçarem a fé; como se Paulo se inquietasse com o caso deles, enquanto toda a sua atenção se volta para os gentios. Seguimos a interpretação da Vulgata. No pensamento de Paulo há um paralelismo entre duas objeções contra a atribuição da qualidade de "filhos de Abraão" aos cristãos da gentilidade, uma tirada da circuncisão, outra da Lei. Donde as duas proposições paralelas: a circuncisão é apenas um selo aposto à justiça de Abraão, a Lei não passa de um episódio sobrevindo mais tarde, incapaz de modificar o regime essencial inaugurado pelo Patriarca, a justiça pela fé. Em conseqüência, desde que somos justificados pela fé, tornamo-nos filhos de Abraão, sem a circuncisão carnal, sem a Lei. Já se nota o paralelismo na construção dos períodos dos versículos 12 e 16:

12 e que fosse pai dos circuncisos, isto é, daqueles que não se limitam à circuncisão, mas que, além disso, seguem na esteira da fé que, ainda incircunciso, possuía nosso pai Abraão.	16 a fim de que a Promessa seja gratuita e seja assegurada a toda a progênie, não só para aqueles que dependem da Lei, mas também para aqueles que dependem da fé de Abraão; ele, de fato, é pai de todos nós.

Ao paralelismo literário deve corresponder um paralelismo de idéia, mas este baseia-se somente em nossa interpretação.
Supomos, traduzindo "pai dos circuncisos", um genitivo de relação (cf. 2 Co 1.3; Ef 1.17). A ausência do artigo explica-se, embora se trate do rito (cf. Rm 2.25; Cl 3.11 etc.). A fórmula τοῖς οὐκ ἐκ περιτομῆς μόνον apresenta ligeira irregularidade, pro-

Entenda-se: a circuncisão de que se gabam os judeus-cristãos não lhes traz mais vantagens, pois a circuncisão de Abraão foi apenas um selo aposto à justiça; onde existe justiça, sem que ela precise ainda ser selada por ritos grosseiros, como sob a antiga Lei, não há mais lugar para a circuncisão carnal, que é substituída pela circuncisão espiritual, na qual insiste Paulo de bom grado: "Se, pois, o incircunciso observa os preceitos da lei, não será ele, com toda a sua incircuncisão, considerado como circunciso?" (Rm 2.26). "Enfim, verdadeiro judeu não é aquele que tal aparece exteriormente; nem a circuncisão genuína é aquela visível na carne; mas é verdadeiro judeu aquele que é tal no recôndito do seu coração... segundo o espírito, não segundo a letra, e cujo louvor não lhe vem dos homens, mas de Deus" (Rm 2.28s)[277].

Vê-se, pois, que Abraão é o pai dos cristãos como tais e não mais o pai dos judeus. Mesmo a circuncisão destes deixa de ser privilégio.

O tema da paternidade de Abraão reaparece em Rm 4.16b-18. Desta vez, Paulo cita dois novos textos, Gn 17.5 "eu te constituí pai de numerosas nações" e Gn 15.5: "tal (isto é, numerosa como as estrelas) será a tua descendência"[278], onde ele vê profetizados os cristãos da gentilidade[279]; Abraão é, pois, pai "de todos nós" (os cristãos).

Na Epístola aos gálatas, 3.6s, depois de ter citado o texto de Gn 15.6 "Abraão creu em Deus, e Deus lho imputou como justiça", o Apóstolo continua: "Reconhecei, portanto, que filhos de Abraão são os que têm a fé dele". Esboça outra argumentação, Gl 4.21-31, recorrendo à alegoria. Os cristãos são filhos de Abraão, simbolizados

---

veniente seja de certa liberdade na construção com οὐ μόνον (cf. Jo 17.20; 2 Tm 2.20), seja de um mínimo anacoluto, sendo tomado o primeiro τοῖς por determinativo dos dois membros antitéticos, os da circuncisão, os que seguem as pegadas sendo (στοιχοῦσιν particípio) (L. CERFAUX, "Abraham 'père en circoncision' des Gentils [Rm 4.12]", em *Mélanges Podechard*, pp. 57-62).

[277] Cf. 1 Co 7.19.; Gl 5.6; 6.15; Fl 3.3.

[278] Este último texto que só tem sentido no contexto de Gn 15 (narrativa do testamento – pacto – juramento de Deus em favor de Abraão) mostra que Paulo o cita, pensando neste contexto.

[279] As "nações" numerosas, πολλῶν ἐθνῶν: Paulo toma ἔθνη no sentido que dão os judeus a este termo. Quanto ao segundo texto, apóia-se implicitamente na observação de que só o povo judeu não legitima a expressão: uma descendência numerosa como as estrelas.

por Isaac, e, à sua semelhança, são filhos da mulher livre e não da escrava, os filhos da promessa e não os filhos nascidos segundo a carne.

Os cristãos vindos do paganismo são, portanto, filhos de Abraão na ordem da justiça obtida pela fé e da circuncisão espiritual.

Esta linha não passa por Cristo no sentido de que seria Cristo filho de Abraão e nós nele participaríamos de tal dignidade. Cristo está acima de Abraão na ordem da justiça do mesmo modo que está acima dos sacerdotes do Antigo Testamento, sendo sacerdote segundo a ordem de Melquisedec. Abraão foi justificado apenas por certa referência a Cristo. Os cristãos unem-se, pois, diretamente a Abraão, sendo justificados assim como ele o foi, na qualidade de tipo e modelo.

Desenvolvendo o tema da herança, Paulo dirá por incidência que o texto de Gn 13.15, falando da raça de Abraão, visa a Cristo. Mas, obtém este resultado por meio de uma exegese gramatical[280], o singular misterioso do texto sagrado sugere tratar-se de Cristo (Gl 3.16). Erro seria concluir que recebe Cristo os bens divinos com o mesmo título que Abraão e ainda menos a título de descendente de Abraão; a promessa desperta nossa atenção, mas não o constitui herdeiro[281]. Cristo é filho de Abraão κατὰ σάρκα[282], como é filho de Davi (Rm 1.3) e como descende dos "israelitas" segundo a carne (Rm 9.5). Na ordem da justificação, κατὰ πνεῦμα, ele é o tronco de linhagem, absolutamente princípio, e não pode ser subordinado. É fonte da nova justiça. Abraão foi o primeiro a haurir da fonte, sendo, conforme o desígnio de Deus, o modelo e o tipo dos cristãos da gentilidade, de todos os que são justificados pela fé em Cristo.

3. As bênçãos

Encontramos o tema desenvolvido em Gl 3.8-14. Paulo parte de Gn 12.3 e 22.18: "em ti serão abençoadas todas as nações"[283]. Essas

---

[280] J. BONSIRVEN, *Exégèse rabbinique et exégèse paulinienne*, Paris, 1928, p. 298ss,
[281] Cf. H. SCHLIER, *Der Brief an die Galater*, p. 100ss, que atrai a atenção sobre a antítese "um-multidão" como em Rm 5.
[282] Evidentemente noutro sentido do que em Gl 4.23.
[283] A citação de Paulo é um compromisso entre esses dois textos de Gn. Cf. L. CERFAUX, *La première communauté chrétienne à Jerusalem* (At 2.41 – 5.42), em *Ephem. Theol. Lovanienses*, XVI (1939), p. 21.

nações são os gentios, todos aqueles que vivem da fé, como o próprio Abraão viveu (3.8). Os que vivem segundo a fé, diz ele, são abençoados. O princípio da Lei, ao contrário, não é a fé, mas são as obras, que acarretam apenas maldição. O episódio da Lei é agora terminado, porque Cristo resgatou-nos da maldição (v. 13). De sorte que doravante voltamos à política que Deus havia inaugurado abençoando as nações em Abraão. Mas, Cristo foi necessário para fechar o parêntese da Lei, e é assim que agora recebemos nele – isto é, por sua intervenção – as bênçãos prometidas a Abraão.

4. Promessas e herança[284]

O tema é desenvolvido em Gl 3.14b-29. O texto básico é Gn 13.15. Paulo nota que há neste texto τῷ σπέρματι no singular, visando a Cristo. Cristo, Filho de Deus, era indicado como beneficiário do testamento. Será preciso novamente apartar a Lei, porque os judeus pretendem ser verdadeiros herdeiros pela Lei. A Lei não anula o testamento. Paulo retoma então o fio de sua exegese principal no v. 26 e explica como os cristãos são verdadeiramente beneficiários desta promessa, que visava a Cristo. "De fato, todos vós sois filhos de Deus mediante a fé em Jesus Cristo, pois quantos fostes batizados em Cristo, revestistes-vos de Cristo[285]. Não há judeu nem gentio, não há escravo nem livre, não há homem nem mulher; todos vós sois um só em Cristo Jesus. Pois, se vós pertenceis a Cristo, sois, portanto, progênie de Abraão, seus herdeiros segundo a promessa". Os cristãos, assimilados pelo batismo a Cristo, revestidos de Cristo, estão compreendidos neste "Único", legatário de Deus. Onde está Cristo, estão os cristãos, porque todos os cristãos formam o mesmo "único".

O tema da promessa reencontra-se em Rm 4.13-17, onde Paulo resume a argumentação empregada em Gálatas. Mas renuncia desta

---

[284] Os dois temas distintos (cf. L. CERFAUX, *La Théologie de l'Église*, pp. 16,21) são reunidos neste caso de Abraão em que a pro messa foi feita em forma de testamento.

[285] A imagem da veste, no contexto, pode ser sugerida pelo rito batismal. Revestia-se o batizado, ao sair da imersão, do hábito branco que simboliza a pertença a Cristo. A metáfora era corrente (M.-J. LAGRANGE, *Épître aux Galates*, p. 92; H. SCHLIER, *Der Brief an die Galater*, p. 128). Schlier pensa numa veste celeste que nos foi preparada, Cristo, pelo qual passamos para um novo "eon" (*ibid.*, p. 128s).

vez à exegese gramatical, que não é necessária para o raciocínio. Basta, para ser legatário de Deus, em virtude do testamento, pertencer à descendência de Abraão: "Efetivamente, a promessa de que ele haveria de ser herdeiro do mundo... não foi feita a Abraão e à sua progênie em virtude da Lei, mas em virtude da justiça que procede da fé. A promessa, portanto, vem da fé, a fim de que ela seja gratuita e seja assegurada a toda a progênie, não só para aqueles que dependem da lei, mas também para aqueles que dependem da fé de Abraão".

5. Filhos de Deus

Resta, enfim, o tema de "filhos de Deus". Em Romanos, como em Gálatas, une-o Paulo ao tema "herdeiros de Abraão". Os judeus orgulhavam-se de sua qualidade de filhos (υἱοί ou παῖδες) de Deus[286]. O ponto de partida da doutrina para os judeus é Dt 14.1. Eles também harmonizam-no com o juramento e o pacto feitos em favor dos patriarcas (sobretudo de Abraão) (Sb 12.21).

Nossa qualidade de filhos de Deus nos é outorgada em virtude da fé em Cristo e do batismo cristão. Somos "identificados" com Cristo e nele filhos de Deus. Doutro lado, como Cristo foi nomeado herdeiro dos bens de Deus pelo testamento em favor de Abraão, somos nós, porque filhos, herdeiros designados.

Temos certa dificuldade em seguir aqui o complicado raciocínio paulino. Se somos filhos de Deus por nossa união com Cristo, participamos evidentemente dos bens divinos. Mas Paulo quer manter o contato com o tema da herança prometida a Abraão, e, para tal, exclui os judeus do privilégio, porque a herança foi destinada a nós, cristãos. Desenvolvendo a idéia da filiação dos cristãos, relembrará ele, pois, que a herança divina havia sido prometida a Abraão, destinada ao Filho de Deus e aos filhos de Deus.

É o caso de Gl 3.23-4.7. Somos filhos de Deus pela fé em Cristo e pelo batismo. "Se vós pertenceis a Cristo, sois, portanto, progênie de Abraão (de quem falava o testamento que visava a Cristo), seus

---

[286] STRACK-BILL., I, p. 219ss; III, p. 263. No século IV, os rabinos polemizam com os cristãos para salvaguardarem seu monopólio (cf. *ibid.*, p. 220).

herdeiros, segundo a promessa" (3.29). Deus enviou seu Filho para que recebêssemos a qualidade de filhos: "Portanto, tu já não és escravo, mas, filho; e, se és filho, também és herdeiro, por graça de Deus" (o herdeiro designado por Deus no testamento) (4.7).

Em Rm 9.6-8, Paulo resume a explanação de Gl 4.21-31. Sublinha que os filhos "segundo o Espírito", representados por Isaac, são filhos de Deus: "Nem todos os descendentes de Israel são Israel; nem por serem progênie de Abraão, são todos seus filhos; mas 'em Isaac será a tua descendência' isto é, não são os filhos da carne que são filhos de Deus, mas os filhos da promessa é que são considerados como posteridade de Abraão"[287]. O Apóstolo distingue os filhos segundo a carne (Ismael) dos filhos da promessa, feita por Deus (Isaac). Deus não adota por filhos senão os filhos da promessa; ao falar de posteridade de Abraão, quer dizer a posteridade que ele próprio suscitou, segundo a promessa. Os cristãos realizam-na.

A princípio, parece que Rm 8.14-17 desenvolve o tema da filiação, fora do contexto do Gênesis e da história de Abraão. "Todos aqueles que são movidos pelo Espírito de Deus são filhos de Deus. Efetivamente, não recebestes o espírito de escravidão, para cairdes de novo no temor, mas recebestes o espírito de adoção filial, pelo qual bradamos: 'Abbá, ó Pai!' O próprio Espírito atesta com o nosso espírito que somos filhos de Deus. E, se somos filhos, somos igualmente herdeiros; herdeiros de Deus e co-herdeiros de Cristo, se, porém, sofrermos com ele, para sermos também glorificados com ele".

É possível, evidentemente, fazer a exegese desta passagem sem referência alguma aos filhos de Abraão (cf. Lagrange). Mas, impossível explicar concretamente a herança sem pensar no tema desenvolvido no Antigo Testamento e baseado em última análise na história de Abraão[288]. O paralelo da Epístola aos gálatas obriga além disso lendo-se πνεῦμα δουλείας a uma referência implícita à alegoria de Agar e da Lei, ou de Isaac e Ismael, explanada em Gálatas

---

[287] Comparar com as sentenças do rabi Jehouda (cerca de 150 d.C.): Para ser alguém chamado filho, é preciso portar-se como filho (STRACK-BILL., III, p. 263). É provável que empregue Paulo τέκνον ao invés do termo comum υἱός por causa da nota de intimidade com Deus que se introduziu no contexto, conforme Rm 8.15.
[288] L. CERFAUX, *La Théologie de l'Église*, pp. 59-68.

(cf. Rm 8.21). Do mesmo modo, a expressão "co-herdeiros de Cristo" relembra que este é o verdadeiro herdeiro, *o único*[289].

Foram, pois, as controvérsias com os judaizantes que levaram o Apóstolo a revolver essas idéias. Criou, então, as explicações exegéticas do Gênesis em dependência, aliás, da teologia judaica, mas ultrapassando-a e aplicando-a a Cristo e aos cristãos.

6. Síntese

Determinemos o lugar de Cristo na ordem cristã da justiça e do dom de Deus.

Paulo mistura dois fundamentos de argumentação. Um é o da justiça pela fé baseada na declaração do Gênesis: a fé de Abraão foi-lhe creditada à conta de justiça. Outro é tirado da fórmula do testamento que Deus fez com Abraão: os bens divinos são-lhe concedidos, a ele e a sua descendência. Distingamos os dois motivos.

1º) Argumento da justiça pela fé. Paulo define duas vezes o objeto da fé de Abraão. Primeiro, é a fé em Deus que justifica o ímpio. Se partimos desta idéia, temos de observar que a fé assim concebida só pode ser uma fé gratuita, concedida por Deus como dom. O dom desce do céu; concretamente é concedido no dom de Cristo e da redenção (cf. Rm 3.21-26). Assim, pois, implicitamente, para Abraão, explicitamente para os cristãos, a fé tem por objeto o dom contido em Cristo.

A fé de Abraão dirige-se em seguida a Deus que ressuscita os mortos. Há aqui uma alusão mais precisa à fé cristã que se refere ao poder de Deus que ressuscita Cristo. Abraão, crendo no poder de Deus de vivificar miraculosamente seu corpo e o de Sara, atingia de maneira profética o objeto da fé cristã, a ressurreição de Cristo. De duas maneiras, Cristo é o termo da fé: da fé da Redenção e da fé da Ressurreição.

---

[289] Desde 5.18, há relacionamento com o tema Adão-Cristo, e a idéia da criação é introduzida no contexto. Cristo é a verdadeira "imagem" de Deus, e Deus nos destinou a sermos portadores de sua imagem, para que ele seja πρωτότοκος (8.29; cf. 1 Co 15.49). Cf. W. GRUNDMANN, *Die Gotteskindschaft im Neuen Testament und ihre religionsgeschichtlichen Voraussetzungen*, 1938, e *Theolog. Literaturzeitung*, LXV (1940) col. 129.

2º) Argumento da promessa da herança. Abraão é designado, com sua descendência, como herdeiro de Deus. Experimentemos precisar um raciocínio que o Apóstolo não elaborou. A herança é concedida apenas aos filhos. Ora, só há um filho por natureza, Cristo. Se somos herdeiros de Deus é por participarmos na filiação do Filho único, ao qual, de fato, estamos unidos pela fé e pelo batismo.

O pensamento de Paulo concretiza-se numa argumentação exegética de tipo rabínico. A fórmula do testamento indica a descendência de Abraão, no singular, denotando uma intenção divina: Deus queria indicar que o herdeiro é único, Cristo. Não terão parte na herança senão os que estiverem incluídos neste "um", isto é, os que estiverem unidos a Cristo. Tal união se realiza pela fé e pelo batismo.

O interesse de Paulo não se concentrava em Abraão, do contrário teria devido concluir que o patriarca não pôde participar dos bens divinos que lhe haviam sido prometidos em herança a não ser à medida que ele se uniu a Cristo, Filho de Deus. O Evangelho de João dirá mais tarde que Abraão viu o dia de Cristo e regozijou-se. Pai dos cristãos por sua fé, Abraão pertence à ordem de Cristo segundo o Espírito (sem que se possa estender sua paternidade a Cristo espiritual).

II - A LEI E CRISTO

Quando Paulo fala da Lei ora se refere ao Pentateuco, ora a todo o Antigo Testamento[290], manifestação da vontade divina, ora e mais freqüentemente ao sistema religioso que se exprime principalmente na lei de Moisés e procura a justiça no cumprimento dos preceitos. "Dizei-me, escreve ele aos gálatas (4.21), vós que quereis estar sujeitos à lei: não escutais a lei?" A "lei", neste único versículo, é tomada nos dois sentidos, primeiro como sistema religioso do judaísmo, depois como Pentateuco. Uma metonímia quase inconsciente faz

---

[290] Cf. W. GUTBROD, art. νόμος, em *Theolog. Wörterbuch*, IV, p. 1.062s. Sobre a lei em geral: CHR. MAURER, *Die Gesetzeslehre des Paulus nach ihrem Ursprung und in ihrer Entfaltung dargelegt*, Zollikon-Zürich, 1941; P. BLAESER, *Das Gesetz bei Paulus*, Münster in W., 1941.

passar do Livro ao sistema religioso do qual é expressão, e reciprocamente.

1. A Escritura anuncia Cristo

Em Gl 4.21-31, Paulo explica como, segundo a Lei (a Escritura), os cristãos são os filhos de Abraão segundo o Espírito e por conseguinte filhos de Deus, e que os judeus foram excluídos deste privilégio, ou antes jamais foram filhos de Abraão senão segundo a carne. Esta revelação é apresentada no mistério de uma alegoria, para cuja compreensão é preciso ser cristão e possuir o Espírito (cf. 2 Co 3.14-17).

É ainda na Lei que Paulo encontra afirmada explicitamente a tese da justificação de Abraão pela fé: "Abraão creu em Deus, e Deus lho imputou como justiça" (Rm 4.3; Gl 3.6). Desta vez é no sentido próprio e direto que o Gênesis afirma o princípio cristão, revelado diretamente por Deus, nos escritos de Moisés. Davi (Paulo distingue talvez entre os salmos e a Lei, isto é, o Pentateuco), chamando bem-aventurado o homem a quem Deus não imputa seu pecado, proclama, de fato, o mesmo princípio (Rm 4.6-8). Ajunte-se a esses textos Hb 2.4: "O justo viverá pela fé" (Gl 3.11; Rm 10.5).

Outras passagens; segundo Paulo, trazem implicitamente em si, de um modo ou de outro, a confirmação do princípio cristão ou a condenação do sistema da Lei. São os textos que anunciam as bênçãos de Abraão às nações, encerrando a Lei no pecado, e, enfim, todos os que definem a fé, a salvação, a pregação evangélica, a glória futura etc.[291]

Rm 10.3-8 nos interessa mais diretamente, pois marca a proporção entre o Antigo Testamento e Cristo.

Paulo fala a respeito dos judeus. Eles têm o zelo de Deus, mas não o zelo segundo a verdadeira ciência: "Efetivamente, desconhecendo a justiça de Deus e buscando estabelecer a sua própria, não se sujeitaram à justiça de Deus".

Para que a frase progrida, é preciso que "justiça de Deus" tenha sentido diferente no começo e no fim. No começo, trata-se evidente-

---

[291] Assim Lv 18.5 (Gl 3.12); Dt 21.23 (Gl 3.13); Dt 27.26 (Gl 3.10).

mente da justiça pela fé, que é dom de Deus (porque é oposta à "sua própria justiça", aquela que os judeus julgam obter por suas forças). A justiça de Deus, à qual os judeus não se submeteram, deve ser coisa diversa. Só pode ser a justiça divina, presente junto de Deus, antes de ser justiça concedida aos homens (cf. Rm 3.21: a justiça de Deus "se revela")[292].

O erro dos judeus consiste em não saberem que "o termo da lei é Cristo, para a justificação de todo o crente" (10.4)[293]. Se é possível afirmar que a Lei revela as vias da justiça, deve esta ser entendida como Deus a entende, isto é, em Cristo, pela fé. Eis o que os textos querem provar. Moisés declara acerca da justiça que vem da Lei: "Quem a praticar viverá por ela"[294]. (Sabemos, contudo, que ninguém pode cumpri-la. Implicitamente Moisés reclamava coisa diferente que só pode ser Cristo). Aliás, continua Paulo, há no Antigo Testamento textos onde já se exprime o espírito do Novo Testamento, a justiça pela fé, atraindo nosso pensamento para a obra de Cristo. Cita passagens do Deuteronômio, dos Salmos e de Isaías, comentando-as brevemente.

---

[292] Comparar Rm 10.3 com 1 Co 1.21: A sabedoria de Deus corresponde a justiça de Deus. À sabedoria de Deus revela-se em forma de sabedoria humana, assim como a justiça de Deus em justiça comunicada. À justiça das obras, falsificação humana da justiça de Deus, corresponde a sabedoria dos homens e dos príncipes deste mundo, igualmente falsificação.

[293] Se compreendermos τέλος no sentido de fim, sem alusão a uma tendência da Lei para Cristo, consistiria o erro dos judeus simplesmente em procurarem continuar a viver da Lei, após a vinda de Cristo. O erro, porém, é mais fundamental; não compreenderam a essência da Lei que era conduzir a Cristo, no qual a Lei se realiza verdadeiramente. Os que crêem em Cristo cumprem a Lei em plenitude, segundo a vontade de Deus.

[294] Foi citado esse mesmo texto sob forma um pouco diferente, em Gl 3.12. Paulo tem diante dos olhos o texto significativo de Lv 18.5: καὶ φυλάξεσθε πάντα τὰ προστάγματά μου καὶ πάντα τὰ κρίματα μου, καὶ ποιήσετε αὐτά ἃ πιήσας ἄνθρωπος ξήσεται ἐν αὐτοῖς. A citação de Gl é literal, substituindo simplesmente o relativo por seu antecedente imediato αὐτά. Em Rm, Paulo harmoniza a citação com o contexto; limita-se a citar a fórmula do Levítico, sem comentário. É natural que as obras humanas não possam transmitir vida divina (ξήσεται). Lagrange não mostra de modo categórico ser a Lei radicalmente impotente para dar êxito ao esforço religioso: "Paulo não pensa em anular qualquer idéia de leis morais, mas insinua que, segundo esta economia, era preciso criar a própria justiça..., o que não devia ser fácil. Bem mais, mostrou mais acima que a Lei para tal não fornecia qualquer socorro (c. 7), de sorte que seria engodo isolarmos esta justiça da graça, o que ocorre quando se distingue dela a justiça da fé" (*Épître aux Romains*, p. 254).

O Antigo Testamento levanta, pois, o problema da Lei, enquanto sistema religioso.

2. A função da Lei

Entramos em plena controvérsia. Os raciocínios de Paulo em Rm e Gl têm duplo objetivo: arrebatar aos judaizantes o privilégio da paternidade de Abraão; diminuir a Lei e a circuncisão, a respeito das quais eles se envaidecem.

Já sabemos que os privilégios concedidos a Abraão visam aos cristãos. Sua justiça pessoal, proveniente da fé, já era a justiça cristã. As promessas feitas a sua descendência eram destinadas a Cristo e aos cristãos.

Qual o lugar da Lei nesta economia divina?

1. É bem entendido, em primeiro lugar, *que ela não pode ser instrumento de justificação acrescentado a outro que consiste na fé*. Paulo trata longamente deste tema.

Rm 4.11-16. Abraão recebeu a promessa da justiça, sendo ainda incircunciso. A circuncisão apõe um selo a esta justiça pela fé, sem alterar o princípio da justificação: Abraão é o "pai dos circuncisos, (espiritualmente), isto é, daqueles que não se limitam à circuncisão, mas que, além disso, seguem, na esteira da fé, que, ainda incircunciso, possuía nosso pai Abraão" (v. 12). A Lei também não exerce influência alguma na ordem da justiça. Não foi em virtude da Lei que recebeu Abraão e sua posteridade a promessa de serem herdeiros do mundo[295], mas pela justiça da fé. Tal é, efetivamente, o alcance da promessa. Se aqueles que são da Lei (como tais), são herdeiros, "a fé fica vazia de sentido e a promessa fica sem valor". Os dois sistemas religiosos são, de fato, diametralmente opostos. Sob o regime da Lei, o homem pretende dar a Deus seu trabalho e adquirir mérito. A fé espera tudo da graça de Deus e do dom. Se é exato estar Deus de tal maneira acima de nós que a fé se torna a única atitude possível diante dele, cai todo o sistema da Lei, enquanto

---

[295] O patriarca é herdeiro juntamente com sua verdadeira posterdade, Cristo e os cristãos.

método de justificação. A Lei, pois, deve ter outro fim, aqui resumido por Paulo numa fórmula que exige explicação: "A lei produz a ira, ao passo que, onde não há lei, também não há transgressão"[296]. Conclui: "A promessa, portanto, vem da fé, a fim de que ela seja gratuita e seja assegurada a toda a progênie..." (v. 16).

Gl 3.15-18. Um exemplo mostrará como a Lei nada tem que ver com a verdadeira justificação. Paulo raciocina por meio de uma analogia humana, κατὰ ἄνθρωπον (3.15). Se um testamento humano foi redigido por alguém com as formalidades legais, ninguém – não se trata evidentemente do próprio testador – pode anulá-lo ou acrescentar novas cláusulas. Ora, o caso é o seguinte: Deus fez um testamento (as promessas, no v. 16, são concretamente idênticas ao testamento)[297] em favor de Abraão e de sua posteridade. Este testamento, anteriormente feito por Deus em boa forma[298], a Lei (aqui, mais ou menos personificada e distinta de Deus: não devemos esquecer de que os anjos dela foram ministros e Moisés serviu de mediador), sobrevindo quatrocentos e trinta anos mais tarde, não poderia invalidá-lo e obter o resultado de anular a promessa[299]. É um fato admitido. A Lei não intervém na questão da herança, na qual entra em jogo a promessa feita a Abraão.

2. Mas, então, resta intata à questão. O que é, na realidade, a Lei? Permanece, efetivamente, como instituição religiosa estabelecida pela vontade divina, sob a reserva de não tocar no testamento e de não anular as promessas segundo as quais toda justificação é prometida para o futuro – à posteridade de Abraão que será Cristo e começará por Cristo – pela fé.

Paulo apresenta a questão *no contexto de idéias sobre o testamento*, Gl 3.19: "Para que então a lei – exclama ele, uma vez que o

---

[296] Paulo está sob influência de outro argumento.
[297] Ver L. CERFAUX, *La Théologie de l'Église*, pp. 16-21.
[298] Paulo estaria cogitando no rito do pacto descrito por Gn 15 ou nos ritos que acompanham as promessas? É o mais verossímil. Diz, v. 17, προκεκυρωμένην. A palavra não aparece fora da literatura cristã (Paulo e literatura eclesiástica) senão numa inscrição de Rodes do século II a.C. (Cf. W. FOERSTER, *Theolog. Wörterbuch*, III, p. 1.097). A partícula προ refere-se à Lei, que é posterior.
[299] Cf. Gl 3.21: A Lei não é contra as promessas. Sê-lo-ia se pudesse vivificar. Aqui interfere o tema da vida, que será explicado no parágrafo seguinte.

testamento é irrevogável e intangível? Foi sobreposta[300] em razão das transgressões (τῶν παραβάσεων χάριν)[301], até que viesse a descendência, para a qual fora feita a promessa, e foi promulgada por intermédio de anjos e com a obra de um mediador..." (Gl 3.19ss).

Essas diversas afirmações dirigem o ataque contra a Lei. É jogo perigoso. À força de diminuí-la, poder-se-ia opor a Lei às promessas de Deus, transformá-la em inimiga. Será esta a tese de Marcião. Mas, Paulo não é Marcião. Prevê a objeção e a atalha. Se fosse concedido à Lei o poder de transmitir a vida (ξωοποιῆσαι, com o significado de vida espiritual), ela opor-se-ia às promessas, pois suplantá-las-ia, "justificando", por outro método (v. 21). Ao contrário, ela se põe a seu modo a serviço das promessas, prepara a fé (v. 22), fazendo o ofício de carcereiro, de policial ou de pedagogo que nos guarda até a revelação da fé vindoura. É bom que pese sobre nós a servidão, se queremos apreciar a liberdade.

Paulo desenvolve a comparação do pedagogo. A posteridade carnal de Abraão, "os filhos de Abraão", continua a ser menor até a vinda da fé (Gl 3.23-25), da plenitude dos tempos, quando Deus envia Cristo, seu Filho (Gl 3.24; 4.4); são confiados a um pedagogo (v. 24). A Lei é este pedagogo[302], o escravo que se torna para o filho um mestre temporário, com missão de lhe indicar o caminho reto e de puni-lo severamente pelas eventuais transgressões. Os judeus estão presos sob sua guarda[303], esperando a realização da promessa (Gl 3.23). Concretamente, Paulo entende que a Lei apenas se interessa pelas transgressões, limita-se a sancionar penas contra os pecados

---

[300] A Lei não está na linha do testamento que promete a justiça; ocupa-se apenas dos pecados.

[301] Quanto a este uso de χάριν, indicando o fim, cf. Pv 17.17; lTm 5.14; Tt 1.11; Tg 16 (SCHLIER).

[302] "O pedagogo era um escravo incumbido de vigiar as crianças e de reprimir seus desvios. Como não lhes era permitido sair sozinhas, ele as levava aos mestres encarregados da instrução delas. Os pais contavam com a boa influência do pedagogo. Paulo não se preocupa com este lado da instituição, mas só encara a disciplina imposta à criança, colocada sob a autoridade de um escravo", M. J. LAGRANGE, Épître aux Galates, Paris, 1942, p. 90.

[303] A expressão indica uma prisão e os seus guardas. Cita-se no mesmo sentido PLUT., det. or., 29, 426 B; Sb 17.15. Paulo certamente adotou uma fórmula feita. Mas, é possível que pense ainda no pedagogo a vigiar as crianças, privando-as da liberdade.

(3.19), deixando os judeus sob o império do pecado (todos, judeus e gregos, estão sob o império do pecado, segundo a Escritura: Rm 3.9); ela até provoca o pecado, transformando em pecado "formal" atos que em si não seriam maus. Este carcereiro, por duro que seja, conduz a Cristo. A Lei não é, portanto, tão má: "Se a Lei nada mais refizesse, observa Severiano de Gábala, ao menos fornecia meios de conhecer a Deus. E conhecer a Deus, prepara para a recepção da caridade"[304].

A eficiência positiva da Lei consiste em patentear as transgressões sob seu verdadeiro aspecto de transgressões conscientes. É neste sentido que se pode dizer que, quando ela não existia, não havia transgressões (Rm 4.15).

A doutrina é desenvolvida em Rm 7.7-25[305].

Retomamos as idéias principais do trecho. Paulo aparece na cena, mas é um homem, o homem como ser religioso, que fala: representam a natureza humana o pecado e a Lei. Três personagens estão, pois, no cenário: o homem (ἐγώ)[306], o Pecado (com maiúscula, porque está personificado) e a Lei personificada.

A Lei não é o pecado, mas por ela o homem conhece o pecado (v. 7). Assim, por exemplo[307], a concupiscência sem a Lei é praticamente inexistente; ninguém dela se ocupa, nem a conhece. Vem a Lei e fazem-se notórias as proibições e se o homem, por causa da malícia nativa, é incapaz de resistir, comete pecado formal: "Ora, tomando incitamento deste preceito, o Pecado me engana e me mata", repetindo o que fez por ocasião do primeiro pecado[308] (vv. 8-9). Não

---

[304] K. STAAB, p. 301.
[305] A passagem é célebre. Entre os estudos recentes, cf. W. G. KÜMMEL, *Das Bild des Menschen im Neuen Testament*, Zürich, 1948, pp. 27-40; K. PRÜMM, "Rom. I-II und 2 Kor. 3", em *Biblica*, XXXI (1950), pp. 175-182.
[306] Quanto ao gênero dramático, derivado da diatribe, cf. 1 Co 4.6: Paulo apresenta-se no cenário com Apolo, dizendo por exemplo, 3.6: "Eu plantei, Apolo regou", mas seu olhar vai além e inclui na comparação todos os pregadores cristãos. Aqui, ele está ainda em cena, mas figurando todos os judeus.
[307] Quanto ao emprego de τε separado e de γάρ, cf. 2 Co 10.8.
[308] Gn 3.13: ἀ ὁ ὄφις ἠπάτησέν με. A serpente do Gênesis age sob a máscara do Pecado. Em nosso contexto, sua função não é diretamente tentar – a tentação é um fato universal, nessa matéria –, mas dar o conhecimento claro do mal e assim fazer pecar em toda a força do termo.

se objete pôr-se a Lei ativamente do lado do Pecado. Não. A Lei é santa, justa, boa, e o bem não é causa de morte; o Pecado é o único fautor desta morte e quer absolutamente aparecer sob os seus próprios traços.

Não se procure desenvolver aí psicologia no sentido moderno da palavra: estados de alma individualizados, introspecções, confissões. É uma psicologia teológica. Paulo emprega os dados fundamentais da experiência humana religiosa: o "eu" inferior; o "eu" superior que tende a conformar-se com a Lei de Deus, espiritual, e que percebe sua impotência.

Podemos agora determinar a função da Lei. No desígnio de Deus, para conduzir à libertação, ela devia levar a termo o princípio do pecado. Ela o revelava em toda a sua veemência e malignidade; assim, atraía a cólera de Deus, legitimando-a, Rm 4.15. O desígnio de Deus não era a cólera em si mesma, mas a transformação operada por Deus, da qual a ira é apenas um aspecto. O último fim era a concessão do dom, da justiça, de Cristo[309]. A Lei, revelando o pecado e excitando a cólera, acarreta, por isso, a grande mudança por obra divina, a intervenção da graça.

3. O problema da Lei coloca-nos diante do mistério da vontade divina. O procedimento de Deus legitima-se por sua transcendência. A graça deve ser a graça. Paulo adota um dos pensamentos mestres da religião do Antigo Testamento. Transbordou a taça quando o pecado do homem surtiu todos os efeitos e a ira divina desferiu todos os seus golpes. Podia, então, intervir a misericórdia.

Era análoga à da Lei a missão dos profetas, que exortavam, mostravam o caminho reto e sabiam que só conseguiriam aumentar a culpabilidade do povo (Is 6.9-13). Mas, enfim, havia o futuro messiânico. Deus prepara, a seu modo (eis o mistério), esta manifestação de bondade por tal severidade. O homem aprenderia, por fim, que não há socorro e glória senão em Deus, e quebraria todos os ídolos

---

[309] Não é encarada a questão da responsabilidade humana, nem se levantam problemas individuais. Para resolver tais problemas com os quais Paulo por vezes depara (Rm 2.12-15; 1 Co 7.19), seria preciso recorrer a princípios gerais de outra ordem.

por causa do terror que o Senhor incute
e por causa de sua fúlgida majestade,
quando se levantar para sacudir a terra (Is 2.19).

Simultaneamente opera-se a maturação do Pecado e a do orgulho humano, para que a glorificação venha então de Deus, com toda justiça. Paulo, como os profetas, atribui assim um alcance "escatológico" a esta obra de revelação do pecado (do mesmo modo que se abre e limpa uma chaga para curá-la).

A Lei continua a ser, portanto, em última análise, um agente de misericórdia, cuja eficiência temporária acentua a linha do pecado – sem produzi-lo; acentua-o –, a fim de esclarecer a situação da criação perante Deus e de legitimar – por direito. indiscutível – a intervenção da ira, seguida pela da graça. Desta maneira a Lei prepara a vinda de Cristo.

Vem Cristo como consumador da Lei. Não podia limitar-se a suprimi-la, mas devia levar em conta o que havia precedido. Era o cumprimento da Lei, aquele que trazia em si todo o passado, o Pecado, a Lei, que resumia toda a humanidade trabalhada por Deus, e que ia, na peripécia do drama divino, inaugurar o regime da graça ou da justiça de Deus.

III - A ANTÍTESE "TIPOLÓGICA" ADÃO-CRISTO

Paulo recorre em suas discussões com os judaizantes a um argumento exegético apoiado em outro grande contexto, o da criação. Põe em paralelo Adão e Cristo, a primeira criação e a ordem da ressurreição: morte e pecado de um lado, justiça e vida de outro.

Os críticos modernos deram à antítese voga inaudita, identificando Cristo, novo Adão, com o Anthropos mítico. A cristologia paulina seria apenas adaptação ao cristianismo deste mito geralmente espalhado no Oriente. Voltaremos mais adiante a esta hipótese. Para o momento, podemos só verificar uma coisa: tudo se passa na teologia paulina como se o pensamento do Apóstolo se movesse livremente no terreno exegético.

O uso de nossa antítese Adão-Cristo não se confina ao tema da justiça. Aparece tanto no contexto pecado-justiça, como no contexto morte-vida, e os dois se misturam na passagem principal, Rm 5. Eis uma razão para verificar neste parágrafo como a antítese se presta sucessivamente a esses diferentes contextos.

1. Na Epístola aos romanos

É muito natural começarmos pelo grande texto de Rm 5.10-21, consagrado à comparação entre a entrada, no mundo, do pecado e da morte e a vitória da justiça e da vida por Cristo. Essa passagem é tão conhecida por sua importância quanto por suas dificuldades exegéticas[310].

No v. 12, διὰ τοῦτο liga-se aos versículos 10ss. Para que nos reconciliemos pela morte de Cristo e sejamos salvos por sua vida, todos por um só, foi preciso primeiro que o pecado seguisse o mesmo caminho, e por um só afetasse todo o gênero humano[311].

Em geral invertemos a conseqüência. Parece-nos que a redenção é universal porque o foi o pecado. Para Paulo, primeiro está na intenção divina a vida nova, participação da vida de Cristo. Uma vez que a vida de Cristo devia estender-se a toga a humanidade, foi necessário, por necessidade, é evidente, do plano divino, que também um só homem fosse a raiz do estado de pecado, e que o pecado se estendesse a todos os homens por meio deste único homem. Assim haveria concordância perfeita no plano divino entre a queda e a salvação. Adão será o "tipo" de Cristo (v. 14), e a queda, modelada pela salvação.

Toda a explanação será dominada pela antítese um-todos[312], exercendo-se a influência de "um" sobre o conjunto. O contraste reaparece nos versículos 15 (duas vezes), 16, 18, (duas vezes), 19 (duas vezes). Isso acarreta duas conseqüências exegéticas para a compreensão exata do v. 12.

Em primeiro lugar, não há obrigação de se supor que καὶ οὕτως não seria a apódose de ὥσπερ[313]. Adotando-se o princípio de que o

---

[310] F. Prat, La Théologie, I, pp. 514-518.
[311] Cf. J. Levie, "Les limites de la preuve d'Écriture Sainte en théologie", em Nouvelle Revue théologique, LXXI (1949) p. 1.018s.
[312] Há equivalência entre πάντες e οἱ πολλοί (a multidão, todo o povo).
[313] Explica-se geralmente que ὥστερ do v. 12 não tem correspondente imediato. ὥστερ, diz Lagrange, exprimindo o modo de pensar comum, é uma prótase que

feito de Adão deve ter sido plasmado pela salvação de Cristo, em que um só realiza a salvação de todos, compreender-se-á: por necessidade (διὰ τοῦτο), do mesmo modo que o pecado – e pelo pecado a morte, – entrou no mundo por um só homem, assim também a morte se estendeu a todos os homens partindo daquele por quem todos pecaram. Como no caso da salvação, o ponto de partida é um homem, o ponto de chegada é a multidão; reconciliação e vida de um lado, pecado e morte de outro.

Ao mesmo tempo, somos constrangidos a dar razão à Vulgata quando traduz *"in quo omnes peccaverunt"*. É evidente que ἐφ' ᾧ não é *in quo*, mas neste contexto, como continuamente são comparados Adão e Cristo, a difusão do pecado, devido ao feito de Adão e a propagação da vida de Cristo, é excluído que a expressão não marca uma relação do estado de pecado com sua origem, Adão. Não se pode, pois, traduzir por "porque". Não está em causa que todos sejam pecadores, mas que seu pecado se origina em Adão[314]. Traduziríamos ἐφ' ᾧ "por causa daquele por quem". A construção é bem equilibrada e o fim do período nos reconduz ao começo.

Todas as prevenções que se erguem contra a Vulgata desde Erasmo talvez sejam exageradas[315]; a tradução *in quo* apresentava a

---

não tem apódose. A frase alonga-se pela inserção de 13 e 14, e, em seguida, Paulo fica tão impressionado pelo contraste, favorável à graça, que não pensa mais em terminar a argumentação de paridade" (*Épître aux Romains*, p. 105). Seria, pois, estranho que, precedido no mesmo versículo por ὥσπερ, o καὶ οὕτως não seja apódose. Sem dúvida, Paulo emprega regularmente para a apódose οὕτως καί (cf. em nossa passagem v. 18; v. 19; v. 21; v. 15 com a maioria dos testemunhos e alhures, 1 Co 15.22; 2 Co 8.11; Gl 4.29 etc.); mas a construção aqui torna-se complicada, porque encara prematuramente a relação entre a salvação cristã e o pecado de Adão. Há dupla paridade: "um" é a base, e a difusão é universal.

[314] Oecumenius de Tricca: ἵνα μή τις ἀδικίαν ἐγκαλέσῃ τῷ Θεῷ, ὅτι τοῦ ᾿Αδὰμ πεσόντος ἡμεῖς ἀποθνήσχομεν, ἐπάγει ἐφ' ᾧ πάντες ἥμαρτον, ὡσεὶ ἔλεγεν αὐτὸς μὲν τὴν ἀρχὴν παρέσχεν καὶ τὴν αἰτίαν, ὅτι πάντες ἡμάρτομεν κατὰ ὁμοίωσιν αὐτοῦ. Ninguém acuse a Deus de injustiça, porque, por causa daquela queda de Adão todos morremos; foi acrescentado "por causa dele" todos pecamos. Ele é o começo e a causa de todos pecarmos, à sua semelhança. K. Staab, *Pauluskommentare*, p. 424.

[315] "Seja como for no latim, escreve o Lagrange, em grego ἐπί não é sinônimo de *in*, 'em' e ἐφ' ᾧ não pode significar 'no qual', mas somente 'porque'. É inútil insistir neste ponto reconhecido pelos exegetas católicos mais autorizados. Não afirmamos tenha dito Paulo que todos os homens pecaram em Adão. A fórmula pode ser

vantagem incontestável de sublinhar a relação entre o pecado de Adão e o de todos os homens, que é precisamente o gonzo de toda a explanação.

Compreenderemos aqui, por pecado, este estado de pecado que chamamos pecado original. É uma realidade quase material que se acha no mundo e afeta todos os homens. Não compreendemos bem este estado de coisas se pensarmos que o pecado ordinário e as transgressões pessoais não são imputados enquanto não há Lei[316]; e, se contudo, a morte reina desde Adão até Moisés, necessário se torna concluir que havia pecado, o pecado original, porque a morte reina mesmo sobre aqueles que não pecaram à semelhança de Adão.

O pensamento se prende ao final do v. 14 para alcançar ainda o ponto de partida da explanação, isto é, que a reconciliação e a vida nos vêm a todos por Jesus Cristo. Adão é o tipo do único, anunciado para o futuro.

Mas, o que a economia típica podia pressagiar quanto ao Messias e à salvação foi largamente ultrapassado. Se a morte se transmite de um só a todos, a graça de Deus, o dom da graça do homem único Jesus Cristo, superabunda, atingindo uma multidão dos homens (v. 15). Quanto ao dom, não se diga que acontece o mesmo que a Adão, quando sozinho pecou, porque a condenação parte da falta de um só (portanto, de uma falta única) para chegar à conde-

---

muito teológica e o próprio Paulo apresenta alhures um exemplo dizendo 'que todos morrem em Adão'; contudo, ela não provém dele" (Prat, I, p. 297); no máximo, pode-se concluir omnes *in Adamo* peccasse, *ex paulinis verbis quasi indirecte per modum fere sensus consequentis (Corn.)*. A afirmação do Concílio de Trento aplica-se ao pensamento de Paulo neste versiculo, não no sentido particular de *in quo*. Pode-se, pois, entender o termo de maneira diferente do que, de fato, o entendiam os Padres do Concílio, que certamente não adotaram a explicação de Caetano contra a torrente dos escritores eclesiásticos" (*Épître aux Romains*, p. 106). Restaria, contudo, provar que ἐφ' ᾧ só pode significar "porque". Relembremos Homero ἐπὶ σοὶ (por causa de ti) μάλα πόλλ' ἔπαθον (Ilíada, IX, 492). Quanto à exegese protestante, cf. W. G. KÜMMEL, *Das Bild des Menschen*, p. 37, nº 72.

[316] Tal é a perspectiva comum: a Lei dá o conhecimento do pecado e fá-lo nascer. Não se pode objetar a esta proposição afirmando que Paulo em outra parte, admite a responsabilidade dos pagãos (Rm 2.14). Pode-se considerar a humanidade em bloco (pecado e salvação universais, e sua universalidade provém da origem única) ou considerar os casos individuais (onde entra a responsabilidade pessoal).

nação: Mas a justificação vem do dom que perdoa uma multidão de faltas (v. 16). (Há, pois, no ponto de partida da economia da queda, uma só falta; há abundância de pecados no ponto de partida da justificação, de modo que a graça superabunda).

Ou ainda se deve dizer o seguinte: "Pelo pecado de um só, a morte reina por causa de um só homem, e com muito maior razão aqueles que receberam a abundância da graça e o dom da justiça reinarão na vida por meio de um só, Jesus Cristo" (v. 17)[317].

Eis, pois, as devidas comparações antitéticas: partindo da falta de um só, chegamos a todos os homens, à condenação; partindo da justiça de um só, chegamos a todos os homens, à justificação da vida. Do mesmo modo que, pela desobediência de um só homem, o grande número foi constituído pecador, assim, pela obediência de um só, o grande número será constituído justo (v. 18-19).

A Lei insinuou-se em tudo isso "para fazer abundar o pecado, a fim de que, assim como o pecado reinou pela morte, assim a graça reinasse pela justiça para a vida eterna por Jesus Cristo nosso Senhor" (v. 21).

Do começo ao fim, há contraste na economia. A obra de um só repercute sobre todos, e o ato salvífico de um só produz para todos a abundância da justiça. Como nosso passado foi selado pela desobediência de Adão, nosso futuro é selado no ato de obediência (e a justiça que ele adquire) de Cristo que Adão figurava.

Devemos, nossa justiça a Cristo, origem e causa dela, e que a contém em si, em sua obediência. Para a questão da solidariedade que nos une a Cristo, não há outra razão a não ser a vontade divina, o plano divino. Todos nós pecamos pelo feito de Adão, o pecado foi introduzido no mundo e atinge todo o gênero humano; é um fato religioso profundo do qual a morte universal, fato visível e tangível, é o sinal e, de algum modo, a prova. Paulo não procura justificar de outro modo um fato religioso, que é mistério. O mesmo sucede com a justiça. No plano divino, nossa justiça está unida à de Cristo, o primeiro homem, o homem único, na ordem da justiça e da graça,

---

[317] Ainda aqui, as antíteses são mais verbais do que reais, porém com um fundo de realidade que é justamente a abundância, a munificência do dom, contrastando com a espécie de fatalidade que preside a economia da queda.

que está à frente da humanidade nova e é origem e causa da vida e da justiça[318].

2. Na primeira Epístola aos coríntios

A comparação encontra-se ainda em 1 Co 15.21s aplicada agora à morte e à vida. Um homem é a origem da morte, origem da ressurreição dos mortos é um homem, simultaneamente ponto de partida e causa. Todos morrem em Adão, isto é, pela solidariedade religiosa que os une a ele; todos receberão a vida em Cristo, graças de novo a uma solidariedade de caráter religioso.

Pouco mais adiante (15.44-49), o Apóstolo volta ao paralelo. Está prestes a explicar aos coríntios a concepção que tem a respeito da ressurreição. o – corpo dos ressuscitados é um corpo espiritualizado, por transformação do corpo material. Algumas analogias ajudam a compreender o que é um corpo espiritualizado: particularmente o brilho dos corpos celestes, o Sol, a Lua, os astros. Incorrupção, glória, poder e espiritualidade serão as marcas deste corpo que sairá do túmulo como a planta nova provém do grão.

Paulo refere-se ao Gênesis para mostrar que é legítimo passar da noção de em corpo material à de um corpo espiritual. O texto sagrado diz: "Então o Senhor Deus formou o homem do pó da terra (ἀπὸ τῆς γῆς) e lhe insuflou nas narinas um hálito de vida, e com isso tornou-se o homem uma alma vivente" (εἰς ψυχὴν ζῶσαν) (Gn 2.7). Por antítese, este homem "formado da terra" obriga-nos a pensarmos em outro homem, espiritual. É, aliás, lugar-comum distinguir na narrativa bíblica dupla criação: o homem "formado da terra" e "o homem à imagem de Deus", espiritual (Gn 1.26)[319].

---

[318] Esta solidariedade provém, no caso de Adão, de uma causalidade por descendência; quanto a Cristo, porque Deus o constitui tronco, da linhagem da humanidade nova: ἐπειδὴ διὰ τὸ παραβῆναι τὸν Ἀδὰμ τὸν νόμον οἱ ἐξ αὐτοῦ πάντες τεθνήκασιν..., – Por causa da transgressão de Adão todos os seus descendentes morreram... (Dídimo de Alexandria, em K. Staab, Pauluskommentare, p. 7). Severiano de Gábala nota: ἐν τῷ Ἀδὰμ δὲ λέγει ἀντὶ τοῦ διὰ τὸν Ἀδὰμ, ὥσπερ καὶ ἐν Χριστῷ διὰ τὸν Χριστόν. Diz: Em Adão, ao invés de: por causa de Adão assim como: em Cristo, em vez de: por causa de Cristo (ibid., p. 274).

[319] J. Giblet, "L'homme, image de Dieu, dans les commentaires littéraux de Philon d'Alexandrie", em Studia hellenistica, V (1948), pp. 93-118).

Talvez, a única intenção polêmica seja a que ressalta do contexto. Negando a ressurreição, os coríntios emitem a hipótese de que o espiritual precede o psíquico. E, efetivamente, se pensarmos nos princípios platônicos, que parecem ventilados, as idéias existem antes do homem sensível, a inteligência divina da qual traz o homem uma centelha, antes do ser degradado que é a humanidade mergulhada no mundo sensível. O pensamento cristão é bem outro, sendo reservado o privilégio da espiritualidade para os últimos tempos. A primeira criação formava um homem terrestre, tirado da terra; depois aparecerá o segundo homem, vindo do céu (v. 47)[320].

Os coríntios deviam aplicar a teoria à antropologia cristã: qual o primeiro homem, terrestre, tais. são os homens atualmente terrestres; qual o homem celeste, tais serão os homens "celestes", pela ressurreição; como fomos portadores da imagem do homem terrestre, teremos[321] (no futuro) a imagem do homem celeste[322]. A ressurreição é necessária para possuir o reino de Deus.

Paulo, pois, elaborou o paralelo Adão-Cristo para duas controvérsias diferentes: a controvérsia com os judeus a respeito da justi-

---

[320] O contexto da ressurreição explica por que aparece Cristo como "segundo" homem. Não é o "segundo" homem, celeste, senão pelo privilégio da ressurreição. Em sua preexistência, *não exerce* a atividade espiritual. Allo resume bem a exegese. Poder-se-ia pensar na parusia, quando o segundo homem virá do céu (Bachmann); mas evidentemente, ele é espírito vivificante antes da parusia. Gutjahr julga que Paulo quer falar da Ressurreição, que deu a Cristo o corpo glorioso. Depois – deixando de lado as teorias do Anthropos, com sua preexistência corporal e humana – há a "opinião comum": Cristo é do céu por causa de sua personalidade divina eterna. "Trata-se *exclusivamente*, ou ao menos essencialmente, da origem divina de Cristo, pois o texto compara os dois Adão do ponto de vista dos atributos diferentes que devem a sua respectiva origem" (*primeira Epístola aos coríntios*, p. 428s; cf. F. PRAT, La théologie, II, p. 179). Será exatamente da origem de Adão ou de Cristo que se trata? O contexto leva a pensar sobretudo na "substância" de que é constituído o corpo deles. O primeiro homem é da terra, feito da terra. Ἐκ γῆς, explica J. WEISS, designa a origem e a natureza (o que é ἐκ γῆς, possui a natureza da terra, é γηϊνός; Paulo diz antes, segundo a Escritura, χοϊκός); do mesmo modo ἐξ οὐρανοῦ designa a origem e a matéria. Paulo teria podido acrescentar πνευματικός, assim como diz mais adiante οὐράνιος (*Der erste Korintherbrief*, Göttingen, 1910, p. 376).
[321] Seguimos a variante de B, 181 etc. φοπέσομεν.
[322] Neste contexto da ressurreição, é difícil crer que "celeste" aluda à origem divina de Cristo. Trata-se do corpo dos ressuscitados; nosso corpo ressuscitado é imagem do corpo ressuscitado de Cristo.

ficação, aquela travada com os gregos de Corinto a respeito da ressurreição. As duas explanações inspiram-se na narrativa do Gênesis. Por causa da antítese morte-vida, unida à antítese principal pecado-justiça, o texto de Rm 5 ataca o tema de 1 Coríntios. A explicação de Coríntios, de outro lado, supõe ser Adão o tipo de Cristo; o "último Adão" corresponde ao "Adão futuro" de Rm 5.14. As duas aplicações do paralelo estão ligadas, literária e realmente. Observando que a polêmica de Paulo com os judaizantes e os judeus deve tê-lo ocupado muito mais cedo e mais a fundo do que sua polêmica inteiramente ocasional com os coríntios, somos tentados de designar como origem do paralelo a controvérsia a respeito da justificação, em que, para provar a necessidade da fé em Cristo, Paulo quis utilizar sucessivamente as duas grandes figuras da Bíblia, Abraão e Adão. Faziam-se comparações, na literatura rabínica, entre Adão e Abraão ou o Messias, que repara a falta de Adão[323].

3. Nas epístolas do cativeiro

Ecos do paralelo Adão-Cristo se percebem em algumas passagens das epístolas do cativeiro. Ponhamos à parte Ef 5.31 ss; Paulo comparou (um lugar-comum da exegese a propósito do casamento) a união de Adão e Eva, da narração de Gn 2.24, e a união de Cristo e a Igreja.

A antítese própria das epístolas do cativeiro: o velho homem – o homem novo, é um avatar daquela de Adão-Cristo. O velho homem, contudo, não designa diretamente Adão, mas a natureza viciada, conotando sua origem, o pecado de Adão; do mesmo modo, o homem novo é o estado de justiça em ligação com sua origem, Cristo.

Partamos de exemplos mais claros.

(Vós aprendestes) a vos despojardes, relativamente à vida anterior, do homem velho, que se vai corrompendo ao sabor das paixões enganadoras, a vos renovardes no espírito da vossa mente[324], e a vos

---

[323] STRACK-BILL., III, p. 477s. Cf. M. GOGUEL, *La naissance du christianisme*, p. 251.

[324] A inteligência, o νοῦς, é a alma intelectual, sede das atividades espirituais, que recebe o πνεῦμα divino.

revestirdes do homem novo, criado à imagem de Deus na justiça e na santidade verdadeira (Ef 4.22-24).

Nas grandes epístolas[325], Paulo distingue o homem renovado pela vida cristã (o homem interior) do homem pecador (exterior), servindo-se de uma antítese corrente no mundo helenístico (remonta a Platão)[326]. A mesma fórmula reaparece em Ef 3.16-17. O homem interior é a alma, sob a ação do Espírito Santo, e na qual Cristo habita pela fé.

A mudança de fórmulas, o velho homem ao invés de homem exterior, e o homem novo em lugar de homem interior[327] nas epístolas do cativeiro, explica-se pela influência do paralelo Adão-Cristo. As alusões ao Gênesis são bem acentuadas: o velho homem é "que se vai corrompendo ao sabor das paixões enganadoras" (alusão à queda); o homem novo é "criado" segundo Deus. O nexo com o tema primitivo da justificação é visível: criado à imagem de Deus na justiça e na santidade verdadeira[328].

É claro que o homem velho e o homem novo não designam diretamente Adão e Cristo, mas a natureza de carne sujeita ao pecado e à natureza renovada. Do contrário, Paulo não poderia dizer: "criado na justiça", a respeito do homem novo. É, portanto, por uma metonímia que o homem antigo, Adão, veio a significar a natureza decaída, e que o homem novo, o novo Adão, o último Adão, o homem celeste, designa a natureza renovada; a expressão "revestir-se do homem novo" paralela à expressão "revestir-se de Cristo" explicar-se-ia por influência desta última.

Um texto de Cl é paralelo a este que acabamos de comentar:

"Vós vos despojastes do homem velho e de todas as suas más ações, e vos revestistes do novo (τὸν νεόν), que se vai renovando à imagem do Criador, para atingir a plenitude do conhecimento de Deus. Por isso já não há grego nem judeu..." (Cl 3.9-10).

---

[325] Rm 7.22; 2 Co 4.16.
[326] Cf. J. JEREMIAS, art. ἄνθρωπος, em Theolog. Wörterbuch, I, p. 366.
[327] Ibid., p. 373.
[328] Na Epístola aos filipenses encontra-se o tema da justiça pela fé oposta à Lei: Fl 3.6,9. Quanto ao uso de "criar", cf. Ef 2.10 e Cl 3.10.

Um texto da Epístola aos efésios deve ser explicado, em nossa opinião, neste mesmo espírito.

Este é, de fato, a nossa paz, ele que fez de dois povos um só com a destruição do muro de aversão que constituía a barreira, ab-rogou, com o sacrifício de sua carne, a lei feita de mandamentos em forma de decretos, a fim de criar em si próprio, restabelecendo a paz, dos dois povos um só homem novo, e de reconciliar com Deus uns e outros, num só corpo, mediante a cruz, com a qual destruiu a aversão. E ele veio anunciar-vos a paz, a vós que estáveis longe, e a paz também para aqueles que estavam perto; porque por ele nós temos, uns e outros, acesso ao Pai, num único Espírito (Ef 2.14-18).

O homem novo é aquele que conhecemos, a natureza do homem cristão. É chamado "único" porque Paulo insiste, nesta passagem, na distinção entre judeus e gentios. Os dois adjetivos numerais: τοὺς δύο, τοὺς ἀμφοτέρους, gramaticalmente por causa do masculino, e também por causa da construção do v. 15: ἵνα τοὺ δύο κτίσῃ ἐν αὐτῷ εἰς ἕνα καινὸν ἄνθρωπον só podem deixar subentendido o nome: ἀνθρώπους. A tradução "a fim de criar em si próprio dos dois povos um só homem novo" será, pois, aproximada, ao invés de: a fim de criar em si próprio dos dois homens um só homem novo. "Criar" é ainda uma expressão que pertence ao tema do homem novo, e deve ser mantida. Evidentemente Cristo não é o objeto da criação, mas nele um homem novo único, isto é, a nova natureza, é criado. Esses dois homens, dos quais é criado um homem novo, são manifestamente o judeu e o grego dos quais se tratou no contexto do homem novo, em Cl 3.11: "Por isso já não há grego nem judeu... mas Cristo é tudo em todos". Se compreendermos Cristo como uma metonímia: a natureza produzida por Cristo, é perfeito o paralelo de Cl com Ef. Os dois homens, o judeu e o grego (o indivíduo pela espécie), tornam-se um novo indivíduo, um homem novo, de uma natureza nova, representativa de todos os cristãos.

A reunião dos dois homens faz-se por uma reconciliação, onde aparece a alusão à cruz. Os dois homens, o judeu e o grego, reconciliaram-se, "formando um único corpo". Sei que os modernos interpretam-no como sendo o corpo místico. Já exprimimos alhures nossas prevenções contra tal interpretação que impõe a σῶμα o sentido

de corpo social. Neste caso, ἐν ἕνι σώματι seria o termo da reconciliação e devíamos encontrar aí εἰς ἕν σῶμα.
Comparem-se os vv. 16 e 18:

καὶ ἀποκαταλλάξῃ   ἔχομεν τὴν προσαγωγὴν
τοὺς ἀμφοτέρους   οἱ ἀμφότεροι
ἐν ἑνὶ σώματι   ἐν ἑνὶ πνεύματι
τῷ Θεῷ   πρὸς τὸν πατέρα.
διὰ τοῦ σταυροῦ.

Se entendermos por σῶμα o corpo de Cristo cravado na cruz, instrumento de nossa reconciliação, e por isso mesmo fonte de nossa espiritualização[329], o paralelismo entre os dois versículos é perfeito[330]. Este corpo único é o corpo de Cristo. Podemos evidentemente atribuir-lhe todos os tons harmônicos: corpo crucificado será também corpo glorificado porque a cruz e ressurreição atraem-se mutuamente. O corpo glorificado tornar-se-á o "pléroma" de todos os cristãos. Trata-se, contudo, de determinar o ponto sobre o qual recai imediatamente o pensamento de Paulo quando escreve ἐν ἕνι σώματι διὰ τοῦ σταυροῦ. Parece-nos ser o corpo crucificado.

Numa digressão, quisemos acompanhar nossa antítese nas epístolas do cativeiro. Todavia, a aplicação metonímica da antítese ao homem velho e ao homem novo implicava na noção de "justiça", e a reconciliação dos judeus e dos pagãos é apenas conseqüência da nova economia que Deus inaugurou, trocando a Lei pela "justiça" concedida gratuitamente em virtude da redenção de Cristo.

Tudo se passa, como se, nas discussões com os judaizantes, Paulo tivesse sido levado a recorrer à primeira página do Gênesis, para sustentar sua afirmação concernente à justiça cristã. Do mesmo modo que o Pecado veio pelo primeiro homem, a reparação deve vir por meio de um homem enviado no fim dos tempos. O terreno fora bem escolhido, tanto mais que os judeus especulavam também sobre as relações entre Adão e Cristo.

---

[329] Notar o paralelo com Rm 7.4: ἐθανατώθητε τῷ νόμῳ διὰ τοῦ οώματος τοῦ Χριστοῦ, εἰς τὸ γενέσθαι ὑμᾶς ἑτέρῳ, τῷ ἐκ νεκρῶν ἐγερθέντι.
[330] Cremos haver a mesma equivalência concreta entre πνεῦμα e σῶμα em 1 Co 12.13; cf. La Théologie de l'Église, pp. 207-210.

Habituado a manejar a antítese tipológica, Paulo a utiliza na discussão a respeito da ressurreição, e em seguida acerca da reconciliação de judeus e gregos, o centro de interesse das epístolas do cativeiro.

Serviriam de fundo para esta tipologia, teorias orientais acerca do primeiro homem?

Nada no texto de Paulo nos indica que ele haja tomado posição contra tais concepções ou mesmo que delas tenha cogitado. Se escreve em 1 Co 15.47: "O homem celeste" (ἐξ οὐρανοῦ), a expressão é induzida pelo contexto; aludira no v. 40 aos corpos celestes (ἐπουράνια) e vemo-lo estabelecer sua gama verbal: ἐκ γῆς – ἐξ οὐρανοῦ – ἐπουράνιοι.

Que "o homem" de 1 Co 15.21 seja uma tradução de *bar nascha*[331], é, no mínimo, duvidoso. O versículo coloca em antítese um homem, ponto de partida da morte, e outro, ponto de partida da ressurreição dos mortos. Em ambas as partes há um homem, um homem único, como o Apóstolo o demonstra em Rm 5, a propósito da justiça. Restaria dizer que as especulações orientais e o grande sucesso dos temas do Anthropos teriam exercido sobre Paulo uma influência remota, inclinando o pensamento e o vocabulário em determinada direção. Voltaremos ao assunto.

4. Síntese

Não é o momento de retomarmos o estudo das relações entre a justiça de um lado, a ressurreição e a paixão de outro. Tratamos destes temas no I Livro. Na perspectiva do II Livro, o próprio Cristo (subentendida, sempre, é evidente, sua obra salvífica) é nossa justiça. Paulo poderia denominá-lo Justiça de Deus, assim como o chama poder de Deus e sabedoria de Deus. Deus, quando no-lo dá, dá-nos a justiça.

Cristo inaugura a criação espiritual pela ressurreição; preside-a como Adão presidiu a primeira criação.

---

[331] Conforme J. JEREMIAS, art. 'Αδαμ, em *Theolog. Wörterbuch*, I, p. 143, Rm 5.15; 1 Co 15.21; Ef 5.31ss; 1 Tm 2.15 dariam este mesmo valor a ἄνθρωπος, por causa da interpretação messiânica do Sl 8 (cf. 1 Co 15.27).

Esta última define-se pela relação com Cristo. O homem era terrestre e carnal, em antítese propositada com Cristo celeste e espiritual. Há sempre tensão para Cristo, positiva ou antitética. Em outra visão das coisas, que a teologia paulina freqüentemente supõe, o homem, criado pelo Filho de Deus, à imagem de Deus, é também, já por direito decorrente desta criação, imagem de Deus, destinado a certa glória. Vem o pecado. O pecado do primeiro homem apresenta nova antítese em relação a Cristo. Um só pecou, e este pecado exerceu sua atividade sobre todos os homens saídos de Adão; ao pecado seguiu-se a morte. Cristo havia de exercer a grande justiça da obediência a Deus, por sua morte, e inaugurar a vida em sua ressurreição.

O pecado do primeiro homem supõe, segundo os princípios paulinos, uma ordem anterior de Deus. O pecado é uma transgressão, a violação de uma ordem formal (παράβασις, Rm 5.14), dada a Adão enquanto primeiro homem, chefe de sua descendência, de sorte que os que vieram depois dele, antes da Lei, não pecavam mais "com prevaricação semelhante à de Adão" (Rm 5.14)[332].

A ordem dada por Deus, de uma maneira ou de outra, visava a Cristo, assim como à própria Lei, porque todo mandamento religioso tende para Cristo[333].

Nas origens do povo de Deus, Abraão marca uma etapa decisiva da história religiosa. É justificado pela fé, crê em Deus que vivifica os mortos, recebe a Promessa da herança de Deus. A fé de Abraão era um prelúdio da fé cristã. Tinha por objeto, em virtude de uma alegoria, a ressurreição de Cristo: Abraão é o pai de todos aqueles que são justificados pela fé em Cristo. Quando Deus o institui, com sua descendência, como herdeiro, visava a Cristo. Assim, em Abraão, é Cristo que já aparece em mistério. Abraão pertence, por antecipação, à ordem da fé em Cristo, participa em mistério desta ordem, como crente, herdeiro de Deus.

---

[332] Deve-se-lhe aplicar, contudo, mas do ponto de vista da responsabilidade individual, o princípio expresso em Rm 2.26. Guardadas as devidas proporções, pois Paulo refere-se à humanidade depois da promulgação da Lei.
[333] Na Epístola aos efésios, Paulo considera a união de Adão e Eva como tipo da união entre Cristo e a Igreja. Os acontecimentos do paraíso terrestre, antes da queda, tinham valor profético positivo. A relação com Cristo foi invertida pela queda.

Com a Lei, encontramo-nos novamente no regime da antítese, na ordem do Pecado. A Lei estabelece aparentemente uma justiça pelas obras, regime oposto ao regime da justiça pela fé. Como este regime não é viável e não pode atingir o próprio fim, em realidade, ele reclama o regime cristão e o prepara.

Não se trata de uma preparação como a que supõe nossa teologia, de uma tensão progressiva para Cristo, por uma moralidade mais elevada e profecias messiânicas cada vez mais claras. Nossa teologia se esclarece pelo princípio da evolução. Não é possível tenha Paulo pensado nessas categorias do espírito moderno. Sua teologia é mais profunda, sem cessar de ser objetiva. Apóiam-se em outro aspecto da revelação do Antigo Testamento a sua imperfeição e impotência. Deus quis esta imperfeição para sublinhar a necessidade de Cristo, o dom supremo e definitivo. A humanidade tomaria consciência de sua incapacidade congênita de ser justificada a não ser pelo dom de Deus. Desta maneira, a Lei tendia para Cristo, revelava a necessidade da Redenção. Os pecados acumulavam-se sem que surgisse a expiação proporcionada; as ordens divinas se precisavam e não traziam consigo meios para serem observadas. Havia assim a expectativa daquele que aniquilaria o pecado e concederia a força de observar os preceitos.

Capítulo III
CRISTO, NOSSA SABEDORIA

1. Encontro com a filosofia grega.
2. Condenação da sabedoria humana pela Escritura – Seu fracasso – Condenação pela experiência cristã e a prática apostólica – A sabedoria tem preconceitos contra Cristo.
3. A sabedoria cristã, participação da sabedoria de Deus – Objeto da sabedoria cristã: Cristo.

Paulo opõe o cristianismo ao judaísmo. O judaísmo era um estado religioso transitório, inferior, que preparava a vinda de Cristo. Os judeus haviam-se enganado a respeita do desígnio de Deus; haviam transformado o provisório em definitivo. Haviam acreditado que seria possível cumprir pelas próprias forças todos os preceitos da Lei e praticar desta maneira a própria justiça. Não esperavam de Cristo mudança alguma essencial nos princípios religiosos; aguardavam simplesmente receber dele o coroamento temporal, ou talvez um coroamento escatológico, de sua posição privilegiada no mundo. Este coroamento seria uma obra miraculosa realizada em seu favor: os judeus pediam milagres.

Enquanto os judeus consagravam-se à justiça, os gregos procuravam a sabedoria. Entre eles havia de comum pretenderem uns e outros praticar seus deveres religiosos e atingir pelas próprias forças a justiça e a sabedoria. Portanto, a sabedoria, isto é, a filosofia unida à eloqüência, constituía, então, para os gregos uma verdadeira religião. Paulo mostrará que o cristianismo opõe-se à sabedoria, mas, de certo modo, corresponde a suas aspirações profundas e dá-lhe um divino acabamento. Cristo tornou-se nossa sabedoria[334].

---

[334] SEVERIANO DE GÁBALA comenta o texto de 1 Co 1.30: οὐξ ἀνθρώπων σοφία ἔσωσεν – ἐπλανᾶτο γάρ – ἀλλ' αὐτὸς ἡμῖν σοφία γέγονεν εἰς θεογνωσίαν οὐκ ἀνθρώπων

Paulo teve ocasião de se explicar sobre o assunto no começo da primeira Epístola aos coríntios. Estes, orgulhosos de seus carismas, consideravam-nos enriquecimento e exaltação de sua vida intelectual, sem distinguir o νοῦς platônico do πνεῦμα cristão. Daí a tentação de nivelar cristianismo e filosofia e de julgar os apóstolos como chefes de escolas filosóficas. Filosofia e mística então coincidiam; o cristianismo, ao mesmo tempo se transmutaria em filosofia, ultrapassaria as místicas gregas que se desenvolviam à margem das filosofias e das religiões de mistérios.

Será, pois, a primeira aos coríntios nosso documento principal para nos explicar o sentido da fórmula: Cristo é nossa sabedoria. Os primeiros capítulos são um protesto de Paulo contra as concepções dos coríntios, e simultaneamente o acerto sobre as verdadeiras relações entre cristianismo e filosofias humanas.

O prólogo da Epístola aos romanos fornecer-nos-á igualmente algumas informações. Consagrado ao tema da justiça de Deus, alarga o problema das relações do judaísmo com o cristianismo até englobar num vasto programa de história religiosa todo o progresso religioso da humanidade. A força do pecado, antes de Cristo, atinge tanto o paganismo como o judaísmo. A preparação da vinda de Cristo pela Lei encontra analogias no paganismo, no qual as filosofias desempenham tarefa paralela à da Lei; aumentam o jugo do erro e provocam a ira de Deus.

A inteligência humana, no plano de Deus, devia conduzir da contemplação do mundo e dos vestígios deixados por Deus na criação ao conhecimento do verdadeiro Deus e à sua adoração. As filosofias – tais como concretamente se afiguram a Paulo – foram infiéis à sua função, tornando-se filosofias dos "príncipes deste mundo", e submetendo a humanidade aos "elementos do mundo" e às potestades malignas.

Subsidiariamente, recorremos também à Epístola aos gálatas para acentuar alguns traços de nosso paralelo. A Lei e a idolatria

---

σύσεσις ἡγίαεν [por ἥρπασεν, cf. p. 134, nº 1], ἀλλὰ Ἰησοῦς στωρωθείς. Não foi a sabedoria do homem que salvou – pois ela engana –, mas nossa sabedoria que se tornou conhecimento de Deus. Não foi ela que curou a comum corrupção do homem, e sim Jesus crucificado (K. STAAB, *Pauluskommentare*, p. 231).

submetem a humanidade aos elementos cósmicos: os anjos transmissores da Lei e as potestades agem no mesmo sentido.

Devemos ainda consultar os traços que nos são conservados no Livro dos Atos e na primeira aos tessalonicenses, dos discursos de propaganda de Paulo.

I - ENCONTRO COM A FILOSOFIA

1. Por um momento, Paulo teria podido nutrir a ilusão de que a filosofia grega seria sua aliada e ajudá-lo-ia a conquistar para Cristo o mundo dos gentios. Havia muito que os judeus alexandrinos demonstravam o parentesco entre seu monoteísmo e o dos antigos filósofos e sobretudo de Platão. Paulo conhecia esses lugares-comuns da filosofia que manifestavam um impulso de almas religiosas em direção de uma divindade superior aos deuses comuns do paganismo. O deus desconhecido dos atenienses (At 17.23) revelava-se agora por intermédio de Cristo Jesus:

Aquele que adorais sem conhecer, esse precisamente é que eu vos anuncio.[335] Deus que criou o Universo e tudo o que nele se encontra, (eis o tema filosófico de demiurgo, disfarçado em judeu), sendo Senhor do céu e da terra, não habita em templos feitos à mão, nem é servido por mãos de homens (nos sacrifícios), como se tivesse necessidade de alguma coisa, ele que dá a vida a todos, e a respiração a todas as coisas (tema de polêmica religiosa dos filósofos contra a idolatria). E ele tirou de um só[336] todas as estirpes dos homens, para ocupar toda a superfície da terra, estabeleceu e dispôs previamente os tempos e os limites do seu domínio, a fim de que procurassem a Deus e tentassem encontrá-lo como às apalpadelas.

---

[335] M. DIBELLUS ("Paulus auf dem Areopag", em *Sitzungsber. Heidelberger Akad. der Wiss., Philos.-hist. Kl.*, 1938/1939, 2 Abh.) analisa pormenorizadamente os temas do discurso no Areópago ("discurso helenístico sobre o verdadeiro conhecimento de Deus", p. 36). Cf. M. POHLENZ, "Paulus und die Stoa", em *Zeitschr. f. d. neutestamentliche Wissenschaft*, XLII (1949), pp. 69-104. Ambos recusam a Paulo a paternidade do discurso. Quanto à literatura recente, cf. J. DUPONT, *Les problèmes du Livre des Actes d'après les travaux récents*, Louvain, 1950, pp. 88-91.

[336] Em vez do neutro, no sentido filosófico, denotando a origem única (M. POHLENZ, p. 88), preferimos uma alusão à criação.

E ele, na verdade, não está longe de cada um de nós (aqui, o próprio discurso faz referências aos poetas; os modernos citariam Epimênides, Arato, Cleanto) (At 17.23-28).

O discurso de Listra há de desenvolver os mesmos temas. Temos o início dele: "Nós vos estamos exortando para que vos convertais dessas fatuidades para o Deus vivo, que fez o céu, a terra, o mar e tudo o que neles se encontra" (At 14.15).

Ernst Curtius mostrou todas as consonâncias das epístolas paulinas com o discurso do Areópago[337]. Não basta dizer que o julgamento definitivo de Paulo acerca da filosofia grega está orientado de modo totalmente diferente nas epístolas, pois nelas não é tão decisivo que não deixe passar observações mais favoráveis. Tomou o Apóstolo, desde o começo de sua missão no mundo grego, posição nítida contra a filosofia?

A primeira Epístola aos Tessalonicenses, 1.9, conserva um eco dos discursos de propaganda. Em seguida, Paulo tem palavras mais duras para com a filosofia. Todavia tanto na primeira Epístola aos coríntios, como na Epístola aos romanos, reconhece-lhe a missão de encaminhar os homens para o conhecimento de Deus. Se ele pôde afirmar na 1 Coríntios que, segundo o plano divino, "o mundo, com toda a sua sabedoria, não conheceu a Deus" (1 Co 1.21), a razão disto é que, seja como for, a filosofia teria devido normalmente, segundo as próprias forças e a própria natureza, levar a este conhecimento. Em Romanos aparece o tema da *theologia naturalis* dos estóicos: "o que de Deus se pode conhecer (τὸ γνωστὸν τοῦ Θεοῦ) é para eles manifesto, tendo-lho Deus revelado. Desde a criação do mundo, com efeito, os atributos invisíveis de Deus, tanto o seu Poder eterno como a sua divindade, tornam-se reconhecíveis com a consideração da mente humana acerca das coisas criadas" (Rm 1)[338].

---

[337] E. CURTIUS, "Paulus in Athen", em *Sitzungber. Berliner Akad.*, 1893, pp. 925-938. Defendem teses análogas R. LIECHTENHAN, *Die Urchristliche Mission*, Zürich, 1948, pp. 92-94 e W. SCHMID, "Die Rede des Apostels Paulus vor den Philosophen und Areopagiten in Athen", em *Philologus*, XCV (1942), pp. 79-120.
[338] Cf. A. FRIDRICHSEN, "Zur Auslegung von Röm. I, 19s", em *Zetischr. f. d. neutestamentliche Wissenschaft*, XVII (1916), pp. 159-168; J. DUPONT, *Gnosis*, pp. 20-30; M. POHLENZ, *Paulus und die Stoa*, p. 71ss.

Não basta dizer que esta prova dos estóicos não é alegada e nenhum valor possui para Paulo porque, na realidade, o conhecimento de Deus não levou à sua adoração[339]. A filosofia teria podido e devido, segundo a própria natureza, conduzir a Deus e assim preparar as almas para o Evangelho de Cristo.

Poderíamos relembrar como paralelos a benevolência de Fílon para com a filosofia grega, o tema do plágio de Moisés por Platão e tudo o que a corrente sapiencial (sobretudo no Livro da Sabedoria) deve aos gregos. Paulo não condenou a filosofia sem a entender.

2. Paulo concebe uma filosofia orientada para a religião. Sem dúvida, seu temperamento religioso o induz a encarar as coisas sob este ângulo, mas, na realidade, a filosofia grega de seu tempo, platonismo supérstite ou renascente, neopitagorismo, estoicismo – lançavam-se pedras contra os epicureus –, orientava-se para a teologia natural, a teurgia e os oráculos, e mesmo para as revelações do passado, transformando os antigos filósofos e os poetas em profetas. Poder-se-á logo definir a filosofia como "conhecimento" de Deus. Jamais, aliás, a filosofia grega, exceto talvez em raros momentos, havia deixado de ser uma busca da verdade, identificada com a divindade. O apóstolo a toma pelo que ela é e quer ser, assinalando-lhe como termo o conhecimento do verdadeiro Deus.

Opunha o judaísmo a esta filosofia religiosa do paganismo uma sabedoria celeste, originada em Deus, que estabelece morada entre os homens. Era indiretamente prestar-lhe homenagem e admitir, de maneira implícita, que possuía valor de vida religiosa, capaz de entusiasmar a humanidade. No judaísmo palestino, os autores de apocalipses, reconheciam também, a seu modo, a dívida das almas para com as conquistas do espírito grego, introduzindo nas revelações dos patriarcas elementos de ciência e de astronomia. Filosofia, sabedoria, revelações dos patriarcas estavam no mesmo terreno, correspondiam a aspirações fundamentalmente religiosas. O cristianismo devia tomar posição diante disso.

---

[339] DIBELIUS, *art. citado*, p. 38.

II - A FILOSOFIA HUMANA

1. Condenação da sabedoria humana

Vamos percorrer uma após outra as alíneas do processo.

A. *A Escritura condena a sabedoria*

Chegando a Corinto, Paulo havia abordado diretamente o tema da Paixão, "o discurso da cruz" (1.18). "E eu também, irmãos, quando fui ter convosco, não fui anunciar-vos a mensagem de Deus com sublimidade de linguagem ou de sabedoria; pois tomei a resolução de não saber, entre vós, outra coisa, a não ser Jesus Cristo, e Jesus Cristo crucificado" (2.1s).

Já havia, então, no discurso ataques à filosofia grega e à eloqüência dos filósofos? Podemos acreditá-lo vendo como os capítulos iniciais da primeira carta, escritos sob a impressão viva do primeiro contato com os coríntios, unem estreitamente o discurso sobre a cruz e a reprovação da sabedoria. Paulo não contava mais absolutamente – havia talvez contado um pouco, em Atenas – com a persuasão da sabedoria[340]. Apoiava-se, doravante, no poder do Espírito Santo (2.4).

A primeira afirmação solene da epístola é a da condenação da filosofia pela Escritura.

Os textos da Bíblia aduzidos nesta ocasião são citados em série no começo e no fim do trecho literário 1.18-3.23, onde Paulo expõe a antítese: sabedoria grega e sabedoria cristã. Desenvolve, primeiro, o tema do repúdio da sabedoria humana; em seguida, após uma digressão a respeito de si mesmo e de sua pregação em Corinto, aborda o segundo tema que lhe é caro: a existência de uma sabedoria cristã, revelada aos "perfeitos" (2.6-16); no fim desta explanação, retoma (cf. μωρία, 2.14) ao primeiro tema. O capítulo terceiro nos

---

[340] No v. 4 corrigir o texto vulgar ἐν πειθοῖς σοφίας λόγοις o de BSD, segundo o ms. 35; ἐν πειθοῖ σοφίας. Não se atribua, sem razão grave, a Paulo o solecismo do adjetivo πειθός. A tradição manuscrita é muito hesitante, como se, desde o começo, uma ditografia da letra Σ tivesse produzido a lição πειθοῖς σοφίας.

faz entrar no assunto concretamente ligado ao da sabedoria, isto é, a função do talento dos pregadores na propagação do Evangelho; de passagem, o Apóstolo incide ainda uma vez na condenação da sabedoria humana (3.18-23). O tema "rejeição da sabedoria humana" foi, portanto, interrompido por uma descrição da sabedoria cristã. Literariamente, o início e o final da explicação se concatenam; o mesmo acontece com a série dos textos citados.

O modo de Paulo fazer as citações, nesta passagem – em contraste com o de muitas páginas da Epístola aos romanos – desorienta. Alude aos textos sem referência; salvo o primeiro, não os cita por extenso, mas procede por alusão a passagens da Bíblia não empregadas alhures em o Novo Testamento.

Adiantamos a hipótese de que tivesse à mão um florilégio de textos[341]. Em todo o caso, comporia um com todas essas alusões, quem se desse ao trabalho de restabelecer o seu contexto[342].

A condenação da filosofia grega em nome da revelação do Antigo Testamento era um tema corrente entre os judeus, cuja propaganda monoteísta, se encontrava certo apoio na filosofia, chocava-se mais com o desprezo que os helenos dedicavam a este pequeno povo, no mínimo original. Bem antes de Paulo, o pensamento judeu se havia definido em face da filosofia grega, e muitas vezes em oposição a ela. Se excetuarmos alguns alexandrinos que o próprio Fílon abandona, havia acordo na desconfiança para com a ciência estrangeira. Tal desconfiança podia conciliar-se com a amizade ou com o

---

[341] "Vestilges d'un florilège dans 1 Co 1.18 3.23?", em *Revue d'Histoire ecclésiastique*, XXVII (1931), pp. 521-534.

[342] Os textos em que sucessivamente toca são: Is 29.14 (1 Co 1.19); 19.11-12 (1 Co 1.20); 33.18 (1 Co 1.20); 64.3 (1 Co 2.9); 44.25 (1 Co 1.20). Já 5.12-13 (1 Co 3.19); Sl 33.10 (1 Co 1.19); 94.11 (1 Co 3.20); Jr 9.22-23 (1 Co 1.26-31). Tratam todos do mesmo tema da sabedoria humana, ou dos "conselhos" humanos ou dos "raciocínios" humanos denunciados e rejeitados por Deus; não somente se unem por esta comunhão de objeto, mas possuem, além disso, o nexo verbal exigido pelo método rabínico; palavras-chave, características da idéia, servem para concatenar os textos. "Sábio", "conselheiro", "conselho" e "raciocínio" unem sucessivamente os textos. Contudo, nem o liame objetivo constituído pela idéia única desenvolvida em todos esses textos, nem o nexo verbal das palavras-chave aparecem mais nas citações ou alusões paulinas. Nestas condições, é verossímil tenha Paulo composto a epístola consultando e utilizando uma coletânea que tinha consigo, uma série de textos dirigidos contra a filosofia.

ódio, e havia todos os matizes de opinião, desde o acolhimento filoniano até os anátemas dos apocalipses[343]. Os judeus helenistas definiam sua religião como uma sabedoria superior à dos gregos. Tanto para atender às necessidades da polêmica como para refrear simpatias ardentes demais da parte dos judeus filo-helenos, em certos ambientes pôde-se desenvolver este tema da loucura da sabedoria humana. Quer Paulo tome de empréstimo deles, ou reúna pessoalmente os textos aqui citados, verificamos sua dependência profunda da Bíblia e por meio desta das grandes idéias da revelação do Antigo Testamento. A Bíblia é o meio congenial de seu pensamento.

A condenação da idolatria na Epístola aos romanos, baseada nos textos do Antigo Testamento, tem a mesma tonalidade. Mais reveladora ainda é a utilização por Paulo na Epístola aos coríntios (1 Co 1.27-31) da passagem de Jeremias (9.22-23).

Sem dúvida, devemos admirar vivamente o patético período oratória de Paulo, muito clássico em sua elaboração de três *cola* (o terceiro prolonga-se em três *commata*) e que culmina numa cláusula mais ampla[344]. Indubitavelmente ainda, o Apóstolo acentuou o jogo das antíteses, o ritmo da tríplice oscilação e a extensão da cláusula; mas tudo estava contido em germe na frase do profeta hebraico que começa por μὴ καυκάσθω[345].

Não apenas os textos, mas todo o espírito do Antigo Testamento, condenam a filosofia por sua tendência de exaltar o pensamento

---

[343] Cf. STRACK-BILLERBECK, *Kommentar zum Neuen Testament*, IV, 1ª parte (München, 1928), pp. 405-414; W. BOUSSET, *Die Religion des Judentums*, Tübingen, 1926, pp. 72-75; G. F. MOORE, *Judaism*, Cambridge, 1927, I, pp. 37 e ss; 263 e ss; E. BRÉHIER, *Les idées philosophiques e religieuses de Philon d'Alexandrie*, Paris, 1926, pp. 272-295 (especialmente pp. 282; 294 e ss).

[344] J. WEISS, *Der erste Korintherbrief*, Göttingen, 1910, p. 35.

[345] Paulo apenas faz a orquestração do tema de Jeremias conservando aliás toda a trama. Em Jeremias, μὴ καυχάσθω religa os *cola* entre si e com a cláusula. Paulo não conservou o verbo καυχάσθαι a não ser na cláusula; com um senso muito acertado da variedade exigida pelo período grego, substituiu-o nos três *cola* por outros verbos, adaptados, aliás, à aplicação concreta que ele fazia do texto. Os três *cola* de Jeremias fundamentam-se em três palavras paralelas: σοφός, ἰσχυρός, πλούσιος que fornecem a Paulo a tríplice explanação: τοὺς, σοφούς, τὰ ἰσχυρά, τὰ ὄντα (cf. v. 26 εὐγενεῖς). Enquanto Jeremias reforça o paralelismo pela adjunção de nomes correspondentes aos adjetivos, Paulo opera por meio de antítese, opondo τὰ μωρά a τοὺς σοφούς, e assim por diante.

humano em detrimento da atitude religiosa fundamental, a humildade da criatura diante de Deus. Este mesmo princípio havia rejeitado o sistema farisaico da justificação pelas obras da Lei.

B. *O fracasso da sabedoria*

1. "Já que o mundo, com toda a sua sabedoria, não conheceu a Deus nas obras da sabedoria divina, foi por meio da loucura da pregação que aprouve a Deus salvar os crentes" (1 Co 1.21).

Nada se opõe a que se compreenda "Sabedoria de Deus" como em outras passagens das epístolas, onde a expressão significa regularmente a sabedoria que está em Deus e concretiza-se no plano divino de salvação e na predestinação dos eleitos. É a sabedoria, que os príncipes deste mundo não conheceram e o Espírito Santo nos revela (1 Co 2.7-10), diante da qual Paulo rompe em expansões de admiração (Rm 11.33). O complemento "na Sabedoria de Deus" domina toda a frase; o plano de Deus consiste em provar a incapacidade da sabedoria humana, recorrendo, enfim, à loucura da pregação. Paulo pensa da mesma maneira a respeito da Lei; ela provou a incapacidade de produzir a justiça, a fim de que recorrêssemos à fé[346].

Há, portanto, no plano divino, um fracasso da sabedoria ou, melhor, da filosofia. O fracasso consiste em que o próprio Deus lhe havia dado uma finalidade, a de chegar pela contemplação do mundo ao conhecimento da divindade.

Por que e como a sabedoria não atingiu a sua finalidade?

A Epístola aos romanos (1.19-23) nos diz quais teriam devido ser as contribuições da inteligência, conduzindo da visão do mundo à

---

[346] Se recusarmos esta exegese, teremos de dizer que a sabedoria humana, a filosofia, era iluminada pela luz da sabedoria divina e que se descartou desta luz (ALLO). O pensamento é exato. Mas, parece-nos difícil que Paulo, ao condenar tão severamente a sabedoria humana, e contrapor-lhe a sabedoria de Deus, exponha num inciso a idéia de que a sabedoria do mundo participa da sabedoria de Deus. Aliás, o sentido de sabedoria do mundo, escreve Paulo 1.20, é bem concreto: é a filosofia grega erigida em sistema. E desta não se pode dizer que é esclarecida pela sabedoria de Deus; ela essencialmente se desviou e tornou-se sabedoria dos príncipes deste mundo.

contemplação do poder eterno e da divindade do Criador. Ela insinua mesmo que o homem, pela filosofia – não devemos distinguirem Paulo entre uma via para os simples e um caminho para os filósofos –, teria atingido este conhecimento (γνόντες τὸν Θεόν, v. 21)[347]. Mas, então sucedeu e ainda sucede, na humanidade, este caminhar inverso de uma inteligência criada, coma meta de se orientar para seu Criador. Os homens não prestaram a este Deus que eles pressentiam o culto e a ação de graças[348]. A mitologia e a idolatria diminuíram a noção da divindade; os homens foram enganados pela vaidade de seus raciocínios (Paulo aqui recorda a condenação da sabedoria humana por Deus, segundo 1 Co 3.20) e seu coração privado de inteligência cobriu-se de trevas; dizendo-se sábios, tornaram-se loucos.

Esta perversão do pensamento humano é um fracasso da filosofia. Paulo diz bem claramente "que, pretendendo ser sábios, os homens se fizeram loucos". Não pode haver hesitação na descoberta dos detentores desta sabedoria do mundo que Deus tornou insensata (1 Co 1.21). Aliás, Paulo refere-se implicitamente aos textos da Escritura citados na primeira Epístola aos coríntios, e que condenavam a sabedoria do mundo, isto é, a filosofia[349].

---

[347] Cf. M.-J. LAGRANGE, *Épître aux Romains*, p. 25: "Cornely, insistindo nos presentes dos vv. 18-20, nos aoristos dos vv. 21-23, pensa que Paulo descreve aqui as etapas percorridas pela humanidade, desde o monoteísmo primitivo até alcançar o ponto terminal. Mas, a oposição está longe de ser tão forte; temos o aoristo γνόντες porque o conhecimento é naturalmente anterior ao não-uso." A idéia de Paulo parece ser atribuir ao homem, de um modo geral, no decurso dos expedientes que levam à idolatria, uma consciência de Deus suficiente para torná-lo responsável de seu desvio. Não vemos motivo algum, nem possibilidade alguma, de discernir no pensamento de Paulo um conhecimento natural de Deus (do qual se trataria aqui) e um conhecimento religioso. Cf. J. DUPONT, *Gnosis*, p. 29s.
Não se deveria pensar na oposição existente no mundo greco-romano entre um conhecimento da divindade ainda bastante claro (relembre-se a *anima naturaliter christiana* de Tertuliano e o ensinamento dos grandes filósofos) e uma religião aprovada pela filosofia e que criava para si deuses indignos?
[348] δοξάζω possui este sentido de culto. Cf. *La Théologie de l'Église*, p. 113.
[349] Paulo.subentende estes textos da Escritura e repete-lhe os termos. Comparar ἐματαιώθησαν ἐν τοῖς διαλογισμοῖς αὐτῶν (Rm 1.21) com κύριος γινώσκει τοὺς διαλογισμοὺς τῶν σοφῶν ὅτι εἰσὶν μάταιοι (1 Co 3.20, cita o Sl 44.11s); φάσκοντες εἶναι σοφοὶ ἐμωράνθησαν (Rm 1.22) baseia-se em Is 19.11s (1 Co 1.20). Entre essas duas fórmulas, ἐσκοτίσθη ἡ ἀσύνετος αὐτῶν καρδία é reminiscência do Sl 76 (75), 6 e 69 (58), 24 e provém de um tema do judaísmo que logo nos vai reaparecer.

O fracasso da filosofia tem, pois, um aspecto negativo: ela não conduz ao conhecimento de Deus para o qual era destinada; e um aspecto positivo: impeliu os homens à idolatria e à imoralidade³⁵⁰.
O tema paulino do destino religioso da filosofia e de seu fracasso (e, portanto, de sua legítima condenação) é prenunciado no discurso de Listra em At 14.16ss. ("Deus permitira aos povos seguirem os próprios caminhos; todavia, ele não havia deixado de dar testemunho de si mesmo, por meio de seus benefícios...") e no discurso do Areópago At 17.27-30 (o destino humano consistia em "que procurassem a Deus e tentassem encontrá-lo como às apalpadelas...").
A Epístola aos efésios retoma, com expressões que relembram muitas vezes Rm 1.21 (ἐν ματαιότητι τοῦ νοὸς αὐτῶν, ἐσκοτωμένοι τῇ διανοίᾳ), o tema geral da ignorância religiosa dos pagãos e sua cegueira, cuja conseqüência natural é a imoralidade (Ef 4.17-19; cf. Cl 3.5; Gl 4.8-11).
O Livro da Sabedoria havia desenvolvido várias vezes a idéia de que os homens passaram ao largo do conhecimento de Deus que lhes era oferecido, pois Deus se revela por meio de suas obras, e caíram por sua culpa na idolatria e desta na imoralidade; donde a ira de Deus (Sb 13.1-14.31). Reencontram-se temas semelhantes em Fílon: *Décal.* 52-76; *Leg. alt.* III, 97; *Spec. leg.* I, 13; cf. *Sib., fragm.* I (Geffcken, p. 227); fr. 3; III, 8-45.
2. Os homens, contudo, não têm toda a responsabilidade na corrupção de seu pensamento pela filosofia. Os "arcontes deste século" e as potestades exerceram influxo; a filosofia é deles (1 Co 2.6). E eles a ensinaram aos homens³⁵¹.

---

³⁵⁰ Os termos de Paulo inspiram-se na descrição literária do pecado no deserto (o bezerro de ouro). Cf. Jr 2.5,11; Sl 106.20; Sb 11.15.
³⁵¹ Para dizer toda a verdade, os antigos (Orígenes, e outros) interpretavam esses ἄρχοντες como sendo potestades invisíveis, más. Os modernos retornam a essa exegese, jamais abandonada (cf. ESTIUS). Outra corrente começa com João Crisóstomo, pensando nos filósofos e nos poderosos deste mundo. ALLO, permanecendo nesta corrente, deixa-se, contudo, influenciar pela primeira exegese: "Paulo, porém, indiretamente, podia olhar também para o lado dos demônios, guias da humanidade, com as iniqüidades do governo deles" (*Première Épître aux Corinthiens*, p. 41). Os termos ἄρχοντες τοῦ αἰῶνος τούτου, cf. Jo 12.31; 14.30; 16.11 e τῶν καταργουμένων (cf. 1 Co 15.24) são favoráveis à primeira exegese.

Devemos concluir que toda filosofia é obra demoníaca? A simpatia com a qual Paulo apresenta, em outras partes, os temas filosóficos da *theologia naturalis* mostra-a sob outra luz. Apoiado na Bíblia, vê, é verdade, os demônios por detrás da idolatria (1 Co 10.20); mas, a idolatria e a corrupção dos costumes são, por natureza, opostos a Deus. O mesmo não se pode dizer do pensamento humano, do qual a filosofia é apenas uma manifestação; Paulo sabe defender os direitos do νοῦς. É, pois, eqüitativo acrescentarmos matizes a seu modo de pensar. As potestades deste mundo utilizaram a filosofia como instrumento, mas ela por isso não foi viciada fundamentalmente, nem revelada por essas potestades.

Talvez fosse necessário distinguir entre uma filosofia apenas expressão de verdades naturais e uma filosofia erigida em sistemas, e crer que todos os sistemas fossem por Paulo encarados – e condenados – como descobertas dos espíritos maus comunicadas secretamente aos homens? Pensamos que seria ultrapassar singularmente sua intenção. Paulo tinha simpatia pelos filósofos de Atenas e não é o espírito rancoroso que se poderia imaginar. Relativamente a ele, convém sempre levar em conta a polêmica e os exageros que ela permite. Uma pequena frase, de passagem – como falou mal da Lei, em frases curtas! –, eco de um tema apocalíptico conhecido, não deve ser erigida em sistema.

É no plano religioso que a filosofia fracassou e se corrompeu. Um juízo sobre seu valor simplesmente humano está fora do horizonte de Paulo. Encontramos o melhor paralelo para seu pensamento nos ambientes sapienciais dos judeus alexandrinos. Incitados pelo helenismo, mas reagindo fortemente, eles contrapõem diretamente a Lei à filosofia grega, e censuram a segunda de não ter conseguido levar os homens ao conhecimento de Deus (Sb 13), enquanto a sabedoria judaica conduz à imortalidade. A verdadeira sabedoria, de origem celeste, procurando pousada entre os homens e percorrendo o universo, estabeleceu morada em Israel (Ecl 24).

Ao invés, não há vestígios de que Paulo tenha sido influenciado pelas doutrinas da Nova Academia, nem pelo ecletismo que não deixaram Fílon indiferente[352].

---

[352] Fílon de Alexandria pretendeu conduzir as almas do ceticismo filosófico à fé em Deus: "É conhecida a disposição do espírito que consiste em rebaixar o vigor da

Deparamos, novamente, mais tarde, com esta influência nas escolas cristãs. A fé se opõe às opiniões hesitantes da filosofia. Assim crêem e ensinam Justino[353], o documento das Homilias pseudoclementinas que desenvolve a teoria apologética do Verdadeiro Profeta[354] e, em muitas páginas, Clemente de Alexandria. Este ataca os sofistas com a ajuda do texto de Isaías 39.11 que ele cita nos próprios termos de Paulo[355]. No quinto Livro dos Stromata, exprime fortemente a necessidade de um enviado divino para nos tirar da dúvida: "Sendo a alma fraca demais para apreender a realidade, tínhamos necessidade de um mestre divino. Foi enviado o Salvador". Então, aparecem sob sua pena os textos bíblicos condensados na epístola paulina[356]. Essas proposições são totalmente estranhas a Paulo, que de modo nenhum se interessa pelos métodos filosóficos.

C. *Condenação por meio da experiência cristã*

Paulo desenvolve esta idéia nos primeiros capítulos da primeira Epístola aos coríntios. Deus não pesa a sabedoria humana – nem poder algum ou grandeza humana – no recrutamento do povo novo. Com a ousadia que os grandes literatos podem permitir a si mesmos, é nesta passagem, onde ele condena a sabedoria e a eloqüência, que o Apóstolo atinge o cume da eloqüência: "Irmãos, considerai a vossa vocação: não há entre vós muitos homens sábios segundo a carne, nem muitos poderosos, nem muitos nobres..." (1 Co 1.26-28; cf. p. 119).

---

    razão humana para exaltar em seu detrimento a crença religiosa. Tenta-se, fechando qualquer saída para a razão humana no mundo sensívd, forçá-la a buscar em Deus socorro e ponto de apoio; sem dúvida, jamais se poderia encontrar exemplo tão nítido como em Fílon que, cientemente, utiliza as doutrinas céticas, que em si mesmas encontravam o próprio fim, para dar ao homem o sentimento de seu nada e de sua impotência" (E. BRÉHIER, *Les idées philosophiques*, p. 209ss).

[353] Diálogo, 7.
[354] *Ram.* I, 18-20 (ed. DE LAGARDE, Leipzig, 1865, pp. 19-20).
[355] *Strom.*, I, c. 3 (24, 4, ed. O. STAEHLIN, p. 16) no meio de ditos de Demócrito, Sólon, Cratinos e Jophon.
[356] *Strom.*, V, c. I (8, 1, ed. O. STAEHLIN, p. 330).

Em fiel seguimento das vias que Deus traça ao cristianismo, o Apóstolo despreza a eloqüência ou a sabedoria, humilha-a em sua apresentação exterior, reservando a si mesmo o direito de dar à palavra um vigor que, no despojamento de qualquer eficiência humana, manifesta todo o poder do Espírito:

"Eu também, irmãos, quando fui ter convosco, não fui anunciar-vos a mensagem de Deus com sublimidade de linguagem ou de sabedoria (...) E no meio de vós eu estive como um fraco e tímido, cheio de grande tremor; a minha palavra e a minha pregação não consistiram em discursos persuasivos de sabedoria, mas na demonstração do Espírito e da Força divina, para que a vossa fé não se fundasse em sabedoria humana, mas na força divina" (1 Co 2.1-5).

O jogo está feito. De um lado, a sabedoria, a filosofia brilhante dos gregos, e de outro, uma pregação tão despojada de recursos humanos que o poder divino se torna transparente.

2. A sabedoria humana e Cristo

A sabedoria humana, em seus primórdios, confunde-se com o uso legítimo da inteligência humana orientada para Deus. Os homens foram criados para procurarem a Deus; o mundo, no qual transparece o poder de Deus e sua bondade, foi-lhes dado como objeto de contemplação.

A problemática de Paulo segue o helenismo. Não faz explicitamente alusão às narrativas do Gênesis. Grego com os gregos, dobra sua teologia às exigências dos temas de propaganda religiosa e filosófica do mundo ao qual se dirige.

A inteligência humana, cuja primeira medida, a procura de Deus, Paulo descreve, não é a inteligência entregue às próprias forças, como Deus não é um Deus de filósofos, distinto daquele da revelação. Os primeiros passos da inteligência a encaminham para a revelação de Deus e, portanto, para Cristo. A própria criação foi feita por Cristo e por nosso intermédio tende para ele. "Temos um só Deus, o Pai, de quem tudo provém, e nós somos criados para ele, e um único Senhor, Jesus Cristo, por meio do qual tudo existe", e pelo qual vamos para Deus (1 Co 8.6)[357].

Cristo é o mediador de Deus na criação do mundo; é o intermediário na finalidade do homem, e o caminho para Deus passa por ele. Quando Paulo nos afirma ter sido o primeiro homem criado homem terrestre e não espiritual, isto se entende da constituição natural e não de sua destinação para Deus e para Cristo; o mesmo ato da criação por Cristo orientava sua inteligência para Deus e para Cristo. Orientação inicial, "misteriosa", para Cristo entrevisto em símbolos: pois a orientação supõe certo conhecimento do termo para o qual se dirige o homem.

O homem não se manteve neste nível. Paulo mostra uma degradação no domínio da moral e do conhecimento (Rm 1.18). Descreve este desvio, que atinge até a idolatria e a imoralidade do paganismo[358].

---

[357] F. M. M. SAGNARD, "A propos de I Cor. VIII, 6", em *Ephem. Theol. Lovanienses*, XXVI (1950), pp. 54-58.

[358] O acordo com o tema da queda do primeiro homem é bastante difícil. Paulo estende a todo o mundo pagão a responsabilidade do erro. A revelação não é mais a da primeira página da Bíblia, onde Deus travou com Adão relações pessoais explícitas, por uma ordem precisa que supõe uma manifestação de ordem diversa da realizada através do mundo criado.

Poder-se-ia supor que a queda de Adão se passou num momento privilegiado, sendo já o primeiro homem portador do destino de Israel e do povo cristão; que os descendentes do primeiro homem foram abandonados a si mesmos; que este estado – ele pôde durar, porém Paulo encara mais a função teológica do que a duração histórica – modifica-se, quando, na linha de Israel, Deus se revela a Abraão, renovando com o Patriarca as relações pessoais interrompidas.

As potestades aparecem aqui na história da humanidade. As potestades malignas se exacerbaram no ataque contra o mundo dos gentios. Impeliram os homens à idolatria e à imoralidade; uma filosofia desviada, degradada, sabedoria deste mundo e dos príncipes deste mundo, serviu-lhes de instrumento para a consecução de seus malvados propósitos. Esta filosofia não tendia mais para Deus, mas ia em sentido oposto a Cristo. Essas mesmas potestades entram na história de Cristo; a sabedoria deste mundo e dos príncipes deste mundo opôs-se à sabedoria de Deus, não reconheceu o plano divino e crucificou Cristo. A sabedoria condenava-se assim definitivamente a si mesma e assinava o decreto da própria destruição, em seguimento à das potestades, suas mandatárias.

III - A SABEDORIA DE DEUS

1. Participação dos cristãos na sabedoria de Deus

Do mesmo modo que a justiça do judaísmo cede lugar à fé em Cristo, acompanhada da justiça de Deus, a sabedoria dos gregos é despojada de qualquer eficiência religiosa e substituída pelo simples anúncio da mensagem cristã, isto é, de Cristo crucificado, tomando a mensagem cristã o lugar abandonado e perdido pela filosofia. A pregação cristã manifesta a sabedoria de Deus, na qual o plano divino se revela ao mundo. A sabedoria humana é loucura para Deus; o que, humanamente falando, é loucura, mas obra de Deus, é sabedoria de Deus e força de Deus: o que é louco, vindo da parte de Deus, é mais sábio do que a sabedoria humana, e o que é fraco, mas provém de Deus, é mais forte do que a força humana (1 Co 1.25).

A mensagem cristã, portanto, ou o objeto desta mensagem, a proposição da morte em Cristo, é sabedoria de Deus. Como de costume, Paulo abrevia e escreve Cristo, ao invés da dissertação da qual ele é objeto: Pregamos um Cristo crucificado, Cristo, força de Deus e sabedoria de Deus. No discurso da cruz e da salvação pela cruz, a sabedoria de Deus se manifestou a nós. Cristo é nossa sabedoria.

Há um aprofundamento do discurso da cruz, que fornecerá aos cristãos uma participação mais adequada na sabedoria de Deus e permitir-lhes-á oporem-se mais às sabedorias deste mundo.

Paulo deu aos coríntios leite, o alimento das crianças, e não a comida sólida dos homens fortes, adultos e que alcançaram a maturidade do pensamento religioso (1 Co 3.1-3)[359]. Este alimento existe.

A mensagem da cruz revela-nos o desígnio de Deus, o sábio plano de Deus; podemos contemplá-lo e assim participar da sabedoria divina. Esta sabedoria, ou filosofia, em si mesma, é-nos acessível. Se as profundezas insondáveis de Deus pudessem abrir-se, não nos adviriam luzes que, recebidas em nossa inteligência e continuando a ser divinas, teriam um conteúdo "inteligível", sendo a este título comparáveis à filosofia? Em outros termos, receberíamos um

---

[359] Cf. W. L. KNOX, *Saint Paul and the Church of the Gentiles*, p. 111.

conhecimento imediato da sabedoria divina, uma sabedoria participada, simultaneamente nossa e divina, que faria de nós filósofos de novo gênero, alunos de Deus, iniciados de Deus.

É isto precisamente o que acontece. Os coríntios, entusiasmados com o lado humano das doutrinas, não souberam compreender este aspecto do cristianismo. Paulo não insistiu. Mas o fato existe. Recebemos conhecimento – por uma elevação de nossa inteligência ao plano da inteligência divina – pelas comunicações do Espírito, desse plano, cujo centro é Cristo, plano que Deus desenrola.

"É, de fato, de sabedoria que nós falamos entre os perfeitos, não, porém, da sabedoria deste mundo, nem dos príncipes deste mundo, que são reduzidos à impotência, mas falamos da sabedoria de Deus, envolta em arcano, sabedoria escondida, que antes dos séculos, Deus já havia destinado para nossa glória... a nós Deus o revelou pelo Espírito, porque o Espírito perscruta todas as coisas, até as profundezas de Deus. E quem dos homens conhece os pensamentos do homem, a não ser o espírito do homem que nele se encontra? Assim também os que são de Deus ninguém os conhece, a não ser o Espírito de Deus. Ora, nós não recebemos o espírito do mundo, mas o Espírito que vem de Deus, a fim de conhecermos as coisas que, por Deus, nos foram prodigalizadas. É delas que nós falamos, não com palavras que a sabedoria humana sugere, mas com aquelas que o Espírito sugere..." (1 Co 2.6-13).

O objeto desta filosofia revelada é, portanto, o plano divino de nossa salvação, ou antes, concretamente, o próprio mistério deste plano, que nos revela e põe a nosso alcance desde aqui os bens que serão nossa partilha, coloca-os a nosso alcance, no-los faz conhecer e no-los dá como objeto de contemplação superior. A filosofia humana contempla este mundo. A filosofia cristã contempla os bens do céu[360].

Quando "raciocinamos" por raciocínios "espirituais" acerca destes bens divinos, sobre as profundezas da sabedoria de Deus que os contém e os contempla, em torno do conselho que no-los comunica, estamos como a filosofia no plano "intelectual", mas ultrapassamo-lo infinitamente; enquanto a filosofia humana emprega só a

---

[360] Sobre a "forma" apocalíptica desta passagem, cf. J. DUPONT, *Gnosis*, p. 107s; E. SJOEBERG, *Der Menschensohn*, p. 106.

inteligência humana e o espírito deste mundo[361], os cristãos têm em si a inteligência de Cristo (ἡμεῖς δε νοῦν Χριστοῦ ἔχομεν), isto é, o Espírito Santo que lhes permite sondar os abismos da inteligência divina, como se entrassem no próprio conselho de Deus.

Paulo, contra seu hábito, serviu-se aqui do termo νοῦς, querendo sublinhar o contraste entre a filosofia humana, que deixa a inteligência entregue às próprias forças, e a sabedoria cristã que dispõe das luzes de Cristo, e assim do Espírito de Deus[362].

O Espírito, pois, é quem trará à inteligência humana a sabedoria de Deus. Sem cessar de ser o Espírito de Deus, ele está presente nas inteligências dos fiéis; pode, portanto, comunicar-lhes os mistérios nos quais penetra.

2. A sabedoria cristã e Cristo

1. O plano divino, objeto da contemplação da sabedoria cristã, são os bens que constituem nossa herança celeste e, ao mesmo tempo, o conselho divino que no-los quis conceder, e a via escolhida por este plano. O desígnio divino incluía a morte e a ressurreição de Cristo como meio de nos outorgar os bens celestes.

Este desígnio começou a desenrolar-se na criação e terminará na consumação de todas as coisas, quando Cristo entregar o reinado a Deus. Do começo ao fim, o plano se realiza por Cristo.

O objeto da sabedoria ultrapassa, pois, a morte e a ressurreição de Cristo; no entanto, estas continuam a ser a peça principal e o centro da história da salvação.

O conhecimento da sabedoria poderá, portanto, ser chamado conhecimento de Cristo (2 Co 5.16; Fl 3.8), porque Cristo, em suas diversas manifestações e operações, é o objeto do conhecimento cristão.

Ao escrever Paulo que é Cristo nossa sabedoria por obra de Deus, entende, sem dúvida, ser Cristo simultaneamente o objeto e a causa de nossa sabedoria, e cujo dom ao mundo nos torna acessível

---

[361] 1 Co 2.12. Esta fórmula talvez contenha alusão às potestades inspiradoras da filosofia humana.

[362] Paralelo com a literatura hermética. Deus enche do νοῦς a taça mística (*C. Herm.*, IV, 3ss).

o conhecimento profundo da sabedoria de Deus. Diz no mesmo sentido que Cristo é sabedoria de Deus (1 Co 1.24).

Poderíamos ultrapassar as simples metonímias e identificar Cristo com a Sabedoria? Incluiria isto dois processos ulteriores do pensamento: a personificação da sabedoria concebida como hipóstase e a identificação desta hipóstase com Cristo.

2. Seria assim certamente superada a significação explícita das fórmulas paulinas. Doutra parte pode ser excluída absolutamente qualquer identificação?[363]

Os cristãos, judeus e gregos, viam em Cristo o poder de Deus e a sabedoria de Deus: possuíam em si esta sabedoria e este poder. A razão disto não é ser o contato com Cristo, contato com o poder e a sabedoria de Deus? Certamente, o Evangelho é também o poder de Deus, mas é de novo, porque contém Cristo e no-lo torna tangível.

Paulo raciocina mais concretamente do que nós. Nos ambientes onde se move seu pensamento, são personificados a "Sabedoria de Deus" e o "Poder de Deus". E de outro lado, Cristo se acha ἐν μορφῇ Θεοῦ, envolvido na natureza misteriosa de Deus, onde há os Poderes, a sabedoria, o logos. A expressão paulina coloca-nos a caminho de identificarmos Cristo, em sua preexistência, com um poder de Deus e com a sabedoria personificada. Uma perspectiva fugidia não teria retido um instante a reflexão do teólogo ao pronunciar a solene afirmação: Cristo, "Poder de Deus" e "Sabedoria de Deus"? Já Lc 11.49 identifica talvez Cristo e a sabedoria; Mc 14.62 relaciona o Filho do homem com o "poder", isto é, Deus; cf. At 8.10.

"Nenhum dos príncipes deste mundo a conheceu (esta sabedoria preparada para nossa glória), porque, se, de fato, a tivessem conhecido, não teriam crucificado o Senhor da glória" (1 Co 2.8). Há quem explique esta fórmula insólita, o Senhor da glória, (κύριος τῆς δόξης)[364], relacionando-a com a expressão "nossa glória". O Senhor da glória era portador da plenitude dos bens divinos. Chegamos a esta idéia: Cristo é, concretamente, aquele que possui em si os bens divinos e no-los comunica, e estes bens constituem a sabedoria.

No capítulo 10 da epístola, em termos misteriosos que relembram as iniciações, Paulo alude aos acontecimentos do deserto.

---

[363] Cf. J. LEBRETON, *Histoire du dogme de la Trinité*, I, Paris, 1927, p. 493ss.
[364] J. WEISS, *ad loc.*

Os hebreus foram batizados por Moisés na nuvem, e no mar e receberam um alimento espiritual. A propósito Paulo pronuncia: Cristo era a pedra. Seria necessário fazer a comparação com o tema judaico em que a pedra do deserto se identifica com a sabedoria?[365].
De tudo isso, W. L. Knox conclui que Paulo, ao escrever a Epístola aos coríntios, tinha em mente a equação Cristo-sabedoria. A afinidade verificada entre nossas epístolas e o Livro da Sabedoria reforçaria a hipótese[366].

Tudo bem pesado, não cremos, no entanto, numa identificação segura[367]. Não só falta a equação formal, mas parece-nos além do horizonte de nossas epístolas. O risco é talvez maior do que parece, à primeira vista.

Os autores que identificam facilmente Cristo e sabedoria, fazem-no porque imaginam Paulo a mover-se no mundo do mito. Se o espírito do Apóstolo realmente é orientado pelo mito[368], quando aplica a Cristo os termos que, nas especulações alexandrinas, designam a sabedoria ou o Verbo, a equação com a sabedoria Ísis ou o Logos precede suas formulações literárias, e a identificação vem de si mesma. Mas, se ao contrário, Paulo se deixa guiar pela revelação que procede de Cristo, procura expressões que lhe permitem formular tal revelação em termos teológicos. Encontra-as em particular nas especulações do Livro da Sabedoria. Levando-se em conta o método ordinário com que ele utiliza as fórmulas bíblicas, podemos talvez deduzir que considerou a sabedoria um tipo do Cristo divino; não somos autorizados a afirmar que se formou uma equação em sua mente[369], e antes teremos de sustentar que, à medida que, seguindo o exemplo dos livros sapienciais, ele personificou a sabedoria, conservou-a bem distinta de Cristo, para que se possa aplicar-lhe a noção de tipo.

---

[365] W. L. Knox, *St Paul and the Church of the Gentiles*, p. 123ss.
[366] Cf. Cl 1.16s. Cristo, imagem do Deus invisível, primogênito da criação, em quem (ἐν αὐτῷ) tudo foi criado relembra a sabedoria (Pv 8.22-27).
[367] Cf. no mesmo sentido, E. Percy, *Die Probleme*, p. 70ss.
[368] Sobre o mito e a sabedoria divina, cf. W. L. Knox, *St Paul and the Church of the Gentiles*, pp. 55-81.
[369] Seguindo W. D. Davies, *Paul and Rabbinic Judaism*, pp. 147-176, a equação viria por intermédio da Lei, identificada no judaísmo com a sabedoria. Cristo é a Lei nova. O método que seguimos impede-nos ultrapassarmos as fórmulas paulinas.

Capítulo IV
CRISTO SEGUNDO O ESPÍRITO

1. A antítese "segundo a carne" e "segundo o Espírito"; sua aplicação a Cristo – A concepção, segundo a antítese, do corpo de carne e do corpo ressuscitado; o corpo de Cristo e sua eficiência sobre os cristãos.
2. Função pessoal do Espírito Santo nas concepções cristãs – A preparação no Antigo Testamento – A missão do Espírito Santo da parte de Cristo – Semelhantes relações do cristão com Cristo e com o Espírito – A natureza "espiritual" de Cristo ressuscitado.
3. Noção da santidade. Impureza pagã e santidade judaica A santidade cristã; fórmula escatológica, santidade atual, cultual – Purificação, santificação, justificação – As relações entre santidade cristã e Cristo.

A expressão "Cristo segundo o Espírito" traz ao campo da síntese cristológica as duas realidades espirituais que fundaram o cristianismo, as aparições de Cristo ressuscitado e os dons do Espírito Santo. Cristo ressuscitado mostrou-se "Filho de Deus com todo o poder espiritual".

I - A ANTÍTESE CRISTOLÓGICA

1. Aplicação a Cristo da antítese "carne-espírito"

1. A antítese carne-espírito reaparece com tanta freqüência sob a pena de Paulo que o caracteriza. De fato, não se encontra de modo tão regular em nenhum outro autor, nem do judaísmo, nem do helenismo. Fílon, em quem, de preferência, poderíamos esperar achá-la, emprega-a por exceção[370].

Paulo parte de uma idéia fundamental do Antigo Testamento: o homem nada é perante Deus, é "carne" diante do Espírito[371]. Fílon

---

[370] Cf. *Quis rer. div. her.*, 56; *De gigant.*, 29.
[371] Is 31.3. Cf. W. G. KÜMMEL, *Das Bild des Menschen*, pp. 21-27.

não poderá esquecer a οὐδενεία do homem diante da transcendência divina. As concepções helenísticas aqui vêm ao encontro da noção judaica. O ambiente está impregnado da antítese platônica do mundo inteligível (νοῦς)[372]; e do mundo sensível; à semelhança dos judeus alexandrinos (Sabedoria, Fílon), Paulo substituirá ordinariamente o νοῦς pelo πνεῦ. O sentido da antítese platônica está, pois, profundamente modificado, tornando-se uma oposição de ordem filosófica, oposição religiosa. Paulo eleva à dignidade de figura de retórica a antítese judaica helenizada; dá-lhe simultaneamente significado cristão, específico. Ora exprime os dois termos da antítese, ora um só, com referência implícita ao segundo.

Paulo consagra à oposição carne-espírito um parágrafo da Epístola aos gálatas. Os desejos da carne se opõem ao espírito, e o espírito à carne; as obras da carne são os pecados, os frutos do Espírito todas as virtudes cristãs. Mister se faz escolher: proceder segundo a carne ou segundo o Espírito (Gl 5.16-25). Quanto ao sentido, esta passagem é paralela a Rm 7.7-25, mas sua construção mais claramente se baseia no uso temático da antítese, muito menos acentuado na Epístola aos romanos[373], embora sempre se ache no horizonte. As duas palavras antitéticas são substituídas por equivalentes, e o movimento retórica não é tão nítido. A antítese retoma, aliás, nas epístolas[374]. Quanto à expressão "segundo a carne – segundo o Espírito", ela aparece em Gl 4.29, aplicada a Ismael e Isaac.

A oposição "carne-espírito" afirma, pois, o valor religioso único do Espírito. O que é "carne" é excluído das vantagens e da eficácia da vida divina: "A carne e o sangue não podem conseguir o reino de Deus" (1 Co 15.50). À "carne" corresponde o pecado (Rm 7.25), a morte (Rm 8.6), a debilidade (Rm 8.3; Gl 4.13), a Lei (Rm 7.25). Isso condicionará a antítese aplicada a Cristo: Cristo segundo a carne, Cristo segundo o Espírito.

---

[372] É de se notar que Paulo por vezes emprega νοῦς em lugar de πνεῦμα, quando desenvolve a antítese (Rm 7.25).

[373] Rm 7.14. Cf. 7.22-23: "o homem interior", "a lei da minha razão" (νοῦς), ao invés de espírito. No v. 25 a oposição é νοῦς-σάρξ.

[374] Gl 6.8: "semear na carne, semear no Espírito"; cf. 1 Co 9.11; 3.1; Gl 3.2-5 (começar pelo Espírito, acabar na carne).

2. Ao endereçar a Epístola aos romanos, Paulo alude ao Filho de Deus, "nascido, segundo a carne, da estirpe de Davi, constituído Filho de Deus com todo o poder, segundo o espírito de santificação, mediante a ressurreição dos mortos" (Rm 1.3ss).

A carreira de Cristo como Messias, Filho de Davi, só aparece em antítese com a ressurreição dos mortos, quando começa a verdadeira vida eficaz de Cristo Salvador e santificador, do Filho de Deus, "com todo o poder". Tudo o que precede a ressurreição dos mortos é apenas colocação de um estado de humanidade, inserção na realidade humana e na história, com um matiz pejorativo.

A antítese está ainda expressa no hino cristológico de 1 Tm 3.16: "Aquele que se manifestou na carne foi autenticado pelo Espírito". Teremos ocasião de insistir neste texto. A oposição talvez seja unicamente verbal, sem a tonalidade pejorativa da passagem da Epístola aos romanos; trata-se simplesmente de etapas sucessivas na carreira de Cristo.

Na Epístola aos romanos ainda, Paulo enumera os privilégios dos judeus. Eles são os israelitas, são o povo "filho" de Deus, a raça do culto, da Lei, das promessas; eles possuem os "Pais", que são de seu sangue, sangue donde se origina "Cristo, segundo a carne". Todos esses privilégios são doravante caducos; sua importância era somente pressagiar o tempo da realização messiânica. Assim acontece com o privilégio de ter dado ao mundo Cristo, quanto a sua natureza humana; uma sombra apenas, sendo Cristo ressuscitado, Filho de Deus com todo o poder, a grande realidade.

O inciso de 2 Co 5.16 refere-se provavelmente também à vida temporal de Cristo. "Conhecer a Cristo, segundo a carne", declara Paulo, não pertence à vida cristã propriamente dita, vida dos que vivem para Cristo, morto e ressuscitado por eles[375].

Uma passagem como Rm 8.3s pertence igualmente a nossa antítese. Começa pela proposição: Cristo foi enviado "em carne semelhante à carne pecadora"; o termo antitético, que não é explícito, encontra-se no fim do período: "Nós, que não andamos segundo

---

[375] O inciso κατὰ σάρκα: recai gramaticalmente sobre o verbo conhecer, mas indica menos o modo de conhecimento do que o aspecto sob o qual a coisa é conhecida; a fórmula implica "Cristo segundo a carne", Cf, p, 132s.

a carne, mas segundo o espírito". O mesmo raciocínio, com deslocação do segundo termo da antítese para os cristãos, reaparece em Gl 4.4s; 2 Co 5.21[376].

2. A antítese e o "corpo" de Cristo

1. O capítulo 15 da primeira Epístola aos coríntios nos recorda o grande lugar que o corpo de Cristo ocupa no contexto da nova criação. Não devemos interpretar Paulo segundo a filosofia platônica, em que a alma seria sozinha portadora da dignidade da espiritualização. Aí encontramos Fílon: o corpo para ele é apenas o santuário que abriga a "imagem divina", isto é, a alma "racional", que recebe o πνεῦμα[377]. Para Paulo, o próprio corpo, animado pela ψυχή – mas o corpo e a ψυχή formam o corpo vivo – constitui a pessoa; para que o homem seja espiritual, o corpo vivo será espiritualizado, participando da natureza do Espírito. Cristo, pela ressurreição de seu corpo, torna-se Espírito vivificante, como o primeiro homem foi criado corpo vivente.

As noções de corpo (carne) e de espírito revestem, pois, um aspecto. particular. O corpo é afetado especialmente pelo pecado e pela morte, punição do pecado: o pecado reina em nosso corpo mortal (Rm 6.12); o corpo é o corpo de pecado (Rm 6.6), corpo de morte (Rm 7.24, cf. 8.10). Sob este aspecto é desprezado; é chamado de bom grado com o termo pejorativo "a carne" (Rm 8.3,6; 13.14; cf. Cl 2.11: o corpo de carne). A carne (e, portanto, o corpo) é com suas tendências para a morte e o pecado, inimiga de Deus (Rm 8.7s; Gl 5.16; 5.19; 6.8; Ef 2.3), enquanto o espírito faz a obra divina. Assim a antítese "carne-espírito" exprime o antagonismo religioso de dois princípios (Gl 5.16s).

As relações da carne com o pecado não são intrínsecas; sua malícia é uma malícia adquirida, dependente da vontade do homem que a submeteu ao pecado. De seu lado, o corpo apenas materialmente se identifica com a carne; quando sua noção se desprende da noção de carne e designa mais ou menos toda a pessoa humana, há

---

[376] Quanto a estes textos, ver p. 141.
[377] J. GIBLET, L'homme, image de Dieu, pp. 115-118.

certa indiferença em ser carne ou espírito. O corpo unido a uma prostituta torna-se carne com ela; unido a Cristo é espírito com Cristo (1 Co 6.16-18). Para o cristão, a indiferença não existe mais, de direito; o corpo é mais espírito do que carne. O corpo do cristão é santo, é templo do Espírito Santo (1 Co 6.19s), um lugar de culto a Deus (1 Co 6.20). Este positivo valor religioso do corpo nasce de sua transformação operada por Cristo; sabemos que, desde já, a glória o transfigura e espiritualiza, à espera da vitória final de Cristo que o mostrará espiritualizado e glorioso.

Fonte destes privilégios do corpo dos cristãos é a ressurreição de Cristo, na qual se produziu a transformação de um corpo semelhante aos nossos corpos carnais num corpo espiritual, capaz de espiritualizar, santificar e vivificar todos os corpos mortais dos cristãos.

É o corpo ressuscitado de Cristo que é a fonte da vida cristã, o ponto de partida. O homem novo é um corpo espiritualizado. A vida nova será, não simplesmente uma vida do espírito, de νοῦς, mas uma vida espiritual, sediada num corpo e transformando o corpo, fazendo-o passar da vida carnal à vida espiritual.

2. O contraste religioso entre o corpo puramente mortal e o corpo ressuscitado, espiritual, atinge o apogeu na concepção paulina do "corpo de Cristo". Cristo assumiu um corpo de pecado (Rm 8.3; cf. Gl 3.13), essencialmente votado ao drama da morte. O corpo de Cristo foi crucificado como o representante concreto do pecado, da maldição e da sede da morte; a Lei (Ef 2.15) e o domínio das potestades tinham ainda ocasião para o último lance. A morte do corpo foi o triunfo da vida, a expiação do pecado (Cl 2.13), e a morte da Lei (Rm 7.4), a ruína do domínio das potestades (Cl 2.15), a reconciliação dos judeus e dos pagãos (Ef 2.16), a reconciliação de todas as coisas (Cl 1.20).

A vitória de Cristo na cruz foi a vitória, em seu corpo, do elemento espiritual sobre o elemento carnal; assim toda a atividade da morte e do pecado culmina no corpo crucificado, e vem quebrar-se contra o poder da vida que nele encontra. A ressurreição manifestará o triunfo da cruz; doravante o "corpo" será espiritual, glorioso, com a virtude de espiritualizar e glorificar o corpo dos cristãos. Será espírito vivificante (1 Co 15.45), trará em si o poder de submeter tudo a Cristo, imagem a realizar nosso próprio corpo glorioso (Fl 3.21).

Compreendemos assim que o processo morte-vida, ligado à antítese carne-espírito, define a vida cristã. Realizado no corpo de Cristo, reproduz-se no corpo de cada um dos cristãos. É o resultado deste processo que chamamos vida "espiritual", vida num corpo que venceu a morte.

A importância do "corpo" de Cristo na síntese paulina é reforçada pela celebração da Ceia que aclimata, na linguagem cristã, a expressão "corpo de Cristo", com novas aplicações teológicas. A eucaristia nos une ao "corpo" de Cristo, o corpo entregue por nós, sujeito da grande transmutação do corpo carnal em corpo espiritual. Tornamo-nos um só corpo com Cristo, e o resultado é que somos com ele um só Espírito (cf. 1 Co 6.17). Da multidão que somos nasce um só corpo, por nossa participação num único pão. A noção do corpo eucarístico atinge, pois, a noção de corpo ressuscitado. Unimo-nos ao corpo que morre para ressuscitar. A idéia de morte é sublinhada (1 Co 11.24,26,27), por causa das circunstâncias mesmas nas quais Cristo celebrou a última ceia com os apóstolos: "na noite em que foi traído". Mas trata-se do corpo empenhado no processo de vida e de ressurreição.

Estas fórmulas igualmente se aplicam ao batismo, o rito que nos faz passar do estado de pecado (ou de morte) ao estado de vida (nova). Somos batizados à semelhança da morte de Cristo Jesus, sepultados com ele por este batismo à semelhança de sua morte; assimilados à imagem de sua morte, para termos assegurada a ressurreição (já realizada em princípio) e andarmos doravante "em novidade de vida" (Rm 6.3-5); a mesma idéia será retomada em Cl 2.12. O batismo no corpo de Cristo tem o mesmo sentido. "Fomos batizados em um só Espírito para constituirmos um só corpo" – este mesmo corpo ao qual nos une a eucaristia[378].

Assim o corpo de Cristo é o grande instrumento de salvação, e Paulo pode empregar como termo sintético do cristianismo σῶμα ao lado de πϱεῦμα (Ef 4.4; cf. 1 Co 12.13).

As epístolas do cativeiro exaltam ainda a função salutar do corpo de Cristo. Os textos supracitados que pintam a cruz como um campo de batalha, onde Cristo triunfa do pecado, da Lei e das potes-

---

[378] 1 Co 12.13; cf. L. CERFAUX, *La Théologie de l'Église*, pp. 207-210; *supra* p. 98.

tades, provêm quase todos dessas epístolas, nas quais expõe Paulo o "mistério" da salvação. A noção da atividade transfiguradora do corpo ressuscitado combina com a imagem da Igreja, corpo de Cristo, e modifica-a profundamente. Voltaremos ao tema no capítulo VI.

Nossa união ao "corpo de Cristo" marca mais nitidamente do que as fórmulas: homem novo ou adesão a Cristo, a ligação da vida cristã, nova, espiritual, com o evento do Calvário. A vida de Cristo ressuscitado é a vida daquele que morreu; o corpo de Cristo (sujeito da morte e da ressurreição), é o ponto de partida da vida cristã, e esta participa também das vicissitudes da morte e da ressurreição. A soteriologia prolonga-se na experiência da vida cristã e na eclesiologia[379].

II - CRISTO "ESPÍRITO"

Cristo, à frente da fila da nova criação, é "novo" (novidade de vida), é celeste, é espiritual, espírito vivificante e espírito santificador. À base de todos esses atributos, parece-nos podermos colocar a noção de "Espírito". O *pneuma* significa a esfera do divino em oposição à esfera da carne, do mundo "presente", do pecado, da morte. Não é oposto ao "sensível", como o νοῦς platônico[380], mas, ao criado. Desta noção principal, fundamental, derivam todas as outras. Celeste é equivalente de *pneumaticós*; por πνεῦμα ζωοποιοῦν (1 Co 15.45) exprime-se o significado pleno e ativo de πνεῦμα; a vida e a santidade derivam de Cristo enquanto Espírito.

Mas estas mesmas fórmulas são aplicadas ao Espírito Santo. Paulo não é responsável pela "dualidade" que parecerá pesar em sua teologia. A dualidade aparente resulta do evento cristão, da própria maneira pela qual a nova criação foi realizada por Deus.

A vida cristã foi inaugurada pelas aparições de Cristo ressuscitado e manifestou-se imediatamente por dons carismáticos, as

---

[379] Não queremos afirmar com isso que toda a eclesiologia paulina assim se explica, nem que a Igreja é simplesmente um segundo modo de existir de Cristo (E. SCHWEIZER, *Das Leben des Herrn in der Gemeinde und ihren Diensten*, Zürich, 1946, pp. 50-53).

[380] Também para Fílon, o homem é criado com esta qualidade superior; pertence pela graça ao mundo "espiritual" – diríamos hoje sobrenatural.

riquezas espirituais, a paz, a alegria, a pureza dos costumes, o amor ao próximo, a união a Deus na oração contínua e na confiança. Para interpretar esses dons e indicar sua origem, os cristãos referiram-nos simultaneamente ao Espírito Santo e a Cristo. Não podia ser de outro modo. Jesus havia formado seus discípulos para uma nova vida religiosa, separara-os da vida judaica para depositar o vinho novo de seu ensinamento em odres novos. Em Pentecostes e após ele, um entusiasmo humanamente inexplicável se apossara da jovem comunidade cristã; esta tinha visto realizar-se sob seus olhos todas as profecias que anunciavam tempos messiânicos, a efusão do Espírito Santo. Foi entendido que, colocado à direita do Pai pela ressurreição, Jesus agora derramava sobre os discípulos os bens do reino dos céus resumidos nos dons do Espírito e este Espírito vivificava novamente todos os ensinamentos e todos os exemplos do Evangelho[381].

Assim fora dado o primeiro impulso à teologia cristã. Paulo há de adotar e ampliar as fórmulas da comunidade primitiva; determinará a síntese iniciada[382].

1. Cristo e o Espírito Santo (pessoa)

1. O cristianismo primitivo sempre distinguiu o Espírito Santo de Cristo. Há limites que as fórmulas não podem franquear. Nem tudo o que respeita à vida de Cristo e sua obra redentora pode ser atribuído ao Espírito. Pelo fato descer o Espírito Santo sobre Cristo, dirigi-lo e iluminá-lo, não pode ser considerado elemento constitutivo de sua pessoa.

Na vida dos cristãos, o Espírito Santo exerce uma atividade que lhe é própria, embora se refira a Cristo. Ele é a origem dos carismas.

Os fenômenos extáticos que começaram em Pentecostes dependem de sua atividade. Acrescentam-se-lhes por analogia todas as

---

[381] L. CERFAUX, Simples réflexions à propos de l'exégèse apostolique, em Ephem. Theolog. Lovanienses, XXV (1949), p. 567s.
[382] Quanto ao emprego de πνεῦμα por Paulo, cf. N. A. WAANING, Onderzoek naar het gebruik van ΠΝΕΥΜΑ bij Paulus, Amsterdam, 1939; K. L. SCHMIDT, "Das Pneuma Hagion als Person und als Charisma", em Eranos Jahrbuch, XIII (1945), pp. 187-235.

intervenções mais extraordinárias de Deus, milagres e iluminações, salvo as aparições de Cristo ressuscitado.

Nas primeiras epístolas, Paulo atribui ao Espírito Santo os fenômenos extraordinários que acompanharam a introdução do cristianismo em Tessalônica, os milagres (ἐν δυνάμει), o entusiasmo conquistador que animava sua pregação (πληροφορία) (1 Ts 1.5), a alegria que compensava a perseguição (1 Ts 1.6). Tudo isto relembra de perto os primórdios da Igreja de Jerusalém (cf. 1 Ts 2.19), suas orações extáticas, os milagres e a coragem dos apóstolos. Como os cristãos de Jerusalém ainda, os tessalonicenses conheceram os carismas, particularmente o da profecia, cuja efervescência verificaremos na Igreja de Corinto (1 Ts 5.19; 2 Ts 2.2).

À chegada de Paulo a Corinto, os mesmos fenômenos extraordinários se renovaram, sempre atribuídos ao Espírito (1 Co 2.4). O mesmo aconteceu nas igrejas da Galácia. Os gálatas receberam o Espírito, começaram pelo Espírito (Gl 3.2-3). Na Igreja de Corinto desenvolveram-se abundantemente os carismas, antes de tudo o dom das línguas e o dom da profecia. Isto evidencia que os carismas estão em estreita relação com o Espírito Santo e são considerados como atividade do Espírito presente na comunidade. Esses chamam-se dons "espirituais" (1 Co 12.11); fala-se "no Espírito de Deus" (12.3), os carismas são variados, mas o Espírito (que os concede) é um só (12.4); eles constituem a "manifestação do Espírito" (12.7), são concedidos por ele (12.8), segundo o mesmo Espírito (12.8), nele[383] (12.9). Todos esses carismas são produzidos pelo mesmo e único Espírito, que distribui a cada um os próprios dons, conforme lhe agrada (12.11). O Espírito Santo é, pois, o agente de todas essas atividades espirituais, é um agente pessoal, com própria iniciativa e vontade (1 Co 12.11)[384].

As atividades carismáticas, obra do Espírito segundo a experiência cristã, referem-se a Cristo menos diretamente. Os carismas são o dom de Deus, conferido em Cristo Jesus[385] (1 Co 1.4); "nele",

---

[383] Segundo o contexto: na virtude deste único Espírito.

[384] O. CULLMANN exprime bem a referência escatológica do Espírito Santo: "Ele é um pouco do futuro, a única presença do eon vindouro no eon atual" (*Le retour du Christ*, p. 29).

[385] Conforme o contexto: em conseqüência da iniciativa cristã e da "comunhão" dos cristãos com Cristo.

os cristãos de Corinto são enriquecidos "em toda doutrina e ciência", de maneira a não lhes faltar carisma algum, enquanto aguardam "a manifestação de nosso Senhor Jesus Cristo" (1 Co 1.4-7). Cristo Jesus é a origem dos carismas no sentido de que eles dependem de nossa união com Cristo (1 Co 1.9), e a parusia impor-lhes-á termo.

O Espírito Santo exerce influência na aquisição da sabedoria cristã. Aqui ainda, sua função é bem pessoal. Inteligência (νοῦς) de Deus, comparada por isso com nossa própria inteligência, o Espírito compreende com penetração os segredos de Deus[386] e torna-se por sua vez nosso mestre (ἐν διδακτοῖς πνεύματος) (1 Co 2; 10-16). Ele ajuda na leitura do Antigo Testamento (2 Co 3.14-18).

Deus enviou-nos o Espírito de seu Filho que clama em nós "Abbá, Pai" (Gl 4.6; cf. Rm 8.15). O Espírito fala em nós; uma vez mais, uma atividade inteiramente pessoal.

É ainda por uma atividade própria e pessoal que o Espírito Santo está presente nas igrejas ou nos cristãos como num templo: 1 Co 3.16: ... o Espírito de Deus "habita" em vós; Rm 8.9-11; 2 Co 6.16; cf. 1 Ts 4.8[387]. Muitas vezes o Espírito apresenta-se em paralelo estreito com Cristo, sendo ambos "pessoais"[388].

2. A idéia cristã e paulina da intervenção do Espírito de Deus (o Espírito Santo) na comunidade foi preparada no Antigo Testamento e no judaísmo.

A comunidade cristã, vivendo nos tempos messiânicos, aplicou-se a si mesma as profecias que anunciavam, para os últimos dias, uma efusão do Espírito Santo. Pedro cita neste sentido a profecia de Joel. Se vemos os profetas do Novo Testamento, como Ágabo, tomar o estilo dos profetas de outrora e, como eles, profetizar em ação, é porque eles têm a convicção de haver reatado, após longo silêncio, a tradição profética. Os cristãos reviviam a santa Assembléia do deserto, e ela possuía o Espírito Santo em seu meio[389].

---

[386] 1 Co 6.11; 12.3; 12.4-6 (passagem trinitária); 2 Co 1.21s; 13.13 (nova passagem trinitária).
[387] A ação de perscrutar (ἐρευνάω) é própria de um ser inteligente que procura os vestígios de alguma coisa ou tenta compreender.
[388] O. PROCKSCH, art. ἅγιος, em *Theolog. Wörterbuch*, I, pp. 104-107; Th. PREISS, *La témoignage intérieur du Saint-Esprit*, Neuchâtel, 1946, p. 16s.
[389] Cf. Is 63.11, cf. v. 10.

Paulo partilha essas idéias da comunidade primitiva. O pacto novo anunciado por Jeremias e Ezequiel só pode ser superior ao antigo, e esta superioridade lhe vem do Espírito Santo; é o testamento do Espírito e não da letra (2 Co 3.6). Paulo refere-se várias vezes ao contexto de Ezequiel, anunciando que Deus vai concluir um testamento de paz, testamento eterno (Ez 36.26). Cita Ez 37.14 ("Porei em vós o meu Espírito") em 1 Ts 4.8. Cita Ez 37.27 para ilustrar o tema de que os cristãos são o templo de Deus (2 Co 6.16). Os cristãos receberam "a promessa do Espírito" (Gl 3.14), e Paulo compara sua vocação à de um profeta do Antigo Testamento (Gl 1.15). As experiências carismáticas dos cristãos, portanto, foram previstas e anunciadas pelo Antigo Testamento.

A esperança de uma intervenção do Espírito nos tempos messiânicos permaneceu viva no judaísmo. O Salmo 17 de Salomão insiste na santidade do povo sob o domínio do Messias. O Livro dos Jubileus reitera solenemente a antiga profecia do testamento espiritual, empregando a fórmula o Espírito Santo (*Jub.* I, 23)[390].

A própria ausência do dom de profecia nos últimos séculos do judaísmo tinha avivado a expectativa de uma intervenção do Espírito[391]. O Messias será repleto dos dons espirituais, cf. Is 11.2; nele se realizará a promessa feita a Moisés: "O Senhor, teu Deus, te suscitará do teu meio, dentre teus irmãos, um profeta como eu" (Dt 18.15). O sentido messiânico desta profecia foi acentuado nos Setenta (cf. v. 19, acrescentando ὁ προφήτης ἐκεῖνος), sem dúvida, porque a atenção era despertada pela necessidade e pelo desejo de ouvir de novo a voz de Deus[392].

No Antigo Testamento, o Espírito de Deus age pessoalmente, como o próprio Deus, sem ser distinto dele. O Espírito não é um

---

[390] Cf. H. WEINEL, *Biblische Theologie des Neuen Testaments*, Tübingen, 1920, p. 40. Quanto à fórmula "Espírito Santo", O. PROCKSCH, *art. cit.* p. 104s. Fórmula rara no Antigo Testamento, mas a idéia que ela representa é freqüente, cf. Is 63.10s; Sl 51.13.

[391] Sob a influência das idéias messiânicas, o povo após o exílio já se considerava possuidor do Espírito (Ag 2.5; Zc 4.6). No atinente à expectativa do Espírito no judaísmo, cf. W. D. DAVIES, *Paul and Rabbinic Judaïsm*, pp. 201-219.

[392] Sobre esta profecia cf. At 3.22; Jo 6.14 etc.; 1 Mc 4.46; 14.41; *Clem. Recogn.* I, 43,57. Ver W. BOUSSET, *Die Religion des Judentums*, p. 394; L. CERFAUX, "Le vrai prophète des Clémentines", em *Recherches de Science religieuse*, XVIII (1928), p. 161s.

enviado, nem um anjo; é a própria atividade de Deus (cf. Is 63.9). A hipóstase, contudo, foi preparada de diversas maneiras, sobretudo no Livro da Sabedoria[393].

3. Qual a relação mais precisa entre o Espírito Santo e Cristo?

Na 1 Co 2.10-16, depois de ter desenvolvido o tema de que o Espírito perscruta as profundezas de Deus, fazendo uma comparação com a inteligência humana (νοῦς, v. 11, com o mesmo sentido que πνεῦμα), Paulo afirma a independência e a proeminência dos espirituais que (segundo Is 40.13) possuem o Espírito, a inteligência de Deus (νοῦς); escreve imediatamente a respeito do mesmo Espírito, que ele é "a inteligência" de Cristo (νοῦν Χριστοῦ). O Espírito Santo se acha, pois, diante de Cristo, numa posição semelhante à que ele ocupa perante Deus. Recebemos por Cristo o Espírito, e este nos transmite o próprio pensamento de Cristo. Pensamos nas passagens de Gálatas e de Romanos em que o Espírito, presente em nós, dá-nos a atitude de filhos diante de Deus. Há relação entre o Espírito e Cristo. O Espírito faz a obra que Cristo lhe entrega para fazer. Ver ainda Fl 1.19; 2 Co 3.18.

Observe-se de outro lado o paralelismo existente entre a referência da vida cristã a Cristo e sua referência ao Espírito Santo.

A alegria é no Espírito Santo (Rm 14.17), e ela é no Senhor (Fl 3.1; 4.4,10); "o amor de Deus" nos vem do Espírito (Rm 5.5) e nos é concedido pelo Senhor (Rm 8.39). O mesmo acontece com a paz (Rm 14.17 e Fl 4.7), a liberdade (2 Co 3.17 e Gl 2.4), a vida (2 Co 3.6 e Rm 8.2; 6.23; 2 Co 4.10 etc.), a glória (2 Co 3.8 e Fl 4.19). A graça, o chamado, a filiação e a justiça referem-se simultaneamente a Cristo e ao Espírito. A existência cristã define-se por sua relação com Cristo ou, com o Espírito (1 Co 1.30; 2 Co 5.17; Rm 8.9) ou pela presença em nós de Cristo ou do Espírito Santo (Rm 8.10; 2 Co 13.5; Gl 2.20; Rm 8.9; 1 Co 3.16)[394].

Concluir da equivalência dos efeitos a identidade da causa, e pretender que Cristo Se identifique com o Espírito Santo é uma simples

---

[393] Cf. H. RINGGREN, Word and Wisdom, Lund, 1947, pp. 165-171; P. VAN IMSCHOOT, "L'action de l'Esprit de Jahvé dans l'A. T.", em Revue des Sciences philos. et théolog., XXIII (1934), pp. 553-587.

[394] H. WEINEL, op. cit., p. 297s; Fr. J. LEENHARDT, Le baptême chrétien, Neuchâtel, 1946, p. 56.

falta de lógica. A mesma realidade, encarada de ângulos diferentes, pode depender de duas causas. Se olharmos as coisas mais de perto, notamos que é isto o que sucede. É a presença do Espírito Santo em nós que produz esses frutos de alegria, de paz, esses carismas característicos da vida cristã; estamos no Espírito porque ele nos foi comunicado. Esses mesmos frutos da vida cristã foram-nos obtidos pela obra redentora de Cristo; são seus a este título. Veremos que esta causalidade eficiente é também uma causalidade formal e exemplar que se pode exprimir pela idéia de presença. Mas, presença é apenas uma fórmula vaga que significa de fato noções profundamente diferentes. O Espírito está presente pela comunicação de si; Cristo está presente em sua atividade e por antecipação da parusia[395]. A justaposição da função do Espírito e a de Cristo na mesma exposição e na mesma frase indica bem que Paulo percebe os matizes. Não materializemos, pois, seu modo de pensar.

De outro lado, importa distinguir as fórmulas onde ἐν πνεύματι designa o Espírito Santo e aquelas onde simplesmente se trata de uma esfera espiritual, oposta à esfera carnal, ou de uma realidade espiritual.

A interpretação de 2 Co 3.17 ὁ δὲ κύριος τὸ πνεῦμά ἐστιν, também não impõe a equivalência formal entre o Espírito Santo e Cristo[396].

Por causa do artigo (τὸ πνεῦμα), julgamos que Paulo designa por esta palavra o Espírito Santo. O contexto trata da leitura do Antigo Testamento. O Apóstolo alude à doutrina cristã primitiva. Não penetramos no sentido da Escritura senão quando Cristo nos abre a inteligência e a "gnose" nos é comunicada. "Toda vez, porém, que

---

[395] O mesmo diríamos de δικαιοσύνη. A participação no Espírito Santo (2 Co 13.13) e a participação do Espírito (Fl 2.1) não têm provavelmente o mesmo valor formal, porque a última – expressão atribui ao "Espírito" um sentido mais qualitativo. A comunhão do Filho de Deus (1 Co 1.9) é ainda outra coisa. Deve-se determinar o sentido das fórmulas pelo contexto. É claro que a unidade da obra da redenção explica a confusão concreta de todas estas fórmulas. Confusão concreta não é confusão formal. Com estas reservas, podemos subscrever a explicação de Fr. J. Leenhardt: "A assimilação Senhor-Espírito é característica de um pensamento que vê a obra da redenção como absolutamente uma em seus meios e em suas realizações. Considerada em seus meios, esta obra é alternativamente para nós Jesus Cristo e o Espírito Santo". (*Le baptême chrétien*, p. 56).
[396] W. G. KÜMMEL, *Kirchenbegriff und Geschichtsbewusstsein*, p. 46, nº 19a.

se retome ao Senhor, o véu é retirado" (3.16 segundo Ex 34.34). Paulo entende por "o Senhor" a Cristo, e nota: o Senhor é o Espírito Santo. Isto quer dizer que aquele que se converte ao Senhor, pelo fato mesmo, entra em comunicação com o Espírito Santo. O contexto não sugere absolutamente que Paulo tenha querido dar uma definição do "Senhor" e identificá-lo ao Espírito Santo. Continua: "Onde está o Espírito do Senhor, aí há liberdade", indicando que pensava na relação entre Cristo e o Espírito Santo. Chama em outra parte o Espírito Santo o νοῦς de Cristo (1 Co 2.16), o Espírito de Jesus Cristo (Fl 1.19), conforme a teoria geral que o Espírito vem de Cristo. Em nessa contexto, a expressão do v. 18 ἀπὸ κυρίου πνεύματος supõe a mesma relação de dependência do Espírito Santo para com Cristo, "o Senhor do Espírito", cujo poder comunica o Espírito, com toda a sua atividade que nos transforma à imagem da glória do Senhor.

2. Cristo "espiritual"

Ao lado da concepção do πνεῦμα a designar o Espírito Santo, pessoal, outro uso freqüente quer designar simplesmente a "natureza" da divindade, ou a esfera espiritual e celeste.

O Antigo Testamento fornece-nos o ponto de partida dessa exegese, em que o Espírito equivale muitas vezes efetivamente ao poder de Deus; é dado aos homens como uma participação do poder e da sabedoria divina, e sua manifestação assinala simplesmente a intrusão, no mundo humano, de uma força e de um conhecimento superiores[397].

Amiúde, nas epístolas paulinas, será preciso limitar-nos a dar à palavra Espírito este significado mais geral e mais vago. Quando o Apóstolo escreve, 1 Co 6.17, "Aquele, porém, que se une ao Senhor constitui (com ele) um só Espírito", o acento é colocado na natureza espiritual que adquirimos por nossa união a Cristo: participamos

---

[397] As relações do cristianismo primitivo e de Paulo com o Antigo Testamento dispensam recorrer à influência de idéias animistas (R. BULTMANN, *Theologie*, pp. 153-155). No atinente às relações das idéias cristãs com o Antigo Testamento, cf. P. FEINE, *Theologie des Neuen Testaments*, Berlin, 1950, pp. 137-139.

de sua própria natureza que é espiritual. a Espírito, como em Rm 1.4, define a própria natureza de Cristo (κατὰ πνεῦμα ἁγιωσύης). As fórmulas de 1 Co 12.13: "temos bebido de um só Espírito" e "o batismo em um só (e mesmo) Espírito", comparam o Espírito a uma substância espiritual.

A natureza "espiritual" de Cristo é ainda nitidamente insinuada em 1 Co 15.45 (πνεῦμα ζωοποιοῦν). O adjetivo πνευματικός indica muitas vezes antes a natureza do que uma relação com o Espírito pessoal. O verbo "dar" (e não enviar, salvo exceção) supõe que o Espírito é concebido como uma coisa: cf. 1 Ts 4.8; 2 Co 1.22; Rm 5.5; 11.8 (citação de Is 29.10); 12.6; Ef 1.17. Leve-se em conta também o uso de πνεύματα (1 Co 14.32).

Compreendido deste modo, à maneira de uma substância, o Espírito poderá definir a própria natureza de Cristo ressuscitado. Isso significa apenas que a vida de Cristo é doravante "espiritual" e desenrola-se segundo a natureza e o poder da divindade, que é Espírito. Cristo possui o poder de santificar e o poder de dar a vida, porque ele é "Espírito" divino; participa no poder Criador de Deus, possuindo a santidade e a própria vida de Deus, e podendo comunicá-la pela função que tem enquanto imagem de Deus, Filho de Deus, Senhor, intermediário ativo e eficiente do lado de Deus.

O cristão participará também desta *natureza* espiritual. Será πνευματικός. Constituirá com Cristo um só Espírito, 1 Co 6.17. Esta natureza é da mesma ordem que a de Cristo, reservando-lhe o privilégio de ser princípio (ἀρχή), chefe de fila etc.

É claro que a distinção teórica entre o Espírito Santo pessoal e a esfera divina do Espírito não é de fácil aplicação para o exegeta paulino. Em concreto, nossa qualidade de "espirituais" está ligada simultaneamente à participação da vida espiritual de Cristo e à comunicação do Espírito Santo por sua presença e seus carismas. Não é sempre possível, ou não tem utilidade alguma, assinalar o limite exato de um termo. a melhor é entender cada fórmula com a imprecisão que tivera na mente de Paulo. Tal imprecisão era riqueza e não pobreza: Paulo encarava globalmente todas as virtualidades que comportam as noções de Espírito e espiritual.

Assim como recusamos identificar Cristo e o Espírito Santo, também não aceitamos um Cristo despersonalizado, de tal modo que esta noção coincida com a de esfera espiritual. Explicar-nos-emos em capítulo posterior. Nem o Espírito Santo, nem Cristo se despersonalizam em face da esfera espiritual.

III - CRISTO, NOSSA SANTIFICAÇÃO

Voltemos à frase sintética que guiou nossas primeiras pesquisas: "É por meio dele que vós estais em Cristo Jesus, o qual se tornou para nós sabedoria por obra de Deus, bem como justiça, santificação e redenção..." (1 Co 1.30)[398].

Inserta no contexto de 1 Coríntios, esta proposição partia da antítese entre a sabedoria cristã (sabedoria vinda de Deus, dom ligado à presença de Cristo no mundo) e a filosofia grega. Paulo, contudo, não consentia em separar o problema grego do problema judaico. Não há senão um problema religioso: o cristianismo é a antítese e o acabamento das religiões antigas, tanto judaica como pagã[399].

O pensamento oscila do judaísmo ao paganismo[400]. Cristo é nossa sabedoria (em antítese com o helenismo) como é nossa justiça (em antítese com o judaísmo). É nossa santificação e nossa redenção: esses dois epítetos, como em aposição à "justiça"[401] exprimem

---

[398] Cf. p. 157.
[399] Encontraremos novamente em Justino posição análoga; ele unirá, com fórmulas, aliás, mais otimistas do que as de Paulo, a revelação do judaísmo e a do paganismo.
[400] A antítese que opõe cristianismo e judaísmo (como justiça), cristianismo e paganismo (como sabedoria) complica-se com uma antítese secundária entre as duas grandes religiões antigas. Na primeira Epístola aos coríntios, o paralelismo antitético secundário começa em 1.22: "Na verdade, os judeus pedem milagres e os gregos procuram a sabedoria; nós, ao invés, pregamos a Cristo crucificado... potência ('miraculosa') de Deus e sabedoria de Deus"; prosseguirá 1.26, com o acréscimo do terceiro termo, "nobreza", que acarretará o emprego de outro termo antitético, coisas desprezadas, insignificantes. O começo da Epístola aos romanos é consagrado simultaneamente aos judeus e aos pagãos, com um paralelismo contínuo: "Oh! em verdade eu não me envergonho do Evangelho, que é a força de Deus para a salvação de todo o crente: primeiramente do judeu, depois do gentio, porque nele se revela a justiça de Deus." Força e justiça, como na 1 Coríntios, visam antes de tudo aos judeus.
[401] δικαιοσύνη τε καὶ ἁγιασμὸς καὶ ἀπολύτρωσις. Seria sedutor, após ter referido "sabedoria" à filosofia grega e "justiça" ao judaísmo, pensar a propósito de "santificação", nas religiões gregas de mistério, e relacionar a "redenção" com a liberação do feitiço exercido pelas religiões astrais orientais. Mas o contexto e a construção da frase devem ser respeitados como lei.

noções concretamente equivalentes a este termo e não equivalentes à "sabedoria"; e, de outra parte, numa oscilação, retornam ao paganismo; é o paganismo que primeiramente tem necessidade de santificação, sendo os judeus considerados puros.

Das quatro características do cristianismo: sabedoria, justiça, santificação, redenção, as duas primeiras são desenvolvidas por Paulo em discussões clássicas que as opõe respectivamente à filosofia grega e à justiça do farisaísmo. A quarta relembra que a cruz é o fundamento da mensagem cristã. A terceira, a santificação, não é, em verdade, objeto de qualquer explanação mais extensa. Paulo, sem dúvida, não teve ocasião de insistir no assunto, porque o aspecto de santidade e santificação penetra todo o pensamento religioso[402].

1. Santidade antiga e santidade nova

A. *Noção e vocabulário*

A santidade desempenha uma função essencial nas religiões semíticas; à noção foi elaborada na revelação do Antigo Testamento.
A santidade era primeiro cultual. É "santo" tudo o que toca os lugares sagrados, a arca, o templo e suas cerimônias. Os sacerdotes, e em seguida o povo inteiro, povo sacerdotal, consagrado ao culto do verdadeiro Deus, são santos. A atividade profética modificou o sentido primitivo da palavra "santo", revelando as exigências morais de Javé. É uma modificação por intervenção de uma idéia religiosa mais perfeita, justaposta à antiga. Sem dúvida, as exigências de Deus são propostas em protesto contra a santidade cultual:
"De que me serve a multidão dos vossos sacrifícios? Estou farto de holocaustos de carneiros e de gordura de animais cevados... As vossas mãos gotejam sangue.
Lavai-vos, purificai-vos..." (Is 1.11-16).

---

[402] Não distinguimos quase neste capítulo santificação e santidade. Santificação porque ἁγιασμός é *nomen actionis*, implica numa atividade; em nosso texto, a atividade de Cristo que nos santifica pela salvação; a santidade adquirida é o termo desta atividade. Em outros casos, ἁγιασμός indicará o processo de santificação que nos é imposto em conseqüência do estado no qual nos achamos.

Nesta passagem como em outras, força-se a idéia para que ela impressione. Pois Isaías respeita o templo mais que ninguém. Não viu ele, em visão, o trono de Javé e os serafins de fogo? Quando o culto não é acompanhado da purificação da vida, Deus dele tem horror e o reprova.

O judaísmo posterior concentrou-se na Lei, mas sem por isso afastar-se do culto e dando valor de exercício religioso, para todos os judeus e na vida cotidiana, a práticas que provinham de um ritualismo primitivo ou do culto.

Fílon de Alexandria interiorizou as exigências de santidade; as purificações do culto ou as outras prescrições mosaicas, que também não se precavia de rejeitar, são consideradas como símbolos de uma santidade interior. O cristianismo (se deixarmos de lado o essenismo)[403] será o primeiro a romper com o culto judaico e a procurar uma santidade proporcionada ao reino de Deus.

A santidade, embora se exprima de início independente do termo ἅγιος e seus derivados, não deixava menos de condicionar a religião grega. Percorreram-se nesta as mesmas etapas que no Antigo Testamento, espiritualizando-se progressivamente a noção de santidade. Mas, faltou ao helenismo a voz dos profetas; além disso, os movimentos de espiritualização, exceto o mistério de Elêusis, desenvolveram-se à margem da religião oficial (orfismo, pitagorismo, cultos exóticos).

Nos Setenta, a palavra hebraica *qodesch*, tão reveladora da religião do Antigo Testamento, é traduzida regularmente por ἅγιος. Isto basta para dar à Bíblia grega colorido religioso próprio.

Fílon de Alexandria emprega sem escrúpulos este mesmo termo grego. O nome de Deus é "santo", assim como o templo e suas cerimônias; a sabedoria é "santa". O próprio Moisés é "santo". Tudo isso no espírito do Antigo Testamento. Ademais – ultrapassando o uso do Antigo Testamento – o νοῦς é "santo" (*Somn.* I, 34), a alma é "santa" (*Somn.* I, 149; II, 251; cf. *Exsecr.*, 159)[404]. Do uso que faz Fílon sobretudo, pode-se afirmar que no ambiente grego de Alexandria, a palavra "santo" e as idéias correspondentes estão bem

---

[403] J. THOMAS, *Le mouvement baptiste en Palestine et Syrie*, Gembloux, 1935, p. 4,32.
[404] O. PROCKSCH, art. ἅγιος, em *Theolog. Wörterbuch*, I, p. 96s.

aclimatadas no período helenístico. Mas em contato com o helenismo ocidental e muito cuidadoso de não "orientalizar", Josefo, ao invés, mostrar-se-á muito reservado em empregar ἅγιος e o verbo ἁγιάζειν[405]. Fá-lo com senso agudo de oportunismo: verifica-se, de fato, que o adjetivo acompanha regularmente influências orientais, acentuando a separação entre o divino e a humanidade[406].

À parte o vocabulário, com o matiz importante que ele traz e que manifesta noções diferentes da divindade, a procura da santidade é, portanto, comum a todo o helenismo como ao judaísmo.

B. *A impureza pagã*

A impureza (ἀκαθαρσία) é normalmente oposta à santidade, e a impureza caracteriza o paganismo. O paganismo é "naturalmente" impuro, porque está fora do culto do verdadeiro Deus, e presta adoração aos demônios "impuros". Da idolatria desenvolve-se a imoralidade (antes de tudo sexual, que é outro foco de impureza). Paulo avalia o paganismo, e concretamente: o mundo greco-romano, segundo o cânon religioso que lhe apresenta o Antigo Testamento e o judaísmo[407].

Por isso, a santidade cristã há de ser definida principalmente em antítese com a vida pagã: "Mas agora, libertos do pecado e feitos servos de Deus, tendes como vosso fruto a santificação e por termo a vida eterna" (Rm 6.22); "eis o que éreis alguns de vós! (Paulo acaba de citar um catálogo de vícios do paganismo). Mas vos abluístes, mas fostes santificados, mas fostes justificados, em nome do Senhor Jesus Cristo e mediante o Espírito do nosso Deus" (1 Co 6.11; cf. 1 Ts 4.3-8).

---

[405] *Ibid.*, p. 105.
[406] O adjetivo ἅγιος aparece com Heródoto (V, 119). Aplica-se geralmente aos santuários, especialmente orientais (inscrições, cf. *Theolog. Wörterbuch*, I, p. 88). No perío-do helenístico, os deuses orientais Ísis, Serápis e Baal, recebem o epíteto. As cerimônias religiosas, sobretudo os mistérios, são "santas", cf. P. Wendland, *Die hellenistisch-römische Kultur*, Tübingen, 1912, p. 155.
[407] Excetuamos, é claro, uma apreciaçbo mais atenuada, que surge esporadicamente nas epístolas. Cf. L. CERFAUX, "Le monde païen vu par saint Paul", em *Studia hellenistica*, V (1948), pp. 155-163.

Os pagãos são "naturalmente" pecadores[408]. Um infiel é por natureza impuro, mas se desposa uma cristã (ou vice-versa, se uma pagã desposa um cristão), a parte pagã entra na esfera da santidade divina, é "santificada"; os filhos de tal matrimônio são "santos" (1 Co 7.14)[409].

Vê-se simultaneamente que a noção de santidade continua " realista", ligada às coisas e às pessoas como uma qualidade permanente, de ordem religiosa (que não deve ser confrontada com noções filosóficas). É resultante da adesão ao verdadeiro Deus, enquanto o paganismo é adesão e sujeição aos demônios pela idolatria e a imoralidade.

C. A santidade do judaísmo

A santidade está ligada à noção do verdadeiro Deus, que é o Santo. A concepção da santidade de Deus domina todo o Antigo Testamento. Se não é explicitamente afirmada senão no Apocalipse, no Evangelho de João e na primeira Carta de Pedro[410], é com clareza suposta por todo o Novo Testamento, como um dado fundamental. Da santidade de Deus deriva, para Paulo como para todo o seu, ambiente, a dos anjos, da comunidade e de tudo o que toca o culto. Diríamos de bom grado, ademais, que o *Espírito Santo* realiza a idéia da santidade divina[411]. Paulo classifica na idéia de santidade o judaísmo, porque santidade e verdadeiro Deus se correspondem, Gl 2.15; Rm 11.16[412].

---

[408] ἡμεῖς φύσει Ἰουδαῖοι καὶ οὐκ ἐξ ἐθνῶν ἁμαρτωλοί (Gl 2.15). Paulo fala assim em Antioquia, num ambiente judeu, à maneira judaica. Nos meios pagãos, é mais reservado, servindo-se mesmo de bom grado do título Ἕλληνες, que não tem o matiz de desprezo encerrado em ἔθνη).

[409] Cremos que a noção de santidade aqui é análoga à santidade cristã no sentido comum e pleno. Não podemos supor que o crente pagão é incorporado ao corpo de Cristo. O mesmo sucede com os filhos nascidos desta união; sua santidade não é da ordem da santidade conferida pelo batismo. Em sentido contrário, cf. O. CULLMANN, *Die Tauflehre*, p. 38, com as incidências sobre a questão do batismo das crianças.

[410] Ap 4.8; 6.10; Jo 17.11; 1 Pd 1.15s; (cf. Mt 6.9; Lc 11.2).

[411] A fórmula "o Espírito Santo" é corrente em Paulo e relativamente rara no Antigo Testamento. É, contudo, indubitável a origem judaica e sua pertença ao cristianismo primitivo.

[412] Paulo adota aqui as idéias judaicas. O culto opõe diametralmente santidade e impureza.

A santidade identifica-se de algum modo com a vocação do povo e com seus privilégios. Os judeus possuem o verdadeiro culto, a Lei, as promessas, os patriarcas, a verdadeira noção de Deus, o conhecimento da vontade divina...; os anjos que aparecem em sua história são os anjos de Deus. Tudo isto é santo; mas esta santidade era provisória, subordinada a uma santidade segundo o Espírito, que eles deviam receber de Deus. Em suma, acontece com a santidade o mesmo que sucede à justiça. Os judeus não compreenderam o caráter provisório de sua economia.

D. *A santidade cristã*

1. No início de sua carreira, Paulo une regularmente a mensagem de santidade à parusia de Cristo. "Ele próprio, o Deus da paz, – escreve aos tessalonicenses – vos santifique até à perfeição, e que todo o vosso ser, o espírito, a alma e o corpo, se conserve irrepreensível para a vinda de nosso Senhor Jesus Cristo" (1 Ts 5.23). Vida "espiritual" sob os diversos carismas, vida moral, vida corporal: todas as nossas atividades serão purificadas por Deus, santificadas para serem dignas dele na parusia. "(Nós vos animamos e conjuramos) a procederdes de maneira digna de Deus, que vos chama a seu reino e à sua glória" (1 Ts 2.12). Paulo reza pelos fiéis: "Que o nosso Deus vos torne dignos de seu chamamento e realize eficazmente todo o vosso propósito de bem e a obra de vossa fé. Assim será glorificado (segundo o contexto, na parusia) em vós o nome de nosso Senhor Jesus Cristo, e vós nele, pela graça (que Deus concede) e do Senhor Jesus Cristo" (2 Ts 1.11ss). "Que os vossos corações se conservem irrepreensíveis na santidade diante dê nosso Deus e Pai, para o dia da vinda de nosso Senhor Jesus Cristo, com todos os seus santos" (1 Ts 3.13). Não devemos participar do cortejo de honra, com os anjos? "Deus vos escolheu como primícias da missão evangélica[413], para vos salvar mediante a santificação do Espírito e a fé na verdade. Sim, a isso é que ele vos chamou por meio de nossa pregação do Evangelho, à obtenção da glória de nosso Senhor Jesus Cristo" (2 Ts 2.13).

---

[413] Vê-se que Paulo tinha a impressão de começar uma vasta campanha de evangelização, cujas primícias são as fundações da Macedônia.

Tal preparação para a santidade define, aliás, o estado cristão atual: por ela somos agradáveis a Deus desde aqui, conformando-nos à sua vontade. "Certo, a vontade de Deus é esta (esta nos é conhecida pelo ensinamento do Senhor Jesus, 4.1s): que vos santifiqueis, que vos abstenhais da fornicação, que saiba cada um de vós possuir seu corpo na santidade e na honra..." (1 Ts 4.3s)[414].

Esta vontade de Deus exprime-se no dom do Espírito Santo, exigência de santidade atual: "Deus, de fato, não nos chamou para viver na impureza, mas na santidade. Quem, portanto, despreza esses preceitos, não despreza a um homem, mas aquele Deus que também difunde o seu Espírito em vós" (1 Ts 4.7s; cf. 2 Ts 2.13s)[415].

2. É um fato que as Epístolas aos tessalonicenses dão um vasto lugar à escatologia. O Messias veio, a salvação anunciada se manifestava, Cristo entrou na glória e convocava os fiéis. Na Macedônia, Paulo encontrou espíritos preparados para ouvirem e anelarem pelas promessas gloriosas. Os cristãos de Corinto serão menos sensíveis a estas esperanças do que ao gozo imediato e atual dos bens cristãos pelos carismas. Querem uma religião que seja uma sabedoria e uma mística.

Indubitavelmente, o Apóstolo há de relembrar sempre a seus discípulos que o cristianismo excita uma fome que na Terra não se apazigua; que os dons do Espírito, por ricos que sejam, são apenas arras e primícias das alegrias futuras, e que a Ressurreição dos mortos se ergue no fim da alameda que hoje nossos passos atravessam penosamente. Admite, contudo, que se possa recensear as riquezas que a religião de Cristo põe entre nossas mãos. Mesmo se o Senhor tarda a voltar, temos de viver, ser fiéis, conservar a fé, a caridade e todas as atitudes prescritas pelo Senhor Jesus, a vida na pureza e a santificação. O poder do Espírito manifestado na ressurreição age sobre o mundo à voz dos apóstolos, as Igrejas se organizam e a religião nova traz uma sabedoria superior à dos gregos, uma justiça

---

[414] Uma vez ainda, é a parusia que está no horizonte. Somos chamados à participação da glória real e divina de nosso Senhor.

[415] Acrescentemos ainda aqui, como motivo principal, a preparação para a parusia. Esta relação entre a santidade e a escatologia pode ser primitiva. Quanto ao emprego de οἱ ἅγιοι na comunidade primitiva, cf. *La Théologie de l'Église*, pp. 91-99. W. G. KÜMMEL, *Kirchenbegriff und Geschichtsbewusstsein*, pp. 16-18.

mais verdadeira que a dos judeus. Uma raça nova, inteiramente religiosa, nasce, à qual é assegurado o futuro, até mesmo um futuro terrestre.

A interpretação exata dos valores cristãos obriga-nos, pois, a dizer que a vida nova se organiza em função de uma santidade presente. Estabelecido num estado de santidade atual, por causa da presença dos bens divinos, o cristão deve viver em harmonia com as realidades divinas possuídas desde agora. A santidade "atual", apanagio da raça nova, torna-se a razão da vida religiosa.

Os cristãos mudaram de serviço. Outrora, eram escravos do pecado que os levava à morte; doravante estão submissos à justiça de Deus, para a vida eterna. "Do mesmo modo que oferecestes os vossos membros para serem escravos da imundície e do desregramento, para viverdes na iniqüidade, assim agora ponde os vossos membros a serviço da virtude, para viverdes na santidade (εἰς ἁγιασμόν)" (Rm 6.19). O fruto desta vida será a santificação, o termo será a vida eterna (Rm 6.15-23). A vida santa não é, pois, simplesmente uma exigência de Deus em vista da parusia. É o próprio exercício do "cristianismo" e a eflorescência de sua justiça. O que os profetas do Antigo Testamento tinham entrevisto quando opunham ao culto as exigências da moralidade impostas por Deus aparece doravante em plena luz; a própria Santidade de Deus se comunica aos homens no dom de "justiça", e este, conaturalmente, reclama do homem uma vida conforme à pureza divina.

Paulo, vai, portanto, insistir simultaneamente na santidade atual da vida cristã e em suas exigências intrínsecas. É a justo título que os cristãos são chamados os "santos", ἅγιοι, não mais apenas" santos" em previsão da função que hão de preencher na parusia, mas os "santos", porque atualmente, dignos de Deus e conformes a Deus. São "santificados" em Cristo Jesus (1 Co 1.2), são "eleitos santos", constituindo desde já esta "santa Assembléia" da qual a Assembléia do deserto foi o protótipo. Outrora – sempre o mesmo contraste com a vida pagã, impura quase por definição, e com a vida nova – eles foram tudo o que se pode imaginar: impudicos, idólatras, adúlteros, efeminados etc.; agora foram purificados, "justificados, em nome do Senhor Jesus Cristo e mediante o Espírito do nosso Deus" (1 Co 6.9-11).

Nas fileiras cristãs, a solteira e a virgem têm uma vocação especial à santidade; elas se preocupam unicamente com as coisas do Senhor, para serem santas de corpo e de espírito. São consagradas a Deus, e por isso a santidade, de modo todo particular, a elas se impõe (1 Co 7.34). Toda comunidade, aliás, é como uma virgem casta que o Apóstolo desposou a um único esposo, apresentando-a a Cristo (2 Co 11.2).

3. Como a santidade é especialmente ligada ao culto, não é de admirar ver a santidade cristã expressa em fórmulas cultuais: "Exorto-vos, pois, irmãos, escreve o Apóstolo aos romanos, a oferecer os vossos corpos como vítima viva, santa, agradável a Deus (θυσίαν ζῶσαν ἁγίαν τῷ Θεῷ εὐάρεστον), como vosso culto racional" (Rm 12.1).

Do mesmo modo que a vítima é santificada pela oblação, é escolhida sem mácula, assim também o corpo dos cristãos a serviço de Deus, por meio de costumes santos. Assim ainda, a oferta dos gentios será agradável a Deus, santificada no Espírito Santo (Rm 15.16). O corpo dos cristãos é um templo, consagrado pela presença do Espírito Santo; por este motivo ainda, a santidade é tanto adquirida como reclamada. "Não sabeis que o vosso corpo é templo do Espírito Santo, que habita em vós, que vos foi dado por Deus, e que vós não sois senhores de vós mesmos? Na verdade, fostes comprados a elevado preço. Glorificai, pois, a Deus no vosso corpo" (1 Co 6.19s).

A comunidade cristã inteira é um templo: "Sois templo de Deus e o Espírito de Deus habita em vós. Ora, se alguém destrói o templo de Deus, Deus destrui-lo-á. Porque sagrado é o templo de Deus, e tal templo sois vós" (1 Co 3.16s). Toda a Igreja é uma construção cuja chave de abóbada é Cristo, um templo santo no Senhor, no qual "também vós sois incorporados na construção, para formar, pelo Espírito, a habitação de Deus" (Ef 2.21s).

Um texto da Epístola aos efésios amalgama os três temas da santidade: santidade requerida para a parusia, santidade exigida da noiva, santidade das vítimas oferecidas a Deus[416]. À primeira vista, Paulo desenvolve a comparação da santidade da desposada: a Igreja,

---

[416] A mistura de temas caracteriza, conforme já observamos em outras ocasiões, as epístolas do cativeiro.

esposa que Cristo preparou para si, é uma virgem que ele apresenta a si mesmo (como o Apóstolo lhe apresentava a virgem casta que era a Igreja de Corinto). "Maridos, amai as vossas mulheres, como Cristo amou a Igreja e se entregou a si mesmo por ela, a fim de a santificar, purificando-a com o lavacro de água juntamente com a palavra, para apresentar a si próprio essa Igreja resplandecente de glória, sem mancha, sem ruga, nem coisa alguma semelhante, para que seja santa e irrepreensível" (Ef 5.25-27).

O gesto da apresentação da esposa toma o aspecto de uma oferta litúrgica. No Apocalipse de João há igualmente junção dos dois ritos, a celebração de uma liturgia celeste e a das núpcias do cordeiro. Sem dúvida, podem-se aplicar à beleza da noiva e ao esplendor da castidade as fórmulas de nossa epístola. Ela é sem mácula (μὴ ἔχουσαν σπίλον) nem ruga, nem coisa semelhante. É santa e irrepreensível (ἄμωμος). Mas, todos estes qualificativos. convêm mais a uma vítima, e a primeira de Pedro diz precisamente do cordeiro imolado que ele é "sem defeito e sem mácula" (ὡς ἀμνοῦ ἀμνώμου καὶ ἀσπίλου Χριστοῦ) (1 Pd 1.19).

Sem dúvida ainda, a fórmula καθαρίσας τῷ λουτπῷ τοῦ ὕδατος (v. 26) teria em segundo plano o banho pré-nupcial da noiva. Temos de confessar que faz pensar, com maior facilidade, na purificação das vítimas, ou mesmo dos sacerdotes antes do sacrifício[417].

As palavras de explicação παραστήσῃ... ἁγία καὶ ἄμωμος nos levam, aliás, às fórmulas que interpretamos como referentes à parusia, Cl 1.22; Ef 1.4; 1 Co 1.8.

Na parusia é que se dará a apresentação da esposa e que as núpcias do cordeiro terão pleno acabamento; o pensamento não faz abstração desta consumação. A Igreja terrestre está a ponto de se tornar Igreja celeste ou já é "misticamente", a Igreja celeste, é a construção que se eleva para o céu. Escatologia e realidade presente se identificam. Desde já, a Igreja é a esposa celeste, possui a glória e beleza que a tornam digna do esposo. Para tal, ela foi lavada na ablução batismal, que a palavra de Deus tornou eficaz de maneira totalmente superior à do banho nupcial dos casamentos comuns.

---

[417] Cf. T. K. ABBOTT, *Epistles to the Ephesians and to the Collossians*, Edinburgh, 1909, *ad loc.*

4. Comparando as noções de purificação e de santificação vemos que a purificação é a preparação que nos introduz no estado de santidade. O batismo nos lava e nos purifica e sabemos que obtém este privilégio da morte de Cristo, à qual nos une[418]. A santificação vai além da purificação; exprime o estado de esposa ou o de templo. Faz de nós morada do Espírito[419].

Se encarássemos as coisas sem preocupação com os matizes do vocabulário, teríamos de dizer que santidade e justiça se identificam. A noção de santidade atua sobre a de justiça e confere-lhe o caráter "realista". Somos transformados, "sobrenaturalizados", por uma qualidade divina que nos cria novamente e nos introduz no mundo de Cristo, do Espírito Santo, do reino celeste, de Deus. Fazemos nossas as explicações do Prat e do Lemonnyer. "A justiça, diz o Prat, não é (nos cristãos) simples ficção; é tão real e tão pessoal quanto o pecado que ela substitui. Não é mais somente o prelúdio de uma vida nova e uma espécie de lado negativo da operação divina da qual a santificação seria o complemento positivo. É a própria vida nova em si mesma e de fato identifica-se com a santificação"[420]. O Lemonnyer fala do "evidente realismo do estilo e do pensamento de Paulo". "A fé de Paulo, continua ele, e a justificação, à qual serve de base, são valores da ordem mística ou pneumática. Digamos, mais precisamente, da ordem da graça[421]...".

Na Epístola aos romanos e na Epístola aos gálatas, por causa mesmo da polêmica travada com os judaizantes sobre a noção de justiça, Paulo insistirá mais na origem da graça (justificação) do que na característica intrínseca de santidade. Nas Epístolas aos tessalonicenses, ao contrário, onde a polêmica com os judeus-cristãos não

---

[418] Cf. 1 Co 6.20: "Fostes comprados" corresponde à purificação pelo batismo: trata-se da redenção.

[419] Se considerarmos a justificação como o ato inicial que nos introduz na justiça, poderíamos estabelecer as equações purificação-justificação: santidade-justiça.

[420] *La Théologie*, I, p. 201.

[421] *Théologie du Nouveau Testament*, Paris, 1928, p. 91. Não vemos em que o conteúdo positivo atribuído pela teologia católica à justiça atenue o sentimento de falta e de pecado que a teologia luterana teria salvaguardado melhor (O. TULILAE, "Zur Erörterung der Schuldfrage in der Theologie", em *Theolog. Literaturzeitung*, LXXIV [1949], col. 387).

o preocupava, a idéia de santidade é posta em evidência: 1 Ts 4.3.4.7; 5.23; 2 Ts 2.13.

2. A Santidade e Cristo

Já observamos como o Espírito Santo e Cristo entram em concorrência nos temas paulinos; isto acontece especialmente ao se tratar de santidade. Faz-se mister que seja assim. Se Cristo é o agente de nossa santidade, o Espírito Santo, à Espírito de santidade, é por definição seu princípio.

Temos de levar em conta esta dualidade para encontrarmos explicação acerca da relação bastante vaga que existe entre Cristo e santidade cristã.

No vocabulário paulino, Cristo não se denomina "o Santo", enquanto o cristianismo primitivo conhece esta fórmula[422]. Cristo não se identifica com a santidade. É por metonímia que é chamado nossa santificação. É a ele que devemos nossa santidade, porque no-la trouxe da parte de Deus, porque ele se fez anátema por nós e em nosso lugar; ele nos remiu do pecado, lavou-nos, santificou-nos. Sua função santificadora se exprime mais diretamente pela idéia de redenção, como, aliás, ressalta de nosso texto de 1 Co 1.30 que se poderia parafrasear: Cristo, agente de nossa santificação, santifica-nos redimindo-nos. No caso em que, como em 1 Co 6.19-20, a missão do Espírito se distingue fortemente da missão de Cristo, o Espírito consagra por sua presença e Cristo resgata: "Não sabeis que o nosso corpo é templo do Espírito Santo, que habita em vós, que vos foi dado por Deus, e que vós não sois senhores de vós mesmos? Na verdade, fostes comprados a elevado preço. Glorificai, pois, a Deus, em vosso corpo"[423].

A santificação é apresentada como o fim e o termo da redenção: "Cristo amou a Igreja e se entregou a si mesmo por ela, a fim de a

---

[422] Os atributos "sábio" e "justo" são reservados a Deus. Paulo também não afirma que Deus é "santo". O Espírito concentra em si o atributo de santidade.

[423] Distintos, os dois temas do templo e do resgate, são, no entanto, unidos; a presença do Espírito, dom de Deus, é uma conseqüência de nossa pertença a Deus, e esta é fruto da redenção.

santificar, purificando-a com o lavacro de água juntamente com a palavra" (Ef 5.25s).

Não esgotamos, contudo, todo o significado de nossos textos com a noção de causa eficiente. A causa se comunica em seu efeito: nossa santidade participa da santidade de Cristo. A Igreja está unida a seu esposo, o princípio de. sua santificação (Ef 5.26s). Somos templo santo, habitação de Deus graças ao dom do Espírito, e este templo que somos recebe coesão de Cristo; constrói-se e eleva-se incessantemente, participando dele (Ef 2.21s)[424]. A santidade de Cristo comunica-se a todo o edifício. A idéia de comunicação está ainda marcada na comparação de Ef 4.16: esta construção que se ergue no Senhor é ao mesmo tempo a constituição do corpo de Cristo. Cristo é a cabeça, donde deriva a direção e a natureza do corpo inteiro.

Fórmulas mais imprecisas: "santificados em Cristo Jesus" (1 Co 1.2); "mas vos abluístes, mas fostes santificados, mas fostes justificados, em nome do Senhor Jesus Cristo e mediante o Espírito de nosso Deus" (1 Co 6.11), devem ser explanadas à luz de textos mais precisos. Em nossa santificação se exerce a eficiência de Cristo, e esta reclama simultaneamente comunicação e participação[425].

Paulo não podia identificar Cristo com o Espírito Santo. E, contudo, encarada a obra de santificação, é levado a conceber Cristo com atributos que o assemelham ao Espírito Santo. Cristo é "espírito de santificação" (Rm 1.4). Este texto é o que de mais expressivo Paulo escreveu: "Cristo nascido, segundo a carne, da estirpe de Davi,

---

[424] De novo, neste último texto, a missão do Espírito e a de Cristo estão coordenadas, permanecendo distintas. As duas expressões ἐν κυρίῳ (v. 21) e ἐν πνεύματι (v. 22) estão longe de exprimir a mesma idéia. A habitação de Deus em nós realiza-se com a presença do Espírito (ἐν πνεύματι), o dom de Deus para transformar e santificar o cristão. O templo, porém, está sob a influência do Senhor, a pedra fundamental ou a chave de abóbada, a fazer a coesão do edifício e influir de modo muito especial na construção do edifício, porque constitui o plano e a matéria do mesmo (cada um torna-se elemento do edifício sagrado à medida que participa dele, ἐν κυρίῳ). Gramaticalmente, ἐν πνεύματι especifica κατοικητήριον, enquanto ἐν κυρίῳ determina a expressão composta αὔξει εἰς ναὸν ἅγιον.

[425] A expressão "em nome do Senhor Jesus Cristo" de 1 Co 6.11 foi provavelmente aduzida pela alusão ao batismo implicada na primeira afirmação: "mas vos abluístes", num contexto em que sublinha a antítese entre a impureza pagã e o estado cristão.

constituído Filho de Deus, com todo o poder, segundo o espírito de santificação, mediante a ressurreição dos mortos". Já sabíamos que a ressurreição de Cristo dele fizera espírito vivificante com poder de dar vida, uma vez que o Espírito pertence à esfera do divino que não é só vida, mas também santidade. Paulo determina agora: a ressurreição transformou-o em espírito santificador, ao mesmo tempo que espírito vivificante; a vida que ele dá é uma participação na vida do céu, divina, essencialmente santa[426].

---

[426] A fórmula πνεῦμα ἁγιωσύνης não é simples tradução de *ruaḥ haqqodesch*. Deve-se entender ἁγιωσύνη em sentido ativo, em paralelo com ἐν δυνάμει. Paulo assinala que Cristo ressuscitado é princípio de vida nova dos cristãos.

Capítulo V
CRISTO, NOSSA VIDA

1. Uma síntese paulina na Epístola aos romanos. Justiça e dom (graça); graça e vida; justiça, vida, Espírito (fórmula "trinitária").
2. Cristo, causa eficiente e exemplar (com uma tonalidade de presença e de identidade) da vida do cristão – A teoria de Cristo-substância. Cristo vivo em nós é Cristo pessoal – "Viver em Cristo" – O "batismo em Cristo" (Rm 6.3.11 e Gl 3.27). Exegese antiga e exegese moderna – "Ser em Cristo" é "revestir-se de Cristo". O uso de "Cristo" em 1 Co 12.12 – Maior união mística a Cristo do que a Cristo místico.
3. Comunidade de vida e raça nova – Raça nova e Homem novo – Cristo coletivo – Conclusão.

Deparamos com um dos gonzos teológicos no decurso da explanação do primeiro livro, ao tratarmos como a ressurreição de Cristo exerce eficiência sobre a vida cristã atual.

Tínhamos experimentado recolocar esta afirmação no conjunto do pensamento cristão primitivo. A ressurreição de Cristo é o grande acontecimento do mundo, uma transformação diante da qual as mudanças do império ou as crises de civilização nada são. É o primeiro, ato das realizações escatológicas, o sinal de todas as ressurreições e da última intervenção de Deus. Na ressurreição de Cristo começou o mundo novo. Poder-se-ia, numa lógica fria, circunscrever o evento exatamente à ressurreição de Cristo e a suas conseqüências escatológicas. Não foi assim, contudo, que as coisas se passaram. A comunidade primitiva, tendo vivido os dias de Pentecostes, interpretou-os como uma penetração no presente das realidades do fim dos tempos: o Espírito pertence aos bens celestes, constitui nossa herança; os carismas são as primícias de nossos bens, que desde agora nos são concedidos. Paulo – é o que há de próprio em sua intuição – considerou, além disso, nossa vida atual, transformada por uma ressurreição antecipada. Penhor do Espírito ou ressurreição antecipada, a humanidade atual, os homens, que somos, já estão desde já transformados pelo acontecimento escatológico.

Tal transformação não pode ser, para dizer a verdade, senão uma nova criação. Quem deu ao homem, na primeira criação, a natureza terrestre, deve voltar ao cenário para lhe dar a perfeição de ser espiritual ou de ser que vive uma vida de ressuscitado. Assim, a ressurreição de Cristo mostrar-se-á como o nascimento do homem-tipo da linhagem dos últimos dias, chefe de fila de uma raça de homens novos espirituais.

Antes de analisarmos mais atentamente o aspecto do pensamento paulino, representado pela noção de "vida" cristã, e querendo mostrar que Paulo tem consciência de exprimir de maneira diferente uma realidade fundamental, o dom cristão, múltiplo em sua munificência, seguimos a síntese que ele mesmo esboçou na Epístola aos romanos acerca das noções de justiça, santificação e vida.

I - GRAÇA (JUSTIÇA), ESPÍRITO (SANTIFICAÇÃO), VIDA DE CRISTO

Paulo descreve (Rm 3-8) a realidade sobrenatural que constitui o cristão. A santificação marca de um lado uma qualidade positiva "real" de nosso "ser" novo, do qual a justiça exprimiria talvez um aspecto mais jurídico: de outro lado, ela se prende intimamente à vida sobrenatural que recebemos de Cristo ressuscitado e à eficiência do Espírito Santo. Justiça, santificação, vida e espiritualização designam, de pontos de vista diferentes, a única e mesma "qualidade" real e pintam o ser novo do cristão.

"Justiça" faz o acordo entre a vida cristã e a teologia do judaísmo; "vida" provém, em última análise, da fé na ressurreição de Cristo e leva à "mística" de Cristo; "espiritualidade" exprime a experiência que fez o cristianismo de uma nova intervenção do Espírito Santo no mundo.

1. Justiça e graça (Rm 3.21-4.25)

Os termos "justificar", "justiça", "justificação" começam a aparecer nas controvérsias sobre a obrigação da Lei de Moisés e a "pureza" dos cristãos vindos do paganismo. Conhece-se a tese do Apóstolo: a profissão do cristianismo pela fé e pelo batismo produz a justiça e a santidade. Segundo o vocabulário judaico transposto: o homem doravante não se justifica pela Lei, mas pela fé. A justiça cristã estará, pois, em antítese com a justiça judaica. Mas logo em seguida, justamente por causa da experiência cristã, a noção se aprofunda: à liberação do pecado, aspecto negativo, à amizade com Deus, aspecto mais. jurídico, corresponde a constituição de um estado "real" de pureza e de santidade.

Nas Epístolas aos tessalonicenses, Paulo evitou falar de "justiça"; transmitiu a mensagem da santidade, voltada antes de tudo para a parusia, sem excluir um *estado* atual. Nas epístolas maiores, o acento se desloca. Paulo já não insiste tanto na preparação para a parusia, mas na realidade divina presente na vida cristã. A grande controvérsia com os judeus-cristãos tinha introduzido em seu ensino a problemática da "justiça", sendo escolhido o termo "justiça" para designar concretamente esta "santidade" produzida por Deus, que forma em nós o *ser cristão: cf.* 1 Co 6.11; 2 Co 5.21; 6.14. Vem em seguida uma nova ampliação do pensamento: os valores religiosos do paganismo e do judaísmo, sabedoria e justiça, condenadas por Deus, são substituídas por uma nova sabedoria de Deus e uma justiça de Deus que descem do céu.

A "justiça" é, pois, o dom de Deus por excelência. A fórmula que aparece primeiro em Rm 3.24 (gratuidade), 27ss (sem obras) faz sobressair o aspecto de gratuidade do dom divino. A antítese fundamental Lei-fé termina em outra, obras da Lei-gratuidade do dom divino. "Vem da fé, a fim de que ela seja gratuita" (ἐκ πίστεως, ἵνα κατὰ κάριν Rm 4.16; cf. 6.13), diz Paulo. A "justiça" poderá, pois, ser chamada também "graça" (Rm 5.2.15.17.20.21 etc.; 6.14.15 etc.). A teologia católica foi bem inspirada ao adotar a fórmula "graça santificante", que exprime a síntese da gratuidade e do aspecto positivo da "justiça".

2. Graça e vida (Rm 5-6)

Num segundo ciclo de comentários teológicos sobre a justiça, Paulo insere na descrição do estado cristão a fórmula *vida*.

O Antigo Testamento já fornecia uma noção religiosa da "vida". A vida é o benefício de Deus por excelência. A vida presente termina na ressurreição dos corpos, vivificação escatológica, benefício futuro. A estas noções une-se a idéia de "vida eterna", cuja evolução é diferente, sendo simultaneamente grega e rabínica.

O judaísmo alexandrino, depois combinou uma idéia estóica (a vida segundo a virtude, sobretudo a justiça) com a noção da vida sobrenatural que Deus dá à alma por sua presença. Distinguia-se de uma θνητὴ ζωή uma ἀληθινὴ ζωή, vida real e divina, produzida por uma δύναμις de Deus[427].

Sem que esses precedentes tenham necessariamente influenciado na síntese paulina, podem ter ajudado a exprimir e a definir as noções que entram em sua composição.

A ressurreição de Cristo foi a primeira comunicação desta vida divina. Funda a certeza de nossa própria ressurreição e de nossa vida de ressuscitados com Cristo (cf. 1 Ts 4.14; 5.9s). Somos arrastados por um movimento que começa em Cristo. Nosso ser cristão é uma participação na vida de Cristo ressuscitado, de sorte que a vida de Cristo comunicada é apenas a outra face da qualidade fundamental do cristão, expressa pelos termos justiça-santidade-graça.

Na Epístola aos gálatas, as duas correntes de idéias não se compenetram tão totalmente; Gl 2.19-20, contudo, insere o tema "vida" no meio da explanação sobre a justiça (cf. Rm 1.17). Na Epístola aos romanos, Paulo estabelece conexões mais estreitas entre os dois temas.

Uma análise dos capítulos 5 e 6 revela o processo. Paulo até aqui desenvolveu o tema justiça-graça; em 5.10, anuncia o tema "vida".

No v. 18, a intenção de ligar os temas é flagrante na fórmula εἰς δικαίωσιν ζωῆς (cf. v. 21). O capítulo 6 contém as respostas (logo transformadas em exortações) às duas objeções originárias da doutrina da graça. Na sua resposta à primeira objeção, o Apóstolo limita-se de início à antítese morte-vida (6.1-14), que ele fundamenta no simbolismo do batismo. No fim, os termos "justiça" e "graça" reaparecem (v. 13ss). A segunda parte do capítulo (15-23), correspondendo à outra objeção, desenvolve a antítese "Lei-graça". De novo,

---

[427] R. BULTMANN, art. ζάω, em *Theolog. Wörterbuch*, II, pp. 856-862.

os temas "graça", "justiça" e "vida" estão estreitamente misturados na explicação da antítese fundamental. A Lei, isto é, o pecado, a servidão, a morte; a graça, isto é, a justiça, a santidade (v. 19), a liberdade (vida)... Paulo condensa suas idéias nos dois sumários dos vv. 22ss: "Mas agora, libertos do pecado e feitos servos de Deus, tendes como vosso fruto a santificação e por termo a vida eterna. É que o salário do pecado é a morte, ao passo que o dom gratuito (χάρισμα) de Deus é a vida eterna".

3. Justiça – vida – Espírito

Em relação com os bens divinos prometidos aos cristãos, o Espírito Santo já os torna presentes em nosso mundo (Rm 8.23; 2 Co 1.22). Nas Epístolas aos tessalonicenses, o Espírito está unido a todas as manifestações extraordinárias, milagres externos e internos que acompanham a pregação cristã. As outras manifestações extraordinárias se desvanecem diante dos carismas propriamente ditos na primeira Epístola aos coríntios, que assim volta pouco a pouco à noção primitiva dos dons espirituais, profecia e glossolalia, tais como apareceram na Igreja de Jerusalém.

Bruscamente, relembrando aos gálatas (Gl 3.2), as manifestações espirituais que assinalaram seu batismo e os primeiros passos de sua comunidade, assim como os milagres da fundação de sua Igreja, Paulo os interpela: são obras da Lei ou antes fruto da pregação cristã e da fé? Somos introduzidos assim na problemática Lei-fé, e os milagres e carismas se inscrevem na esfera da "justiça" cristã.

No resto da Epístola, os dons espirituais e a justiça permanecem conjuntos; cf. 3.14: recebemos pela fé a promessa do Espírito, isto é, o Espírito prometido; 4.6: "Ora, porque vós sois seus filhos (em conseqüência da fé e da justificação), Deus enviou aos vossos corações o Espírito de seu Filho" (cf. Rm 8.15). Ao mesmo tempo, as duas antíteses fundamentais carne-Espírito e morte-vida estão enlaçadas: "Ora, os que pertencem a Cristo Jesus crucificaram (fizeram morrer) a carne com as suas paixões e os seus desejos. Se vivemos pelo Espírito, sigamos como norma o Espírito" (Gl 5.24s). Em antítese com a cadeia: pecado, morte, carne estabelece-se outra: justiça e santificação, ressurreição e vida, Espírito.

Voltemos à Epístola aos romanos. No capítulo 7 começa o terceiro ciclo das explanações sobre a justiça. Às duas primeiras equivalências "justiça-santificação", "graça e vida", Paulo acrescenta o Espírito. Exortando a "andar segundo o Espírito", demonstra possuir o cristão, no Espírito, um princípio que substitui a Lei e a ultrapassa. O Espírito, tanto como a Lei, fundamenta a moral, mas só ele dá a força de praticá-la. A Lei é morta, substituída pela "novidade do Espírito" (7.6). O Espírito de Deus se opõe daí em diante vitoriosamente à carne (7.25-8.11). A interpenetração dos temas é cientemente elaborada em algumas frases sintéticas: "*A Lei do Espírito da vida em Jesus Cristo*" (ὁ γὰρ νόμος τοῦ πνεύματος τῆς ζωῆς ἐν Χριστῷ Ἰησοῦ) libertou-vos da Lei do pecado e da morte. Efetivamente, aquilo que a Lei não podia fazer, porque estava debilitada por causa da carne, fê-lo Deus, ele enviou o *seu próprio Filho* em carne semelhante à carne pecadora, para expiar o pecado, condenou o pecado na carne, para que *todas as exigências justas da Lei* se cumprissem em nós, que não andamos segundo a carne, mas *segundo o Espírito*" (8.2-4). Os três grandes temas se misturam novamente, um pouco mais adiante, 8.9-11, com o resumo significativo: o Espírito é vida pela justiça (v. 10).

Neste terceiro ciclo, o termo "graça" não reaparece mais. Na realidade, o Espírito é um equivalente, sendo concretamente χάρις e χάρισμα, dom realizado de Deus, realidade divina que nos é concedida gratuitamente.

Assim, o horizonte se alarga à medida que seguimos o movimento ascensional do pensamento do Apóstolo. A riqueza do "ser cristão" se exprime pelas fórmulas: justiça, santidade e graça; vida em Cristo; Espírito. É a nossa nova natureza inteira. Compreende-se melhor o erro do protestantismo de isolar a noção da justiça: isolando-a, ele a desnatura.

Todas as correntes do pensamento paulino convergem para a unidade porque exprimem uma só realidade, projeção em nossa vida da unidade divina. Todavia, à Trindade das Pessoas divinas corresponde tríplice aspecto de nossa vida cristã: o Pai concede a graça, justiça concedida aos homens na redenção de Cristo Jesus; pelo Espírito, a vida de Cristo ressuscitado é uma eficiência que age nos cristãos e estabelece-os numa vida nova; o Espírito do qual participamos santifica nossas vidas. Assim, esta realidade místico-real única, graça do Pai, vida de Cristo, presença do Espírito é em nós como que o selo da Trindade[428].

II - A VIDA DO CRISTÃO E CRISTO

1. Cristo, "causa" da vida cristã

Segundo a linha da teologia paulina, o poder que ressuscitou Cristo não se detém nele, mas produz a vida no cristão; uma vida que é da mesma origem e da mesma natureza que a de Cristo ressuscitado. Como se a vida, essa vida nova e divina, transbordasse de Cristo e se espalhasse por todos os cristãos para criá-los novamente, renová-los em seu ser.

Cristo ressuscitado é assim o centro, a fonte donde mana uma vida que é o prolongamento, o desabrochar da sua. Sua vida é eficiente e santificante (Rm 1.4), vivificante (1 Co 15. 45), espiritual e espiritualizante (Rm 1.4; 1 Co 15.45). Somos levados a uma definição do ser cristão e daí à de uma "mística" paulina. Esta concepção da natureza do cristão, no prolongamento da vida de Cristo ressuscitado, é a que se depreende naturalmente do progresso da teologia. Não é preciso apelar para o animismo ou para o mito. O essencial da relação entre a vida de Cristo e a do cristão provém de uma referência de causalidade: Cristo ressuscitado é a origem de nossa vida. Contudo, a noção filosófica de causa eficiente foi superada; a noção cristã é mais concreta e sobretudo enxerta-se nas relações muito especiais de Deus e do Espírito com a criatura e nas concepções escatológicas. Assim, a influência de Cristo em nossa vida comporta uma tonalidade de presença (antecipação da parusia, depois simples presença), e nossa dependência da vida de Cristo acompanha-se de uma semelhança, que avança no sentido da identidade, de nossa vida com a de Cristo. Mas, as categorias de causa, de influência e de semelhança ficam no primeiro plano e são elas que

---

[428] Cf. 1 Co 12.4-6 onde o Espírito está relacionado com os "dons", o Senhor com os "ministérios", o Pai com as "operações" variadas.

permitem conservar também todas as exigências morais da vida cristã.

2. A teoria de Cristo-substância

Muitos modernos exageraram e materializaram a chamada "mística" paulina, que não pertence a nosso assunto. Só tocamos na questão por causa da repercussão das teorias da "mística" na concepção de Cristo. Muitos autores, com efeito, levam longe demais a noção da "mística", e assim esfumam os contornos de Cristo pessoal.

Estendendo até os cristãos que recebem a vida decorrente de Cristo o próprio nome de Cristo, eles encaram, ao lado de Cristo estritamente pessoal, outro Cristo constituído pelo conjunto dos cristãos, e em seguida, um Cristo total, formado por Cristo e pelos cristãos[429]. Juntam ordinariamente as concepções de um Cristo coletivo e de um Cristo-substância espiritual (Deissmann). Interessa-nos no momento a teoria de Crista-substância.

Perguntamos se esta maneira de ver representa exatamente a de Paulo. A discussão versa sobre a exata interpretação das fórmulas paulinas. Pensamos de nosso lado que "Cristo" designa sempre o Cristo pessoal. Quando, de um modo ou de outro, o termo chega a abranger os cristãos, julgamos que é em virtude de uma metonímia: Cristo é sempre o Cristo pessoal. "Cristo vive em mim" significa simplesmente: a vida de Cristo (por eficiência da ressurreição de Cristo sobre mim) está em mim e constitui minha própria vida. O ponto de união do pensamento é Cristo pessoal; é nele que pensamos de início ao dizermos: Cristo vive em mim; a fórmula é um resumo que deve ser desenvolvido. Cristo ressuscitou, comunicou-me sua própria vida, e esta vida agora constitui minha verdadeira vida.

Vamos percorrer as fórmulas paulinas em questão[430].

---

[429] Tocamos na questão do Cristo coletivo em *La Théologie de l'Église*, pp. 201-218. Cf. W. GOOSSENS, *L'Église corps du Christ d'après saint Paul*, 1949, especialmente pp. 90-98. Ver também, contra a teoria do "Cristo coletivo", bastante comum hoje, W. G. KÜMMEL, *Kirchenbegriff und Geschichtsbewusstsein*, p. 33; E. SJOEBERG, *Der Menschensohn*, pp. 97-101.

[430] A. WIKENHAUSER, *Die Christusmystik des hl. Paulus*, Münster in W., 1928, pp. 46-52.

A. *Cristo que vive em nós*

Gl 2.20: "Já não sou eu que viva, é Cristo que vive em mim". Coloquemos a frase em seu contexto. Paulo deve provar aos judaizantes que o novo "estado" de existência em que se acham os cristãos não provém da prática da Lei, mas da eficiência da ressurreição de Cristo, que lhes é aplicada pela fé. Para que a prova seja pertinente, é preciso que a primeira pessoa do singular (desde o v. 18) seja genérica e exemplar, designando o cristão como tal[431].

"Com Cristo me encontro cravado na cruz" (v. 19). O processo de morte produziu-se graças a uma "comunidade", uma participação pela fé na morte de Cristo na cruz.

"Já não sou eu que vivo" (v. 20). Este eu que não vive mais é o eu que morreu com Cristo, o homem velho, ligado à carne e ao pecado.

"É Cristo que vive em mim". Trata-se evidentemente do mesmo Cristo que foi crucificado. Ele ressuscitou e aplica-me a eficiência de sua ressurreição. A vida nascida de sua ressurreição me penetra e transforma, constitui minha verdadeira vida.

"Enquanto eu vivo a vida na carne". Uma vida nova, completamente diferente da antiga, transmite-se à minha carne, ao meu corpo mortal.

"Vivo na fé do Filho de Deus, que me amou e entregou a si mesmo por mim". A fé no Filho de Deus transmite-me esta vida nova.

"Não quero tornar vã a graça de Deus; ora, se é por meio da Lei que vem a justificação, então Cristo morreu em vão" (v. 21).

Negativamente, há, pois, uma morte à vida carnal anterior, efeito em mim da morte de Cristo; positivamente, há em mim uma vida nova, que Paulo chama vida para Deus, ou na fé do Filho de Deus, ou minha justiça, vida de Cristo em mim.

É pouco verossímil que a frase "Cristo vive em mim" ultrapasse o sentido suposto pelo contexto, quer se interprete como sendo uma "experiência" mística cujo conteúdo seria, aliás, a vida cristã fundamental, quer se conceba como a vida de cada cristão enquanto parcela de um Cristo místico, que seria designado pelo termo "Cristo".

---

[431] F. H. SCHLIER, *Der Brief an die Galater*, Göttingen, 1949, p. 59.

Fl 1.21: "Para mim, viver é Cristo, e morrer, um lucro". Em todo o contexto, Paulo se preocupa com o dilema "viver ou morrer". "Viver é Cristo" significa simplesmente: minha vida não tem outro motivo senão Cristo; por isso é preferível morrer, a fim de estar (definitivamente) com ele (v. 23).

2 Co 4.10: "Levamos sempre no corpo a morte de Jesus, para que também a vida de Jesus se manifeste em nosso corpo". O processo a que se refere Paulo neste versículo e no seguinte nada tem que ver diretamente com uma descrição da vida cristã como tal. É a atividade apostólica que está em questão, conforme se entende pelo v. 12, e pelo contexto. Trata-se, porém, ontologicamente da mesma "vida", vida em nós de Cristo ressuscitado. A atividade apostólica é só uma eflorescência, um desenvolvimento da vida comunicada pela ressurreição de Cristo. Assim, os efeitos da morte de Cristo manifestam-se nas tribulações que acompanham a vida apostólica, a eficiência da ressurreição na vida de poder e de atividade espiritual "levada" ela também no corpo do Apóstolo.

Não podem passar despercebidas as fórmulas: "entregues à morte (νέκρωσιον) de Jesus" e em antítese "a vida de Jesus" (cf. v. 11). Não se trata evidentemente de um Cristo místico, mas deste Jesus que morreu e ressuscitou. É "sua vida" que o Apóstolo traz em si. É possível traduzir: Jesus vive nele; e este Jesus, como o Cristo de Gálatas, é certamente o Cristo pessoal.

Cl 3.3ss: "Vós morrestes, e a vossa vida está escondida com Cristo em Deus. Quando Cristo, nossa vida, aparecer, então também vós, revestidos de glória, haveis de aparecer com ele". Vê-se claramente a pensamento de Paulo. Estando nossa vida unida à de Cristo, não só como a causa ao efeito, mas por uma espécie de identidade, porque é a mesma vida, ontologicamente semelhante e, portanto, misticamente idêntica, ela já se desenrola onde está Cristo. "Cristo, nossa vida" será uma metonímia do gênero daquelas que já encontramos: Cristo, nossa justiça, nossa sabedoria, nossa santidade, até mesmo nossa redenção. Cada um desses termos condensados deve ser explicado no pensamento paulino concreto. Aqui, Cristo é nossa vida enquanto nos comunica sua própria vida de ressuscitado. Trata-se de Cristo pessoal.

Nenhuma das passagens sugere que "Cristo" seria uma espécie de substância espiritual a nós comunica da e graças à qual o conjunto dos cristãos formaria um só "Cristo".

B. *Viver em Cristo: ser batizado em Cristo*

1. A fórmula "viver em Cristo" não prova também que Cristo significaria uma espécie de atmosfera na qual estaríamos mergulhados. Supõe-se correntemente que "viver em Cristo" representa a última palavra da teologia paulina. Na realidade, o Apóstolo jamais emprega a fórmula tal qual.

Escreve uma vez "viver para Deus em Cristo Jesus" (Rm 6.11). "Cristo Jesus" indica com evidência Cristo pessoal. Se quiséssemos adotar o sentido pleno na expressão "em Cristo Jesus" teríamos ao menos de recorrer a uma metonímia e explicar: viver a vida que nos é comunicada por Cristo Jesus. Mas, o que conta, na frase, é "viver para Deus" (cf. v. 10). "Em Cristo" indica simplesmente que esta vida nos é comunicada por intervenção de Cristo Jesus[432].

---

[432] Quanto ao sentido da fórmula "em Cristo" e à análise das diversas construções com esta fórmula, cf. *La Théologie de l'Église*, pp. 159-173; FR. BUECHSEL, "In Christus bei Paulus", em *Zeitschr. f. d. neutestamentliche Wissenschaft*, XLII (1949), pp. 141-158. Buechsel conclui nitidamente contra Deissmann: "Das ἐν hat alle Bedeutungen, die sonst festzustellen sind, abgesehen von der eigentlich lokalen und der temporalen... Christus ist gedacht als der Sohn Gottes, durch den Gott in der Welt wirkt und sich offenbart, so dass er ihn zugleich zur Herrschaft uber die Welt erhebt, als der Herr der Gläubigen, die sie durch seine Gnade reich macht, befähigt, beauftragt, regiert, usw., mit dem sie so nahe verbunden sind, dass sie in ihrem Zustande und Wesen duch ihn bestimmt sind. Die in dem ἐν X. usw. enthaltene Anschauung von Christus lässt das Mystische bei Paulus nicht hervortreten; sie ist keinsfalls immer und uberall mystisch" – "O ἐν tem todos os significados possíveis, exceto o propriamente local e o temporal... Cristo é considerado como Filho de Deus; aquele por meio do qual Deus opera e se manifesta no mundo, de modo que ao mesmo tempo o eleva para governar o mundo; como Senhor dos fiéis, que, por sua graça, os torna ricos, capazes, confia-lhes uma missão, rege-os etc.; com os quais está tão intimamente unido que são determinados por ele em seu estado e seu modo de ser. A concepção de Cristo contida na expressão ἐν Χρ. etc. não manifesta o conceito místico em Paulo; de modo nenhum é sempre e em todo lugar místico" (p. 156s).

Notamos em outra parte (*La Théologie de l'Église*, p. 179) as duas outras fórmulas redutíveis a "viver em Cristo": "a vida em Cristo Jesus" (Rm 8.2) e a "vida eterna

O contexto obrigar-nos-ia, diz-se, a pensarmos aqui na união mística com Cristo (concebido como um fluido). Efetivamente, Paulo fala do batismo εἰς Χριστὸν Ἰησοῦν (6.3). Sanday-Headlam traduzem: Batizados em união com Cristo[433], e comentam: o ato do batismo é uma "incorporação" a Cristo; e referem-se simplesmente a Gl 3.27.
Esta passagem de Rm 6, com seu contexto, é com efeito, unida a Gl 3.27, o baluarte da teoria do Cristo-substância. Não será perda de tempo determo-nos um instante a revermos a exegese com um pouco de história da interpretação.
2. Rm 6.3,11. A idéia geral é clara. Pelo batismo recebemos participação na morte e na ressurreição de Cristo, o que comporta uma renúncia ao pecado e a introdução em nós de um princípio de ressurreição e de vida espiritual. Será preciso recorrer aqui às noções de corpo místico ou de "Cristo" místico (ou mesmo de Cristo-substância)? Os antigos não pensaram deste modo.
Tomemos primeiro a exegese de 6.3: ὅσοι ἐβαπτίσθημεν εἰς Χριστὸν Ἰησοῦν[434], εἰς θάνατον αὐτοῦ ἐβαπτίσθημεν. Deodoro de Tarso compreende: "pelo batismo, professamos estarmos mortos para o mundo e renunciarmos ao pecado e ao diabo"[435]. Severiano de Gábala repete os mesmos termos. Teodoro de Mopsuéstia parafraseia: "Não sabeis que o batismo nos torna partícipes da morte de Cristo? E, efetivamente, do mesmo modo que nos consideramos sepultados com ele no batismo...". João Crisóstomo comenta a passagem sem alusão a uma união mística. Vê uma relação de semelhança entre a morte do Salvador e nosso batismo. Genádio de Constantinopla: "Saiba o seguinte, diz ele, que, a nosso ver, o batismo de Cristo simboliza

---

em Cristo Jesus, nosso Senhor" (Rm 6.23). Seja qual for o sentido que se lhes dê certo é que "Cristo Jesus" e "Cristo Jesus nosso Senhor" designam imediatamente Cristo pessoal.

[433] Esses autores suprimem na tradução, o nome próprio "Jesus" que impedi-los-ia de falar aqui de "incorporação" a Cristo. É verdade que observam que ἐν X. 'I. sempre é relativo a Cristo glorificado (cf. p. 87). Mas Cristo glorificado não é Cristo pessoal?

[434] B, alguns mss. e Marcião omitem Ἰησοῦν. Não há dúvida de que se deve conservar a lição corrente.

[435] Os textos patrísticos citados (salvo Crisóstomo) encontram-se em K. STAAB, *Pauluskommentare*.

sua morte e ressurreição... Participantes de sua morte pelo batismo, seremos participantes de sua vida imortal, imperecível e bem-aventurada". Fócio comenta: εἰς τὸν θάνατον αὐτοῦ ἐβαπτίσθημεν por essas palavras: εἰς τὸ ἀποθανεῖν ἡμᾶς τὸν παραπλήσιον αὐτῷ θάνατον.

Os antigos, pois, compreenderam o simbolismo paulino sem exagerar-lhe o realismo e sem jamais falar de união mística a Cristo. O batismo "em Cristo Jesus" despertava-lhes simplesmente a idéia do batismo cristão; faziam recair o acento da frase na afirmação solene da segunda parte: participamos da morte de Cristo. Entendiam que o batismo significa simbolicamente a morte e a ressurreição de Cristo, e introduz assim em nossa vida uma obrigação de morte ao pecado e uma promessa da ressurreição.

Esta exegese conserva do simbolismo toda a leveza e sensação de coisa vaga que pertence à essência da linguagem simbólica. Os modernos, ao contrário, materializam a mística. Não seria por incapacidade de sentir o jogo dos símbolos? Paulo era bastante grego para pensar em grego, neste ponto como em outros.

3. Passemos a Rm 6.11. "Considerai-vos mortos para o pecado e vivos para Deus em Cristo Jesus".

João Crisóstomo: "Quem vive deste modo praticará todas as virtudes, pois terá por auxiliar o próprio Senhor. Tal é o alcance das palavras: em Cristo Jesus". Genádio: "Assim como é impossível (a Cristo) uma vez morto ao pecado, e ressuscitado em seguida para Deus, morrer novamente, assim é mais do que justo que regulamenteis a conduta no restante de vossos dias pelo ritmo da 'vida' segundo Cristo (τὸν ἑαυτῶν τοῦ λοιποῦ βίον ἐν τῇ κατὰ Χριστὸν ῥυθμίζειν ζωῇ), porque, em esperança, passastes da vida anterior à vida de Cristo". Aretas substitui simplesmente "vivos para Deus em Cristo Jesus" por διὰ τὴν ἐν Χριστῷ ζῶντες δικαιοσύνην, vivos pela justiça que possuímos em Cristo.

Tal é, portanto, a exegese dos antigos: nosso procedimento deve conformar-se com a essência da vida cristã, isto é, a "vida" segundo Cristo, ou a justiça que possuímos em Cristo, a realidade futura pela esperança transposta para a vida atual. Não viram aqui outra místi-ca senão a da realidade da vida da graça, na qual, aliás, não insistem, e sobretudo não entendem Χριστῷ 'Ιησοῦ como um Cristo fluido.

Cristo é para eles o autor da salvação ou o modelo de nossa vida. Estão nos antípodas da exegese maciça dos modernos.

4. Gl 3.27: "Quantos fostes batizados em Cristo, revestistes-vos de Cristo..." Severiano de Gábala: "Não é a observância da Lei que dá a superioridade, mas a virtude do batismo que, revestindo a todos de Cristo, torna-lhes comum a graça..." João Crisóstomo: "Se Cristo é o Filho de Deus e se vos revestistes dele, tendo em vós mesmos o Filho, e transformados doravante nele, estais de posse de sua nobre origem, participais de sua natureza".

Os antigos são bem unânimes. Nenhum deles pensava em falar de um Cristo que não fosse o Cristo pessoal. Nenhum deles faz reagir – como já acontece em Estius – a exegese de 1 Co 12.13 sobre Rm 6.3 e Gl 3.27. O "batismo em Cristo" significa para eles o batismo cristão, Nenhum dos antigos considerou a fórmula "em Cristo Jesus" como indicação de uma substância espiritual a nos envolver, ou de um Cristo coletivo,

Estius lança a ponte entre a exegese dos antigos e a dos modernos. A propósito de Rm 6.3, ele nota a princípio que se deve ler, em latim, com Tertuliano, e os *mss, in Jesum Christum* e *in mortem*. Eis como ele traduz o pensamento do Apóstolo: "Scire debetis quod quicumque per baptismum Christo nomen dedimus et mystico eius corpori sumus insiti, baptizati sumus in similitudinem, seu configurationem mortis eius: quatenus scilicet in nobis quando baptizabamur, impletum est et significatione et effectu, quod Christi morte figurabatur". – "Deveis saber que todos os que pelo batismo demos o nome a Cristo e fomos incorporados em seu corpo místico, fomos batizados à semelhança ou em configuração de sua morte, enquanto em nós, ao sermos batizados, se cumpriu, relativamente ao significado e efeito, o que era figurado pela morte de Cristo". Para Estius, pois, as palavras "baptizati sumus in Christum Jesum" traduzem-se literalmente por: "dar o nome a Cristo, ser iniciado no cristianismo". Mas elas possuem também concretamente um sentido teológico e místico e significam a incorporação a Cristo, isto é, como o veremos, à Igreja. Assim, pois, Estius introduziu na exegese a noção de corpo místico (proveniente de 1 Co 12.13).

Estius comenta o v. 11: "de caetero autem viventes esse ac vivere oportere Deo, id est, vitam vivere deo congruam, quam nulla mors peccati ulterius sequatur; idque per Christum". – "Além disso, importa sermos vivos e vivermos para Deus, isto é, levarmos uma vida digna de Deus, sem ulterior morte pelo pecado; e isto por meio de Cristo". Esta última exegese concorda com a dos antigos e desconhece ainda, como intermediário, o Corpo místico, para cá importado por Deissmann.

Em Gl 3.27, Estius corrige novamente o latim e quer que se leia *in Christum*. Comenta, como em Rm 6.3: "Quicumque enim, inquit, baptismi sacramento abluti estis, et per illud Christo incorporati Christum induistis". – "Todos os que fostes purificados no sacramento do batismo, e por ele incorporados a Cristo, revestistes-vos de Cristo". Sua exegese, como em Rm depende com verossimilhança de 1 Co 12.13, passagem entendida por ele como segue: "Nos omnes fideles baptizati sumus in unum corpus, id est suscepto baptismi sacramento incorpora ti sumus Ecclesiae ac veluti membra corpori coagmentata, umum corpus effecti, licet alioqui genere et conditione diversi". – "Todos nós, fiéis, fomos batizados para constituirmos um só corpo, isto é, tendo recebido o sacramento do batismo, fomos incorporados à Igreja e, à guisa de membros unidos ao corpo, tornamo-nos um só corpo, embora diversos em gênero e condição". Imaginou, baseado nesta passagem, uma noção paulina do batismo que incorporasse à Igreja, corpo místico de Cristo.

Os modernos vão mais longe. Substituem o intermediário (paulino) de Estius, o corpo de Cristo que é simplesmente a Igreja, por esta nova noção de Cristo místico, Cristo-substância, identificado com o πνεῦμα[436], segundo a teoria de Deissmann.

---

[436] Cf. SANDAY-HEADLAM, que resumem DEISSMANN, *Die neutestamentliche Formel in Christo Jesu*, Marburg, 1892, como segue: 1º) A relação é local. O cristão leva sua existência" em" Cristo como as criaturas vivas "no" ar, os peixes "na" água, as plantas "na" terra. 2º) A ordem das palavras é invariavelmente ἐν Χρ. 'Ι e não ἐν 'Ι. Χρ. Contudo, ἐν τῷ 'Ιησοῦ, Ef 4.21, mas não na mesma aplicação estrita. 3º) Em harmonia com o uso regular das palavras nesta ordem, ἐν Χρ. 'Ι. refere-se sempre a Cristo glorificado considerado πνεῦμα e não a Cristo histórico. 4º) A expressão correspondente Χριστὸς ἔν τινι explica-se do melhor modo pela mesma analogia do "ar". Vive-se e respira-se "no ar", e assim o ar está também "no homem". Sabe-se como Reitzenstein complicou a questão introduzindo a noção de uma mística pagã de possessão da parte dos deuses e dos demônios. Confessamos não compreender como possa conter tantas coisas essa pequena preposição ἐν, que Paulo continuamente emprega em sentido muito vago.

Lietzmann nota que βαπτίζειν, para um ouvido grego, não significa "batizar", mas "mergulhar em", "imergit" (p. 65)[437]. A fórmula "em Cristo Jesus" significaria que todos os cristãos estão reunidos localmente em Cristo pneumático "innerhalb des pneumatischen Christus" (Deissmann), enquanto formam, todos juntos, o seu corpo (p. 69)[438].

Lagrange está de acordo com esta exegese, sem, contudo, se resolver a *traduzir* "batizar" por "mergulhar em". "Os cristãos sabiam que, ao mergulharem na água, mergulhavam em Cristo e, especialmente, em sua morte. Já em Paulo, βαπτισθῆναι é ter recebido o batismo. O Prat (II, p. 398) supõe aqui, *em razão do contexto*, que a palavra deve ser tomada no sentido primitivo de ser mergulhado. Mas, isto não é necessário; basta que este sentido primitivo não tenha sido perdido de vista para que o simbolismo tenha sido compreendido. Os antigos protestantes viam na união apenas um símbolo; numerosos críticos reconhecem hoje nas expressões de Paulo uma união, mística sem dúvida, mas muito real com Cristo" (p. 144).

Depois de ter traduzido exatamente Gl 3.27: "Vós todos, com efeito, que fostes batizados em Cristo", Loisy[439] sublinha a exegese moderna. Introduz a união mística desde o v. 26, "somos, pela fé, filhos de Deus por Cristo, ao qual estamos unidos, do qual fazemos parte, do qual estamos como que envolvidos, participando de seu espírito. Só Cristo existe..." As observações finais de Loisy deveriam ser meditadas pelos autores seduzidos pela mística realista: "A mentalidade de Paulo não é a do homem culto que fundamenta suas deduções em expressões reais: é, de certos pontos de vista, a do primitivo dominado por suas expressões, que toma por realidades

---

[437] A respeito de Gl 3; 27, H. SCHLIER nota: βαπτίζειν εἰς Χριστὸν cf. Rm 6.3; 1 Co 10.2 é equivalente a εἰς τὸ ὄνομα Χριστοῦ, cf. At 19.5; 1 Co 1.13.15. Pensa-se na identificação sacramental a Cristo, realizada pelo batismo e que, como demonstra Rm 6.3ss, fundamenta a nova vida em Cristo e com Cristo" *(Der Brief en die Galater*, p. 128). Lagrange traduziu Gl 3; 27: "Pois todos vós que fostes até Cristo pelo batismo revestistes-vos de Cristo".

[438] Lietzmann nota prudentemente: "Num escritor como Paulo, devemo-nos precaver de supor sempre o uso da fórmula em sentido estrito."

[439] *L'Épître aux Galates*, Paris, 1916, p. 160s.

as imagens que se entrechocam em seu cérebro e mal distingue a idéia ou a palavra da realidade concreta, o indivíduo da espécie, o particular do geral, vê numa espiga toda a messe e numa gota de água toda a chuva. Assim a relação que a fé estabelece entre Cristo e os fiéis faz com que os fiéis sejam o Cristo..." (p. 161).

5. Uma vez que a mística "realista" pode levar a esses excessos, não seria melhor perguntar quem tem razão: os Padres gregos que compreenderam Paulo com a finura de espíritos habituados a manejar os símbolos, ou os historiadores das religiões, mais à vontade, parece, no meio das concepções maciças da magia e de confusões pré-lógicas?

No que nos respeita, preferimos a exegese dos antigos. O batismo de que fala Paulo em Rm 6 e Gl 3 é o batismo cristão, rito para iniciar alguém. "Batizar em Cristo Jesus" significa ligar-nos pelo rito do batismo a esta pessoa em quem encontramos a salvação, Cristo Jesus. Traduziremos (βαπτίζεσθαι εἰς por "batizar em" e não por "mergulhar em", nem "batizar de modo a formar alguma coisa". As expressões βαπτίζεσθαι εἰς Χρ. 'Ι. (Rm 6.3) ou εἰς Χριστόν (Gl 3.27) representam a iniciação cristã a Cristo Jesus, como o batismo em Moisés (1 Co 10.2) diz iniciação a Moisés (e não uma união mística) e o batismo em nome de Paulo (1 Co 1.13) iniciação (rejeitada pelo Apóstolo como uma blasfêmia) a Paulo, transformando-o num fundador de religião. Isto, a nosso ver, não devia ser posto em dúvida, e não se deve ver um reflexo sobre essas fórmulas nítidas e primitivas, das fórmulas derivadas e secundárias "batizar na morte" (Rm 6.3) ou "para formar um corpo" (1 Co 12.13). O batismo, com efeito, é essencialmente uma iniciação a uma religião e, portanto, parece, à união com aquele que é o Deus ou o chefe dessa religião.

6. Nem a expressão "viver em Cristo", nem o contexto geral da fórmula "em Cristo (Jesus)" ou "no Senhor", nem a fórmula "ser batizado em Cristo", pois, legitimam uma nova concepção da palavra Cristo, designando um Cristo fluido.

O mesmo acontece com outras fórmulas análogas. Os casos em que Paulo emprega a expressão "*ser* em Cristo" não são também muito numerosos. Pode-se citar 1 Co 1.30; 2 Co 5.17; Gl 3.28;

Rm 8.1[440]. Esta expressão igualmente não significa "viver em Cristo", e tampouco "estar na fé[441], no estado de cristão".
Seria preciso dar um lugar especial à expressão" revestir-se de Cristo"? Em Gl 3.26-27, "de fato, todos vós sois" filhos de Deus mediante a fé em Jesus Cristo, pois quantos fostes batizados em Cristo, revestistes-vos de Cristo", todas as fórmulas: "filhos de Deus mediante a fé em Cristo", "batizados em Cristo" e "revestir-se de Cristo", designam igualmente o estado cristão e reagem uma sobre a outra[442]. É possível que se queira explicar a última metáfora. Pensar-se-ia ou num uso geral e habitual da fórmula (sem alusão metafórica precisa), ou numa alusão ao rito batismal (Lagrange), ou na concepção de uma veste celestial preparada para os mystas[443]. Por um motivo geral, esta última hipótese não nos atrai[444]; mas seja como for, trata-se de designar o estado do cristão, e a expressão não constitui julgamento prévio acerca da natureza da "mística" paulina, nem do sentido da palavra Cristo.

Nossa vida, que é (por metáfora, com aprofundamento, "mística") a vida de Cristo morto e ressuscitado, nos é comunicada pela fé e pelo batismo[445]. Paulo poderá referi-la ora à fé, ora ao batismo, ora à redenção, ora a Cristo.

C. *"Cristo" (o corpo de Cristo) em 1 Co 12.12*

1. Muitas vezes é comparada a expressão "em Cristo", ao uso de Χριστός em 1 Co 12.12. Cederemos ao costume, embora, se distinguirmos mais cuidadosamente de Cristo-substância um Cristo coletivo identificado com a Igreja, nosso texto haveria de se referir a este último.

---
[440] L. Cerfaux, *La Théologie de l'Église*, p. 169.
[441] F. J. Leenhardt, *Le baptême chrétien*, p. 62, nº 2.
[442] W. Twisselmann, *Die Gotteskindschaft der Christen nach dem N. T.*, Gütersloh, 1939, pp. 67-69.
[443] H. Schlier, *Der Brief an die Galater*, p. 128s.
[444] Cf. C. Clemen, *Der Einfluss der Mysterienreligionen auf das älteste Christentum*, Giessen, 1913, pp. 45-47.
[445] F. J. Leenhardt, *op. cit.*, pp. 59-62.

"De fato, do mesmo modo que o corpo é um só, se bem que tenha muitos membros, e todos os membros do corpo, não obstante sejam muitos, constituem um só corpo, assim também Cristo" (1 Co 12.12)[446]. Severiano de Gábala comenta: "(Paulo) compara Cristo ao corpo inteiro composto de membros numerosos, e por 'Cristo' entende a Igreja. Como Cristo se denomina cabeça da Igreja, e a Igreja, corpo de Cristo, pôde ele denominar Cristo a Igreja, com o superior indicando o inferior". Esta exegese é inatacável para quem raciocina conforme as categorias das epístolas do cativeiro. Talvez pergunte alguém se é legítimo proceder deste modo.

Será verossímil que Paulo dê à palavra "Cristo", nesta única vez nas epístolas, o sentido de Igreja? Teriam os coríntios compreendido tal linguagem, tanto mais que o contexto se acomoda bem com o sentido ordinário de Χριστός.

Paulo pleiteia em favor da unidade da Igreja dos coríntios que o uso imoderado dos carismas põe em perigo. Não se pode dizer a fórmula fundamental da fé: Jesus é o Senhor (12.1-3) senão no Espírito Santo. Ora, há diversidade de dons, continua ele, mas o Espírito é o mesmo; há diversidade de ministérios, mas o Senhor é o mesmo; há diversidade de operações, mas é o mesmo Deus que opera tudo em todos (4-6). Desenvolve o pensamento, falando primeiro dos diversos carismas de conhecimento e do dom de milagres. Todas essas coisas, porém, conclui ele, produz o mesmo e único Espírito que age em todos. Desde o v. 12, vai-se ocupar mais especialmente dos "ministérios", explicando a fórmula do v. 5: há diversidade de ministérios, mas o Senhor é o mesmo. Do mesmo modo que o corpo é um só, se bem que tenha muitos membros, assim também Cristo (identificaremos naturalmente Cristo com o "Senhor") (é um e possui "membros" numerosos). A comparação é aplicável a Cristo e aos cristãos, pois, prossegue o Apóstolo, no v. 12, nós todos fomos batizados para constituirmos um só corpo. Tendo sido batizados para formar um só corpo adquirimos assim a unidade entre nós, que será representada pela unidade dos membros do corpo.

---

[446] Ver sobre o texto: J. Havet, "Christ collectif ou Christ individuel en 1 Co 12.12?", em *Ephem. Theol. Lovanienses*, XXIII (1947), pp. 499-520; L. Cerfaux, *La Théologie de l'Église*, pp. 205-207; A. Oepke, *Das neue Gottesvolk*, p. 222, nº 6.

Esta mistura de raciocínio "real" e "verbal" é característica do estilo paulino. Para legitimar teologicamente a comparação, Paulo serve-se aqui do batismo, como utilizará em outra parte a eucaristia. Não vemos verdadeiramente razão para atribuir à palavra "Cristo" um sentido aberrante, nem falar a propósito de outro modo de existência de Cristo (na comunidade)[447].

2. Com a condição de bem se saber que fazemos uma tentativa de exprimir o inefável, tudo o que, na ação divina sobre nós, ultrapassa as fracas palavras que se nos impõem, poderemos falar de "mística" a propósito das relações de Cristo com os cristãos aos quais ele comunica uma vida "derivada" da sua. Mas, é de Cristo pessoal que deriva a vida, e os cristãos continuam a ser eles próprios; as personalidades não se confundem pela "mística".

Chegamos a resultado paralelo àquele ao qual nos conduzira a análise da noção "corpo de Cristo"[448]. Preferimos substituir a fórmula "corpo místico" pela de identificação mística com o corpo (pessoal) de Cristo. Aqui o termo abreviado "Cristo místico" parece-nos menos paulino do que a união mística a Cristo, participação por identificação mística com a vida de Cristo ressuscitado. Esta fórmula preserva melhor nossas relações com Cristo pessoal. Pela vida da graça, a vida de Cristo pessoal está em nós; ela nos faz clamar Abbá, Pater, com o mesmo som que revestia a voz de Cristo ao orar ao Pai e, de outro lado, trava entre Cristo pessoal e nós laços inexprimíveis de intimidade. Cristo pessoal aí está, batendo à porta de nossa alma pessoal e dizendo-nos: "Se alguém ouvir a minha voz e me abrir a porta, entrarei em casa dele e cearemos juntos, eu com ele e ele comigo" (Ap 3.20)[449].

---

[447] Cf. E. SCHWEIZER, *Das Leben des Herrn in der Gemeinde und ihrem Diensten*, Zürich, 1946, p. 51, com referência a K. BARTH, *Dogmatik*, II, I, p. 543.
[448] *La Théologie de l'Église*, pp. 201-215.
[449] SANDAY-HEADLAM, p. 162, explicam a doutrina da união a Cristo como *identificação de vontade*. Não negamos que Paulo tenha feito esta experiência mística de se sentir "um" pela vontade com Cristo. Mas suas expressões traem essa percepção, e devemos colocá-la como base de toda a mística paulina, dela deduzindo até fórmulas de união à morte e à ressurreição de Cristo? O movimento da teologia paulina parece-nos orientado em sentido oposto.

III - A RAÇA NOVA E CRISTO

Desenvolve-se forçosamente da noção de "vida" recebida de Cristo a noção de comunidade de vida entre todos os cristãos e esta interfere na idéia empírica da Igreja. Este conjunto é congenial ao cristianismo. O tema do "reino de Deus" desenrola-se de maneira análoga: reino de Deus presente numa alma, no conjunto das almas e identificado com a Igreja.

1. Uma nova criação

1. A comunidade de vida entre os cristãos faz nascer a idéia de uma humanidade nova e de uma raça nova. A natureza comum de homens novos cria um novo gênero humano; e este gênero humano é criado como o primeiro: dependente de Cristo, como o primeiro descendente de Adão[450].

No decurso da análise exegética, acreditamos ter observado como se introduziu e desenvolveu, na teologia paulina, o tema antitético Adão-Cristo. Aparecendo primeiro nas controvérsias a respeito da justiça, une-se à idéia da ressurreição de Cristo, ponto de partida da vida nova; exprime depois a novidade e o caráter espiritual da vida cristã. As expressões "segundo Adão", "homem novo" e "homem celeste" aplicam-se doravante a Cristo.

Se nossa análise é exata, as expressões não criam o tema da raça nova, mas nele interferem e, sendo bíblicas em sua origem, servem-lhe de modo de expressão.

2. De maneira geral a exegese moderna que, preocupada com síntese e simplificação, dá tamanha importância ao tema o supõe um movimento inverso àquele que preconizamos. As expressões criam a teologia da unidade; provêm do mito e introduzem-no na teologia cristã. No começo, na origem mesma da teologia, está o mito

---

[450] L. CERFAUX, *La Théologie de l'Église*, pp. 170-172. Estudos recentes ressaltam, no terreno do Antigo Testamento e do judaísmo, a oposição entre a primeira criação e a redenção: W. D. DAVIES, *Paulo and Rabbinic Judaism*, pp. 36-37; W. J. PHYTHIAN-ADAMS, "The Mystery of the New Creation", em *Church Quart. Review*, CXLII (1946), pp. 61-77. A própria idéia de nova criação remonta à segunda parte de Isaías, cf. O. PROCKSCH, *Theologie des Altes Testaments*, p. 274s.

do Anthropos. Este se cristaliza para os judeus no mito de Adão. O mito fornece-nos as fórmulas teológicas da raça nova, da vida com Cristo, do corpo de Cristo e da mística paulina, e até de toda a eclesiologia.

Várias críticas levantam-se contra as teorias modernas. Em primeiro lugar, a de exagerar a importância do tema e fazê-lo gerador da cristologia[451]. Além disso, a de atribuir ao mito do Anthropos uma influência preponderante sobre a teologia paulina[452]; enfim, a de constituir um Cristo coletivo, paralelo ao Cristo-substância, e mais ou menos, graças ao mito, identificado com este último.

2. Cristo coletivo

O Cristo coletivo dos modernos toma aspectos variados, conforme se baseia no mito muito generalizado do Anthropos, ou em seu avatar o Filho do homem, ou no elemento bíblico Adão, quer se identifique ou não com o Filho do homem ou com o Anthropos.

---

[451] Essa crítica atingiria exegetas católicos. E. TOBAC escrevia: "Temos de reconhecer que a doutrina paulina de Cristo, novo Adão, é uma concepção profunda e genial. Se o Apóstolo não a inventou inteiramente, ao menos adaptou-a e utilizou-a de modo maravilhoso, fazendo dela a ossatura de sua soteriologia. Jesus Cristo é sempre e em toda a parte, aos seus olhos, o novo Adão. Nesta qualidade aparece na Terra, nesta qualidade cumpre sua obra redentora, nesta qualidade vive e prolonga-se na Igreja. Há, contudo, uma pergunta que Paulo não parece ter feito a si mesmo formalmente: por que definitivamente Jesus é um segundo Adão? Sem dúvida, porque Deus, a quem competem todas as iniciativas da salvação, no-lo deu como tal. Não há também uma parte de vontade divina na repercussão que teve em toda sua raça a desobediência do primeiro Adão?" ("Le Christ nouvel Adam dans la théologie de saint Paul", em *Revue d'Histoire eccl.* XXI [1925], p. 254s). A teoria de Cristo, novo Adão, parece-nos simultaneamente mais firme e menos misteriosa. Limita-se mais à soteriologia. Cristo não se apresenta como novo Adão em sua humanidade, mas é elevado a tal função pela ressurreição. Como se prolonga ele na Igreja enquanto novo Adão? Paulo devia pensar na criação desde que imaginava a obra de Cristo a inaugurar os tempos novos, e devia necessariamente comparar o primeiro da série dos ressuscitados com o primeiro da linhagem humana. A teologia paulina desenvolve-se organicamente do ponto de partida da ressurreição, referindo-se em particular aos temas escriturísticos.

[452] W. GOOSSENS, *L'Église corps du Christ, d'après saint Paul*, Paris, 1949, pp. 90-94. Deixamos suspensa a questão de saber se nas epístolas do cativeiro em particular não haveria convergência com a elaboração gnóstica, possibilidade de semelhança de vocabulário e imponderáveis interações.

Como recusamos subtrair de Cristo a personalidade para transformá-la num Cristo fluido, recusamos identificar sua pessoa com o povo messiânico ou com esse Anthropos que desce à matéria[453]. É uma questão de vocabulário e de exegese. Não vemos um só texto onde as expressões Cristo, Homem, segundo Adão e Homem novo cessem de designar Cristo pessoal. Se há metonímia, como é o caso do Homem novo, não épor extensão do sentido individual ao sentido coletivo.

3. Conclusão

Retomamos neste capítulo uma linha esboçada no Livro I a propósito da ressurreição de Cristo. Ressuscitado com o poder de santificação e de espiritualização, Cristo transmite sua vida (a vida da qual é a origem, a causa eficiente, o modelo, o reservatório) aos cristãos, individualmente e a todos juntos. A linha teológica passa primeiro pelos temas de Justiça e de Santidade, onde a noção de vida se intensifica por ressonâncias variadas e se aprofunda para chegar à fórmula: Cristo, nossa vida.

Não tínhamos de estudar por nós mesmos a noção de vida cristã; cabia-nos antes definir suas relações com Cristo. Esta tarefa já estava praticamente realizada, porque nos esforçamos por nos manter em contato com o progresso do pensamento paulino: Cristo ressuscitado, Cristo Justiça, Cristo fonte de santificação e Cristo espiritual é o autor de uma vida que se definirá como vida de ressuscitado, de justiça, de santidade, vida "espiritual".

Ora, a crítica moderna põe tudo em questão colocando à base da teologia paulina elementos que nossa exegese deixava na periferia ou mesmo além da consciência clara do teólogo.

Duas teorias sucessivamente disputaram os favores e podem combinar-se mutuamente. A primeira, a de Cristo-substância, procura explicar o elemento "místico" da vida em Cristo. Fá-lo de maneira completamente material, recorrendo por vezes abertamente

---

[453] Cf. E. SJOEBERG, *Der Menschensohn*, pp. 97-101; L. CERFAUX, *La Théologie de l'Église*, pp. 216-218.

ao princípio do "mana" das religiões primitivas. A segunda introduz na teologia paulina o mito do Anthropos.

Ambas estorvam a concepção clara de Cristo pessoal; dilatam ou dispersam o corpo de Cristo ou sua pessoa para englobar os cristãos.

Como corolários de nossas pesquisas exegéticas que nos mostraram como a teologia de Paulo se baseava nos dados da fé comum e utilizava simultaneamente temas do Antigo Testamento e do judaísmo, restava-nos reafirmar:

1) o caráter mais espiritual da mística paulina, que nada tem que ver com uma transposição qualquer do "mana" dos primitivos;

2) a evolução do pensamento paulino tendo como ponto de partida uma exegese do Gênesis e não o rito do Anthropos ou um sucedâneo;

3) a significação do título Cristo, que designa sem exceção alguma o Cristo pessoal e não pode degenerar até significar Cristo-substância, Cristo coletivo ou a Igreja.

Capítulo VI
O CRISTO E A IGREJA

1. A Igreja, povo e comunidade de Cristo; Cristo na comunidade do deserto; a Igreja universal; o novo Israel – A Igreja de Deus e a Igreja de Cristo – Esposa de Cristo e construção celeste – O corpo de Cristo e a Igreja.
2. A vida da Igreja e Cristo – A eucaristia, princípio de comunidade – O batismo, agregação à Igreja – Os carismas e Cristo – A fé, a esperança e a caridade fazem a Igreja tender para Cristo – O Antigo Testamento, a Igreja e Cristo.
3. Cristo, origem da autoridade – Autoridade e carismas. Síntese do Livro II.

Nos limites de nosso trabalho vamos procurar determinar as relações entre Cristo e a Igreja. A tarefa se complica se concebemos uma eclesiologia paulina em vias de formação[454].

A Igreja apresentou-se a Paulo, por ocasião de sua conversão e nos contatos com os cristãos, como uma realidade simultaneamente ideal e empírica, porque antes dele existia uma Igreja constituída e uma teologia embrionária da Igreja. O pensamento do Apóstolo imprimirá seu cunho na noção de Igreja, nas instituições ou nos costumes das comunidades cristãs e na constituição da Igreja (a autoridade).

I - A NOÇÃO DE IGREJA

1. Igreja, povo e comunidade de Cristo

1. Os primórdios da Igreja, assim como sua definição, dependem da comunidade que Jesus reuniu em torno de si.

---

[454] Tomamos a liberdade de remeter a nosso estudo: *La Théologie de l'Église suivant saint Paul*. Cf. A. OEPKE, *Das neue Gottesvolk*, pp. 108-230.

Sob a ação da fé dos discípulos e do ensino do Mestre, que eles confessavam ser o Cristo, o grupo tomava o aspecto de comunidade messiânica, do pequeno rebanho ao qual Deus reservou o reino – do qual Cristo é o pastor – o conjunto unido aos anjos, dos santos e dos eleitos reservados para formar a corte de Cristo na parusia e também a instituição terrestre, destinada a durar na hipótese do retardamento da parusia, esta instituição à qual se referia Cristo ao dizer: "minha Igreja" e à qual deu Pedro por chefe e para a qual legislava. A comunidade messiânica reconstituiu-se em Jerusalém após a Ressurreição e Pentecostes, e recebeu missão de agregar novos crentes. Percebe-se neste momento o contraste com o povo de Israel, cujos chefes haviam rejeitado o Messias; a comunidade dos cristãos apresenta-se como um novo Israel e como a comunidade santa, da qual fora figura a Igreja do deserto.

Esta noção transmite-se a Paulo. Mas ele insere Cristo na comunidade do deserto, tipo da Igreja cristã. Os hebreus do deserto possuíam um alimento e uma bebida "espirituais", figura da eucaristia na qual Cristo é alimento; foram batizados em Moisés, e este batismo tinha relação simbólica com o batismo em Cristo; a pedra que os acompanhava em suas peregrinações era Cristo. Podiam já tentar "o Senhor" como o podem agora os cristãos, porque, através dos símbolos, era a Cristo que se dirigia a sua fé e a sua fidelidade (1 Co 10.1-11).

2. Ao mesmo tempo, Paulo universaliza a idéia de povo e de Igreja. Os cristãos de Jerusalém eram "os santos" por excelência enquanto formavam a comunidade do deserto, a santa "convocação", e recebiam enquanto comunidade messiânica todas as promessas de santidade reservada pelos profetas ao povo da restauração messiânica. Na teologia paulina, a santidade torna-se o apanágio de todos os cristãos pelo fato de sua pertença a Cristo e enquanto são considerados Igreja. Dirigindo-se aos romanos, Paulo chama-os "diletos de Deus, santos por vocação" (Rm 1.7); aos coríntios enumera os títulos da Igreja: "à Igreja de Deus, existente em Corinto, a vós santificados em Cristo Jesus, chamados a serdes santos" (1 Co 1.2).

Paulo recebeu da comunidade primitiva a fórmula que designa os cristãos e a Igreja como sendo "aqueles que invocam o nome do Senhor". Ele conhecia o próprio texto de Joel 3.5 (Rm 10.13), citado no Livro dos Atos (At 2.21) e que é provavelmente a origem deste apelativo cristão, interessante porque transpõe para Cristo e os cristãos uma fórmula a definir o povo eleito em relação a Javé[455].

3. Sabe-se que Paulo considera a Igreja como sendo o novo Israel; ele desenvolveu a antítese latente, já perceptível à comunidade primitiva. Qual a relação deste novo Israel com Cristo? A comparação entre a Igreja de Deus e a comunidade do deserto insinua que Cristo tomou o lugar de Moisés. Somos batizados em Cristo como os hebreus o foram em Moisés para constituir uma nação, ao saírem do Egito. As idéias tradicionais entram aqui na teologia paulina. A idéia do povo, de outro lado, remonta até Abraão; os descendentes de Abraão devem constituir um povo que será o herdeiro de Deus. Dizendo que Cristo é o herdeiro, entende-se que o povo do Novo Testamento, os novos filhos de Abraão também o são enquanto pertencentes a Cristo e lhe estão unidos. É por Cristo que recebem a qualidade de filhos de Abraão e de filhos de Deus e, por isso, formam um povo. Insiste-se muitas vezes no lugar ocupado neste contexto pela idéia do segundo Adão. Não se trataria de um povo, mas de uma raça. De Cristo, novo Adão, nasceria uma raça nova, antes uma humanidade nova. Mas, esta fórmula é mais ou menos contraditória em relação à imagem da Igreja, novo Israel. O Israel antigo não é a descendência de Adão, mas a descendência de Abraão, segundo a promessa. Moisés o constituiu em nação. Eis, talvez, a explicação por que o paralelo Adão-Cristo não se desenvolveu no sentido eclesial. Paulo o aplica à justiça, à ressurreição, à vida nova. Trata-se de determinar a natureza do ser cristão. É verdade que o ser cristão dá a unidade e que a unidade evoca a Igreja. Mas, quando se trata da Igreja, a noção do novo Adão não tem mais tarefa explícita a desempenhar. Percebe-se certo liame, aliás ocasional, entre a Igreja e Eva, Adão e Cristo, 2 Co 11.2s;

---

[455] Sobre o caráter desta citação de Joel, escatológica e não cultual, cf. L. CERFAUX, "'Kyrios' dans les citations pauliniennes de l'Ancien Testament", em *Ephem. Theol. Lovanienses*, XX (1934), p. 10ss. O título designa, 1 Co 1.2, o conjunto da comunidade, cf. At 9.14; Tg 2.7 (*ibid.* p. 12). "Quanto à história do dogma cristão, comenta ALLO, a respeito de 1 Co 1.2, é muito importante notar aqui esta invocação do nome de Jesus Cristo que faz a unidade dos cristãos, como a do nome de Javé fazia a unidade dos judeus" (*Première Épître aux Corinthiens*, Paris, 1935, p. 2s).

Ef 6.25-31; neste contexto, a Igreja é a esposa de Cristo e não a sua descendência.

4. Nascida de um apelo de Deus, a Igreja está, sob este ponto de vista, em relação com Deus Pai, "a Igreja de Deus existente em Corinto" (1 Co 1.2), isto é, a Assembléia Santa, cujo tipo foi a Assembléia do deserto, constituída concretamente pela comunidade dos coríntios. A menção de Deus Pai e a de Cristo mutuamente se reclamam. A Igreja de Deus é uma Igreja "cristã", que só se estabeleceu pela mensagem de Cristo, na fé de Cristo e pela invocação do nome de Cristo; os cristãos são santificados em Cristo Jesus (1.2s).

A fórmula de 1 Ts 1.1: "À Igreja dos tessalonicenses, em Deus Pai e no Senhor Jesus Cristo" deverá explicar-se por alusão precisa à mensagem de Paulo aos tessalonicenses. Ele lhes ensinou a servir o verdadeiro Deus, abandonando o paganismo para esperar a vinda do Filho de Deus (1 Ts 1.9-10). A preposição ἐν aqui significa que os cristãos tiveram acesso, pela fundação da Igreja, a Deus e ao Senhor Jesus Cristo. A Igreja chama-se o reino de Cristo. O tema é pouco representado nas epístolas paulinas. Só aparece nas epístolas do cativeiro (Cl 1.12s; cf. Ef 5.5), como explicação do tema da soberania de Cristo[456]. Não é especificamente paulino. Encontramo-lo espalhado nas diversas seções do Novo Testamento, como nos sinópticos, em João, na segunda de Pedro, no Apocalipse[457]. Cullmann acha que se deve distinguir o reino de Cristo e o corpo de Cristo. No Gólgota, por meio da redenção e da *gratia praeveniens*, nascerá o reino de Cristo: a Igreja, ao invés, será o corpo de Cristo, delimitando o reino e nascendo do batismo[458]. Esta distinção não existe, ao menos explícita, em nossas epístolas[459].

---

[456] *La Théologie de l'Église*, pp. 294-297; *supra*, p. 76.
[457] Mt 13.41 etc. Cf. K. L. SCHMIDT, art. βασιλεία, em *Theolog. Wörterbuch*, I, pp. 581s; 590-591.
[458] *Die Tauflehre*, pp. 28-29.
[459] A. FRIEDRICHSEN, *Den nya Kyrkosynen* (a nova concepção da Igreja), 1954, cf. G. LINDESKOG, "Zwei Hauptragen in der modernen schwedischen Exegetik", em *Theolog. Literaturzeitung*, LXXV (1950), col. 394-397, estabelece de outro modo a relação entre Cristo e a Igreja. Cristo "representa" a Igreja. Tudo o que acontece, sucede à Igreja e a cada um de seus membros (em união com ela), cf. 2 Co 5.14. Segundo Fr., ἐν Χρ. significa "a sacral comunidade da Igreja" "die sakrale Gemeichaft der Gemeinde" (Lindeskog, col. 395). A reação é muito viva contra "a interpretação

2. Esposa de Cristo e construção celeste

Duas imagens desenvolvidas no Antigo Testamento e no judaísmo, a nação-esposa de Deus e a construção celeste, serão aplicadas à Igreja.

Podemos inquirir se a comunidade primitiva já se serviu da imagem da esposa[460]. Paulo não parece em todo o caso depender de concepções cristãs anteriores. É interessante verificar como ele aborda o tema.

Em 2 Co 11.1-6, opõe-se aos pregadores que corrompem o verdadeiro evangelho e que desempenham o papel da serpente do Gênesis junto da Igreja, figurada por Eva[461]. Cristo não é o segundo Adão? A Igreja é sua esposa e Paulo, o Apóstolo, encarrega-se de apresentá-la inteiramente casta ao esposo. Os maus apóstolos dão-se a outra função. Vê-se concretamente como a imaginação de Paulo se apóia em textos bíblicos. Paulo retomará mais tarde (Ef 5.22-23) o tema da Igreja (universal), esposa de Cristo e há de tirar dele o partido bem conhecido. Não é preciso para explicar a Epístola aos coríntios que tenha já presente no espírito toda a explanação da Epístola aos efésios.

Cristo toma, pois, o lugar que Deus ocupava no Antigo Testamento[462]. Sua ação, contudo, se precisa segundo os temas cristológicos ordinários: o amor de Cristo à Igreja manifestou-se na Paixão; ele santifica e purifica a esposa pelo batismo, apresenta-a a si mesmo gloriosa, sem mancha (Ef 5.26s)[463]. Além disso, o tema Igreja-esposa entremeia-se com o do corpo de Cristo.

---

individualista, místico-espiritualista" ("die individualistische, mystisch-spiritualitische Deutung"). Essa noção de "representação" liga-se à ideologia real dos sábios escandinavos: o rei ou o Messias "representa" em sua pessoa o povo inteiro, como um chefe de clã representa-o.

[460] O tema aparece no Apocalipse. A parênese de 1 Pedro não a utiliza.

[461] Ultrapassamos a simples comparação por um sentido típico. A expressão ἑνὶ ἀνδρί, que se deve comparar com εἷς ἄνθρωπος (Rm 5.19), insinua que Paulo pensa em Adão.

[462] Não é evidente, porém, um contato direto entre o tema do Antigo Testamento, Deus esposo de seu povo, e o de Paulo. Cf. *La Théologie de l'Église*, pp. 262-264.

[463] Analisamos este tema acima, p. 223s; cf. *La Théologie de l'Église*, pp. 201-218; 247-259.

A figura da construção celeste é atestada no cristianismo primitivo. Cristo é comparado com a pedra que se torna o alicerce de uma nova construção. A 1 Pd 2.6-8 desenvolve a idéia. Reencontramo-la em Paulo. Cristo é a pedra angular ou a chave de abóbada da nova construção, a Igreja cristã, celeste[464].

3. Corpo de Cristo

1. A concepção da Igreja, corpo de Cristo, desempenha importante papel na teologia de Paulo. Pertence-lhe peculiarmente, embora no cristianismo primitivo se encontre alguma analogia, na função "litúrgica" atribuída ao corpo ressuscitado de Cristo que se torna o novo templo[465].

Precedentemente, verificamos o grande lugar que ocupa o corpo de Cristo na síntese paulina. É pelo corpo de Cristo que se realizou a redenção, morte e ressurreição; o corpo de Cristo é o "ambiente" onde se realiza nossa santificação e temos contato com ele pelo batismo e pela eucaristia, sendo assim sujeitos à ação salvífica. De outro lado, a Igreja é outra peça essencial do pensamento de Paulo; ela é também, à sua maneira, o lugar do nascimento dos cristãos, pelo batismo onde a comunidade participa do corpo de Cristo, o lugar onde a vida de Cristo atinge os homens. Os dois temas teológicos são feitos para se encontrarem e se amalgamarem. Resta ver o modo concreto do contato.

2. De fato, o primeiro encontro entre a noção de Igreja e a de corpo de Cristo produz-se quase fortuitamente.

Realiza-se no terreno da unidade da comunidade. A unidade está em perigo pelo uso imoderado dos carismas. Paulo relembra aos coríntios os princípios da unidade: a ceia, o batismo, a caridade. Ora, o mundo helenístico pensa na unidade de uma cidade ou de um exército, de uma sociedade sob o símbolo do corpo humano.

---

[464] *La Théologie de l'Église*, pp. 260-261. A nosso ver, o paralelismo das imagens da construção celeste e do corpo de Cristo sugeria o sentido de chave de abóbada, como preconizava Joachim Jeremias. Em sentido contrário, ver M. FRAEYMAN, "La Spiritualisation de l'idée du temple dans les Épîtres Pauliniennes", em *Ephem. Theol. Lovanienses*, XXIII (1947), p. 394s; E. PERCY, *Die Probleme*, pp. 328-332.

[465] M. FRAEYMAN, *art. Cit.*, pp. 405-407.

Os indivíduos são os membros que devem trabalhar todos para o conjunto. Paulo poderia limitar-se a desenvolver este lugar-comum, mas a teologia fornece-lhe ocasião de aprofundá-lo.

Portanto, os cristãos têm relação com um corpo humano sagrado que é para eles fonte de unidade real, suprafísica: o corpo de Cristo que eles recebem sacramentalmente na eucaristia e com o qual o batismo os relaciona. A unidade dos cristãos que se realiza na Igreja vai ser especialmente ligada à noção de participação no corpo de Cristo.

Em 1 Co 10.16, a propósito da idolatria, Paulo relembra que a eucaristia é uma comunhão do corpo e do sangue de Cristo, comparável, do ponto de vista da "comunhão" religiosa que estabelece com ele, aos sacrifícios rituais, judeus e pagãos. Isto nos reconduz naturalmente ao tema da unidade: como os cristãos estão unidos a Cristo, também estão unidos entre si[466]. Há apenas um pão do qual participamos todos e que é o corpo de Cristo; porque somos todos "um só corpo", o corpo de Cristo (com ressonância no ciclo da comparação helenística, o corpo da multiplicidade de seus membros).

Paulo desenvolverá mais longamente o tema da unidade a propósito dos carismas (1 Co 12). Começa por opor paganismo e cristianismo. O cristianismo tem por princípio o Espírito de Deus, que é um (aqui entra o tema do monoteísmo: Fílon exalta a unidade da revelação pela profecia) e que produz a unidade da fé no Cristo Senhor. Se há divisões nos "dons", nos "ministérios", nas "operações" há apenas um Espírito, um Senhor, um só Deus. O Espírito, causa e princípio da unidade, distribui os dons segundo sua vontade. A unidade manifesta-se ainda melhor se olharmos as coisas do lado de Cristo. A comparação helenística do corpo e dos membros aplica-se à Igreja; no domínio das coisas cristãs, contudo, ela é mais ainda realidade: não somente *somos uma espécie* de corpo, mas pertencemos realmente a Cristo e uma vez que sua vida é a nossa, *somos* verdadeiramente membros, sendo Cristo o princípio de unidade e de vida entre nós, assim como o corpo o é para os membros. O batismo consagrou-nos ao corpo de Cristo, e a eucaristia nos

---

[466] Poder-se-ia também pensar em ligar as idéias como se segue: o culto dos ídolos é princípio de anarquia (cf. 1 Co 12.2); o culto cristão leva à unidade.

identifica a este corpo de Cristo ao qual nos refere, de tal sorte que Cristo é realmente, para todos os cristãos, seu corpo. Os cristãos são um só corpo, não por simples direito de comparação, mas num realismo sacramental e místico.

3. Do mesmo modo que o tema da Igreja-esposa de Cristo esboçado na segunda Epístola aos coríntios (11.2s) desabrocha na Epístola aos efésios e aplica-se à Igreja universal e celeste, assim o tema do corpo de Cristo. Nas grandes epístolas, refere-se a uma comunidade particular e de maneira muito concreta. Nas epístolas do cativeiro, a noção de Igreja universal é mais abstrata e personifica-se; o tema do corpo de Cristo se transpõe para as realidades celestes: a Igreja (celeste) é o corpo de Cristo ressuscitado, glorioso, pléroma da divindade[467]. Ao mesmo tempo, um tema secundário, ligado, aliás, à história da comparação helenística, acompanha o tema principal: Cristo é a cabeça do corpo da Igreja.

Desde que o corpo glorioso de Cristo se identifica misticamente com a Igreja, qualquer fórmula que, antecipando, faça remontar até a Encarnação o "corpo místico" ultrapassa a teologia paulina. Por tradicionais que possam ser, forçoso e considerar como vindas de outro horizonte frases como esta de K. Adam: "No próprio mistério da Encarnação, a Igreja já se encontra de direito, como comunidade orgânica"[468].

4. Vemos perfilar aqui, por detrás dessas diversas fórmulas, o mito do Homem universal? A. Oepke, que, aliás, demonstra derivar a eclesiologia de Paulo da noção do povo de Deus, admite esta hipótese, com matizes: o mito seria meio de expressão da doutrina, sem se confundir com ela[469].

II - A VIDA DA IGREJA

Paulo não. se limita a ser o teórico de uma definição da Igreja. Sua teologia abraça do mesmo modo as instituições que dão à Igreja

---

[467] Cf. L. MALEVEZ, "L'Église dans le Christ", em *Recherches de Sciences Relig.*, XX (1935), p. 890.
[468] *Das Wesen des Katholizismus*, Dusseldorf, 1934, p. 48.
[469] *Das neue Gottesvolk*, pp. 213-230.

uma fisionomia concreta. Não intervém por meio de uma inovação. Recebe da tradição o culto e os outros usos, e vela por lhes conservar a feição primitiva. As Igrejas dos gentios, apesar dos costumes das cidades e das associações religiosas do ambiente grego, devem dobrar-se aos costumes, hábitos e usos da Igreja de Jerusalém.

De outro lado, a teologia vai aplicar-se em aprofundar o sentido das instituições primitivas.

1. O batismo e a eucaristia

São esses dois ritos que dão à comunidade cristã o colorido de comunidade religiosa, cultual.

Qualquer que seja a atitude dos cristãos de Jerusalém e seu apego às cerimônias do templo, mesmo se fosse necessário admitir que as adotaram pelo direito de constituir o novo Israel – o que nos parece longe do sentido dos textos – os cristãos da Diáspora deveriam procurar um sucedâneo para os sacrifícios. Poder-se-ia conceber uma comunidade religiosa sem ritos sacrificais ou equivalentes? Os cristãos celebravam a eucaristia. A comunidade de Jerusalém já se reunia para comemorar a última ceia de Cristo com os apóstolos e repetir, sem dúvida, cada domingo, desde o começo, uma Páscoa cristã, festa de Ressurreição. Segundo o modo de pensar de Paulo, a refeição eucarística é essencialmente uma refeição *comum*: a refeição do Senhor, isto é, que reproduz aquela que Cristo tomou com os apóstolos na véspera de sua morte. Os traços "comunitários" e os individuais misturam-se, concatenam-se e muitas vezes coincidem. Isso não é peculiar à Ceia. O mesmo acontece com o batismo e, guardadas as devidas proporções, com os carismas, com a fé etc. Pertence à essência da Igreja reunir todos aqueles que vivem a vida cristã.

Paulo insistirá no fato de que todos os cristãos participam num só pão e assim se unem todos ao corpo de Cristo. Adquirem também o princípio de unidade; poder-se-ia dizer que, identificados todos e cada um ao corpo de Cristo, eles têm a unidade do corpo que é o corpo de Cristo. Além disso, a Ceia é assimilada aos sacrifícios, sendo participação na mesa de Cristo, ou bem em seu corpo e em seu sangue; é expectativa comum da parusia que deve apossar-se de toda a Igreja; é liturgia. Cristo prolongou sua morte e sua

ressurreição neste rito que é uma só coisa com os acontecimentos primitivos e que os anuncia e manifesta.
O batismo também pertence à Igreja. É essencialmente rito de agregação à Igreja. Toma o indivíduo para incorporá-lo à Igreja, instituição visível e centro onde o acontecimento cristão fundamental (a morte e a ressurreição de Cristo) nos atinge e nos transforma[470].
Pelo batismo estamos unidos a Cristo em sinal de pertença; e recebemos em nós a eficácia de sua morte e ressurreição. Paulo dirá que somos batizados no corpo de Cristo; a pertença torna-se identificação com o corpo de Cristo.
O batismo e a eucaristia já se acham reunidos na síntese de Paulo. Cada uma dessas instituições, a seu modo, relembra a morte de Cristo e reproduz a sua vida de ressuscitado. Ambas foram simbolizadas pelos eventos do deserto[471]. Todas as duas unem ao "corpo" de Cristo, identificado com a Igreja. Quando Paulo escreve, já a Igreja está de posse desses dois ritos; ele precisa que a eucaristia foi instituída por Cristo no decurso de sua vida mortal. Se não é tão explícito quanto ao batismo, o paralelismo teológico deve conduzir a análoga conclusão: o batismo depende da obra de salvação que Cristo realizou em sua caridade para conosco; ao querer a eficácia universal de sua morte, quis também sua aplicação pelo rito batismal[472].

2. Os carismas

Os dons do Espírito começam em Pentecostes. Vemo-los ligados, segundo o livro dos Atos, ao batismo cristão. Nas igrejas paulinas, seu uso desenvolve-se até constituir uma espécie de liturgia espiritual que anima a celebração da Ceia.

---

[470] O batismo nos une essencialmente à Igreja que só existe como "igreja do sacramento", cf. G. Lindeskog, arf. cit., cal. 395. Em Ef 5.26 ἐν ῥήματα indica a prolação eficiente do nome Kyrios.
[471] Cf. O. Cullmann, Le Culte, p. 31. O autor nota que a situação é a mesma que em João.
[472] Isto conforme o pensamento do cristianismo primitivo: "Devemos compreender esta palavra (Mt 28.19) como expressão da certeza dada à Igreja pelo Ressuscitado de que a prática do batismo estava de acordo com o plano redentor de Deus, manifestado e realizado por Cristo Jesus e atualizado e aplicado pelo Espírito Santo concedido aos fiéis" (Fr. J. Leenhardt, Le baptême chrétien, p. 43).

Desde o início, a comunidade refere a Cristo a efusão do Espírito; Cristo elevado à direita de Deus espalha do céu as riquezas espirituais sobre os seus e lhes envia o Espírito Santo. Paulo conserva e determina a fórmula: os carismas nos ajudam a esperar a vinda de Cristo, penhor, arras, primícias das riquezas futuras. A relação com Cristo ainda se estreita sob o ângulo da unidade da Igreja que os excessos põem em perigo. Os carismas estão a serviço da comunidade; único é o Senhor que por eles dedica os cristãos à utilidade de toda a Igreja[473]. Doutra parte, o uso dos carismas deve finalizar na edificação da fé, a qual se resume na fórmula "Jesus é o Senhor". O Espírito Santo que se exprime pelos carismas não pode fazer pronunciar uma fórmula que renegaria Cristo; qualquer confissão de fé no senhorio de Cristo é inspirada pelo Espírito[474]. Os carismas vêm, pois, de Cristo e se orientam para a confissão de fé em Cristo, para a "edificação" da comunidade, na vida do "corpo de Cristo". Aqui ainda, é a fórmula "corpo de Cristo", que se manifesta como símbolo da unidade da Igreja[475].

3. A fé, a esperança, a caridade

São, de algum modo, instituições cristãs. Caracterizam os cristãos como tais, são como os carismas e, melhor do que eles, a marca de Cristo em sua Igreja. A comunidade é o lugar natural onde "essas três" perduram de maneira permanente e sempre.

Paulo quase não inova neste capítulo. A *fé* cristã, desde o começo, exprimiu-se pela fórmula: "Jesus de Nazaré foi feito Cristo e Senhor". Os cristãos distinguiram-se assim da fé monoteísta dos judeus, precisando-se sua fé em Deus pela fé em Cristo Jesus. Tomavam

---

[473] Poderíamos compreender esses carismas não só como cargos, mas como qualquer "serviço" carismático, inclusive a profecia e o dom das línguas.

[474] 1 Co 12.1-3. O. CULLMANN (*Les Premières confessions de foi*, p. 22s) refere este texto às perseguições. O contexto, contudo, é o dos carismas. O ato de fé de Pedro em Cesaréia realiza-se no Espírito Santo, segundo a teoria aqui formulada por Paulo, e esta confissão nada tem a ver com as perseguições.

[475] O. CULLMANN, *Le Culte*, p. 32, nº 1, nota que a alternativa corrente entre culto carismático e culto litúrgico não tem sentido para o cristianismo primitivo. É justo observar com ele "esta síntese harmoniosa de liberdade e de disciplina que faz a grandeza do culto primitivo e dá-lhe caráter próprio" (*ibid.* p. 32s).

consciência em sua vida de comunidade da presença e da proteção do Senhor; em sua pregação, quando deviam responder às acusações e nas perseguições, exprimiam-se com a fórmula: "Jesus é o Senhor", o que caracterizava sua religião.

O anúncio no mundo pagão não rompeu o esquema inicial. Atingiu primeiro os prosélitos que já acreditavam em Deus e tinham de aceitar a fé especificamente cristã.

Quando dirigido especialmente aos pagãos, faz-se em dois tempos: uma preparação rápida ao monoteísmo (deixar os ídolos e adorar o verdadeiro Deus) e acreditar em Cristo que Deus ressuscitou dos mortos e salvar-nos-á da ira vindoura (1 Ts 1.9s). É a relação com Cristo que especifica a fé da Igreja.

A *esperança* pertence, como a fé, à essência da vida cristã. O objeto da esperança mais viva é a parusia de Cristo. Quando a esperança, segundo a noção do Antigo Testamento, recebida pelo cristianismo, marca a "confiança" em Deus[476], trata-se ainda de Cristo, pois a confiança nasce da realização da salvação nos dons cristãos e da segurança de que Deus terminará por Cristo a salvação começada por ele.

Encarada na fórmula mais concreta, a esperança da parusia envolve toda a Igreja. É a Igreja como tal que formarão cortejo de honra que irá juntar-se a Cristo vindouro em seu reino. A salvação é ao mesmo tempo individual e coletiva; inútil procurar distinguir o que Paulo continuamente alia.

A *caridade* é ancorada no cristianismo primitivo. É a ocupação essencial e natural entre a partida de Cristo e sua gloriosa volta; dirige-se a Cristo na pessoa do menor dos seus. É Cristo que é visitado nas prisões, é vestido, nutrido[477]. Paulo não insiste neste aspecto, mas vê no cristão que os fortes podem escandalizar aquele por quem Cristo morreu, de sorte que escandalizá-la é pecar contra Cristo (1 Co 8.11-12; cf. Rm 14.15). Sua teologia realça sobretudo a origem da caridade: a caridade vem de Deus, que nos amou e deu seu Filho por nós. O Filho se entregou por caridade e assim a caridade vem de Deus por Cristo e passa a nossos corações.

---

[476] Cf. R. BULTMANN, art. ἐλπίς, em *Theolog. Wörterbuch*, II p. 528.
[477] L. CERFAUX, *La charité fraternelle*, p. 328s.

4. A leitura do Antigo Testamento

O povo antigo, os judeus, possuía a Lei, as palavras de Deus que lhe eram confiadas. Era seu privilégio. Agora, esse privilégio lhe é retirado e um véu pesa sobre seus olhos quando lêem a Bíblia; só os cristãos que se voltam para o Senhor gozam do Espírito e se libertam das obscuridades carnais. A Igreja de Cristo é, pois, a única a poder compreender e explorar os oráculos de Deus (2 Co 3.12-18).

Os judeus não compreendem por não terem fé em Cristo, nem serem esclarecidos por esta fé. Na realidade, o Antigo Testamento estava todo orientado para Cristo. Quem não segue esta mesma orientação pela fé dá as costas às promessas e condena-se à obscuridade. É preciso, pois, dizer que é a glória de Cristo que se contempla no Antigo Testamento e que se revela somente aos olhos desimpedidos pela fé em Cristo.

III - A CONSTITUIÇÃO DA IGREJA

Paulo entrou na Igreja já dotada de sua constituição essencial. A Igreja repousava sobre os Doze, escolhidos por Cristo "para julgar as doze tribos de Israel", entre os Doze estava aquele que era a pedra da Igreja. Nosso Senhor tinha insistido na humildade; o primeiro é quem se faz o servo dos outros. Mandar e servir na Igreja é o mesmo. Após a ressurreição, Cristo havia enviado os apóstolos às nações, delegando-os.

Paulo é contado entre os apóstolos. É para Cristo e por seu intermédio (δι' οὗ) que ele recebeu a graça do apostolado (Rm 1.5); esta lhe confere poder de obrigar à obediência da fé (*ibid.*).

Pode-se classificar o apostolado entre os carismas sob a condição de conservar-lhe a especificação toda particular. O apostolado é uma delegação imediata de Deus e de Cristo com o fito de anunciar a mensagem cristã, que tem Cristo por objeto, de estabelecer igrejas sobre os fundamentos de Cristo e de governá-las em seu nome: o apóstolo representa aquele que o envia e age por ele[478].

---

[478] Cf. K. H. RENGSTORF, art. ἀπόστολος, em *Theolog. Wörterbuch*, I, p. 427; E. SCHWEIZER, *Das Leben des Herrn*, pp. 16, 29-31.

O mesmo teremos de dizer, guardadas as devidas proporções, dos "ministérios" que Paulo enumera entre os carismas: profetas[479] e didáscalos (1 Co 12.28-29); profetas, evangelistas, pastores e didáscalos (Ef 4.11). Esses cargos têm duplo aspecto. São dons espirituais, carismas, atividades do organismo espiritual da Igreja; mas ao mesmo tempo constituem uma delegação do Senhor e, portanto, acham-se munidos de toda a autoridade necessária. São simultaneamente carismáticos e administrativos, e continuarão sempre a ser o que foram desde o início[480].

A origem da autoridade e dos dons espirituais é, pois, Cristo que requer a unidade dos cargos entre si e a unidade da Igreja, tanto nos ministros que possuem cargos administrativos quanto nos cristãos sujeitos aos benefícios de tais cargos e participantes, aliás, dos carismas.

IV - SÍNTESE

Ser cristão é dom de Cristo. Deus nos concede *ser* por Cristo, em união com sua obra redentora, em união com ele (sua pessoa vai substituindo cada vez mais sua obra).

Em Cristo possuímos nosso *estatuto* de homem religioso e ao mesmo tempo nossa *realidade* de seres cristãos, criados para o século futuro e no século futuro.

Nosso estatuto, primeiro em face do judaísmo. Cristo é nossa justiça. Somos justificados, não por nossas obras, mas por um dom. O dom é realidade, e à justificação ultrapassa o conceito jurídico ou de estatuto.

Em face da filosofia grega, da sabedoria procurada pelos gregos, Deus condena a sabedoria e concede-nos no Espírito uma sabedoria de outra ordem, cujo objeto é Cristo. O tema será ampliado na Terceira Parte.

---

[479] Provavelmente devem-se distinguir duas espécies de profetas. Profetas que exercem uma espécie de cargo "ordinário" com a aprovação da Igreja e cristãos que recebem ocasionalmente os carismas proféticos.

[480] Vê-se, pois, como era estreita a tese de Harnack ao opor "carisma" e "administração", julgando que os cargos administrativos se tivessem desenvolvido nas igrejas locais e não pertencessem primitivamente à Igreja universal, que só teria conhecido as funções carismáticas. Cf. E. SCHWEIZER, *ibid.*, pp. 55-57.

À justiça, na definição do ser cristão, Paulo acrescenta especialmente a santificação e a "vida".

A santificação prende-se a um ciclo de explanações que intitulamos "Cristo segundo o Espírito". Portanto, Cristo e o Espírito Santo estão sobretudo em competição na obra de nossa santificação. Conservamos, todavia uma distinção precisa entre Cristo e o Espírito Santo. Definimos a natureza "espiritual" de Cristo. Mostramos como o corpo de Cristo pertencia também à ordem "espiritual".

"Cristo, nossa vida" é a fórmula mais profunda a caracterizar o dom de Cristo. Terminaria num estudo da mística paulina, o que nos desviaria longe demais de nosso assunto. Mas, certas noções da mística têm repercussão na cristologia. Conhecemos, efetivamente, teorias que interpretam o nome "Cristo", nas epístolas paulinas, como se designasse diretamente um Cristo-substância, diferente do Cristo pessoal. A mística não nos pode obrigar a abandonarmos o significado normal do termo "Cristo" e tampouco o mito. A teologia paulina não parte do mito do Anthropos, e Paulo jamais deu à palavra "Cristo" ou a expressões equivalentes, Homem, Homem novo, segundo Adão, o sentido de "Cristo coletivo". O ponto de partida de toda concepção do dom cristão é Cristo pessoal; e o dom nos liga sempre a Cristo pessoal.

Todos os dons têm em vista o conjunto dos cristãos, constituem a raça nova e encontram o próprio termo na Igreja, a um tempo instituição visível fundamentada na autoridade de Cristo e organismo espiritual, receptáculo do dom de Cristo.

Terceira Parte

O MISTÉRIO DE CRISTO

A cristologia paulina baseia-se inteiramente na fé em Cristo, Filho de Deus e Senhor. Nem a escatologia, nem a "mística" das epístolas se explicariam sem tal fé inicial, peculiar aos cristãos e que se impôs a Paulo, no momento da conversão. A mensagem, as fórmulas de fé que Paulo transmite às igrejas e todas as manifestações de sua atividade apostólica supõem ou exprimem, mais ou menos explicitamente, o dogma fundamental dos cristãos.

O Apóstolo, porém, aprofunda o mistério desta fé. Cristo traz consigo e em si um segredo, que se identifica com o plano da Sabedoria divina. O segredo é inacessível àqueles que não recebem a sua revelação[481].

Vamos ultrapassar neste livro as linhas precisas de um estudo sobre o mistério paulino, embora neste novo centro de interesse da cristologia paulina, que se manifesta sobretudo nas epístolas do cativeiro, tenha fornecido o título e a oportunidade para os primeiros capítulos.

Paulo, concentrando a atenção, não mais na escatologia, nem nos efeitos da presença de Cristo no mundo, esforça-se muitas vezes por penetrar no segredo profundo com o qual a fé envolve a obra e a pessoa de Cristo. Tentaremos segui-lo neste terreno. De início, como o fizemos nos livros precedentes, analisaremos uma ou outra forma literária mais importante à qual está unida a doutrina.

---

[481] Não entendemos o termo "mistério" ou segredo no sentido cultual e gnóstico, definido como sincretismo das religiões redentoras (T. ARVEDSON, *Das Mysterium Christi*, Upsala, 1937). Todas as analogias, vocabulário, revelação, conteúdo do mistério, fazem-nos pensar nos "segredos" apocalipticos.

Capítulo I
OS HINOS CRISTOLÓGICOS

1. Da mensagem cristã aos hinos sobre a carreira de Cristo – O hino de 1 Tm 3.16 – O hino ao Cristo-servo de Deus (Fl 2.6-11). Autenticidade paulina – O hino e o canto do servo em Isaías: semelhança de situação e de vocabulário; o hino na tradição – Análise exegética.
2. Hino sobre a obra de Cristo (Cl 1.15-20); divisão estrófica; análise exegética.

Ao mesmo tempo que a crítica moderna se interessa pelo culto – com a tendência natural de ultrapassar a medida – a atenção fixa-se nos traços litúrgicos que podemos encontrar nos primórdios do cristianismo[482]. Ao lado das confissões de fé e das ações de graças, os hinos a Cristo tiveram lugar de destaque na liturgia primitiva. A carta de Plínio, o moço, ao imperador Trajano[483], menciona-os. Achamos vestígios numerosos do fato em nossa documentação do Novo Testamento. Não ousaríamos, no entanto, assegurar que possuímos o teor exato desses hinos; um simples eco, uma imitação do estilo dos hinos não equivalem a uma citação. Contudo, para não complicar em demasia nossa redação, simulamos muitas vezes confundir as alusões com citações propriamente ditas. Como ignoramos se os hinos eram em prosa ritmada ou correspondiam a uma prosódia mais precisa, grega ou semítica, será preferível renunciar a qualquer hipótese que modifique o texto.

Um estudo sobre a hinologia cristã estender-se-ia ao conjunto do Novo Testamento. Além disso, as epístolas estritamente paulinas, o Apocalipse, a primeira Epístola de Pedro e a Epístola aos

---

[482] Cf. O. CULLMANN, *Le culte dans l'Église primitive*, Neuchâtel, 1945, *Urchristentum und Gottesdienst*, Zürich, 1950.
[483] *Ep.* X, 96,7.

hebreus dar-nos-iam sua peculiar contribuição. Limitar-nos-emos às epístolas, nas quais temos procurado ordinariamente testemunhos sobre a cristologia paulina. Distinguiremos duas espécies de hinos: os que descrevem a carreira de Cristo e os que exprimem o mistério de sua obra.

I - OS HINOS SOBRE A CARREIRA DE CRISTO

Esboços de síntese cristológica, nas epístolas, representam a carreira de Cristo como um drama tecido de peripécias. A peça é executada por Deus, que enviou seu Filho para assumir a natureza humana, entregou-o à morte a fim de ressuscitá-lo, glorificá-lo e com ele conduzir-nos a esta mesma glória. Ou o ator é Cristo que tomou a natureza humana, entregou-se à morte, ressuscitou etc.

A "mensagem" cristã destaca naturalmente a intervenção divina a salvar a humanidade. Assim, inspirado pela mensagem, o cabeçalho da Epístola aos romanos nos apresenta "o evangelho de Deus, por este de antemão prometido por meio de seus profetas nas santas Escrituras, acerca de seu Filho, nascido, segundo a carne, da estirpe de Davi, constituído Filho de Deus com todo o poder, segundo o espírito de santificação, mediante a ressurreição dos mortos, Jesus Cristo, Senhor nosso"[484]. As etapas da carreira de Cristo estão bem determinadas: Filho de Deus, encarnação, glorificação na Ressurreição à espera da parusia.

Outras passagens das epístolas opõem a vida de Cristo na carne à vida de ressuscitado (antítese "segundo a carne – segundo o espírito"). Conhecemos igualmente, e ela é primitiva, a antítese entre a morte e a ressurreição.

O estado de Cristo em sua natureza humana se exprime, pois, em duas antíteses fundamentais: uma visa ao futuro e opõe carne e morte à ressurreição espiritual; a outra remonta ao passado ou à eternidade e contrapõe a encarnação à dignidade do Filho de Deus.

As duas antíteses reunidas no *kerygma* da Epístola aos romanos são-no igualmente em 2 Co 8.9, onde, contudo, a segunda toma

---

[484] Quanto ao valor "esquemático" da passagem na cristologia paulina, cf. W. L. KNOX, "The 'Divine Hero' Christology in the New Testament", em *Harvard Theolog. Review*, XLI (1948), p. 231, nº 3.

um atalho a visar à salvação: "Sendo rico, fez-se pobre por vosso amor, a fim de enriquecer-vos com a sua pobreza". O enriquecimento dos cristãos supõe que Cristo recebeu o poder de distribuir após a ressurreição suas riquezas divinas, pois é disso que se trata. Cristo, Filho de Deus possui toda a riqueza (o fulgor dos bens e do poder) de Deus. Assim, o estado precedente à encarnação e o estado subseqüente podem exprimir-se por uma mesma noção: a da riqueza.

O hino cristológico de Fl 2.6-11 é a mais bela exposição que possuímos da carreira de Cristo. Colocar-nos-emos na mesma linha do hino conservado textualmente em 1 Tm 3.16. Hinos do mesmo gênero poderiam ter deixado vestígios em Hb 1.3 e 1 Pd 2.22-24.

1. O hino de 1 Tm 3.16

Uma fórmula inesperada introduz o hino: "Grande é o mistério da piedade". Poder-se-ia compreender que o próprio hino seria esse mistério[485].

Aquele que se manifestou na carne
foi autenticado pelo Espírito,
mostrado aos anjos,
pregado entre os gentios,
crido no mundo,
exaltado na glória.

Diga o que quiser E. Norden[486], os quatro últimos versículos reúnem-se, dois a dois, por antítese; o hino é estruturado em antíteses, variações de uma mesma antítese fundamental, a opor terra e céu, que se torna sucessivamente carne-Espírito; nações-anjos; mundo-glória celeste. O quiasmo inverte a ordem no segundo par anti-

---

[485] Comparar com nossa fórmula a de Ef. 5.32: τὸ μυστήριον τοῦτο μέγα ἐστιν (onde μ. designa talvez uma exegese inspirada). Observe-se quanto a εὐσ. o sentido de ato de piedade (ARIST., *Rh. Al.* 1423ᵇ28: Liddell-Scott) ou de culto litúrgico. O "mistério da piedade" seria um hino litúrgico consagrado ao mistério de Cristo, mistério por metonímia, porque um "mistério" aqui se revela. Quanto ao caráter "gnóstico" deste hino, cf. R. BULTMANN, *Theologie*, p. 176.
[486] *Agnostos Theos*, p. 256.

tético[487]. A primeira antítese é essencialmente paulina e a frase "Aquele que se manifestou na carne, foi autenticado pelo Espírito" lembra Rm 1.3s[488]. Como "ser autenticado" poderia significar a elevação de Cristo à esfera e ao poder do Espírito? A justificação paulina coincide freqüentes vezes concretamente com a santificação. Cita-se δικαιοῦσθαι no sentido de "mudança mística", em *Poimandres*, 13.9; talvez fosse melhor relembrar que δίκαιος, ao lado de ἅγιος e com um sentido análogo, é um título arcaico de Cristo, cf. At 3.14; 7.52[489].

Cristo foi "mostrado aos anjos, pregado entre os gentios". É natural pensar no mistério tal como costuma expô-lo Paulo; os anjos representariam no caso as potestades das epístolas do cativeiro. Cita-se um paralelo da Ascensão de Isaías, 11.22ss. "E eu vi, quando ele enviou os doze discípulos e subiu. Eu o vi; esteve no firmamento e não se transfigurou segundo a forma deles; e todos os anjos do firmamento e Satã" viram-no e adoraram-no. Houve lá uma grande tristeza, e eles diziam: Como nosso Senhor desceu até nós, e não reconhecemos a glória (que havia nele)..."[490]

O hino assemelha-se mais à Ascensão de Isaías do que às epístolas do cativeiro, onde Cristo glorificado mostra-se às potestades por intermédio da Igreja, ou submete-as à força em sua parusia. O hino e a Ascensão aproximam da manifestação aos anjos a pregação aos gentios (a missão dos Doze na "Ascensão"). São dois pontos principais do mistério na teologia paulina: Cristo se impõe onde a religião judaica não havia logrado fazê-lo, no mundo dos gentios e diante das potestades celestes[491].

Entre a descida à carne e a entronização celeste de Cristo (arrebatado à glória) encontra-se a obra da salvação, a pregação às nações e o estabelecimento da fé cristã no mundo. O jogo das antí-

---

[487] A. Descamps, *Les justes et la justice*, pp. 84-89.
[488] Pensa-se igualmente em 1 Pd 3.18; cf. J. Jeremias, "Zwischen Karfreitag und Ostern", em *Zeitschrift f. d. Neutestamentliche Wissenschaft*, XLII (1949), p. 195.
[489] A. Descamps, *op. cit.*, p. 88 supõe a equação bíblica justiça e glória e traduz "justificar" por "glorificar". O tom geral e o equilíbrio dos pares antitéticos opõem-se ao sentido jurídico (Th. Preiss, *Le témoignage intérieur*, p. 21, nº 2).
[490] E. Tisserant, *Ascension d'Isaïe*, p. 207s.
[491] Preferimos essa exegese àquela que vê aqui uma alusão à descida aos infernos, onde representam os anjos os príncipes do mundo inferior (W. G. Kümmel, *Mystische Rede*, p. 130). Cf. A. Descamps, *op. cit.*, p. 86.

teses permite-nos, contudo, criar uma equivalência entre as fórmulas manifestação aos anjos e exaltação gloriosa.

2. O hino a Cristo-Servo de Deus (Fl 2.6-11)[492]

Paulo exorta os filipenses à concórdia e à humildade. Está preocupado com o estado de suas cristandades à vista do que se passa em torno dele em Roma. São só rivalidades (φθόνος, ἔρις, ἐριθεία)[493] dos cristãos entre si e em torno de Paulo prisioneiro. Um partido, sem dúvida ainda de judeus-cristãos, agita-se e aproveita-se da impotência momentânea do Apóstolo. Talvez lhe tenham chegado rumores acerca de divisões na comunidade de Filipos. Insiste em que os cristãos de lá, seus filhos de predileção, continuem unidos entre si, "num só Espírito", unânimes (μιᾷ ψυχῇ)[494]. A caridade cristã e a comunidade do Espírito são o bem essencial do cristianismo (2.1). Tenham os filipenses piedade dos sofrimentos de Paulo e mostrem-se dignos de seu martírio[495]. Conservem a caridade na união das almas[496], vivam de acordo, nos mesmos sentimentos[497], evitem a vanglória (κενοδοξίαν) e permaneçam na humildade (ταπεινοφροσύνῃ), colocando os outros acima de si mesmos[498], isentos de qualquer egoísmo.

Eis os sentimentos que eles devem nutrir entre si e a exemplo de Cristo[499]. Cristo, efetivamente, deu exemplo de concórdia com seu Pai, de renúncia e de humildade. Eis introduzido o hino.

A. Autenticidade paulina

Há forte tentação hoje de se crer ter Paulo apropriado de um hino cristão primitivo, talvez judeu-cristão e composto provavel-

---

[492] Pedimos vênia para referir-nos de modo geral a nosso artigo "L'hymne au Christ – Serviteur de Dieu (Phil. II, 6-11; Is. LII, 13 – LIII, 12)", em *Miscellanea historica Alberti de Meyer*, Louvain, 1946.
[493] Fl 1.15.17.
[494] 1.27: tema pitagórico.
[495] 2.1; cf. 1.30.
[496] σύμψυχοι, 2.2.
[497] τὸ αὐτὸ φρονῆτε... τὸ ἕν φρονοῦντες (2.2).
[498] ἀλλήλους ἡγούμενοι ὑπερέχοντας ἑαυτῶν (2.3).
[499] τοῦτο ρπονεῖτε ἐν ὑμῖν, ὃ καὶ ἐν Χριστῷ 'Ιησοῦ (2.5). Quanto a esta tradução de ἐν Χρ. 'Ι., "segundo o exemplo de Cristo", cf. 1.30: sustentando as mesmas lutas que vistes em mim – das quais dou exemplo – e que agora, ouvis dizer de mim.

mente em aramaico⁵⁰⁰. O hino, contudo, corresponde à exortação que acabamos de ouvir; as idéias e até mesmo o vocabulário fazem-lhe eco. Paulo exorta os fiéis a "estimar" os outros acima de si; Cristo não "julgou" a igualdade com Deus um bem que devesse tomar contra a vontade do Pai⁵⁰¹. Os filipenses estão tentados de vanglória. Cristo despojou-se de seus privilégios⁵⁰². A humildade deles deve imitar a de Cristo⁵⁰³. Se renunciam a seus próprios interesses, poderão pensar que Cristo obedeceu ao Pai até à morte⁵⁰⁴. A perseverança deles é um penhor de salvação, graça recebida de Deus, como Cristo recebeu de Deus sua glorificação⁵⁰⁵. De outro lado, a ode resume toda a teologia cristológica do Apóstolo.

É verdade ser o estilo aqui grave e hierático e a concatenação dos períodos mais estudada do que de costume. Eis o motivo por que falamos de uma ode. Mas, seria esta menos paulina do que o hino à caridade de 1 Co 13? A prosa de Paulo, em certos momentos, se cadencia e toma o ritmo de períodos comparáveis a estrofes. Não discordamos de que possa haver em segundo plano de semelhantes trechos composições literárias das quais as odes de Salomão, os Salmos litúrgicos e os cânticos do Servo de Jahvé são belos exemplos⁵⁰⁶. O vocabulário é menos estranho a Paulo do que parece à primeira vista e é suficientemente conhecida toda a riqueza de Paulo nesta matéria e sua extrema agilidade. Pode-se admitir, aliás, que compôs este hino no estilo próprio deste gênero literário, e mesmo que foi inspirado por determinado hino.

---

⁵⁰⁰ E. LOHMEYER, "Kyrios Jesus. Eine Untersuchung zu Phil. II, 5-11", em *Sitzungsberichte der Heidelb. Akad. der Wissenschaften*, Philos. hist. Kl., 1927-1928, 4, p. 7s. Cf. T. Arvedson, *Das Mysterium Christi*, p. 150; O. CULLMANN, *Les Premières confessions*, p. 16. Joachim Jeremias, retendo a divisão em três estrofes, como a propomos, estima que se pode obter para cada uma das estrofes quatro linhas em membros paralelos, sob a condição de se considerarem adições paulinas a) θανάτου δὲ σταυροῦ, b) ἐπουρανίων καὶ ἐπιγείων καὶ καταχθονίων, c) εἰς δόξαν Θεοῦ πατρός, (comunicação pessoal de 16/8/50).
⁵⁰¹ ἡγούμενοι ὑπερέχοντας (2.3); cf. οὐχ ἁρπαγμὸν ἡγήσατο (2.6).
⁵⁰² κενοδοξίαν (2.3); cf. ἑαυτὸν ἐκένωσεν (2.7).
⁵⁰³ ταπεινοφροσύνη (2.3); cf. ἐταπείνωσεν ἑαυτόν (2.8).
⁵⁰⁴ 2.4 comparado com 2.8.
⁵⁰⁵ ἐχαρίσθη (1.29); cf. ἐχαρίσατο (2.9).
⁵⁰⁶ Cf. A. DEISSMANN, *Paulus*, Tübingen, 1925, p. 150; R. SCHUETZ, "Die Bedeutung der Kolometrie für das N. T.", em *Zeitschrift f. cf. Neutestam. Wissensbhaft*, XXI (1922), pp. 182-184 (linguagem religiosa e poesia).

B. A fonte principal

1. Nos cânticos do Servo do livro de Isaías devemos procurar a fonte mais próxima de inspiração da ode[507]. O que vem a ser Cristo obediente e humilhado, depois exaltado, senão a aventura misteriosa do "Servo de Deus", cuja carreira descreve o profeta? A analogia das situações não é fortuita. Cristo mesmo apelou para duas figuras que na perspectiva profética se reúnem: o Servo de Deus de Isaías e o Filho do homem de Daniel; o cristianismo primitivo os colocou nos fundamentos de sua teologia, mensagem, liturgia e parênese[508]; Paulo disso se recorda ao aludir ao exemplo de Cristo que desempenhou a função de Servo de Deus[509].

É bem natural que procure Paulo inspiração no Antigo Testamento. O texto de Jeremias (9.22) sugeriu-lhe o belo período de 1 Co 1.27-31.

O Servo de Deus nos Setenta é chamado enfaticamente παῖς Θεοῦ[510], mas também δοῦλος[511]. Fala-se de seu aspecto[512] mise-

---

[507] E. LOHMEYER (*Kyrios Jesus*) reconhece, sem tirar sempre todas as conseqüências, a dependência da ode em relação aos cânticos do Servo. Exagera muito, ao invés, a influência das descrições e dos pretendidos cânticos do Filho do homem. O contato entre o Filho do homem e o Servo de Deus é garantido para o Livro de Henoch, cf. E. SJOEBERG, *Der Menschensohn*, pp. 190-198, J. JEREMIAS, em *Theolog. Literaturzeitung*, LXXIV (1949), col. 406. K. BORNHAEUSER, *Jesus Imperator mundi* (Phil. 3.17-21 und 2.5-11), Gütersloh, 1938, pp. 19-21, compara estreitamente o hino a Is 52.13-53.12.

[508] Cf. *L'hymne au Christ-Serviteur de Dieu*, pp. 125-129.

[509] Cf. Rm 10.16; e compare-se com Jo 12.37s, referindo-se à Is 53.1 para explicar a desobediência dos judeus ao Evangelho.

[510] Is 52.13; 49.6; cf. 53.2: παιδίον.

[511] Compreenderíamos μορφὴν δούλου sob o influxo de uma referência explícita ao cântico do Servo. Sem dúvida, δοῦλος possui aqui o sentido religioso e sagrado. Mas, este sentido não é concreto? Cristo representa a personagem misteriosa de que falava Isaías, é o Servo por excelência, humilde e sujeito ao desprezo dos homens, a cumprir o plano divino de salvação. Rengstorf objetará que Cristo, aliás, não é chamado δοῦλος Θεοῦ, mas παῖς, e que, no cântico do Servo (52.13), é usado παῖς (art. δοῦλος, em *Theolog. Wörterbuch*, II, p. 282). É verdade. Mas, Áquila (Is 52.13) traduz δοῦλος, e os Setenta também escrevem δουλεύοντα no contexto. (53.11) e empregam solenemente δοῦλος no cântico precedente (49.3.5). A escolha de δοῦλος impunha-se a Paulo por causa da antítese impfícita com κύριος.

[512] εἶδος e δόξα; a Is 52.14; cf. 53.2; Aquila traduzia ὅρασις αὐτοῦ καὶ μορφὴ αὐτοῦ (ms. 86) em 52.14 e a mesma palavra μορφή reaparece em 53.2 (ms. 86). O problema mudaria de aspecto se, como pensa Joach. Jeremias, nosso hino de Fl fosse tradução direta do hebraico de Isaías (cf. p. 294, n. 2).

rável⁵¹³, de sua submissão⁵¹⁴. É ferido, afligido por causa de nossos pecados⁵¹⁵, entregue à morte⁵¹⁶. Mas, sobretudo, o contraste entre nossos aniquilamentos e sua glorificação é tão bem marcado que é natural ver aí a idéia-mãe da antítese paulina: "Por isso dar-lhe-ei em prêmio as multidões e fará dos poderosos os seus despojos em recompensa de se ter prodigalizado a si mesmo até à morte e de se ter deixado contar entre os malfeitores"⁵¹⁷. O paralelismo das situações reforça-se com comparações verbais⁵¹⁸.

Há, como mostraremos mais adiante, uma relação mais profunda ainda entre Fl 2.9-11 e as duas passagens complementares Is 45.22 e 49.7⁵¹⁹. Na primeira dessas duas passagens que Paulo intensamente ressaltou, pois sua frase de Fl 2.10 é apenas um decalque dela e ele já a havia citado em Rm 14.11, Deus reivindica sua soberania absoluta: "Voltai-vos para mim e sereis *salvos*, ó nações *todas da Terra*; porque eu sou Deus, e não há nenhum outro". No cântico do Servo do capítulo 49 (Is 49.6s), Deus cede a seu servo o lugar que ele reivindicava para si mesmo: "Eis, dizia ele, que eu te estabeleci para o pacto do povo; eu te ponho para farol das nações para levares a minha salvação até os confins da Terra"⁵²⁰. O servo desempenha o papel que Deus reservava para si. É esta função que terá também o servo no hino da Epístola aos filipenses. Não imaginamos talvez com bastante vivacidade a influência profunda do Antigo

---

⁵¹³ ἀδοξήσει: 52.14; ἄιμον: 53.3; ἄνθρωπος ἐν πληγῇ ὤν: 53.3 etc. maus tratamentos infligidos ao servo: 50.6s.
⁵¹⁴ 50.4s.
⁵¹⁵ 53.5.
⁵¹⁶ 53.6.12, com a fórmula tradicional que o cristianismo primitivo leu nesta passagem e que Paulo adotou: O Senhor o entregou (παρέδωκεν) por nossos pecados; sua alma foi entregue (παρεδόθη) à morte; foi entregue por causa de nossos pecados.
⁵¹⁷ 53.12; cf. 52.13.15.
⁵¹⁸ Comparar ὑψωθήσεται (Is 52.13) com ὑπερύψωσεν (Fl 2.9). A mudança em ὑπερύψωσεν explica-se pelo desejo das epístolas do cativeiro de notar que Cristo está acima das potestades; cf. Ef 1.21: ὑπεράνω πάσης ἀρχῆς, χ. τ. λ. O verbo é um hapax paulino, mas Paulo não emprega o simples ὑψόω para designar a exaltação de Cristo. Comparar ainda διό (Fl 2.9) e διὰ τοῦτο (Is 53.12); τῶν ἰσχυρῶν μεριεῖ σκύλα (Is 53.12) e ἁρπαγμόν (Fl 2.6); κενῶς ἐκοπίασα, εἰς μάταιον καὶ εἰς οὐδὲν ἔδωκα τὴν ἰσχύν μου (Is 49.4) e ἑαυτὸν ἐκένωσεν (Fl 1.7). Joach. Jeremias sugere-nos que ἑαυτὸν ἐκένωσεν traduz exatamente *hè'erâh napshô* de Is 53.12.
⁵¹⁹ Ver mais longe, p. 305s.
⁵²⁰ Lucas coloca este versículo de Isaías na boca de Paulo, At 13.47.

Testamento na formação do horizonte paulino. Paulo leu, e muito especialmente em Isaías, a história antecipada de Cristo, sua própria vocação e missão peculiar: completar a obra de Cristo, tanto seus sofrimentos como seu trabalho missionário e levar a luz até às extremidades do mundo.

2. O capítulo 16 da Epístola de Clemente Romano aos coríntios exorta-os à humildade, baseando-se no exemplo de Cristo. As circunstâncias e o motivo invocado são muito semelhantes aos da Epístola aos filipenses para que Clemente de Roma, que bem conhece as epístolas paulinas e transcreve muitas de suas páginas[521], não tenha pensado, ao escrever, na célebre explanação de Paulo. "Cristo, diz ele, pertence àqueles que têm sentimentos humildes (ταπεινοφρονούντων) e não aos que se exaltam acima de seu rebanho[522]. O cetro da majestade de Deus[523], o Senhor Jesus Cristo, não veio na jactância e na arrogância, embora o pudesse[524], mas na humildade (ταπεινοφρονῶν)[525], como o Espírito Santo dele falou. Disse efetivamente..." E Clemente cita por extenso Is 53.1-12, para concluir: "Vede, irmãos caríssimos, o exemplo nos foi dado. Se o Senhor assim se humilhou, que faremos nós, que por meio dele nos submetemos ao jugo de sua caridade?"

Assim, pois, em filigrana, na exposição de Paulo, Clemente percebia a imagem do Servo de Deus de Isaías. É um bom juiz e sabemos que lê as epístolas com inteligência e finura e recorre de bom grado às mesmas fontes que inspiraram o Apóstolo[526].

A carta da Igreja de Lião une o tema da imitação simultaneamente a Fl 2.5-11, Is 53 e Ap 14.4-5. O mártir Vettius Agapetus "era um verdadeiro discípulo de Cristo, acompanhando o Cordeiro por onde quer que ele vá" (Eus. *Hist. Eccl.* V, I, 10). Os confessores "foram

---

[521] Cf. L. SANDERS, *L'hellénisme de saint Clément de Rome et le paulinisme*, Louvain, 1943.
[522] Clemente se inspira em Fl 2.3.
[523] Isto deve corresponder a ἐν μορφῇ Θεοῦ ὑπάρχων de Fl 2.6. É uma exegese imaginativa, mas não ruim.
[524] É assim que Clemente traduz οὐχ ἁρπαγμὸν ἡγήσατο το εἶναι ἴσα Θεῷ. Se não é literal, é exatamente o sentido profundo do pensamento de Paulo.
[525] Clemente junta ἐκένωσεν e ἐταπείνωσεν de Fl 2.7s.
[526] Exemplos em L. SANDERS, *op. cit.*, passim.

fervorosos imitadores de Cristo que, subsistindo na natureza de Deus não se prevaleceu de sua igualdade com Deus, a tal ponto que, encontrando-se ornados de tanta glória... não se proclamavam mártires e não nos permitiam chamá-los por este nome" (*ibid.* V, 2.2). A descrição dos seus sofrimentos (μώλωπας... τραύματα), nesta mesma passagem, inspira-se em Isaías; o empréstimo da mesma fonte é mais evidente pouco antes (V, 1.23), quando o mártir se identifica com Cristo-Servo para partilhar a sua Paixão e a sua glória (ὅλον τραῦμα καὶ μώλωψ καὶ συνεσπασμένον καὶ ἀποβεβληκὸς τὴν ἀνθπώπειὸν ἔξωθεν μορφήν). Uma confirmação nos é dada por 1 Pd 2.21-25, inspirada igualmente no cântico do Servo, Is 53.4-12)[527].

C. *Análise exegética*

A primeira tarefa é perceber o ritmo da ode e sua divisão em linha e períodos ou estrofes[528]. Eis como a lemos:

(I) 6. Ora, ele, subsistindo na natureza ("forma",
μορφή) de Deus,
não julgou o ser igual a Deus um bem a que
não devesse nunca renunciar;

7. mas, despojou-se a si mesmo (ἑαυτὸν ἐκένωσεν),
tomando a natureza de servo (μορφὴν δούλου),

(II) tornando-se semelhante (ἐν ὁμοιώματι) aos
homens
e considerado como homem por todo o seu
exterior, (σχήματι)

---

[527] Cf. *L'hymne au Christ-Serviteur de Dieu*, p. 127; R. BULTMANN, "Bekenntnis-und Liedfragmente im ersten Petrusbrief", em *Coniect. neotestament.*, XI (1947), pp. 1-14, reservando a influência de Is 53 para as glosas acrescentadas a um hino primitivo.

[528] "Istae siquidem positurae seu puncta, quasi quaedam viae sunt sensuum et lumina dictionum, quae sic lectores dociles faciunt, tamquam si clarissimis expositoribus imbuantur" – "Estes sinais de pontuação ou de divisão orientam quanto ao sentido e esclarecem os termos. Ensinam aos leitores como os instruiriam ilustres expositores" (Cassiodoro, P. L. LXX, col. 1129 D-1130 A, citado por R. SCHUETZ, "Die Bedeutung der Kolometrie für das N. T.", p. 167.

8. humilhou-se (ἐταπείνωσεν ἑαυτὸν),
fazendo-se obediente até a morte
e à morte de cruz.

(III) 9. E por isso (διό) Deus o exaltou (ὑπερύψωσεν)
e lhe deu o Nome que está acima de todo
o nome

10. para que, ao Nome de Jesus,
todo o joelho se dobre, nos céus, na terra e
debaixo da terra,

11. e toda a língua proclame que Jesus Cristo
é o Senhor,
para glória de Deus Pai.

O ponto litigioso da divisão estrófica encontra-se na interseção das duas primeiras estrofes. Uma "sentença comum" faz começar o segundo grande período com καὶ σχήματι (por todo o seu exterior)[529]. Com menos freqüência, costuma-se unir à primeira estrofe os três incisos participais "tomando... tornando-se... considerado como"[530].

Como A. Deissmann[531], preferimos unir estreitamente os dois incisos participais semelhantes, unidos por καί e, para guardar o paralelismo entre a primeira e a segunda estrofe, começá-las por uma fórmula parecida ἐμορφῇ, ἐν ὁμοιώμσατι. O sentido também recomenda esta divisão: a primeira estrofe termina com a idéia que Cristo tomou uma natureza humana; a segunda insiste neste estado que se torna ocasião de ulterior humilhação.

Primeira estrofe

É elaborada à base de antítese comum entre Filho de Deus e nascimento segundo a carne. Quanto à lição moral, a tirar do exemplo

---

[529] F. PRAT, *La Théologie*, I, pp. 373; 533 e os comentários; P. BENOIT, *Les Épîtres de saint Paul aux Philippiens* etc., Paris, 1949, p. 26s. M. DIBELIUS, *An die Tessalonicher* I-II, *An die Philipper*, Tübingen, 1937, p. 73 protesta contra a divisão comum que se encontra na pontuação de Nestle: os dois termos ὁμοίωμα e σχῆμα reclamam-se mutuamente.
[530] M. DIBELIUS, *ibid.*, pp. 76-78.
[531] *Paulus*, p. 149.

de Cristo, ela observa a humilhação que há na manifestação de Cristo numa natureza humana.

O sentido que adotamos para a segunda linha recomenda-se pelos idiotismos conhecidos: ἅρπαγμα ποιεῖσθαι, ἕρμαιον ou εὕρημα ποιεῖσθαι, ἡγεῖσθαι, "considerar ou tratar alguma coisa como uma boa fortuna"[532]. Cristo, de fato, possui a igualdade com Deus, pois está ἐν μορφῇ Θεοῦ. Mas, não convém que venha ao mundo reivindicar ousadamente os privilégios de sua natureza e de sua posição. É assim que os cristãos de Viena e de Lião entendem o texto; seus mártires imitam o exemplo de humildade dado por Cristo (cita-se Fl 2.6) achando-se (como ele) na glória (de sua confissão) não tomavam o título de mártires e não queriam que lho atribuíssem. Clemente Romano compreende de igual modo: "O centro da majestade de Deus, o Senhor Jesus Cristo, não veio com o tumulto da jactância, nem da arrogância, embora tivesse podido fazê-lo"[533].

Os despojos não são, pois, uma *"res rapta"*, nem uma *"res rapienda"*; constituem antes um objeto possuído sem dúvida com justiça mas que não devia ser usado orgulhosamente e como por jactância. Cristo é Filho de Deus, e por isso, de direito, "Senhor", mas vai assumir a condição de um servo[534]. Já cogitamos na antítese da terceira estrofe.

O substantivo μορφή que reaparece duas vezes em nosso contexto, nas expressões ἐν μορφῇ Θεοῦ e μορφὴν δούλου é intraduzível[535]. Exprime a maneira pela qual uma coisa, sendo o que é em si

---

[532] Referências em M. Dibelius, *op. cit.*, p. 75s. Não há, por conseguinte, razão alguma de insistir no ἁρπαγμόν e introduzir diretamente ou em segundo plano especulações mais ou menos mitológicas sobre a queda dos anjos, a queda do primeiro homem, a tentação de Cristo ou o mito iraniano. Se havia alguma coisa em segundo plano, seria antes uma concordância de vocabulário com o da religião grega: μορφή = a forma de epifania de um deus; ἰσόθεος aplica-se a heróis ou a soberanos. K. Bornhaeuser, *op. cit.*, pp. 16-19 pensa numa antítese com Calígula e explica οὐχ ἁρπαγμὸν ἡγήσατο como uma alusão ao estilo imperial.
[533] 1 Clem. 16,1.
[534] Cf. Jo 13.13-16. O "Senhor" tomou a atitude de um "servo".
[535] Seria preciso um termo entre "natureza" e "condição". P. Joüon *(Notes philologiques sur quelques versets de l'épître aux Philippiens*, em *Recherches de Science Relig.*, XXVIII [1938], pp. 223-233), traduz "condição". Cf. J. Dupont, *Gnosis*, p. 99, nº 1. G. J. Duncan, *Jesus, son of Man*, Londres, 1947, p. 193, nº 3, explica μορφή como tradução de demuta (Gn 1.26) (J. Jeremias, em *Theolog. Literaturzeitung*, LXXIV [1949], col. 40).

mesma, apresenta-se aos olhos dos outros. Ao se tratar de Deus, sua μορφή será seu ser profundo, inacessível e invisível, precisamente porque Deus é ἀόρατος. A palavra conserva aqui seu sentido real. Para o servo, a palavra significará a aparência exterior correspondente à realidade.

A fórmula μορφὴν δούλου é a primitiva no pensamento. É ela que determina o emprego de μορφή a propósito da natureza divina de Cristo. Pensamos que foi sugeri da por Isaias.

Poder-se-á objetar que Isaías, no cântico do Servo, emprega εἶος e não μορφή (52.14; 53.2.3). Mas importa observar que μ. não aparece senão aqui nas epístolas paulinas e que a segunda estrofe, que desenvolve a idéia do aniquilamento na "forma" do Servo, refere-se à descrição de Isaías. Melhor do que εἶδος, nossa μ. corresponde ao hebraico e Áquila a introduz com razão em sua versão, seguindo, aliás, o uso dos Setenta[536]. É possível que μ. seja a antiga lição dos Setenta conservada por Áquila e Fl. Não é o único caso em que citações paulinas, por seu acordo com Áquila, revelariam o estado antigo da versão grega. Era muito simples em todo o caso substituir εἶδος por um termo mais expressivo, mais apto também para exprimir a idéia de que Cristo, usufruindo da "natureza" divina, tinha assumido uma "natureza" humana.

Que sentido daremos à expressão ἐν μορφῇ Θεοῦ ὑπάρχων? Se fixarmos primeiro nossa atenção em Θεοῦ, é evidente que a palavra, para Paulo, possui o significado habitual e designa o ser, a pessoa que é Deus (Pai). A ausência do artigo não dá a Θεοῦ um sentido apelativo. Ἐν μορφή equivale a ἐν τῇ μορφῇ τοῦ Θεοῦ e de modo nenhum pode ser substituído pelo θεοειδής de Fílon[537]. Daí ser neces-

---

[536] Cf. K. F. EULER, *Die Verkundigung vom leidenden Gottesknecht aus Jes. 53 in der griechischen Bibel*, Stuttgart, 1943, p. 103.

[537] Cf. *Vila Mos.* I, 66 a propósito da visão da sarça ardente: κατά δὲ μέσην τὴν φλόγα μορφή τις ἦν περικαλλεστάτη, τῶν ὁρατῶν ἐμφερὴς οὐδενί, θεοειδέστατον ἄγαλμα. O emprego de μορφή no começo da frase mostra a equivalência de θεοειδής e θεόμορφος (que não é assinalada senão em Anth. pal. 12, 196, empregada por Stratus, século II d.C.). Fílon emprega θεοειδής assaz freqüentemente: virtude, obra, beleza, luz etc. "divina". Quanto à distinção entre ὁ Θεός e Θεός (sentido apelativo) em Fílon cf. R. VINCENT, *Epistles to the Philippians and to Philemon (Into Crit. Com.)*, Edinburgh, 1902, p. 85s.

sário conservar à preposição o sentido local e traduzir "possuindo sua existência real na 'forma' de Deus".
A estas considerações opõe-se uma aporia. Se partíssemos de ὑπάρχων esperaríamos muito normalmente, após este verbo, um simples atributo de qualidade como na frase εἰκὼν καὶ δόξα Θεοῦ ὑπάρχων (1 Co 11.7). Não se pode, contudo, insistir, pois Paulo emprega também ὑπάρχειν com ἐν local[538]. Será preciso dizer que ἐν μορφῇ Θεοῦ, de certo modo, circunscreve o ser de Cristo. Este não tem outra realidade senão a de ser na substância de Deus; existe a este título[539].

"Na 'forma' de Deus" e "em igualdade com Deus"[540] correspondem-se na realidade[541]. Cristo, além da natureza humana, tem também o modo de ser divino. É em Deus que tem o ser, e este fá-lo ser como Deus, igual a Deus; por conseguinte ter o direito estrito, um direito natural, aos privilégios de Deus, a majestade, a glória e o poder no cosmos. Sua humildade consistirá em não querer adquirir esses privilégios senão pela via da submissão e da obediência. São, evidentemente, pontos assentados hoje.

Outra questão se levanta a propósito do particípio presente ὑπάρχων. Como o sugere a Vulgata deveríamos fixar como ponto de partida da ação de Cristo a preexistência, anterior à encarnação, ou o presente indica sobretudo o que Cristo é por qualidade ou natureza? Nesta última hipótese ὑπάρχων assinalaria um estado permanente de Cristo, seu próprio ser[542]. Paulo dirá ὅς ἐστι εἰχὼν τοῦ Θεοῦ τοῦ ἀοράτου (Cl 1.15), e o entende relativamente a uma qualidade permanente, "eterna" diríamos hoje. Cremos que a tradução, ao menos, não deve precisar a relação temporal entre o que ele era e o que se tornou. A idéia é antes: sendo Filho de Deus, tornou-se homem

---

[538] Cf. 1 Co 11.18; Fl 3.20 (τὸ πολίτευμα ἐν οὐρανοῖς ὑπάρχει).
[539] Observações análogas, principalmente sobre o sentido de ἐν, em E. LOHMEYER, art. cit., p. 19s.
[540] Há comum acordo em se considerar ἴσα como neutro plural empregado adverbialmente. Toda a expressão ἴσα Θεῷ é atributiva.
[541] O artigo de τὸ εἶναι sugere que Paulo refere a segunda expressão à primeira. Fica entendido: a igualdade com Deus da qual acabamos de falar de modo equivalente ao dizer ἐν μορφῇ Θεοῦ ὑπάρχων. Cf. M. DIBELIUS, op. cit., p. 77; Fl 1.21s, 24.29; 2.13.
[542] Cf. 1 Co 11.7 o homem εἰκὼν καὶ δόξα Θεοῦ ὑπάρχων: é a realidade que o define. Ao contrário, ὑπάρχων Gl 2.14 refere-se ao passado:. O contexto é decisivo. Ver J. DUPONT, Gnosis, p. 99, nº 1.

(sem cessar de ser Filho de Deus). Assim o contraste é melhor sublinhado entre o que ele teria podido fazer (καίπερ δυνάμενος, Clemente Romano, 16.2) e o seu modo de agir de fato, humilhando-se na sua humanidade. Compreendemos da mesma maneira 2 Co 8.9: ele fêz-se pobre, de rico que era (πλούσιος ὤν).

Ao invés de escolher o caminho das honras, da "jactância", escolheu o da humildade, que lhe era oferecido por seu Pai, tomando a forma humana humilhada, a do Servo. Clemente Romano propõe como comentário: escolhendo realizar a profecia de Isaías e apresentar-se como o "Servo de Deus" descrito pelo profeta. Antes de desempenhar o papel de Servo, deve tomar as suas librés, uma natureza humana concreta[543].

Nossa fórmula não visa direta e exclusivamente ao momento da encarnação, mas à humanidade de Cristo, tal como se apresentou em toda a duração dos trinta e três anos de vida mortal; encara a aparição na humanidade como um todo, sem insistir na passagem da preexistência à existência temporal. Isto é conforme à maneira ordinária de agir de Paulo. A encarnação como nós a compreendemos, isto é, o momento exato em que Cristo assume a carne, não desperta seu interesse, que se concentra na humilhação de uma vida humana: aquele que se mostra na humildade da carne, Cristo κατὰ σάρκα, é em realidade o Filho de Deus! Ele possui esta dignidade, mas resignou momentaneamente seus privilégios[544].

Paulo, portanto, acrescenta: ele se despojou, tomando a forma humana do Servo. O verbo κενόω significa no sentido próprio "esvaziar". A teologia protestante, após o arianismo, muito discutiu a esse respeito[545].

---

[543] Cf. o uso de ἀνθρωπόμορφον εἶδος em Fílon: εις ἀνθρωπόμορφον εἶδος ἐτυπώθημεν (Somm, I, 15). Fílon protesta contra a mitologia que apresenta a divindade (τό Θεῖον) como ἀνθρωπόμορφον ἔργῳ (Deus imm., 59).

[544] A. Loofs, "Das altkirchliche Zeugnis gegen die herrschende Auffassung der Kenosisstelle", em Theolog. Studien u. Kritiken, C (1927-1928), pp. 1-102, procura firmar que o sujeito de ἐκένωσεν é Cristo feito homem, não Cristo preexistente. Em sentido contrário, A. Oepke, art. κενόω, em Theolog. Wörterbuch, III, p. 661; J. Gewiess, "Zum altkirchlichen Verständnis der Kenosisstelle (Phil. 2, 5-11)", em Theolog. Quartalschrift, CXX (1948), pp. 463-487.

[545] Ver sobre a "kenosis": A. Oepke, art. κενόω, em Theolog. Wörterbuch, III, p. 661s. E. Lohmeyer transpõe ao modo "existencial"; Esta ação de renúncia (sich

O contexto de Isaías teria podido sugerir a expressão. Pensar-se-á em 49.4: κενῶς ἐκοπίασα καὶ εἰς μάταιον καὶ εἰς οὐδὲν ἔδωκα τὴν ἰσχύν μου. Compreendendo ἰσχύν como atributo divino[546], chega-se a um sentido equivalente a ἐκένωσεν. Aliás, o verbo é paulino; cf. a expressão "aniquilar sua glória" (1 Co 9.15; 2 Co 9.3). Aniquilando sua glória e privando-se da manifestação de sua natureza divina, pode-se dizer que o Filho se aniquila a si mesmo (notando sempre que o interesse do trecho se concentra na humilhação que Cristo a si mesmo se impôs). É possível que ἑαυτὸν ἐκένωσεν traduza Is 53.12.

Segunda estrofe

Cristo, tendo tomado uma natureza humana, humilha-se nesta natureza, desempenhando o papel do "servo de Deus" do profeta Isaías.

Os paralelos paulinos convidam a compreender γενόμενος como referente ao nascimento do Filho de Deus na humanidade. A expressão é equivalente a "nascer da mulher" (ou nascido da raça de Davi) à semelhança, à maneira dos homens comuns[547].

A palavra essencial, ἐταπείνωσεν, faz eco a ἐν τῇ ταπεινώσει de Isaías (53.8). O canto do Servo pôde modelar as expressões "tornou-se semelhante aos homens" e "considerado no exterior como homem" (ὡς ἄνθρωπος) por influência de τὸ εἶδος αὐτοῦ ἐκλειπὸν παρὰ πάντας ἀνθρώπους, ἄνθρωπος ἐν πληγῇ ὤν (53.3); uma adaptação se impunha a Paulo pelo fato de que ele quer apresentar explicitamente o Servo como um ser divino que toma a "semelhança" dos homens, isto é, um "aspecto" humano (real), e, permanecendo um ser divino, reveste um modo de ser humano, numa natureza humana.

O paralelismo entre as linhas 1 e 2 da estrofe impede-nos de ver com Lohmeyer, na fórmula "como um homem", um sucedâneo do aramaico *k^ebarnasch*, "como um Filho de homem", com alusão ao

---

opfern) é feita por um ser divino; precisamente por isso na doação de si mesmo deve criar um novo "Dasein" (*art. cito* p. 35).

[546] Cf. Ap 5.12; 7,12; 2 Ts 1.9 onde ἰσχύς e δόξα; a são equivalentes.

[547] Quanto a este sentido de ἐν ὁμοιώματι. Rm 5.14 (ἐπὶ τῷ ὁμοιώματι).

"Filho do homem" de Daniel[548]. Lohmeyer apóia-se sobretudo nesta tradução para descobrir, com uma dependência essencial do hino diante dos cânticos do Filho do homem, seu caráter judeu-cristão e suas relações com o mito do Anthropos. O terreno é inconsistente[549]. Todo o desenvolvimento de Isaías ilustra a fraqueza humana do Servo. A idéia de obediência é sugerida pela imagem da ovelha ou do cordeiro que é morto sem se queixar. Diretamente, trata-se sem dúvida da sujeição às crueldades dos homens, mas, quando o servo está em causa, sua submissão inclui obediência aos desígnios de Deus: seus sofrimentos pelos pecados dos homens cumprem o plano divino.

A expressão μέχρι θανάτου corresponde no cântico do Servo a ἤχθη εἰς θάνατον (53.8) e παρεδόθη εἰς θάνατον (53.12). O pormenor "pela morte da cruz" é muito natural. A cruz é o símbolo da redenção do pecado, realizada pelo Servo. Reconhece-se a assinatura paulina.

Parece-nos seguir a maneira de operar do autor do hino cristológico. O cântico do Servo fornece o tema. Cristo tomou a função do Servo. É o Servo de Deus, de quem Isaías foi o evangelista. Sem dúvida, era preciso explicitar a idéia de que o Servo é um ser divino. Mas, o Servo, no próprio Isaías, não surge bruscamente da esfera celeste (cf. 49.1-2)? E a tradição cristã não compreendeu a expressão misteriosa τὴν γενεὰν αὐτοῦ τίς διηγήσεται (53.8) como referência à divindade de Cristo e ao mistério de seu nascimento humano (cf. At 8.32s) ?

Terceira estrofe

A terceira estrofe desenvolve a segunda grande antítese: a vida de Cristo na natureza humana termina por uma exaltação e uma parusia. Cristo feito homem humilhou-se aceitando a cruz; o triunfo pertence também a sua humanidade (chamada "Jesus").

A conexão "e por isso" corresponde à peripécia do cântico do Servo, 53.12: "Por isso dar-lhe-ei em prêmio as multidões". O hino

---

[548] E. LOHMEYER, *Kyrios Jesus*, pp. 39-41.
[549] Cf. M. DIBELIUS, *An die Philipper*, p. 77; H. WINDISCH, em *Theolog. Literaturzeitung*, 53 (1929), col. 247, admitindo a dependência de Fl relativamente a Is 53.2-4.

cristão estende o triunfo ao cosmos. O início do cântico do Servo já anunciou brevemente o assunto do poema, a humilhação do Servo seguida de sua exaltação (52.13-15): esse título resumido parece ser o modelo imediato do hino paulino. "Eis, dizia o cântico, que o meu servo terá êxito, subirá, elevar-se-á à sublime altura. Assim como muitos o contemplaram consternados (tão desfigurado estava seu rosto e o seu aspecto – εἶδος, a menos que se tenha de ler μορφή, era menos do que de homem), assim encherá de estupor muitas nações e, os reis fecharão a boca diante dele..." O hino cristão substituirá o verbo simples ὑψωθήσεται pelo composto ὑπερύψωσεν. Isto, com muita verossimilhança, explica-se pela voga dos compostos em ὑπερ nas epístolas do cativeiro. Paulo quer acentuar desde o começo que a exaltação de Cristo se imporá às potestades celestes. Numa passagem onde o tema cristológico soa em surdina, ele escreveu ἐμαυτὸν ταπεινῶν ἵνα ὑμεῖς ὑψωθῆτε (2 Co 11.7)[550].

Paulo aplica a Cristo as prerrogativas solenes de Is 45.23 onde Deus proclama: "Não sou, porventura, eu, o Senhor? E não existe Deus fora de mim. Deus justo e salvador, não há outro exceto eu. Voltai-vos para mim e sereis 'salvas', ó nações todas 'das extremidades da terra'; porque eu sou Deus e nenhum outro. Juro-o por mim mesmo; da minha boca procede a verdade, palavra irrevogável; diante de mim dobrar-se-á todo o joelho e toda a língua confessará a Deus" (Is 45.21-23). Mas, já se pode verificar em Isaías a tendência de conceder ao Servo os mesmos atributos que Deus reservava para si. O Servo desempenha a função de "Salvador" e recebe a adoração. "Eu te ponho para farol das nações, para levares a minha salvação até os confins da Terra" (49.6). "Os reis verão, ... erguer-se-ão os príncipes e se inclinarão, por causa do Senhor" (49.7)[551]. "(Os reis) com o rosto em terra curvar-se-ão diante de ti e lamberão o pó de teus pés" (49.23). Há mais. Enquanto Deus reservava a si o privilégio de dar a salvação e receber as adorações, reclamava ser ele o único a quem pertence o nome de Deus e de Senhor: "Sou eu, Javé, e não outros: fora de mim não há deus" (45.5). "Eu sou o Senhor"

---

[550] O uso de ὑψόω nos textos cristológicos de At 2.33; 5.31; Jo 8.28; 12.32 parece inspirado em Isaías.

[551] O mesmo texto é provavelmente visado na descrição da entronização do Filho do homem em *Hen.* 46.5; 62.9, cf. E. SJOEBERG, *Der Menschensohn*, pp. 124-126.

(49.19). Como se sabe a importância do Nome (cf. 43.3) e sua ligação com a idéia de adoração, um cristão não é induzido a concluir, de todo o contexto de idéias, que o Servo é adorado e salvo porque recebeu precisamente o Nome divino? Um cristão poderia ainda não ser levado a esta dedução por certas fórmulas misteriosas do oráculo? Ele notará facilmente: ἕνεκεν κυπίου (49.7) e καλέσω σε τῷ ὀνόματί μου (45.4).

Os cânticos do Servo fornecem também os elementos que serão empregados no hino cristológico. Mas, do mesmo modo que ele, escreve ὑπερύψωσεν em vez do simples ὕψωσεν, Paulo acrescenta ao texto de Isaías (Fl 2.10) a menção dos "seres celestes, terrestres e infernais"[552]. A adoração abarca todo o cosmos. A exaltação descrita é a exaltação escatológica. Houve quem notasse que a glorificação do Servo em Isaías já possui traços escatológicos[553]. A intervenção das potestades neste contexto não nos causa admiração, aliás, nem a do inferno; basta relembrar a destruição da morte 1 Co 15.26. Subentendeu alguém em Isaías (provavelmente por causa de ἤχθη εἰς θάνατον, 53.8) a descida aos infernos[554].

"Todo o joelho se dobre". A atitude dos súditos dos reis orientais, que caem de joelhos e lançam-se por terra, é também a atitude da oração. E. Lohmeyer observa o contraste com a atitude de orante do mundo grego, *de pé*[555].

Ao "nome" prende-se a salvação, até às extremidades da terra (45.22), do oriente ao ocidente (45.6), com aplausos do céu e a conivência do mar e da terra (45.8). Ora, Deus transmitiu seu poder e "seu nome" próprio a Cristo.

O nome concedido por graça[556] a Jesus, o "nome próprio" de Deus é um dom para o *Servo*, Cristo feito homem, que o mereceu por sua obediência. Não seria um dom para Cristo simplesmente, o Filho de Deus na transcendência divina, se ele não tivesse vindo

---

[552] Cf. Ign., *Trall.* 9.1, numa passagem cristológica em forma de símbolo. Sobre esta fórmula, que entrou na filosofia popular, W. L. Knox, "The 'Divine Hero' Christology in lhe New Testament", em *Harvard Theolog. Review* XLI (1948), p. 843s.
[553] K. F. Euler, *Die Verkundigung*, p. 127.
[554] *Asc. Is.*, 4.21 (ed. E. Tisserant, p. 126s).
[555] *Kyrios Jesus*, p. 67.
[556] ἐχαπίσατο, Fl 2.9.

para o meio de nós; mas, o que teríamos sabido dos segredos da divindade? Doravante, o Filho de Deus torna-se-nos acessível através de uma natureza humana, e chama-se Jesus; diante desta pessoa inefável, que tem o nome próprio divino, todo o joelho se dobra e toda língua aclama: Senhor, Jesus Cristo! como se fazia outrora diante de Deus Pai.

Paulo – não esqueçamos seus centros de interesse ao escrever ele as epístolas do cativeiro – determina o texto de Isaías, falando da adoração "dos seres celestes, terrestres e infernais". A dominação universal dos cânticos do Servo tornou-se uma dominação cósmica: as próprias potestades celestes e "os infernos" se prostram[557]. Desde agora ressoam essas aclamações que, na parusia, irromperão triunfais diante da vitória definitiva de Cristo: Senhor Jesus Cristo! Para a glória de Deus Pai! Então Cristo entregará todo o domínio a seu Pai (1 Co 15.24-28).

Seu domínio é apenas o episódio humano de uma eternidade sem história. Cristo, Filho de Deus, é um ser da eternidade; as honras divinas que ele recebe em sua humanidade são ligadas à história da salvação e da volta das criaturas a Deus. Encerrado o episódio, Deus será tudo em todos.

Retomemos em resumo os resultados de nossa análise. Movemo-nos nas grandes linhas da cristologia paulina. O Filho de Deus, chamado aqui simplesmente Cristo, é este ser divino que nasce entre nós à maneira dos homens, tomando uma natureza humana. Sob esta "condição" que é doravante a sua, ele vive (ele que continua a ser o Filho de Deus, pois quem age é sempre aquele que nasceu, isto é, o Filho de Deus) uma vida de homem humilhado até à morte de cruz. O ser divino que ele é (ἐν μορφῇ Θεοῦ) assumiu um modo de ser humano, e ele aparece sob este modo de ser, ocultando sua divindade. Consente em passar por homem, que o tomem por um homem, nada mais – e ainda por um homem humilhado em sua humanidade –, enquanto permanece Filho de Deus a viver numa natureza humana.

---

[557] Notar nas fórmulas uma influência da linguagem religiosa helenística, cf. M. Dibelius, p. 79. Um paralelo interessante é citado *ibid.*, P. Oxyr., XI, 1381, 198s. Cf. W. L. Knox, "The 'Divine Hero' Christology", p. 238.

Tal é a primeira antítese da cristologia. O Filho de Deus não se transforma em homem, mas terá de ser atingido e conhecido através da natureza humana que ele assume.

A segunda antítese não é mera inversão da primeira, como se o Filho de Deus tivesse simplesmente o direito de se revelar como tal ao mundo. Um pouco disso há certamente, porém esta manifestação primeiro implica em desempenhar ele efetivamente a função de Filho de Deus, em substituir a Deus em todas as suas prerrogativas e em ser a manifestação atuante da própria divindade. Em seguida aquele que se mostra com o poder divino não é apenas o Filho de Deus, mas o Filho de Deus que se humilhou numa humanidade. Esta entra na glorificação do Filho de Deus de tal modo que Jesus (o Filho de Deus revelado nesta aparição humana que foi Jesus) recebe o nome acima de todo o nome e a ele se dirigem as homenagens de todo o cosmos criado.

II - HINO SOBRE A OBRA DE CRISTO (Cl 1.15-20)

O ponto de vista difere do adotado na primeira categoria dos hinos. Cristo permanece o objeto da contemplação inspirada; mas, em vez de se deter a atenção em sua carreira, ela se volta para o efeito de sua intervenção e para a situação religiosa daí resultante. O movimento das frases indica claramente. o deslocamento da atenção.

Reconhece-se na passagem da Carta aos colossenses que encaramos as características dos hinos, a divisão das estrofes, certo ritmo, as atribuições predicativas por relativos, as fórmulas εἴτε... εἴτε etc.[558] Paulo sofre a influência do estilo hinológico; ousaríamos dizer que reproduz à letra um hino conhecido dos colossenses. Improvisa neste estilo determinado, seguindo um modelo ou vários, o que equivaleria a glosar uma composição subjacente[559].

---

[558] Ver o estudo fundamental de E. NORDEN, *Agnostos Theos*, pp. 168-207; 146.
[559] R. BULTMANN, *Bekenntnis- und Liedfragmente*, p. 1 admite uma hipótese análoga relativamente a 1 Pd 3.18-22, mas prefere dizer que o autor glosa um texto que tem diante dos olhos, quer seja um hino, ou uma confissão de fé. O mesmo autor, no que respeita a nossa passagem, imagina um hino primitivo gnóstico, cosmológico (*Theologie*, 12. 178). E. KÄSEMANN, "Eine urchristliche Taufliturgie", em *Festgabe R. Bultmann*, Stuttgart, 1949, pp. 133-148, é da mesma opinião. Nosso hino

Como a inteligência da passagem parece-nos ganhar com isso, tratá-la-emos como um hino, com duas grandes estrofes separadas por duas frases de transição.

O hino se insere no meio de uma ação de graças pelo mistério: "dareis com alegria graças ao Pai que nos tornou dignos de participar da herança dos santos na luz e nos transferiu para o reino de seu Filho" (v. 12). Prende-se à menção do "Filho de Deus" e elabora o mistério, concentrando a atenção em Cristo:

(I) Ele é a imagem do Deus invisível,
gerado antes de toda a criatura,
porque nele foi criado tudo
o que há nos céus e na terra,
as coisas visíveis e as invisíveis,
os tronos, as dominações, os principados, as potestades.
Criadas por ele, para ele estão voltadas todas as coisas.
Ele vai adiante de todas e todas subsistem nele,
ele é também a cabeça do corpo, que é a Igreja.

(II) Ele é o princípio,
o primogênito dos redivivos,
a fim de que em tudo ele tenha o primado
porque aprouve (a Deus) fazer que residisse nele
toda a plenitude,
e, por seu intermédio, reconciliar consigo todas as
coisas, quer na terra, quer no céu, estabelecendo a
paz pelo sangue de sua cruz.

À ordem da criação (primeira estrofe) opõe-se a ordem da salvação realizada pela morte e ressurreição de Cristo. A antítese entre as duas ordens é proposital e sublinhada pelo paralelismo na construção

---

teria como base um hino pré-cristão desenvolvendo o mito do *"Urmensch"* numa forma judeu-helenística (aplicada à sophia-logos, como em Fílon, *De confus. ling.,* 146). Antes de Paulo, a liturgia cristã já teria manipulado a composição primitiva, juntando em particular τῆς ἐκκλησίας e "pelo sangue de sua cruz".

das duas estrofes: "o primogênito", "a fim de que", "quer-quer", fazem eco, uma à outra.

Na pequena seção intermediária, a primeira proposição resume a primeira estrofe no mesmo tom filosófico, a segunda introduz a primazia da Igreja por uma frase pertencente ao tema paulino das epístolas do cativeiro, Cristo, cabeça da Igreja[560].

Sublinha-se na primeira estrofe que Cristo é o Criador das potestades celestes, quaisquer que sejam. Deve sua primazia ao fato de ter criado e criou porque é o primogênito de Deus, a imagem do Deus invisível. Basta-nos indicar aqui, de passagem, que o contexto (Deus invisível, imagem, primogênito, coisas visíveis e invisíveis) nos orienta para um ambiente platônico e faz-nos pensar concretamente nas especulações alexandrinas sobre a sabedoria e o logos.

A primazia na criação era preparação à primazia na ordem da salvação. Uma vez que a atenção se concentra toda em Cristo e em sua primazia, não nos foi dito por que a criação não conservou a unidade, nem por que a morte de Cristo deve intervir para pôr novamente tudo em ordem, ou para constituir nova primazia, de ordem superior à primeira. Apenas se suspeita que os Tronos etc. são a causa de tudo isso. Afirma-se que Cristo as criou, porque, de fato, essas potestades se subtraíram a seu domínio.

A ordem da "restituição" é doravante (segunda estrofe), como o anuncia a frase de transição, a ordem da Igreja. Cristo é a cabeça do corpo da Igreja. É assim que ele é o princípio, o primogênito dentre os mortos. Esta última fórmula, insólita afirmação de que Cristo é o primeiro quanto à ressurreição dos mortos, é exigida para formar antítese com "primogênito" relativamente à criação. É ainda na Igreja que devemos pensar ao lermos que Cristo tem a primazia sobre todos[561], que nele reside o pléroma[562], a força de santificação

---

[560] M.-A. WAGENFUEHRER, *Die Bedeutung Christi für Welt und Kirche*, Leipzig, 1941, p. 61ss começa igualmente a segunda estrofe com 18b (mas suprime τῆς ἐκκλησίας em 18a e dá a σῶμα o sentido de "cosmos"). Cf. E. PERCY, *Die Problemes* p. 73, nº 21. É, mais ou menos, a mesma posição de Käsemann e de E. LOHMEYER, *Der Brief an die Kolosser*, Göttingen, 1930.
[561] As expressões paralelas (F. LIDDELL-SCOTT) recomendam considerar ἐν πᾶσι como sendo do gênero, masculino.
[562] Quanto à construção, cf. E. PERCY, *ibid..*, p. 76, nº 22.

da divindade a habitar no corpo de Cristo ressuscitado. A eficiência da morte une-se naturalmente à da ressurreição, e torna-se uma só com ela[563]. Deus, pela morte de Cristo, tudo reconciliou consigo (trata-se ainda da Igreja onde gentios e judeus formam um só povo, o povo reconciliado com Deus). A perspectiva da pacificação, ao contrário, estende-se até às potestades pacificadas, submetidas a Cristo à força[564].

Após esta inserção do hino, a ação de graças continua (v. 21,23). O estilo muda, continuando ritmado e entrecortado, procedendo mais por justaposição do que por verdadeira construção de período.

---

[563] Seria erro, pois, levar em conta a sucessão de eficiências para asseverar que a habitação do pléroma refere-se à encarnação.
[564] Cf. supra, p. 59s.

Capítulo II
A REVELAÇÃO DO MISTÉRIO DE CRISTO

1. Mensagem, evangelho e mistério – Hino – Ações de graças – Interpretações do Antigo Testamento – Progressos teológicos.
2. A ignorância do mistério antes dos tempos cristãos – A revelação "aos apóstolos e profetas", importância do apelo dos gentios – Função privilegiada de Paulo na dispensação do mistério; seu conhecimento privilegiado – O acesso dos gentios ao conhecimento do mistério – Cristo é a realização do mistério, e seu conhecimento é progresso da vida cristã – Conclusão: a função do conhecimento no cristianismo, Gnose e celebração da Ceia.

O termo *"mistério"*, com um apropriado acompanhamento literário bem provido, caracteriza as epístolas do cativeiro e domina seu vocabulário.

A mensagem cristã da salvação por Cristo chama-se doravante o mistério de Deus (genitivo sujeito) ou o mistério de Cristo (genitivo objeto). Um conhecimento mais profundo do plano divino infinitamente sábio, infinitamente rico, justifica este termo, mistério[565]. Mas, ao mesmo tempo em que a atenção, firmada no plano divino, admira-o e aprofunda-o, o conhecimento de Cristo, portador e realizador do mistério, torna-se mais penetrante. A cristologia encontra mesmo algumas fórmulas novas.

I - O MEIO LITERÁRIO

1. Paulo pregou a morte de Cristo, sua ressurreição, sua parusia; em determinados momentos, principalmente a morte, que ele

---

[565] Parece-nos que o sentido mais próximo se encontra na corrente apocalíptica. Cf. E. Sjoeberg, *Der Menschensohn*, pp. 102-115.

afixou diante dos olhos dos gálatas, e anunciou aos coríntios como a antítese do judaísmo e da filosofia pagã.

A mensagem paulina distinguia-se da mensagem cristã ordinária por acentuar a salvação dos gentios (Gl 1.6 etc.). Eis, simplesmente, o evangelho de Cristo (Rm 15.19 etc.). Paulo continua a falar nas epístolas do cativeiro a respeito do Evangelho, Fl 1.5 etc., do evangelho da salvação dos gentios (Ef 1.13).

O mistério quase não se diferencia do Evangelho, quanto ao conteúdo; faz-se conhecer (γνωρίζειν) o Evangelho como se faz conhecer o mistério, participa-se do Evangelho (Ef 3.6) como do mistério (Cl 1.27); Paulo falará do "mistério do Evangelho" (Ef 6.19). Cristo ou a salvação por Cristo é anunciada, como boa-nova e ao mesmo tempo mistério, do ponto de vista da sabedoria profunda do plano divino que nos é manifestado.

Na primeira Epístola aos coríntios, onde o conhecimento aprofundado do plano divino da salvação chama-se sabedoria de Deus ou sabedoria de Deus em mistério, há uma distinção entre Evangelho e mensagem. Não era senão aos "perfeitos" que Paulo podia expor a sabedoria cristã revelada, conhecimento mais aprofundado, revelação no Espírito. Parecia que se indicavam duas maneiras de atingir o objeto da mensagem. A salvação por Cristo, ou simplesmente Cristo, é objeto da mensagem ou do Evangelho em toda a apresentação do cristianismo; é destinada a ser o objeto da sabedoria cristã ou do mistério para os cristãos que se entregam à ação do Espírito. Em antítese com a sabedoria (a filosofia) grega, o cristianismo mostrava-se como sabedoria de Deus, para os espirituais[566].

Agora, a antinomia entre a mensagem e o mistério desapareceu. Supõe-se que todos os cristãos penetram o mistério.

Talvez nas Igrejas da Ásia, Paulo tenha-se habituado a falar da mensagem cristã como de um "mistério", revelado por Deus no qual penetram os Apóstolos e os cristãos. Se deixarmos de lado as passagens onde mistério se aplica a determinada revelação[567], somente

---

[566] O ajuste não se fará esperar: todos os cristãos *devem* ser espirituais.
[567] Em 1 Co 2.1 será melhor μαρτύριον: Deus dá testemunho de sua sabedoria e de seu poder; cf. R. Asting, *Die Verkundigung des Wortes im Urchristentum*, Stuttgart, 1939, p. 628s; E. Percy, (*Die Probleme*, p. 81s) prefere ler μυστήριον (cf. J. Weiss, Allo), cujo testemunho é segundo (P^{46} S A C etc.).

Rm 16.25 e 1 Co 2.7 se assemelham às passagens das epístolas do cativeiro, "em mistério". Nada impede acreditarmos que Paulo, escrevendo Rm e 1 Co depois de sua estada em Éfeso, sofra a influência do vocabulário, habitualmente usado por ele na Ásia[568].
Paulo fala do mistério de Cristo (Ef 3.4; Cl 4.3), isto é, do mistério cujo objeto é Cristo ou antes a salvação trazida por Cristo; do mistério de Deus (Cl 2.2), isto é, de seu plano secreto que Deus nos revela; do mistério da vontade divina (Ef 1.9) e mais simplesmente do mistério ou do mistério escondido (Ef 3.9). O mistério visa, pois, ao plano de Deus que realiza a economia universal da salvação. Mas, além disso, porque a realização deste plano é obra de Cristo, e o plano divino se concretizou em Cristo – quase somos tentados de dizer porque Cristo é a sabedoria de Deus, como é a sua imagem –, uma revelação do plano da salvação é simultaneamente revelação sobre a pessoa de Cristo e seu modo de cumprir o plano divino. A pessoa de Cristo identifica-se com sua obra. Contemplamos tanto Cristo como Deus em sua obra. O aprofundamento da soteriologia será, pois, ao mesmo tempo aprofundamento da cristologia; as fórmulas soteriológicas e cristológicas se entremeiam no enunciado do mistério.

Não vemos razão de opor os enunciados e distinguir tão fortemente como o faz M. Dibelius[569] a fórmula Χριστὸς ἐν ὑμῖν (Cl 1.268; 2.2; 4.3; cf. 1 Co 2.6s), isto é, o mistério escatológico místico (aquele que é ἐν Χριστῷ; J tem parte na δόξα; a escatológica) e outro mistério relativo à admissão dos gentios (Ef 1.9; 3.3s.9s)[570].

2. Os enunciados do mistério se exprimem num estilo particular, solene, hierático, "litúrgico". Suspeitamos estar Cristo e o mistério no centro da liturgia, e que a linguagem cristã tenha assimilado

---

[568] No que respeita à importância do conhecimento (a gnose) no cristianismo primitivo, cf. J. DUPONT, *Gnosis*. Na primeira *aos coríntios*, dois temas são justapostos: 1) o conhecimento deve ceder ao ágape, e a mensagem cristã limitar-se à cruz; 2) possuímos, contudo, uma verdadeira "sabedoria". Nas epístolas do cativeiro, Paulo se limita ao segundo tema; a gnose é a perfeição da vida cristã. Quanto ao mistério paulino, ver D. DEDEN, "Le 'Mystère' paulinien", em *Ephem. Theol. Lovanienses*, XIII (1936), pp. 405-442.
[569] *Die neun kleinen Briefe*, Tübingen, 1913, p. 76.
[570] E. PERCY, *Die Probleme*, p. 380.

uma técnica própria ao culto. O estilo dos hinos pagãos, judeus, cristãos e mesmo dos hinos em prosa tem dilatação especial; o mesmo sucede com fórmulas de ações de graças ou orações. O estilo embaralhado das epístolas do cativeiro, as redundâncias, as expressões sinonímicas acumuladas, a sucessão dos relativos e dos particípios sem dúvida têm relação com os usos litúrgicos.

1. Os hinos

Não se trata, para dizer a verdade, de exercícios poéticos. São esses hinos mencionados em duas indicações paralelas Ef 5.19 e Cl 3.16: hinos inspirados, espirituais. Os dons carismáticos tomaram esse novo aspecto na Ásia, a pátria dos hinos. Lembremo-nos, por exemplo, do retor Aelius Aristides que compôs hinos em prosa, ditados pelos deuses. Seria por acaso também que Plínio, o moço, assinala o canto dos hinos na Bitínia e que nos aparecem hinos no sulco das epístolas do cativeiro e no Apocalipse, portanto sempre em conexão com a Ásia Menor?

Analisamos no capítulo I o hino da Epístola aos colossenses, o único consagrado mais diretamente à descrição do mistério de Cristo. Os hinos que cantam a carreira de Cristo, sobretudo Fl 2.6-11, parecem-nos pertencer menos imediatamente ao ciclo literário do mistério, compreendido no sentido mais formal, como experimentamos defini-lo. O culto do Senhor Jesus ultrapassa a fórmula de um segredo da sabedoria divina revelada aos homens em Cristo, e um hino como o de Fl surge em outro horizonte.

2. Ações de graças

As ações de graças epistolares, nas epístolas do cativeiro, se estendem e tomam uma dimensão litúrgica. É bem provável que conservem ecos das ações de graças eucarísticas.

O mais belo exemplo nos é fornecido pelo começo da Epístola aos Efésios 1.3-14. Depois da introdução: "Bendito seja o Deus e Pai de nosso Senhor Jesus Cristo..." a ação de graças se prolonga numa composição ritmada, no estilo redundante tão particular, próprio destas liturgias. O trecho se divide facilmente como um hino (e não é de admirar ver ação de graças e hino aretológico em prosa ritmada se confundirem) em estrofes que se encadeiam e se correspondem.

A primeira seção do hino desenvolve-se em duas grandes estrofes. Uma se abre por καθὼς ἐξελέξατο ἡμᾶς ἐν αὐτῷ (v. 4) e nos anuncia a eleição de que fomos objeto antes da criação do mundo, eleição à santidade, na qualidade de filhos de Deus, pois estende-se a caridade de Deus por seu Filho até nós. A outra descreve a realização do mistério, a redenção e os dons de sabedoria e de inteligência que nos fazem conhecê-lo. O mistério consiste em tudo "recapitular" em Cristo, as coisas que estão no céu e as que estão na terra (note-se de passagem a semelhança com a fórmula do hino de Colossenses). A segunda seção da liturgia consta de duas novas estrofes menores, mas do mesmo tipo[571], antitéticas entre si: a primeira falada predestinação dos judeus, a segunda do chamado dos gentios e do batismo que os assinalou com o sinete do Espírito da promessa.

Na Epístola aos colossenses, a ação de graças toma de novo forma litúrgica, tendo o mistério como objeto, desde 1.12 até 1.23; no centro desta liturgia se inserem as duas estrofes do hino a Cristo. Desde o v. 21, a ação de graças pelo mistério aplica-se aos colossenses, os gentios eram estranhos a Deus, agora reconciliaram-se no corpo de carne de Cristo, por sua morte, e tornaram-se "santos" diante dele, contanto que permaneçam apoiados na fé do Evangelho.

Uma oração, em Ef 1.17-23, desenvolve temas semelhantes: Deus dê aos cristãos o conhecimento do mistério – a riqueza da glória de sua herança entre os santos – resultado do que foi cumprido por Deus em Cristo: sua ressurreição, sua exaltação acima das potestades, sua promoção como Cabeça da Igreja.

Em outra oração Ef 3.14-19, Paulo pede para seus correspondentes a fé (que Cristo habite em seus corações pela fé), a caridade e com elas, o conhecimento do mistério.

---

[571] Começam todas as duas, como a segunda grande estrofe, por ἐν ᾧ (a primeira grande estrofe apresentava a variante καθὼς... ἐν αὐτῷ). Um refrão aparece na primeira estrofe e nas duas últimas: "para louvor de sua glória" (vv. 6.12.14). Outras repetições como ἀπολότρωσιν (v. 7, v. 14) religam as estrofes entre si

3. Interpretação do Antigo Testamento

Dois textos do Antigo Testamento fornecem a Paulo a base de explanações concernentes ao mistério. O primeiro vem de Is 57.19[572]: "E ele veio anunciar-vos-á *paz*, a vós que estáveis longe, e a paz também para aqueles que estavam *perto*" (Ef 2.17). Paulo concatena: os gentios estavam sem Cristo, excluídos da cidadania de Deus (τῆς πολιτείας τοῦ 'Ισραήλ), alheios às promessas, sem esperança e sem Deus; agora, de "afastados" que eram, são "próximos". Cristo é nossa "paz", ele que reuniu os dois grupos da humanidade em um só, destruiu o muro de separação, a Lei, causa de inimizade etc. Doravante, não há mais que uma cidade, um templo espiritual e a chave de abóbada é Cristo (2.11-22).

Um texto do Sl 68.19 é também a ocasião de uma explanação cristológica. "Subindo às alturas, levou cativos consigo, distribuiu dons aos homens" (Ef 4.7-16). As palavras do salmo são recolocadas no grande contento cristológico. Paulo nelas vê, indubitavelmente, um paralelo do cântico do Servo, e um esboço da carreira de Cristo. Para de novo Cristo subir às alturas, Cristo teve de descer – talvez de se humilhar aos ínfimos lugares desta terra[573]; agora voltou às alturas, acima de todos os céus, para tornar-se lá o pléroma[574] que tudo vai cumular com sua plenitude; dar-nos-á assim seus dons, os carismas que são distribuídos na Igreja e constroem o corpo espiritual. No fim de sua exegese Paulo desenvolve o tema de ser Cristo a Cabeça da Igreja e fautor de sua coesão.

4. Desenvolvimentos teológicos

Há desenvolvimentos teológicos sobre o mistério disseminados em nossas duas epístolas. Em Ef 2.1-10, após a oração pelo progresso no conhecimento do mistério, Paulo relembra a seus correspon-

---

[572] Este mesmo texto é utilizado por Pedro para fazer prever o apelo dos gentios, At 2.39.

[573] Ao invés de pensar na descida aos infernos. Ver W. Bieder, *Die Vorstellung von der Höllenfahrt Jesu Christi*, Zürich, 1949, pp. 80-90.

[574] A ressurreição e a exaltação fazem habitar nele o pléroma da divindade.

dentes o que eles foram anteriormente, na vida de pecado, sujeitos "ao príncipe das potências do ar", o espírito que presentemente opera nos incrédulos; Deus, porém, restituiu-os à vida com Cristo, fê-los ressuscitar com ele, com ele ocupar o trono nos céus.

Um pouco mais adiante, 3.1-13, a lembrança de sua própria vocação fornece-lhe ocasião de definir e desenvolver um dos aspectos do mistério; os gentios são co-herdeiros das promessas, possuem as riquezas insondáveis de Cristo e o conhecimento do mistério.

Na Epístola aos Colossenses, 2.6-15, Paulo previne os cristãos contra as falsas doutrinas, tradições humanas, que se apegam aos elementos do mundo e não a Cristo. A esta menção de Cristo prende-se uma longa enumeração de predicados a relembrarem simultaneamente um hino ou ações de graças:

> De fato, nele habita, "corporalmente", a plenitude da divindade,
> e vós tudo "tendes plenamente" nele
> que é o chefe de todo o principado e de toda a potestade.
> Nele fostes circuncidados com uma circuncisão que não é feita por mão de homem...
> Sepultados com ele no batismo,
> no batismo ressuscitastes juntamente com ele pela fé na potência de Deus que o ressuscitou dos mortos.
> Vós que estáveis mortos por causa dos vossos pecados e da incircuncisão de vossa carne,
> Deus chamou-vos de novo à vida juntamente com ele, tendo perdoado todos os nossos pecados
> e cancelado o cartel escrito contra nós...
> Ele o cancelou,
> pregando-o na cruz,
> e, despojando os principados e as potestades,
> expô-los publicamente à derrisão
> levando sobre eles pleno triunfo em Cristo (2.9-15).

A carreira de Cristo e a obra por ele realizada, os efeitos desta obra no mundo, tal é o objeto do mistério, do mesmo mistério que é o desenrolar do plano divino por Cristo. Cristo é, pois, ao mesmo tempo, o objeto do mistério e quem lhe executa as peripécias para reconduzir o mundo à unidade.

A unidade era o ponto de partida do mundo, na criação por Cristo: é o ponto de chegada, unidade restabelecida pela cruz. Duas implicações principais, uma visando às potestades, outra aos gentios. As potestades foram criadas por Cristo e vencidas por ele; os gentios foram recolocados na ordem das promessas às quais só os judeus tinham parte. Agora, Cristo – e tudo o que significa sua presença – lhes pertence.

Hinos, ações de graças e orações, exegeses, esses gêneros literários são litúrgicos em graus diversos. Hinos e ações de graças o são por definição. As exegeses já faziam parte do ofício nas sinagogas e é possível que certas exegeses de Paulo tenham nascido no decurso da celebração da Ceia.

Os gêneros literários litúrgicos estão nestes primórdios sob a influência dos carismas. Não é a liturgia da Ceia o lugar favorito de seu florescimento?

Não há hesitação a respeito dos hinos, dos quais nossas próprias epístolas atestam o caráter inspirado.

Quanto às ações de graças, basta-nos relembrar a antiga regra da Didachê: "Aos profetas permitireis dar graças à medida que o quiserem" (*Did*. X, 7).

Relativamente às exegeses, convém lembrar que os apóstolos receberam o dom carismático de interpretar a Escritura (Lc 24.44-48; cf. Jo 12.16)[575] e que este carisma persistirá por muito tempo na Igreja dos primeiros séculos, tomando o nome específico de "gnose" (*I Clem*., *Barnabé*).

Deveríamos, sem dúvida, estender o benefício destas verificações às passagens de Paulo que classificamos na categoria menos precisa dos progressos teológicos. Quando o Apóstolo se gaba de sua penetração acerca do Mistério, quer falar de um conhecimento que lhe é transmitido por Deus em formas carismáticas.

---

[575] "Quando ressuscitou dos mortos, recordaram-se os seus discípulos de que estava escrito isso." No estilo joanino, a "lembrança" supõe uma iluminação do Espírito, fazendo compreender uma parábola até então obscura e quase esquecida.

II - AS FASES NA REVELAÇÃO DO MISTÉRIO

O mistério é, pois, um segredo divino que se revela pelo Espírito Santo, especialmente no decurso da liturgia, em hinos; ações de graças, efusões de gnose. Revelação do mistério, dispensação do mistério, comunicação das riquezas divinas, conhecimento das riquezas e comunicação do conhecimento são todas noções concordantes. Sem levar longe demais as precisões, a fim de conservar o sabor paulino dos textos, distinguiremos a revelação propriamente dita do mistério aos apóstolos cristãos, a dispensação do mistério e, enfim, seu conhecimento por todos os cristãos.

1. Revelação do mistério aos apóstolos

A revelação do mistério corresponde à história da salvação e descreve as etapas desta história. Exponhamos primeiro, em resumo, os pontos da teologia paulina (Ef 3.1-19; Cl 1.25-29).

1º) Antes dos tempos cristãos, reina a ignorância do mistério, escondido para os séculos anteriores, oculto às potestades que regem o mundo antigo. Os bens cristãos e seu conhecimento pertencem efetivamente ao mundo novo.

Daremos um lugar à parte aos profetas do Antigo Testamento. Eles conheceram o mistério, mas não o puderam revelar senão sob símbolos. Nós, hoje, compreendemos o sentido destes símbolos. Mas, à medida que conheceram o mistério, os profetas foram, no mundo antigo, precursores, e suas profecias consistiram em antecipações. Foram antecipadamente cristãos.

2º) Os dispensadores do mistério são hoje – o νῦν de Paulo – os apóstolos e profetas *(per modum unius)*; o "mistério" foi revelado pelo Espírito a seus apóstolos e profetas, a seus santos: os gentios são co-herdeiros e membros do mesmo corpo e participantes das promessas em Cristo Jesus por meio do Evangelho (Ef 3.5-6). Paulo visa aos chefes do cristianismo, aos Doze, ao próprio Tiago de Jerusalém.

A vocação dos gentios é, pois, uma peça mestra do mistério. A incorporação dos gentios, seu enxerto – destinado a aproveitar um ramo inútil – na oliveira do povo santo vai constituir a Igreja.

A Igreja será o mistério feito visível; as potestades, a quem o segredo estava escondido, serão forçadas a contemplá-lo ao aparecer a Igreja.

3º) Sigamos sempre o movimento do pensamento paulino em Ef 3. Paulo ocupa nesta economia, revelação do mistério, um lugar de escol, único. A ele, o mais pequenino de todos os santos, foi concedida esta graça de anunciar aos gentios as incomparáveis riquezas de Cristo, e assim constituir a Igreja em sua complexidade de realização multiforme da sabedoria de Deus (3.8-11).

Segundo o princípio: a cada função deve corresponder um grau de conhecimento superior, Paulo não recua: "Daí podeis, ao ler-me, entender quão grande seja a compreensão que me foi concedida do arcano de Cristo" (3.4).

2. *Paulo, dispensador do mistério*

Esta posição, esta função, este conhecimento permite-lhe falar do mistério com autoridade. E agora, é ainda por causa deste mistério que ele está prisioneiro (Ef 3.1). Ei-lo em sua função de suplicante; com um novo poder e a eficácia que dá à sua oração a dignidade de prisioneiro consagrado ao mistério, prisioneiro pelo mistério, ele suplica e ora pelos cristãos. Que pediria senão o conhecimento da mistério? "Que sejais capazes de compreender, com todos os santos, qual seja a largura, o comprimento, a altura e a profundidade..." (3.18)[576].

Assim, pois, a perseguição de que Paulo é vítima é ligada ao plano do mistério[577], para utilidade dos gentios. Por isso, em sua dignidade de prisioneiro de Cristo, em seu benefício, Paulo pode fazer sua oração "sacerdotal" e solene, certo de ser ouvido. Esta oração finaliza com o pedido: Possam conhecer com todos os santos a dimensão da caridade de Cristo, de modo a serem repletos de toda a plenitude de Deus.

---

[576] Sobre esta passagem, cf. J. DUPONT, *Gnosis*, pp. 476-489.
[577] Cl 1.24 precisa o pensamento: Paulo dá cumprimento na sua carne ao que falta à tribulação de Cristo, em benefício de seu Corpo que é a Igreja. As tribulações do fim dos tempos recaíram sobre Cristo, mas continuam nos tempos atuais, à espera da parusia, e Paulo, em sua qualidade de ministro de Cristo para os gentios, vê seu sofrimento aceito, em resgate por sua salvação.

3. O conhecimento do mistério pelos gentios

O mistério era ordenado à entrada dos gentios na Igreja. Ignoraram-no os séculos anteriores, tanto os homens como os principados e as potestades celestes[578], às quais o mistério foi revelado pela Igreja, onde se manifesta a sabedoria multiforme de Deus e reúnem-se judeus e pagãos. Mas, o conhecimento do mistério, ordenado à posse dos bens da salvação, antecipação e primícias destes bens, pertence de direito a todos os cristãos sem exceção. Eles conhecem desde agora todas as riquezas que lhes são reservadas no caminho misterioso e admirável seguido por Deus para lhas comunicar, e este "conhecimento" (ἐπίγνωσις)[579] já é contemplação da glória de Cristo. Cristo é a "realização" da Sabedoria e dos bens divinos nela contidos.

Os carismas que os cristãos recebem, particularmente os hinos inspirados[580], fazem-nos progredir nesse conhecimento; Paulo reza amiúde para que seus progressos aumentem sem cessar, e cheguem eles assim à plenitude de cristãos perfeitos.

4. Conclusão

Cristo e sua obra de salvação manifestam-se numa luz cada vez mais nítida. Conhecimento de Cristo, conhecimento do plano divino e conhecimento dos bens salvíficos avançam juntos, como se a definição (περιγραφή) de Cristo coincidisse com a concepção do plano divino, e Cristo fosse a sabedoria de Deus realizada[581].

---

[578] Na literatura apocalíptica encontram-se os paralelos mais próximos deste tema da ignorância dos segredos da parte dos anjos. Cf. E. SJOEBERG, *Der Menschensohn*, pp. 102-115, onde também a revelação dos segredos pertence à felicidade dos justos (*ibid.* p. 106s).

[579] Sobre o termo ἐπίγνωσις, cf. J. DUPONT, *Gnosis*, p. 47s.

[580] Ef 5.19; Cl 3.16.

[581] Paulo, contudo, não procede como poderia fazer um alexandrino, identificando Cristo e a hipóstase "sabedoria" já conhecida. Ao contrário, não leva em conta tal perspectiva, e quase se pode afirmar que a exclui. É por uma série de identificações *concretas*: sabedoria de Deus, economia da salvação, bens divinos, obra de Cristo, pessoa de Cristo que os termos Cristo e sabedoria se unem por via concreta. A personificação da sabedoria será resultado da cristologia, não um pressuposto. Cf. p. 215s.

O elemento "conhecimento" desempenha doravante um grande papel na vida cristã. No nível do "discurso da cruz", Paulo insistia na eficiência da morte de Cristo. Aos perfeitos, ele reservava as esperanças da "sabedoria de Deus" em mistério. Mas o acento não se colocava aí; o apóstolo prevenia contra um excesso no uso dos carismas em vista do conhecimento, inferiores à caridade.

Doravante, a sabedoria de Deus que nos faz conhecer o mistério parece ser o elemento importante da vida cristã. O cristianismo, dir-se-ia, *funda-se* também no *conhecimento* do plano divino. Não é, pois, simplesmente uma religião salvífica, onde pela fé e os sacramentos somos configurados ao Filho de Deus. O conhecimento aprofundado desta configuração e da sabedoria de Deus, que no-la revela, torna-se elemento essencial da vida cristã, ao lado da fé e da caridade; o cristão deve progredir em tal conhecimento, e este progresso acarreta o de toda a sua existência cristã. Cristo não é só força de Deus ou caridade, é igualmente sabedoria que se comunica a nossa inteligência.

Chegamos a tal ponto por evolução normal do uso dos carismas que, na Epístola aos coríntios, eram apresentados como acessórios, subordinados essencialmente à caridade, e sempre em perigo de desvio. A regra da fé em Cristo, "Jesus é Senhor", devia salvaguardar o cristianismo contra os excessos dos" espirituais", sendo sempre de recear as infiltrações do paganismo. Agora, Paulo livrou-se de todo temor. Não é mais acerca do uso dos carismas cristãos que ele previne os cristãos de Colossos, e sim contra teorias teológicas humanas que opõem a Cristo uma religião de anjos e práticas religiosas inferiores. Que se dê aos princípios cristãos, e portanto aos carismas, plena atuação. Os carismas constituem os melhores auxiliares do verdadeiro cristianismo, dando-lhe profundidade. Mas, os carismas não são na Ásia o que eram em Corinto. Não se trata mais do dom das línguas, nem mesmo de profecia. Ouvimos falar, ao invés, de salmos, hinos que cantam a Cristo. As fórmulas cristológicas adquiriram bastante estabilidade e servem de freio à fantasia. Falar de Cristo, refletir na obra que ele realizou e na transformação que a vida cristã nos traz apenas desperta em nós as atividades divinas[582].

---

[582] Cf. E. Percy, *Die Probleme*, pp. 309-312; J. Dupont, *Gnosis*, pp. 483-528.

Notamos o caráter litúrgico de todos os progressos devidos aos carismas. Concretamente, são hinos e preces, ações de graças e orações. Assim aperfeiçoa-se a descrição do mistério de Cristo.

Seria imprudente supor uma relação com a celebração da Ceia? Abrir-se-ia então uma. perspectiva diante de nós. As mesmas fórmulas de "gnose", de conhecimento de Cristo, caracterizam a liturgia da Didachê. Nós as reencontramos nas preces de Clemente de Roma, de feitio tão litúrgico, e nas passagens análogas do martírio de Policarpo; este último documento, ao menos, nos conduz às igrejas da Ásia. É conhecida a tese de Lietzmann que opõe à liturgia cristológica das igrejas paulinas a da Didachê, que dá graças pelo alimento "espiritual". Não seria preciso fazer distinções? As ações de graças da Ceia, na Ásia, dirigiam-se a Deus, por causa do conhecimento do mistério. Diferiam muito da ação de graças "pela vida e o conhecimento que nos comunicaste por Jesus, teu filho" (*Did.* IX, 3)?

As epístolas do cativeiro assinalam na liturgia e na teologia um aprofundamento do elemento revelação e conhecimento, na direção da teologia joanina.

Capítulo III
A EXPOSIÇÃO DO MISTÉRIO

1. A unificação do mundo por Cristo – A unidade na origem – A dispersão e a cisão antes de Cristo: causas, desordem atual; pagãos e judeus.
2. Recapitulação em Cristo.
3. Corpo de Cristo e pléroma. O vocabulário estóico. Nossa participação no pléroma. A Igreja pléroma.
4. Cristo, começo, mas fora de série. Primazia de Cristo na criação; na ordem da ressurreição dos mortos.
5. Cristo, imagem de Deus; como homem "celeste", enquanto ressuscitado; por direito de natureza; no ato da criação.

Percorremos neste capítulo diversos pontos de vista sob os quais Paulo se coloca ao definir o mistério de Cristo, isto é, a obra misteriosa que Deus realizou por ele, sua eficiência, e, por conseqüência, a idéia que fazemos do mundo sujeito a sua ação, ao mesmo tempo em que o conhecimento que adquirimos dele sob o signo de sua eficiência.

I - A UNIDADE DO MUNDO POR CRISTO

O mundo criado por Deus, provindo da unidade, tende para a unidade (εἷς Θεὸς ὁ πατήρ, ἐξ οὗ τὰ πάντα...)[583]. Cristo é instrumento da unidade. Isto não é novo na teologia de Paulo. Mas, à altura do mistério – é a legitimação do presente estudo – a unidade tomou proporções cósmicas[584], englobando não somente a oikumene, mas até o cosmos com as suas potestades; contemplamos ao mesmo tempo as vias misteriosas de uma sabedoria paradoxal, que Deus

---
[583] 1 Co 8.6.
[584] W. L. Knox, *St Paul and the Church of the Gentiles*, pp. 55-89 (o cristianismo paulino torna-se "mistério" no sentido grego, e filosofia, para explicar o cosmos).

seguiu para reconduzir o mundo à unidade após tê-lo criado na unidade.

Assim, a idéia de unidade ou de unificação religiosa total, de volta a Deus daquilo que dele partiu, é o próprio centro do mistério. Supondo-a à base do pensamento de Paulo, explicamos mais facilmente que as expressões do mistério possam tomar formas tão diferentes, destacando ora a unificação religiosa dos judeus e gentios ou correlativamente o acesso dos gentios aos bens da salvação, ora a doação de Cristo aos gentios, ora a entrada dos gentios no conjunto dos valores espirituais representados por Cristo, ora a submissão das potestades cósmicas, ou a vitória de Cristo. Todas essas fórmulas, para nós muito conhecidas porque assistimos a seu nascimento, vêm doravante reunir-se em torno do centro constituído pela idéia de reintegração total da unidade religiosa por Cristo. É também muito natural que Paulo, nos enunciados do mistério, retome expressões já utilizadas, até gastas e modifique-lhes por vezes o significado.

1º) A unidade é o ponto de partida do mundo. É assinalada pela unidade de Deus (εἷς Θεός) e pela de Cristo que participa na unidade essencial. O mundo provém do Deus único e do único Senhor (1 Co 8.6). Simbolizando esta unidade, há "um homem" no começo da humanidade.

A unidade, que é a origem, é também a meta, o fim da criação. O mundo foi criado por Cristo (Cl 1.16), que deve continuar a ser o único Senhor e fazer a coesão do conjunto do cosmos. Ele é a chave de abóbada de todo o edifício. Por Cristo o mundo tinha o fim último em Deus, a unidade primeira e última.

2º) Antes do cristianismo, nada restava da unidade primordial do mundo. O pensamento de Paulo volta-se mais para o estado de dispersão do que para o modo como se produziu a primeira cisão, a separação do princípio de unidade que era Deus.

1. Para representar esta cisão, três elementos se alinham: a) o pecado do primeiro homem que introduziu no mundo a morte e o pecado; b) a desordem da humanidade que, criada para conhecer a Deus, abaixou-se até a idolatria e a imoralidade; c) a intervenção de potestades más. Se quisermos elaborar uma síntese, devemos reunir e ajustar, por nós mesmos, esses três elementos que são concebidos e expressos de pontos de vista heterogêneos. Em particular, Paulo não se pronuncia nitidamente a respeito das potestades.

Há uma fórmula, latente ao menos, em seu pensamento; as malversações das potestades exacerbaram a hostilidade das nações pagãs e sobretudo de sua filosofia para com o verdadeiro Deus, por meio da idolatria e da imoralidade. Mas, onde Paulo procurou uma idéia clara acerca da origem da hostilidade das potestades malignas? Pode-se, deduzindo dos princípios, afirmar que, no início criadas por Cristo, sua hostilidade para com a obra divina e a unidade só se explicam por uma ignorância aceita e voluntária. Devemos em todo o caso renunciar a ver na teologia de Paulo um pretendido dualismo de origem gnóstica ou mitológica. Seu pensamento evolui no quadro do monoteísmo judeu, que se transformará na ortodoxia cristã.

2. Sentimo-nos mais à vontade para descrever a desordem reinante atualmente no mundo dividido entre judeus e pagãos[585], monoteístas e idólatras. Este corte da humanidade constituía um escândalo para o pensamento dos judeus helenistas. Familiar com a idéia da unidade política e cósmica nascida da civilização grega, Paulo não pode deixar de sentir a situação trágica do mundo dividido; como judeu monoteísta, aprecia-o segundo os princípios religiosos. Os pagãos se separaram do verdadeiro Deus e carregam a responsabilidade desta separação. Deus se lhes revelava na criação, os homens não quiseram reconhecê-lo e, com o auxílio da filosofia, desnaturaram a imagem de Deus pela idolatria[586]. Ao aspecto negativo: os pagãos não conhecem a Deus (1 Ts 4.5; Gl 4.8), não adoram o Deus vivo e verdadeiro (1 Ts 1.9) e são sem Deus (Ef 2.12) corresponde um aspecto positivo: adoram deuses que não o são por natureza (Gl 4.8), pretensos deuses (1 Co 8.5). Multiplicaram esses deuses mentirosos que eles denominam deuses e senhores,

---

[585] A este adjetivo correspondem na linguagem paulina dois termos Ἕλληνες e ἔθνη. Quanto ao significado exato desses termos ver, H. WINDISCH. art. Ἕλλην, em *Theolog. Wörterbuch*, II, pp. 501-514, e K. L. SCHMIDT, art. ἔθνος, *ibid.* pp. 362-369. As ἔθνη, segundo o vocabulário do Antigo Testamento vulgarizado pelo judaísmo, designam os não-judeus, como tais, os "incircuncisos", aqueles cuja religião é o que chamamos paganismo. Traduzimos o termo ora por pagãos, ora por gentios.
[586] Rm 1.19-23.

procurando-os no céu e na terra (1 Co 8.5). Concretamente: ídolos mudos (1 Co 12.2), deuses antropomorfos dos gregos ou zoolatria dos egípcios (Rm 1.23), divindades astrais (1 Co 8.5), culto dos soberanos (1 Co 8.5; provavelmente 2 Ts 2.4). Paulo faz alusão a todas essas formas de idolatria sempre idêntica a si mesma, que transfere às criaturas a homenagem devida somente ao criador (Rm 1.25).

A posição dos pagãos em face do monoteísmo e de sua moral tem por antítese os privilégios do judaísmo, povo eleito para guardar a Lei de Deus, seu conhecimento e seu culto.

Mas, sabemos também que Paulo, desde que se tornou cristão, apreciava as coisas de modo pouco diferente. Judeus e pagãos eram menos separados do que parecia. Uns e outros eram pecadores; ambos tinham necessidade de Cristo. A Lei não era a obra perfeita que imaginavam os judeus; ela os submetia a práticas materiais, afins demais às do paganismo. Multiplicava-lhes as transgressões. Judeus e pagãos eram obrigados, pela própria desordem, a se voltarem para Cristo. Os judeus nada podiam esperar da Lei para obter a justiça de Deus, a verdadeira justiça; a Lei mantinha-os numa sujeição preparatória ao advento de Cristo. Os crimes dos pagãos atraíam sobre eles a cólera de Deus, e a misericórdia correspondia ao excesso do mal.

A obra de Cristo consistirá em refazer a unidade primitiva, em recomeçar o que havia existido no começo. A unidade será ecumênica (judeus e pagãos serão de novo reunidos), cósmica (as potestades serão privadas do poder sobre o cosmos e sobre os homens), escatológica (seu restabelecimento assinalará o nascimento do mundo novo). Há paralelismo, não equivalência entre a unidade restaurada e a unidade primordial, pois a unidade primordial pertencia ao primeiro mundo, antigo, e partia de Cristo criador; a segunda unidade parte de Cristo ressuscitado, salvador, e pertence ao mundo novo e *definitivo*.

II - A RECAPITULAÇÃO EM CRISTO

Paulo emprega no contexto teológico do mistério de Cristo, Ef 1.9-10, o verbo "recapitular"[587]. Nas disposições tomadas por Deus

---

[587] A respeito do sentido do termo, cf. H. SCHLIER, art. ἀνακεφαλαιόομαι, em *Theolog. Wörterbuch*, III, p. 681s.

para a plenitude (πλήρωμα) dos tempos, ele decidiu tudo "recapitular" em Cristo, tanto o que há no céu como o que se acha na terra. No começo, as coisas do céu e as da terra, as visíveis e as invisíveis, os tronos e as dominações etc. tinham sido criados em Cristo (Cl 1.16). Na plenitude dos tempos, Deus recapitula tudo em Cristo. A palavra "recapitular" significa aqui restaurar sob a direção de Cristo a unidade perdida: a Igreja é seu corpo, as potestades são submetidas a seu domínio.

Santo Irineu (*Adv. haer.*, I, 10, 1), num símbolo de fé, comenta nosso texto: "O Espírito Santo anunciou pelos profetas... a parusia (de Cristo Jesus nosso Senhor) para 'recapitular tudo' e ressuscitar toda carne da humanidade inteira, a fim de que diante de Cristo Jesus nosso Senhor, Deus, salvador e rei, segundo a vontade do Pai invisível, 'todo o joelho se dobre no céu, na terra e nos infernos e toda língua o confesse...'" De fato, na parusia é que a recapitulação será realizada definitivamente. Mas, segundo o raciocínio ordinário de Paulo, ela poderá ser antecipada – e parece ser este o caso da passagem Ef 1.10 – na vida cristã presente, já orientada pela morte e ressurreição de Cristo. O tema da reconciliação, paralelo ao da recapitulação, está efetivamente ligado à morte de Cristo na cruz[588]. Neste momento, a Lei, o pecado, a carne, tudo o que divide é aniquilado, e Cristo celebra seu triunfo sobre as potestades.

Dando impulso a outro modo de compreender a recapitulação, e aplicando-a desta vez à criação, Irineu escreve em outra passagem, III, 18.7: "Quando (o Filho de Deus) se encarnou e fez-se homem, recapitulou em si a longa série de homens (*longam hominum expositionem in seipso recapitulavit*), dando-nos a salvação de uma vez (*in compendio*), a fim de recobrarmos em Jesus Cristo o que havíamos perdido em Adão, a saber, a imagem e a semelhança de Deus"[589]. Sem dúvida, o tema da redenção pela morte de Cristo não é excluído do contexto, mas a idéia da recapitulação é relacionada com a encarnação. Não foi Paulo quem o fez; deve-se entender que o processo provém de Irineu. A "recapitulação" é apenas uma fórmula global da redenção e do triunfo da parusia.

---

[588] A paz universal era a marca da idade nova para o helenismo, e o ideal remontava a Alexandre, cf. W. L. Knox, *The "Divine Hero" Christology*, p. 244.

[589] Cf. J. Gross, *La divinisation du Chrétien*, p. 151.

III - O CORPO DE CRISTO E O PLÉROMA

1. O corpo ressuscitado, "espiritualizado" de Cristo pode ser considerado como o lugar onde se concentra o poder santificador da divindade[590]. Aí concentrado, torna-se o foco irradiante para o mundo. A concepção paulina do pléroma parece exprimir este esquema.

A palavra não é certamente estranha à linguagem religiosa de Paulo, porque se lê nos Setenta e ele mesmo (1 Co 10.26) cita o Sl 24.1: "Ao Senhor pertence a terra e quanto ela contém" (πλήρωμα)[591]. A expressão muito freqüente no Antigo Testamento, tempos que "se completam", é mais uma ocasião de empregar o substantivo: o pléroma do tempo ou dos tempos (Gl 4.4; Ef 1.10). Aliás, a palavra com sentidos muito diversos aparece amiúde na linguagem helenística. Complemento, cumprimento, plenitude, totalidade, total, soma; compreende-se que tome todos esses sentidos conhecidos por Paulo.

Em cinco passagens, contudo, as epístolas do cativeiro empregam a palavra com insistência, para designar a concentração do poder santificador divino[592].

É bem compreensível pôr o uso paulino da palavra na linha de seu emprego na gnose, onde "pléroma" designa o conjunto dos eons emanados do Deus supremo[593]. Mas, não devemos opor-nos a esta sugestão? O "pléroma" não aparece senão nos sistemas gnósticos da segunda metade do século II. Com que direito fazer remontar o vocabulário a um século antes, na Ásia Menor, sob pretexto de certas analogias na pretendida religião sincretista dos judeus de Colossos com a gnose? Paulo pôde ajustar uma palavra de uso corrente a seu sistema teológico a fim de assinalar a função intermediária

---

[590] Cf. acima, p. 221.
[591] O substantivo πλήρωμα só é empregado pelos Setenta nesta fórmula ou equivalentes.
[592] Cl 1.19; 2.9; Ef 1.23; 3.19; 4.13.
[593] E. PERCY fala a esse respeito de um axioma da crítica. Ele mesmo acha inverossímil que Paulo tenha recebido de empréstimo dos colossenses um termo de tal importância *(Die Probleme,* p. 76s). Cf. G. BORNKAMM, "Die Häresie des Kolosserbriefes", em *Theolog. Literaturzeitung,* LXXIII (1948), col. 14.

essencial de Cristo na ordem da santificação. Toda a força de santificação da divindade, que tende a desabrochar no mundo, veio concentrar-se em Cristo, em seu corpo ressuscitado (Cl 1.19; Cl 2.9). Tal parece bem ser o alcance do enigmático σωματικῶς de Cl 2.9[594]. Dom Jacques Dupont descobriu, aliás, com notável penetração, o complexo de idéias e fórmulas estóicas aparentadas com o vocabulário paulino: corpo, pléroma, σύστημα, totalidade, unidade[595]. O universo é um todo organizado, um corpo, um pléroma. Paulo transpõe e modifica profundamente todo o vocabulário. Para os estóicos trata-se de garantir a unidade e a dignidade do mundo; o pensamento parte do mundo. Para Paulo o pensamento desce de Deus passando por Cristo. A fonte da unidade ou da plenitude é Deus. De Deus, o pléroma vem-se fixar em Cristo, mais precisamente no corpo ressuscitado de Cristo (σωματικῶς).

2. Do "pléroma" do poder espiritual contido em Cristo, todos nós temos de nos alimentar, de nos "encher": "de modo que sejais repletos de toda a plenitude de Deus" (Ef 3.19)[596]. O pléroma de Deus, isto é, suas riquezas espirituais, a caridade e a imensidade desta caridade cujo conhecimento é inesgotável. Ou ainda: "pela unidade da fé e do conhecimento" do Filho de Deus, chegamos à idade adulta, à medida de uma idade que atinge o "pléroma" de Cristo, participamos, pois, das riquezas espirituais contidas e concentradas em Cristo (Ef 4.13). Compreendemos do mesmo modo que tenhamos "plenamente" nele (Cl 2.10) "a plenitude" do conhecimento da vontade (de Deus) com toda a sabedoria e inteligência espiritual (Cl 1.9); "repletos" do Espírito (Ef 5.18). Cf. Jo 1.16: de sua plenitude todos nós recebemos.

Do mesmo modo que a Igreja é o corpo de Cristo, porque o poder espiritual que ele constitui doravante nela se realiza, ela poderá chamar-se "o pléroma" de Cristo; daquele cuja "plenitude se vai completando inteiramente em todos os seus membros" (Ef 1.23).

---

[594] Cf. E. Percy, *ibid.*, p. 77; J. Dupont, *Gnosis*, p. 423.
[595] *Gnosis*, pp. 420-493.
[596] A correção de P[46], B, 33 é interessante: ἵνα πληρωθῇ πᾶν τὸ πλήρωμα τοῦ Θεοῦ. O sentido seria: para que toda a plenitude (espiritual) de Deus seja cumprida (33 acrescenta: "em vós").

A "plenitude" de Cristo, participada, realiza-se em todos, e a Igreja pode ser tida como um lugar de concentração, um pléroma.

A plenitude de Cristo transborda da Igreja e dos homens; como o Espírito do Livro da Sabedoria, ele "enche" o universo (cf. Ef 4.10). Em Cl 1.19, parece que a reconciliação por Cristo é um efeito de sua "plenitude" e a reconciliação se estende ao conjunto do cosmos. Nota-se assim, nas epístolas do cativeiro, uma tendência – contrariada pela doutrina da Redenção, estritamente limitada aos homens – a estender o pléroma de Cristo, isto é, a esfera de dilatação de seu poder espiritual, até o cosmos, inclusive as potestades celestes. Bons exegetas interpretam neste sentido Ef 1.10; 1.22s, e iriam até o ponto de considerar a Igreja como um organismo espiritual e englobar os anjos[597].

É um extremo que não resolvemos aceitar. As potestades são submissas a Cristo, mas a Redenção visa aos homens somente e à Igreja; no cristianismo primitivo é ainda concretamente demais "o povo" de Deus para que se possa com ele misturar os anjos. No máximo poder-se-ia conceder que o pléroma de Cristo, num sentido mais largo, exerceria sua influência – de santificação para a Igreja, de domínio para as potestades – sobre o universo, os homens e as potestades. Em estilo filoniano, Cristo seria Senhor dos anjos e Deus dos cristãos.

IV - A PRIMAZIA DE CRISTO

1. Cristo é o "começo". Sua origem coloca-o junto de Deus. Todos os seres que não são Deus são criados por ele. Paulo não pensou na distinção inventada por Heracleon entre o mundo criado, o cosmos, e um αἰών que não teria sido criado. Toda criatura, mesmo se está no céu, se pertence ao mundo futuro, possui um intermediário entre ela e Deus, a saber, Cristo. Este intermediário não é simplesmente o primeiro da série[598]. É fora de série, pois é aquele que cria,

---

[597] Cf. L. CERFAUX, *La Théologie de l'Église*, pp. 255-257; J. DUPONT, *Gnosis*, pp. 447-453; H. SCHLIER, art. κεφαλή, em *Theolog. Wörterbuch*, III, p. 680.
[598] No contexto das idéias paulinas, seria preciso compreender πρωτότοκος πάσης κτίσεως (Cl 1.15) de modo comparativo: primogênito antes de todas as criaturas. Cf. E. PERCY, *Die Probleme*, p. 68s.

que vivifica, que santifica. É neste sentido que ele é o primeiro; a qualidade de primeiro desabrocha, pois, em primazia; as coisas dependem dele. Da idéia de primazia passa-se à de coesão: as coisas têm nele o princípio de unidade. Não faremos distinções nítidas entre essas noções que se integram mutuamente: origem, posição, primazia, coesão, unidade.

2. Cristo é o primeiro na criação. O mundo invisível das potestades e o mundo visível foram criados nele; e assim uma imitação de Deus se transmite ao mundo criado, pois Cristo é a imagem do Deus invisível. Mas, para que tal influxo de semelhança se exercesse, era necessário, uma vez que Cristo é uma pessoa, que participasse da criação enquanto causa eficiente. Todas as coisas foram criadas por ele, para ele, tendem para ele, a fim de realizar nele o seu fim próprio, o de manifestar Deus.

Tudo isso não se realiza no plano simplesmente natural – pois seria difícil isolar esta criação por Cristo, em Cristo, e para ele do que chamamos hoje ordem sobrenatural –, mas no plano de uma primeira criação, a do tempo e do mundo presente. Embora a intenção primordial tenha sido obstaculizada, Cristo continua o centro de coesão, de quem todas as coisas dependem por dependência intrínseca; a criatura não pode subtrair-se a seu domínio.

Na ordem do eon novo também há um princípio. Cristo é o primeiro, não mais pela criação, mas pela ressurreição que o estabelece começo absoluto, o primogênito dos mortos; o "primeiro" entre todos.

Esta ordem, porém, do eon novo e celeste existia no pensamento de Deus antes da criação do mundo. Já estávamos em Cristo, nele éramos imagens de Deus, tínhamos a eleição, éramos destinados a nos "desenvolver" até obtermos a perfeição final, até a aquisição da qualidade de filhos. A realização começou no tempo, na ordem das coisas criadas, quando o eon futuro fez irrupção no mundo presente por meio de Cristo ressuscitado[599].

---

[599] Cf. H. HOFER, *Die Rechtfertigungsverkundigung des Paulus nach neuerer Forschung*, Gütersloh, 1940, p. 94s; mesmo excluída a hipótese do pecado do homem, a justificação teria sido o fim da história humana segundo o plano da sabedoria divina.

3. Cristo é chefe de fila na ressurreição dos mortos. Assim deve desenrolar-se o acontecimento escatológico; primeiro Cristo, depois aqueles que lhe pertencem, que, pela fé e pelo batismo, uniram os próprios destinos ao seu para ressuscitar *com* ele, em seu seguimento, para formarem o cortejo dos "santos" previsto para o cenário da parusia. Tal a ordem das coisas determinada por Deus.

Ressuscitaremos *com* ele, depois dele, porque ele ressuscitou e somos a série obrigatória dos mortos chamados a ressuscitar. Temos de acrescentar: E ressuscitaremos como ele, a sua imagem. O tema desenvolve-se longamente: nosso corpo glorioso será à imagem do corpo ressuscitado de Cristo.

As potestades hostis serão aniquiladas no triunfo de Cristo na parusia; é este o modo pelo qual serão submetidas e integradas na ordem final.

A ordem da Ressurreição já começou e já lhe pertencemos. Fomos ressuscitados com Cristo, colocados sob a influência de sua vida. Uma vida à imagem da sua, identificada com a sua, manifesta-se em nós.

Diversas metáforas vêm colorir a idéia da coesão de todas as coisas em Cristo. A maior parte dentre elas se desenvolveu no quadro da Igreja. Os cristãos, unidos em Igreja, constituem o corpo de Cristo; são o edifício do qual Cristo é a pedra angular ou a chave de abóbada; a Igreja é a esposa de Cristo.

Nas epístolas do cativeiro, para indicar sua primazia sobre todos os cristãos, Cristo é chamado Cabeça da Igreja. É pela cabeça que se faz a unificação do corpo humano. Tal idéia, mais do que a do influxo de vida proveniente da cabeça, sobressai na explanação de Cl 2.19; a metáfora é paralela à da chave de abóbada de um edifício[600].

---

[600] J. DUPONT, *Gnosis*, pp. 440-450, analisa finamente a documentação, sobretudo estóica, para concluir que a imagem de Cristo, Cabeça do corpo, não provém do ambiente estóico, onde está imerso o tema ordinário de σῶμα, mas é fortemente influenciada pelo espírito semítico. "E mesmo quando ele (Paulo) recorre a explicações fisiológicas nitidamente helenísticas (Ef 4.15-16; Cl 2.19), é a idéia de preeminência e de governo que parece sugerir-lhe a noção de *kephale*, antes princípio de organização e de unidade do que fonte de energia vital" (*Ibid.*, p. 449).

V - A IMAGEM DE DEUS

Ao definir Crista coma "imagem de Deus", Paulo põe-no em relação com o mundo. Cristo imprime no mundo o selo divino. É, pois, indicado que liguemos esta noção a um capítulo que se coloca do ponto de vista das relações de Cristo com o mundo; tanto mais que Paulo mesmo introduziu a fórmula "imagem de Deus" no enunciado do mistério.

Nossa fórmula, porém, ultrapassa o tema propriamente dito do mistério, no sentido de que ela tem uma face voltada para as relações de Cristo com Deus.

Três contextos diferentes nos fornecem a expressão de Cristo, imagem de Deus.

1. O homem celeste, imagem de Deus

É natural reencontrar o tema da imagem no contexto do homem celeste, oposta ao primeiro homem. O primeiro homem foi criado, segundo a Gênesis, à imagem de Deus, doutrina que Paulo conhece perfeitamente. O homem, declara ele, é a imagem e a glória de Deus (1 Co 11.7: cf. Gn 1.26-28).

Se esta primeira semelhança se limitasse à ordem da natureza, não passaria de uma sombra, um símbolo da verdadeira semelhança, à qual Deus nos predestinou (na ordem da salvação) para nos tornarmos "conformes à imagem de seu Filho" (Rm 8.29).

Mas, Paulo percebeu sobretudo a antítese entre o primeiro homem (e nosso estado de participação no estado do primeiro homem) e o homem celeste (com nossa participação em suas prerrogativas). A participação se exprime pela fórmula "imagem"; trazemos a imagem do homem terrestre, traremos a imagem do homem celeste (1 Co 15.49). A semelhança com o primeira homem – que se identifica com o homem capaz de pecar e mesmo pecador –, é encarado mais como uma queda do que uma honra; este homem terrestre, assim concebido, não é "imagem" de Deus[601].

---

[601] Na tradição judaica, Adão não perdeu, pelo pecado, o privilégio da semelhança com Deus (cf. G. Kittel, art. εἰκών, em *Theolog. Wörterbuch*, II, p. 391). Adão

Nossa semelhança com Deus virá de nossa participação no homem celeste. Este é verdadeiramente a imagem de Deus. É o contexto da criação no Gênesis e a antítese com o homem terrestre (ao qual o Gênesis atribui o predicado de imagem) que levam Paulo a introduzir a idéia de que Cristo é a imagem de Deus, a verdadeira imagem que o homem terrestre não o é (pois esta imagem não é da ordem criada), e o levam a exprimir nosso estado de cristãos pela noção de imagem de Deus.

Este movimento de idéias é ainda muito visível em Cl 3.9s ("vós que vos despojastes do homem velho e de todas as suas más ações, e vos revestistes do novo, que se vai renovando à 'imagem' do seu Criador", para atingir a plenitude do conhecimento). A antítese está entre a primeira criação e a ordem da eleição à graça. O velho homem é nossa natureza, conotando sua participação em Adão (Adão, não-imagem); o homem novo é o cristão, incluindo conotação da participação em Cristo, o homem novo por excelência. Nossa transformação à semelhança do homem novo torna-se nossa verdadeira criação, e assim se verifica o oráculo do Gênesis que somos criados à imagem de Deus[602].

A relação com o Gênesis relembra aqui ser Cristo a imagem de Deus. Mas Paulo toma cuidado de nos dizer que não é Cristo imagem de Deus por criação. Rejeita explicitamente a exegese que atribui a qualidade de imagem a um homem criado em primeiro lugar e que seria o homem espiritual (a idéia do homem transposta para a ordem religiosa) de Fílon. O Homem novo, à imagem de Deus, não é uma criatura. Pertence à ordem escatológica (ὁ ἔσχατος 'Αδάμ) (1 Co 15.45). É "espiritual", no sentido estrito do termo, participante de Deus, de origem celeste (1 Co 15.46s). Sua definição de imagem de Deus vem-lhe de sua relação transcendente com Deus.

Assim, pois, este primeiro tema supõe outro em que é Cristo imagem de Deus por uma relação com Deus que não pertence à ordem da criação.

---

gerou homens à sua imagem, e portanto à imagem de Deus. A comparação é feita explicitamente por ocasião do nascimento de Seth, Gn 5.1s. Paulo parece contrastar com esta doutrina, despreocupado do que escreveu em 1 Co 11.7.

[602] Observamos em outra parte que este raciocínio de Paulo supõe, em segundo plano, uma exegese bem conhecida do Gênesis, onde se encontram dois homens, o homem imagem de Deus e o homem criado.

2. O Cristo na glória, imagem de Deus

O segundo tema é, pois, reclamado pelo primeiro. Por direito da própria natureza – não mais em oposição com o primeiro homem – Cristo é imagem de Deus. Pisamos já, provavelmente, o terreno de especulações do judaísmo sobre a sabedoria, imagem de Deus. A glória de Deus[603], comunicada a Cristo, constituiu-o imagem[604].

A posição, neste ponto, é paralela à que verificamos quanto às fórmulas: Filho de Deus e Senhor. Cristo é Filho de Deus e Senhor por direito, porque é o primogênito; não obtém manifestação pública destes títulos e eficiência relativamente a nós, senão quando exaltado na ressurreição. É então que é "Filho de Deus em poder" sendo-lhe outorgado o Nome acima de todo o nome. Neste momento também, ele é imagem capaz de nos comunicar a semelhança com Deus, por intermédio de seu corpo ressuscitado e glorificado.

Duas passagens da segunda Epístola aos coríntios são paralelas:

2 Co 3.18: "Quanto a nós, todos, que, com o rosto descoberto, refletimos como num espelho a 'glória do Senhor', a imagem por excelência[605], somos transformados nessa mesma imagem, cada vez mais fúlgida, como obra do Senhor, o qual é Espírito".

2 Co 4.4: "(o deus deste mundo cegou a mente dos incrédulos) a fim de não contemplarem o esplendor do glorioso Evangelho de Cristo, que é imagem de Deus".

Os cristãos contemplam o brilho da glória de Cristo. Sem dúvida, não se trata ainda do face a face da eternidade (cf. 1 Co 13.12); é,

---

[603] As noções de imagem e de glória são conexas, do 1 Co 11.7.
[604] O Homem primitivo de gnose é imagem de Deus, *Poim.* 12, Cf. C. CLEMEN, *Religionsgeschichtliche Erklärung des Neuen Testaments,* Giessen, 1909, p. 262s. O paralelo não exerceu influência em Paulo, nem o da inscrição de Rosette C. I. G. 4697,3, onde Tolomeu Epifânio é intitulado εἰκὼν ζῶσα τοῦ Διός. Tem Paulo afinidades literárias com a sabedoria judaica e a exegese do Gênesis.
[605] Tomamos o acusativo τὴν αὐτὴν εἰκόνα. como aposto a τὴν δόξαν. Talvez seja a solução mais simples de uma dificuldade gramatical. O sentido quase não muda se referirmos o acusativo (modal) à μεταμορφούμεθα. Relembramo-nos da quase equivalência de "glória" e "imagem". Mas "glória" é noção mais imprecisa que imagem. É um deslumbramento sem imagem distinta. A imagem desenha a figura.

contudo, verdadeira contemplação, onde a luz fulgurante da figura de Cristo, ao mesmo tempo que nós o olhamos, se reflete sobre nós, iluminando-nos e transformando-nos nela. Somos transformados na imagem que contemplamos. Esta imagem, é a imagem por excelência, o Filho de Deus.

O paralelo do tema "imagem" com o de Kyrios é sugerido pela primeira passagem. Aquele que contemplamos é "o Senhor"; nós contemplamos sua glória, pois ele é o Senhor de glória (cf. 1 Co 2.8); e ele é o Senhor ressuscitado, manifestando seu poder de santificação (Rm 1.4).

3. Cristo, imagem na criação

A afirmação de Cl 1.15 é muito nítida: Cristo é interessado na criação na qualidade de imagem de Deus. O tema determina a função de intermediário (διά) que Cristo desempenhou na criação. As analogias conduzir-nos-iam ao ambiente sapiencial.

Dois grandes temas estão, pois, em confronto. Cristo é imagem de Deus em sua preexistência e é imagem (manifestada em glória) em sua glorificação. Do mesmo modo, o mundo recebe dupla impressão de Cristo imagem: a primeira na criação, a segunda na ordem da salvação. A teologia valentiniana ao ensinar que o Logos tinha dado aos pneumáticos a primeira "formação" na criação[606], cometia o erro, introduzindo o demiurgo, de separar definitivamente a obra da criação da obra da "espiritualização"; se não fosse isso, ela ilustraria o pensamento do Apóstolo.

A criação por Cristo, imagem de Deus, estabelecia o mundo em potência de submissão e todos os homens em expectativa de eleição. Desde a criação, o mundo material há de suspirar pelo termo não entrevisto por ele, mas conhecido pelo criador, que é a adoção dos filhos de Deus. Quando o mundo tiver sido submetido à "corrupção" pela intervenção das potestades da desordem, será um estado violento, contra a natureza, e ele há de suspirar pela liberação. Verificamos neste capítulo qual o trabalho teológico do pensamento paulino. Vai de Cristo ao mundo e do mundo a Cristo;

---

[606] HERACLEON comentava neste sentido Jo 1.4 (Fragm. 2, FOERSTER).

de Cristo à obra de salvação e da obra de salvação a Cristo. Os elementos da elaboração pertencem ao dado primitivo da cristologia, enquanto as fórmulas são parcialmente influenciadas pela teologia judaica e pelo estoicismo. A síntese traz a marca de uma inteligência profunda e extraordinariamente lúcida. Paulo nos diz, no capítulo precedente, tudo o que ele deve aos carismas.

A elaboração paulina opõe-se provavelmente a um sincretismo judeu-oriental a preludiar as gnoses. Nada mostra melhor a independência do Apóstolo perante tal movimento. Opõe-lhe a própria teoria, que ele apóia em materiais tomados do judaísmo sapiencial ou da corrente apocalíptica e do estoicismo vulgar. Mas, deve-se excluir a hipótese de que essa pretendida gnose tenha utilizado também esses materiais?

Capítulo IV
FILHO DE DEUS

1. O "Filho de Deus" manifestado na parusia; o "Filho de Deus" e a Paixão Primeira "missão"; intervenção na criação; em nossa "filiação".
2. O Pai e o Filho.
3. Herança cristã e contribuições novas – Influência do Antigo Testamento – As teorias de uma origem pagã: culto dos soberanos e sincretismo – Influência da filosofia.

A expressão está longe de ser tão freqüente nas epístolas como os termos "Senhor" e "Cristo". Nem é nome próprio como Christos, nem apelativo comum como Kyrios.

É sempre empregado com a intenção de determinar as relações entre Deus e Cristo e exprime por esse relacionamento o bem fundado ou a natureza das intervenções divinas por meio dele.

I - AS INTERVENÇÕES DO FILHO DE DEUS

1. *Na parusia*

1. Possuímos em 1 Ts 1.9ss o resumo do anúncio que Paulo dirige aos pagãos. O Apóstolo relembra efetivamente a seus correspondentes a maneira como ele os abordava e como, ao ouvi-lo, eles se haviam convertido, deixando os ídolos, "para servirem ao Deus vivo e verdadeiro, e aguardarem o seu Filho, lá dos céus, ao qual ressuscitou dos mortos: Jesus, que nos salva da ira vindoura".

Paulo falou primeiro do Deus do monoteísmo judaico. Conhecemos os pormenores do tema. Liga-se (já no tema judaico de propaganda, herdado pelos cristãos) ao anúncio do juízo. Os cristãos precisam: o juízo realizar-se-á na parusia, cujo herói será Jesus, "o Filho de Deus", dizia o Apóstolo aos tessalonicenses, que nós esperamos do céu. Deus o ressuscitou dos mortos, para nos livrar da ira vindoura.

A idéia da parusia atrai a expressão "Filho de Deus". Aquele que virá, Jesus, acha-se no céu, na glória de Deus. Sua qualidade de Filho de Deus, contudo, está além do estado glorioso atual, pois sua ressurreição já se relaciona com ela. Poder-se-ia esperar o emprego do título Kyrios, como na descrição da parusia, ou melhor ainda "Filho do homem", porque se trata implicitamente do juízo e da cólera vindoura. Paulo teria percebido uma relação verbal entre "Filho do homem" e "Filho de Deus"?[607] Observamos, aliás, desde agora que o Filho do homem, no livro de Henoc, é também Filho de Deus e que o cristianismo havia provavelmente substituído o título Filho do homem pelo de παῖς Θεοῦ. O título Filho do homem pertence ao tipo de vocabulário apocalíptico que o cristianismo primitivo muito cedo abandona. Era particularmente estranho e impossível de conservar no mundo das igrejas paulinas.

2. É ainda um contexto apocalíptico que evoca a aparição de Jesus, analisada a propósito da ressurreição. Paulo conta sua vocação nos termos em que ele a formulou diante de si mesmo: "Mas quando àquele que me escolheu desde o seio de minha mãe e me chamou pela sua graça, aprouve revelar em mim o seu Filho (ἀποκαλύψαι τὸν υἱὸν αὐτοῦ ἐν ἐμοί), a fim de que eu o anunciasse entre os gentios (εὐαγγελίζωμαι ἐν τοῖς ἔθνεσιν)" (Gl 1.15s).

"Revelar" é o termo técnico dos apocalipses. A visão foi, portanto, um "apocalipse". O céu se abre e o "Filho de Deus" se manifesta e desce. Imaginar-se-ia, segundo a narrativa muito circunstanciada do Livro dos Atos, uma visão luminosa, a aparição de um ser celeste, glorioso, que não deixa de ter analogia com a visão de Estêvão: "Fitando os olhos no céu, viu a glória de Deus, e Jesus, de pé, à direita de Deus". "Eis que eu vejo – disse ele – os céus abertos e o Filho do homem, de pé, à direita de Deus" (At 7.55s).

O Filho do homem aparece a Estêvão de pé, tendo-se erguido do trono em que Deus o colocou, porque a iminência do juízo ameaça os juízes. Na visão de Paulo, o Filho de Deus antecipa de algum

---

[607] J. Dupont, "'Filius meus es tu', l'interprétation de Ps. II, 7, dans le Nouveau Testament", em *Recherches de Science Religieuse*, XXXV (1948), p. 524s.

modo a parusia gloriosa e a prepara pela evangelização dos gentios[608].

3. Reencontramos o título Filho de Deus na grande descrição da parusia de 1 Co 15.23-28. Cristo "entregará o reino a Deus Pai" (τῷ Θεῷ καὶ πατρί) (v. 24). "Então, também ele, o Filho, submeter-se-á àquele que tudo lhe submeteu, a fim de que Deus seja tudo em todos" (v. 28).

Paulo apóia a descrição da parusia em dois textos de salmos: Sl 110.1 e 8.7. O início do salmo messiânico 110 é uma pedra básica da teologia apostólica: cf. Mt 22.44; Mc 12.36; Lc 20.42s; At 2.34s; Hb 1.13. Era lido em sentido messiânico, o que equivale a dizer escatológico, porque julgava-se nele descrita a entronização celeste do Messias Filho de Deus (1.2). O Sl 8 foi igualmente tido como profecia messiânica[609].

A exegese dos salmos fornece-lhe a ocasião de pronunciar o nome de Filho. Após haver citado os textos, Paulo toma o estilo de comentador: "quando (o texto) diz, porém, que tudo lhe é submetido, é evidente que se excetua aquele que tudo lhe submeteu. E, quando todas as coisas lhe foram submetidas, então também ele, o Filho, (o Filho de quem fala o Sl 110.3: 'No dia em que te gerei do seio da aurora'), submeter-se-á àquele que tudo lhe submeteu" (1 Co 15.27s).

Tal é, sem dúvida, um dos primeiros contextos onde o título de Filho de Deus foi aplicado a Cristo. Os salmos messiânicos 2 e 110 com a descrição do reinado glorioso de Cristo insistiam no tema da geração do Messias por Deus seu Pai. Os cristãos imaginavam deste modo Cristo glorioso exaltado por sua ressurreição. Eles manipulavam

---

[608] É possível que não se deva dar atenção a ἐν ἐμοί, que substituiria facilmente um dativo. Sentimos, contudo, a tentação de fazer uma comparação com 2 Ts 1.10, "naquele dia em que ele vier para ser glorificado *nos* seus santos e admirado em todos os que tiverem crido". O sentido da preposição é tanto local como instrumental: na parusia, a glória do Senhor Jesus se estende a seus santos e engloba-os. Como na revelação de Damasco, a glória visível do Filho de Deus envolverá Paulo, tornar-se-á doravante presente e até visível nele, e Paulo será o intermediário para revelar, por sua vez, a glória de Cristo aos gentios (notar o jogo com a preposição: ἐν ἐμοί, ἐν τοῖς ἔθνεσιν).

[609] Mt 21.16. Nosso Senhor cita o v. 3 ("Da boca dos pequeninos e das crianças de peito tiraste perfeito louvor"), ao aclamarem-no as crianças no templo, imediatamente após sua entrada triunfal (entrada solene messiânica) em Jerusalém.

assim, aliás, o ensinamento de Jesus. Paulo mergulhou neste movimento de concepções primitivas.

Se a noção de Filho de Deus e a idéia do reinado messiânico e da glorificação de Jesus mutuamente se reclamam, isto não quer dizer que se identificam. Para a comunidade primitiva como para Paulo, a qualidade de Filho de Deus é realçada e manifestada pela ressurreição, e a exaltação não é criada neste momento, menos ainda impingida de fora, como um simples título decorativo.

2. Na Paixão

Os sinóticos e mesmo João nos conservaram este tema primitivo: o Filho do homem, vindouro em sua glória, primeiro deve sofrer da parte dos homens, identificando-se com o Servo de Deus de Isaías. Dir-se-ia, ainda aqui, que Paulo substitui Filho do homem por Filho de Deus. O Filho de Deus nos foi dado por Deus, seu Pai: "Ele, que nem sequer poupou seu próprio Filho, mas o entregou à morte por todos nós" (Rm 8.32). O sacrifício de Isaac e a paternidade de Abraão estão à altura do horizonte, e assim a paternidade divina, sem deixar a ordem das realidades transcendentes, torna-se carregada de emoção. Encontramos o mesmo traço na teologia joanina (Jo 3.16). Pela morte de seu Filho, Deus nos reconcilia com ele (Rm 5.10). Correspondendo ao amor do Pai, o Filho de Deus nos amou e entregou-se a si mesmo por nós (Gl 2.20).

3. A primeira "missão"

1. Já a presença de Cristo no mundo, antes da grande parusia, na parusia obscura, como diz Justino, foi o resultado da primeira deputação. O Filho de Deus foi enviado, tendo uma natureza humana, para realizar obra salvífica, pois, a fim de ter uma morte salutífera, devia tornar-se um de nós:

> Mas, ao chegar a plenitude dos tempos,
> enviou (ἐξαπέστειλεν) Deus o seu Filho,
> nascido de uma mulher,
> nascido sob a Lei,

a fim de resgatar os que estavam sujeitos à Lei,
e para que nós recebêssemos a adoção de filhos (Gl 4.4s).

O Filho esteve, portanto, na Terra, em virtude de uma missão recebida do Pai, e por meio dela traz a salvação, revestida de duplo aspecto. Para os judeus significa a libertação da Lei; para nós, é a elevação à qualidade de filhos de Deus. A libertação da Lei relaciona-se com a morte de Cristo, segundo o tema paulino comum, mas nossa adoção acha-se somente em relação causal com a morte e com a ressurreição, e depende formalmente da qualidade de Filho possuída por Cristo.

A antítese filho de mulher e Filho de Deus, assim como a idéia de missão, mostra-nos que se trata de uma qualidade intrínseca de Cristo. É em virtude, por assim dizer, desta qualidade, que ele é enviado; pertence à natureza das coisas que o Filho faça a obra do Pai.

A Epístola aos Romanos, 8.3s, fornece-nos um paralelo muito semelhante. O movimento geral da frase é parecido: Deus enviou seu Filho, a fim de nos salvar. Mas os pormenores diferem:

> Efetivamente, aquilo que a Lei não podia fazer porque
> estava debilitada por causa da carne, fê-lo Deus;
> ele enviou o seu Filho em carne semelhante à carne pecadora,
> e, para expiar o pecado, condenou o pecado na carne,
> para que todas as exigências justas da Lei se cumprissem
> em nós, que não andamos segundo a carne, mas
> segundo o Espírito.

Havia de ser realizada a obra de condenar o pecado, de suprimi-lo da vida humana. Sendo a Lei disto incapaz, pois não ultrapassava a potência da carne, a obra foi cumprida pelo Filho de Deus, enviado em carne semelhante à carne pecadora – em carne real, a dos homens pecadores – continuando a ser o Filho de Deus, presente nesta natureza pecadora. Deus pôde, portanto, condenar o pecado na carne (pela morte de Cristo, aniquilamento do corpo, portador da carne e do pecado) e permitir-nos, aclamando a vitória da vida sobre o pecado, viver segundo o Espírito e cumprir desta vez a justiça que em vão era procurada sob a Lei.

O Filho de Deus está acima da carne, pertence à ordem do Espírito. Paulo assegura explicitamente no começo da epístola, que aquele recebeu o poder de Filho de Deus e a atividade espiritual santificadora pela ressurreição dos mortos (Rm 1.4). Momentaneamente, antes da ressurreição em vista do pecado e da destruição do pecado, ele não manifestou seu poder segundo o Espírito. É, porém, Filho de Deus, segundo a natureza e enviado como Filho, o que precisamente torna possível a condenação do pecado e a obra da salvação[610].

O cabeçalho solene da Epístola aos romanos retoma brevemente a idéia da missão na humildade da carne, para lhe opor o poder da ressurreição[611]. A ressurreição prepara a parusia e, na verdade, já pertence por antecipação à missão gloriosa, pois Cristo ressuscitado, glorioso, já manifesta seu poder espiritual no mundo. A antítese: Filho de Deus feito homem (aqui, filho de Davi) duplica-se pela outra antítese: segundo a carne e segundo o Espírito. O evangelho (a mensagem da boa-nova) de Deus, prenunciado (προεπηγγείλατο) como primeiro evangelho pelos profetas nas Sagradas Escrituras, tinha por objeto o Filho de Deus. O pensamento se volta, de início, para a situação de Cristo, no estado de Filho de Deus, acima de qualquer missão temporal. Este Filho de Deus tornou-se, segundo a carne, "da estirpe de Davi" (τοῦ γενομένου ἐκ σπέρματος Δαυίδ) à espera de ser manifestado como "Filho de Deus com todo o poder, segundo o espírito de santificação, mediante a ressurreição dos mortos". O "Filho de Deus" ressuscitado é – o que não era anteriormente – força divina atuante na humanidade.

---

[610] Resta em 2 Co 1.19-20. um eco longínquo do mesmo tema, a missão a este mundo do Filho de Deus. O tema é adaptado de maneira bastante curiosa, quase forçada, a um contexto em que Paulo se defende contra certas censuras ouvidas em Corinto. Devido a sucessivas mudanças em seus planos de viagem, talvez julguem os coríntios que ele se deixa guiar por motivos puramente humanos e que sua atividade permanece neste mesmo nível, onde há mudanças, sim, e não alternados, a respeito de um mesmo assunto. Naquele plano em que vive são. Paulo, não há mudança, pois seu discurso reflete Cristo, que é verdade, garantia das promessas divinas. Deus o consolidou, a ele e aos coríntios, sobre a base que é Cristo. "O Filho de Deus", explica ele, não "se tornou" sim ou não, mas nele houve um sim.

[611] τοῦ ὁρισθέντος depois de τοῦ γενομένου. Missão na carne e declaração pública de Cristo como Filho de Deus não são eventos da mesma ordem.

Há, aliás, um paralelismo estreito entre o cabeçalho de Rm e a grande passagem cristológica da Epístola aos Filipenses, 2.5-11. Se a expressão "Filho de Deus" não é empregada aqui, a fórmula ἐν μορφῇ Θεοῦ ὑπάρχων é, sem dúvida, equivalente. O estado do Filho de Deus em sua humanidade é largamente desenvolvido e prepara, por antítese, a valorização do exercício do poder. Outra variante: o tema especial da missão por Deus é substituído pelo da aceitação por Cristo da humilhação da vida humana e de sua morte na cruz. Esta passagem da vontade de Deus que entrega seu Filho à vontade do Filho que se entrega é habitual em Paulo; inspira-se no capítulo 53 de Isaías.

2. O tema da missão do Filho de Deus é fornecido a Paulo pela tradição cristã. Na parábola da vinha (Mt 21.33-46 e paralelos), o proprietário envia em último lugar o seu Filho. O tema é muito freqüente no quarto Evangelho e reaparece na primeira Epístola de João. Prolonga-se, por vezes, como na parábola da vinha, na idéia explícita da morte e da salvação; com muita freqüência, quando João desenvolve as imagens de luz e de vida, ele se prende à idéia de missão e de aparição do Filho de Deus na Terra. O tema da missão do Filho encontra-se de modo equivalente na declaração divina do batismo (Mt 3.17 e par.) e da Transfiguração (Mt 17.5 e par.)[612].

4. *Na criação*

A explanação hinológica de Cl 1.15-20 depende da menção do "Filho muito amado", "no qual temos a redenção, a remissão dos pecados" (ainda formalmente obra do Filho de Deus) (v. 13s). Expõe, pois, noções unidas à da filiação. Enquanto Filho, Cristo é a imagem de Deus invisível, gerado antes de toda a criação, de sorte que tudo foi criado por ele.

5. *Em nossa filiação*

Constituído Filho de Deus em poder, Espírito vivificante, Cristo com seu corpo ressuscitado é nossa "imagem". Deus o havia

---

[612] No caso da Transfiguração, identificam-se Filho de Deus e Filho do homem (Mt 17.9,12). Quanto ao significado do tema da missão, cf. M.-J. LAGRANGE, *Épître aux Galates*, p. 102, cf. p. 104.

predestinado a esta função desde toda a eternidade e havia-nos predestinado, nele, a nos tornarmos filhos de Deus. "Aqueles que ele distinguiu na sua presciência, predestinou-os também para serem conformes à imagem de seu Filho, a fim de que este seja o primogênito entre muitos irmãos" (Rm 8.29). Chamou-nos, portanto, à "comunhão" de seu Filho (1 Co 1.9). A este titulo recebemos em nossos corações o "Espírito de seu Filho que clama (em nós): Abbá! ó Pai!" (Gl 4.6). Temos parte em sua herança (Gl 4.7), pois ele é herdeiro de tudo, cf. Rm 8.17; Hb 1.2; Ef 5.5. Como esta herança é um reino, Deus nos transfere, desde aqui, "para o reino de seu Filho muito amado" (Cl 1.13).

II - O PAI E O FILHO

Paulo jamais se refere ao "Filho" de maneira absoluta, como a teologia posterior, que opõe o Pai e o Filho na unidade da natureza divina. Filho não é nome próprio como Cristo, ou um apelativo com a função de nome próprio como "Senhor". Quer indicar sempre as relações entre Cristo e Deus. Regularmente "Filho" é seguido pelo genitivo (Deus) ou de um pronome ou adjetivo possessivo equivalente. Será preciso suprir a determinação, nos lugares onde ela não é explícita[613]. Essas relações não se limitam às relações transcendentes entre Pai e Filho, mas são as de Deus e de Cristo e englobam Cristo em sua obra no mundo e nos cristãos. Na expressão de Cl 1.15, πρωτότοκος πάσης κτίσεως, o adjetivo define as qualidades do Filho relacionadas com Deus criador; um lado está voltado para a transcendência e o outro para a criação[614].

Correlativamente, jamais se entende o Pai de modo absoluto, mas trata-se da relação de Deus seja com os cristãos, seja com Cristo (não simplesmente o "Filho"). Pai acompanha regularmente "Deus", e o determina. Algumas exceções explicam-se por influência do uso litúrgico onde Deus era invocado com o título de Pai[615].

---

[613] 1 Co 15.28 (se ὁ υἱός é primitivo); Cl 1.13 (τοῦ υἱοῦ τῆς ἀγάπης αὐτοῦ).
[614] Assinalamos o mesmo caso quanto a εἰχών, e faremos análoga observação acerca de κύριος.
[615] Rm 8.15; Gl 4.6; Ef 3.14 (Ef 2.18 classifica-se no mesmo caso).

As fórmulas normais são Deus nosso Pai ou Deus, o Pai de nosso Senhor[616]. É necessário suprir uma ou outra destas relações quando "Deus Pai" aparece sem determinação; não cremos que Paulo tenha jamais suposto, à maneira estóica, uma relação de Deus Pai com o mundo[617].

Jamais encontraremos, por conseguinte, "Pai" e "Filho" empregados numa mesma frase e opondo-se (pessoas divinas). A antítese normal é entre Deus e Senhor, que Se amplia em "Deus nosso Pai" e em "o Senhor Jesus Cristo" etc.

III - AS ORIGENS DA FÓRMULA

1. Herança cristã e novas contribuições

1. A doutrina que se exprime na fórmula "Filho de Deus" é essencialmente cristã. Jesus Cristo era cônscio de estar unido a Deus pelos laços da filiação. "Filiação" é a expressão humana de uma relação inefável. Em sua oração, tal como os sinóticos e depois João no-la conservaram, ouvimos as efusões de um Filho diante do Pai. No batismo e na transfiguração a revelação divina corresponde à sua atitude para com Deus. Os demônios testemunham a seu modo, por falsa imitação, a revelação divina, e pouco a pouco Jesus consente em deixar transparecer no exterior algo da vida divina; desvenda seu segredo numa pedagogia prudente, envolvida primeiro na fórmula apocalíptica aramaica, "Filho do homem".

Vemos a comunidade apostólica conservar preciosamente o ensinamento do Mestre, sem desenvolvê-lo muito. Possui o sentimento bem vivo de que, por meio de Jesus, os cristãos são filhos do Pai celeste. Reza como Jesus rezava: Pai nosso, Abbá! Invoca a Jesus na liturgia, adotando as fórmulas de Isaías: o "servo" de Deus. Recita os salmos messiânicos: Deus denomina o Messias seu Filho, gerado desde toda a eternidade.

---

[616] Cf. p. 365s.
[617] Sobre o tema estóico da paternidade de Deus relativamente ao mundo ou a "tudo", cf. J. DUPONT, *Gnosis*, p. 340s. Acrescentar 1 Co 8.6 (εἷς Θεὸς ὁ πατήρ) a relação "conosco" e com "o Senhor Jesus Cristo". Em Ef 4.6 ler παντῶν no masculino (todos os cristãos).

2. Fora reservada a Paulo a explicação teológica da fórmula. Sabia perfeitamente como os cristãos concebiam o Messias, vendo-o glorioso, "junto de Deus". Advém, neste momento, a visão no caminho de Damasco. Compreende, à luz divina, ser este Jesus, que lhe aparece glorioso, o "Filho de Deus". Com a doutrina teológica, a expressão se lhe impôs desde este momento. A iluminação recebida vai desenvolver-se em teologia do "Filho de Deus".

Pode-se supor não serem desconhecidas a Paulo as especulações apocalípticas sobre o Filho do homem. Sabemos pelo apocalipse de Esdras que este ser transcendente apresentava-se como Filho de Deus, e, doutro lado, é, mais ou menos certo que, já a este nível da doutrina apocalíptica, o "Filho do homem", o ser celeste que Daniel havia contemplado, se havia identificado com o Messias dos salmos. Mas o que teria sido para Paulo de Tarso simples matéria dialética torna-se, no momento de sua conversão, certeza de fé revelada e especulação viva, que há de impregnar e transformar toda a sua vida religiosa.

Mostramos como a maior parte dos contextos, onde aparece a expressão "Filho de Deus", tinha sido transmitida a Paulo pela tradição cristã anterior. O mesmo acontece sem dúvida com o movimento de idéias que aprofunda a fórmula e passa de uma noção analógica das relações humanas de paternidade e de filiação a uma noção mais metafísica.

Por uma espécie de antropomorfismo impossível de evitar, e que se baseia, aliás, na revelação feita por Cristo de seus próprios sentimentos e da atitude de Deus para com ele, Paulo transpõe primeiro para Deus os sentimentos da paternidade humana[618]. Deus ama seu Filho. Ama-o no momento em que o entrega à morte por nós, e daí concluímos o mistério do amor de Deus para com os homens: "(Deus) nem sequer poupou seu próprio Filho, mas o entregou à morte por todos nós" (Rm 8.32); "sendo nós ainda inimigos, fomos reconciliados com Deus mediante a morte de seu Filho" (Rm 5.10). O Filho de Deus é "o Filho muito amado" Cl 1.13; e Ef 1.6[619].

---

[618] Para Paulo a relação humana de pai e filho é antes de tudo uma relação de amor, cf. 1 Ts 2.11; 1 Co 4.15; Gl 4.2; mas há outra nota: Paulo, por exemplo, é pai porque fundou a igreja de Corinto ou por ter o direito de repreender.
[619] Cf. E. TISSERANT, *Ascension d'Isaïe*, Paris, 1909, p. 8s.

Transposição ainda das noções de herança e de delegação. O Filho é herdeiro dos bens de seu Pai. É delegado, enviado pelo Pai para missões de confiança, a obra de nossa salvação. A parusia ultrapassa, contudo, uma simples missão de confiança: Deus envia seu Filho para substituí-la na qualidade de herdeiro de sua realeza. Entregou tudo em suas mãos. Colocou-o à sua direita e delega-lhe, como a seu Filho e herdeiro, toda autoridade para dominar e julgar.

Cristo está cônscio de ser Filho. "Ora, porque vós sois seus filhos, Deus enviou aos vossos corações o Espírito de seu Filho, que clama: Abbá, ó Pai" (Gl 4.6; cf. Rm 8.15). O Espírito Santo exprimirá em nós os sentimentos filiais do Filho de Deus, que tem para com seu Pai a deferência (cf. Fl 2.7) e a submissão de um Filho.

Essas relações tiradas de comparações humanas procuram exprimir uma realidade metafísica. A fórmula da geração manifesta esta realidade profunda, a ser compreendida em harmonia com a fé monoteísta de Paulo. Este raciocínio mais metafísico revela-se sobretudo na intervenção do Filho na criação do mundo.

Por causa das relações essenciais existentes entre o Pai e o Filho, o Filho, unido ao Pai, foi a causa eficiente da criação. "Gerado antes de toda a criatura, 'nele'[620] foi criado tudo que há nos céus e na terra, as coisas visíveis e as coisas invisíveis" (Cl 1.15s; cf. 1 Co 8.6). As potestades celestes pertencem à ordem das coisas criadas, portanto por ele foram feitas (ibid. 16). Ele é a imagem do Pai.

Ele intervém como causa final mediata da criação (Cl 1.16), que tem referência essencial com a glória do Pai (1 Co 8.6). O Filho, porém, é a via que conduz a esta glória. O Pai não se manifestou na criação sem que este louvor seja primeiro o do Filho. Enfim, o Filho é em princípio a coesão das coisas criadas, unindo-as entre si, e com Deus (Cl 1.17).

Pode-se, sem receio de engano, afirmar ter o judaísmo helenístico e suas especulações sobre a sabedoria auxiliado Paulo a destacar as linhas-mestras desta cristologia cósmica[621].

---

[620] Não devemos, indubitavelmente, opor ἐν αὐτῷ (emprego semita de ἐν, com sentido instrumental) de Cl 1.15 e δι'οὗ de 1 Co 8.6. Mas a partícula ἐν indica, além da causa instrumental, a causa exemplar (noção ligada a εἰκών).

[621] É possível, contudo, admitir também um contato direto de Paulo com o estoicismo vulgarizado.

2. Influência do Antigo Testamento e do judaísmo

Tal influência é contínua tanto no cristianismo primitivo quanto em Paulo. É primordial. O próprio Jesus exprime sua mensagem e sua experiência única em fórmulas preparadas na revelação anterior, e as conserva justamente quando deve superá-las essencialmente. A influência literária do Antigo Testamento sobre o Novo revela-nos que Deus quis tal preparação. O ensinamento dos profetas e as fórmulas da teologia judaica posterior encaminhavam para a inteligência da revelação cristã, e esta, por conseguinte, conforme a economia divina, adotava as fórmulas já preparadas.

Na linha do messianismo nacional, o Rei Messias é Filho de Deus[622]. Podemos deixar de lado as origens longínquas e o significado primitivo desta fórmula logo aclimatada em Israel. Por causa da eleição, todos os israelitas são filhos de Deus, e o rei evidentemente tem razões particulares de monopolizar a benevolência e a proteção divinas. A fórmula provém das entranhas da religião de Israel, mesmo se as crenças ou o protocolo do Egito e da Babilônia constituem a atmosfera onde mergulha o pensamento do Antigo Testamento.

Quando os Setenta traduziram os salmos messiânicos, atribuíram às fórmulas enunciativas da paternidade divina relativamente ao rei um sentido misterioso que ultrapassa a pura metáfora. O Sl 2.7 afirma: "Disse-me Deus: Tu és meu Filho; hoje eu te gerei"; o Sl 110 reflete a mesma teoria, determinando-a: "Do seio, antes da estrela da manhã, eu te gerei". Essas passagens retiveram a atenção dos cristãos, que nelas encontraram confirmações da cristologia nascente.

Os Setenta, traduziram normalmente, no Livro de Isaías, *ébed Jahvé* por παῖς Θεοῦ. A expressão hebraica assinalava uma intimidade com Deus que δοῦλος não teria exprimido. Os cristãos, sobretudo na liturgia, deram a Jesus este título, compreendido no sentido de "filho de Deus", aproximadamente sinônimo de "Filho de Deus". Seria uma confusão, renovada conforme os judeus-cristãos heréticos, imaginar duas teologias, uma partindo da noção de "Filho",

---

[622] Cf. G. DALMAN, *Die Worte Jesu*, Leipzig, 1898, pp. 219-248.

outra do conceito de servo". "Filho" e "sua criança" representavam matizes da mesma consciência cristã. "Filho" é mais metafísico, enquanto "sua criança" continua a ser mais psicológico[623].

O servo de Deus, em Isaías, mesmo se não constitui desde o começo uma hipóstase literária do Messias davídico, foi confundido com este no judaísmo apocalíptico e no cristianismo. O mesmo acontece com o Messias transcendente dos apocalipses. Ser transcendente, próximo do homem, intitula-se doravante "Filho de Deus"[624]. Esta união da fórmula dos salmos com a figura escatológica pôde contribuir para seu aprofundamento.

Não concluamos que Paulo, para elaborar sua teologia, apenas pediu ao messianismo um esquema pronto e aplicou-o ao Messias Jesus. M. Brukner assim imaginou a constituição da teologia paulina[625], cujos textos nos revelaram vias que atravessam o cristianismo primitivo. E o cristianismo primitivo, se aceita fórmulas do Antigo Testamento e do judaísmo, dá-lhes conteúdo completamente novo.

3. Origem pagã?

Será possível negligenciar todas as indicações literárias que revelam as dependências e a formação dos temas, como também todas as verossimilhanças nascidas do ambiente bastante fechado onde se desenvolveu o cristianismo e em que o pensamento de Paulo se exprimiu e, aplicando à fórmula "Filho de Deus", um método que foi julgado imposto com sucesso ao título Kyrios, decretar que também a expressão Filho de Deus é um empréstimo feito pelos cristãos ao mundo helenístico pagão?

Seria descer demais, querer comparar o Filho de Deus dos cristãos com os numerosos "Filhos de Deus" dos quais se envergonhava a mitologia pagã. As objeções de Celso tiveram sua época. Mas, recorre-se ainda de bom grado ao culto dos soberanos[626]. E. Lohmeyer

---

[623] Atenágoras emprega ainda a palavra na fórmula trinitária; cf. J. Lebreton, *Histoire du dogme de la Trinité*, II, Paris, 1928, p. 496s.
[624] G. Dalman, *ibid.*, p. 221.
[625] *Die Entstehung der Paulinischen Christologie*, pp. 97-218.
[626] A. Deissmann, *Licht vom Osten*, p. 250. G. P. Wetter, *Der Sohn Gottes*, Göttingen, 1916, pp. 18-20; E. Lohmeyer, *Christuskult und Kaiserkult*, pp. 24-54.

refere ao sincretismo a fortuna paralela dos títulos Kyrios e Filho de Deus no culto e no cristianismo. G. P. Wetter notará a analogia de sua elaboração com a que Bousset estabeleceu para o título Kyrios (p. 20, nº 1).

A expressão υἱὸς Θεοῦ aparece nas inscrições e nos papiros dirigidos a Augusto. Há acordo geral em se reconhecer que ela traduz os *divi filius* das inscrições latinas, cujo sentido é bem conhecido. Augusto quer unir suas honras às de César, depois da apoteose e tornado *divus*[627]. Nada autoriza a dar à fórmula υἱὸς Θεοῦ sentido diferente, ao ser empregada pelos gregos em Pérgamo ou em Alexandria[628]. Em geral θεός significa que o soberano chegou à posição de deus por seus benefícios. É um deus presente na terra: θεοῦ υἱὸς determina: sua divindade provém de suas relações especiais com César que mereceu a apoteose.

G. P. Wetter supõe, contudo, que os apelativos "Deus", "Filho de Deus" e "Divus" são equivalentes e expressam o sentimento religioso do povo que vê no imperador um representante terrestre da divindade[629]. Pensamos haver aqui uma confusão. Se ele quer dizer o que pensa o povo, talvez este tenha idéias muito vagas. É possível que as inteligências de alguns cristãos hajam mergulhado no amálgama sincretista. Mas, as inscrições e os papiros, desde que se elevam a certo nível literário, conservam os matizes e as precisões. Os cristãos que se mantêm em contato com os membros dirigentes das grandes comunidades sabem a que se aterem. A doutrina cristã e a de Paulo são essencialmente condicionadas pelo monoteísmo, e isto sempre impedirá as colusões com o paganismo politeísta. Mesmo que não se tratasse senão da sorte da expressão, o paganismo teria podido fornecer, no máximo, a ocasião de abandonar a locução "Filho do homem" e reter o termo "Filho de Deus".

---

[627] Augusto é *divi filius* nas inscrições desde 40 a.C. (c. I. L., 1ª, p. 50).
[628] Inscrição: Pérgamo 381; papiros: B. G. U., I, 174, 2 (7 d.C.); B. G. U., II, 543, 3 (27 a.C.). Pap. Soc. Ital., I, 36ª; X, 1150. 2; Pap. Tebtunis, II, 382, 21; Pap. Fayum Towns, 89. 2. Comparar com P. Oxyrh. XII, 1453, 11 (Θεὸς ἐκ Θεοῦ). Ressalta de paralelos com outras fórmulas que se procura acentuar um laço de parentesco com César; cf. B. G. U., I, 74, 4 a propósito de Marco e Vero Θεοῦ Τραϊανοῦ Παρθικοῦ ἔγγονοι ou ainda: Pap. Oxyrh. 240. 4 e 253, 17-18 Θ. Διὸς Ἐλενθ. Σεβ. υἱός.
[629] *Op. cit.*, p. 27.

Foi sugerida outra hipótese de um antecedente a exercer influxo. Bousset e Reitzenstein, seguidos por Wetter, atraíram a atenção para um texto de Celso, que teria encontrado na Síria e na Palestina magos profetas, cujo discurso de propaganda começava pelas fórmulas: ἐγὼ ὁ Θεός εἰμι ἢ Θεοῦ παῖς ἢ πνεῦμα Θεῖον[630]. Primeiro, não é tão claro que παῖς Θεοῦ seja sinônimo de "Filho de Deus", pois estes profetas poderiam ter sido servos de divindades orientais e gabarem-se da consagração ao culto delas. Mas, admitamos a sinonímia. De fato, como o observa Orígenes, encontram-se nos círculos gnósticos afirmações deste gênero e a tradição conservou-nos alguns exemplos.

Estamos, porém, certos de que o cristianismo em nada influenciou na voga de que gozaram estas fórmulas? A situação é a seguinte: esses profetas adivinhos conduzem-nos ao domínio da legenda e às nuvens de uma tradição sem consistência; o cristianismo, ao contrário, transmitiu-nos lembranças muito precisas de uma condição religiosa única em que uma natureza humana estava unida à divindade a ponto de ter o direito de exprimir suas relações com ela pela afirmação de que Deus é seu Pai.

Quanto é possível julgar, nada de semelhante existe na experiência religiosa – se houve experiência religiosa – dos magos gnósticos e dos profetas de Celso. Que luz o paralelo projetaria sobre o cristianismo e qual teria podido ser a dívida da grande igreja para com as pequenas seitas nascidas posteriormente?[631] Uma experiência rica e precisa como a de Jesus vem de outro horizonte e não se explica por pobres elucubrações sem conteúdo determinado.

Trataremos mais adiante da hipótese do sincretismo oriental, que sublima hoje as hipóteses anteriores.

4. *Influência da filosofia*

Pode-se suspeitar haver na teologia do Apóstolo certas influências da filosofia grega. Noções filosóficas correntes, transformadas

---

[630] *Ibid.*, p. 13.
[631] Não suceda, contudo, que a voga dos estudos psicológicos ou existencialistas, que explicam hoje o fenômeno da gnose por sua intuição fundamental, faça esquecer a necessidade da crítica histórica das fontes. As expressões controláveis da assim chamada intuição fundamental são entregues às flutuações da história e da documentação.

em bem comum do mundo civilizado, intimamente se amalgamaram com a revelação de tal modo que doravante é impossível dissociá-las. São a linguagem de que se serviu Deus para nos falar.

Platão distinguia do mundo das idéias, no qual se encontra o Deus supremo e invisível, o mundo visível, o monogenés, deus "sensível", imagem do Deus inteligível. Este segundo deus tornar-se-á a Alma do mundo, o Logos. Os judeus alexandrinos aplicarão temas análogos à sabedoria[632] e o rabinismo à Lei[633]. A analogia da revelação com este lugar-comum da filosofia ocasionará contatos, que remontam talvez até Paulo. Pressente-se o influxo do tema estóico do logos na idéia paulina da coesão das coisas em Cristo; do mesmo modo, a distribuição das preposições entre o Pai e o Filho presta-se a certas comparações com o Pórtico[634].

---

[632] Pv 8.22s etc.
[633] STRACK-BILL., III, p. 626; II, p. 353s.
[634] Cf. p. 243; e de um modo geral, J. DUPONT, *Gnosis*, pp. 329-335, 419-493.

Capítulo V
O SENHOR

1. A teoria de Bousset – As respostas – Kyrios no cristianismo primitivo – União do título com a dignidade real de Jesus – Reação nas reminiscências evangélicas.
2. Legados da comunidade primitiva a Paulo. Aclamação e profissão de fé. O título e a Parusia – O título e a vida mortal de Cristo.
3. Aplicação a Cristo do "Kyrios" da Bíblia – "Deus, meu Pai e o Senhor Jesus Cristo" – Θεός e Κύριος. O Nome acima de todo o nome.

O título Christos ou desempenha a função de nome próprio, ou, se conserva alguma coisa de seu valor de apelativo, abraça tudo o que podemos pensar de Jesus, ou talvez designe antes a sua personalidade tal como se revela aos cristãos. Paulo dirige-se, com efeito, a gregos, que não podiam dar ao termo Christos o significado concreto correspondente à palavra hebraica ou aramaica que significa o rei messiânico, o Ungido de Deus. Ao contrário, na linguagem paulina, Kyrios continuará a ser um apelativo ou, mesmo se dele fizermos uma espécie de nome próprio e o nome mesmo de Deus, não deixará de ressaltar o matiz com o qual se aplica a Cristo[635].

I - ANTES DE PAULO

1. *A teoria de Bousset*

1. Muito se escreveu sobre o apelativo "Senhor" depois do livro de Bousset, *Kyrios Christos*[636].

---

[635] Escrevemos sobre o tema *Kyrios*, seja no Antigo, seja no Novo Testamento, uma série de estudos, cuja síntese se acha no artigo *Kyrios* do *Dictionnaire de la Rible, Supplément*, V, col. 200-228.
[636] W. Bousset, *Kyrios Christos*, Göttingen, 1913; 2ª edição, 1921.

A tese era muito radical. a título religioso Kyrios, de origem oriental, teria servido para designar muito especialmente as divindades colocadas no centro do culto de círculos "místicos"[637]. As pequenas comunidades cristãs helenísticas, anteriormente a Paulo, ter-se-iam posto a tratar Jesus como um dos deuses do paganismo. Paulo haveria delas recebido em Antioquia, ou em Tarso ou em Damasco, com o vocábulo Kyrios, suas idéias místicas e o fundamento de sua teologia.

E. Lohmeyer retomou e prosseguiu a tese. Seria exatamente em Antioquia que se devia procurar a origem do culto ao Senhor Jesus; lá, em terra helenística, a boa-nova judaica, a fé messiânica da comunidade primitiva transformou-se até tornar-se o evangelho do "Senhor" Jesus Cristo, Filho de Deus. Tal fórmula, a boa-nova da aparição de um homem que é Senhor e Filho de Deus, não era então, diz-se, senão um tema geral a exprimir a necessidade religiosa da humanidade. Desejava-se possuir na terra um representante concreto de Deus. O tema aplicava-se ora aos salvadores celestes, ora aos salvadores terrestres, os soberanos. Foi assim que Jesus recebeu entre os cristãos os títulos de "Senhor" e de "Filho de Deus" algumas dezenas de anos depois de terem sido eles atribuídos a César Augusto, no anúncio da boa-nova imperial. Não se pretende, aliás, que o cristianismo os tenha diretamente pedido de empréstimo ao culto dos soberanos; mas o culto de Jesus seria o contrapeso exato do culto dos imperadores e reis orientais. A simetria tornar-se-á antagonismo, e as perseguições intimarão os cristãos a escolherem entre o Kyrios Chtistos e o Kyrios Caesar[638].

Voltando atrás e procurando determinar o centro literário primitivo em que o título de Kyrios teria sido aplicado a Jesus, E. Lohmeyer acredita descobri-lo no hino cristológico dos filipenses[639]. Paulo teria conservado na Epístola aos filipenses este hino, fora de seu estilo, e que seria uma ação de graças eucarística, nascida talvez já em Jerusalém, a descrever a elevação do Filho do homem após a humilhação da cruz. Neste campo apocalíptico, "Kyrios" designaria o Filho do homem em sua função de domínio universal, cósmico

---
[637] *Op. cit.*, 2ª ed., p. 106.
[638] E. LOHMEYER, *Christuskult und Kaiserkult*, Tübingen, 1919.
[639] *Kyrios Jesus.* Cf. *Galiläa und Jerusalem*, Göttingen, 1936, p. 101.

e divino. O Filho do homem, explica Lohmeyer, é uma concepção existente por vários séculos no judaísmo, transposição do mito oriental do Anthropos. O servo de Deus de Isaías, assim como a figura messiânica do Livro de Daniel, tê-la-iam materializado. O título Kyrios seria, pois, de origem judaica, mas enraizado no sincretismo oriental. Apenas em aparência isto contrabalança a tese de Bousset: em ambas as partes aplica-se a Cristo um tema religioso vindo de fora, e o título tem valor de título divino desde o começo.

2. Costuma-se opor a estas teorias muito aventureiras uma resposta simplista. Este título Kyrios dado a Jesus seria o nome próprio de Deus no Antigo Testamento. Afirmar que Jesus é Kyrios é asseverar sua divindade, pois ele recebe o nome próprio que Deus havia reservado para si, Kyrios-Adonai-Jahvé[640]. Convém, no entanto, verificar se o uso do título Kyrios não revelaria algumas complicações dignas de atenção e que permitiriam talvez opor às teorias de Bousset e de Lohmeyer uma construção sólida e racional. Assim, segundo W. Foerster[641], as raízes do título Kyrios achar-se-iam no uso, que ele confessa ser bastante restrito, da denominação *Mari* (empregado ao mesmo tempo que Rabbi), aplicado a nosso Senhor durante sua vida de pregador itinerante. Decisiva teria sido a ressurreição de Cristo. Desde então, Jesus tornou-se o Senhor para seus discípulos. Reavivaram-se e selaram-se suas relações pessoais com o Mestre, doravante puramente religiosas, porque Cristo foi elevado à direita de Deus. Grande também teria sido a influência do Sl 110. Tínhamos proposto uma teoria que insiste no significado de dignidade real contido no título Kyrios e que dá como ponto de partida ao uso cristão técnico o título dirigido a Cristo ressuscitado[642].

2. *Kyrios no cristianismo primitivo*

1. Aceita-se, em geral, atualmente reconhecer que o título Kyrios foi fornecido a Paulo pelo cristianismo ao qual ele acabava de se

---

[640] K. PRÜMM, *Herrscherkult und N. T.*, em *Biblica*, IX, 9 (1928), pp. 3-25; 129-142; 289-301.
[641] *Herr ist Jesus*, Gütersloh, 1924; art. Κύριος em *Theolog. Wörterbuch*, III, pp. 1.038-1.056; 1.081-1.098.
[642] "Le titre "Kyrios" et la dignité royale de Jésus (I)", em *Revue des Sciences philos. et théolog.*, XI (1922), pp. 40-71; (II) *ibid.*, XII (1923), pp. 125-153.

agregar e mais precisamente pelo cristianismo palestinense. Se afastarmos a hipótese de Lohmeyer, ajuntaremos que nosso título representa uma doutrina intrínseca do cristianismo, até mesmo sua intuição fundamental[643]. Insistimos mais do que Cullmann, Foerster, K. Pruemm e outros, na coloração real desta soberania, possuindo a expressão aramaica *Marana,* que corresponde a *Kyrios,* um significado técnico no protocolo real. Jesus entronizado pela ressurreição é verdadeiramente rei[644].

Os escritos do Novo Testamento conservam a lembrança deste nexo primitivo entre o título e a dignidade real de Jesus. Marcos, que é tão reservado no uso de Kyrios, mesmo como simples fórmula de polidez, coloca nos lábios de Jesus, por ocasião da entrada em Jerusalém (festiva entrada real ou messiânica) um Kyrios solene, precisamente ao reclamar Jesus a cavalgadura, à qual alude o profeta Zacarias, para a entrada do rei em sua cidade (Mc 11.3).

O título está normalmente relacionado com a ressurreição e a parusia. A ressurreição entroniza o Messias em sua função de Cristo ou rei messiânico; Cristo exaltado, colocado à direita de Deus, é o soberano, cuja vinda, a festiva entrada solene, aguardamos. O epíteto

---

[643] Cf. O. CULLMANN, *Les premières confessions,* pp. 46-51.
[644] Ver os artigos citados à p. 358. Concluímos nossa pesquisa por essas palavras: "O hábito de denominar o Soberano 'Senhor', Kyrios, é um traço de costumes orientais, que passou para a língua grega na época do helenismo, sob a influência de idéias orientais. Encontramos disseminado no Oriente o título 'Senhor', quase sempre sob a forma de 'nosso Senhor', dado aos reis. Entre os arameus em particular, marana, maran é essencialmente título real, designando exclusivamente o rei reinante, jamais um deus ou um rei admitido à apoteose. Há oposição entre *maran* e *élaha.* Existe a consciência no mundo greco-romano – digamos em Alexandria, para não generalizar demais – do valor do termo sírio *maran* (Fílon de Alexandria). O título Kyrios, atribuído aos reis pelos greco-romanos, no Oriente, não tem por si mesmo relação alguma com o culto, mas pertence a todos os soberanos. Ligado à pessoa dos imperadores, tomou um sentido ainda mais especial, na linguagem do povo, significando concretamente 'o imperador'. Ainda aqui, continua com freqüência a ser simples título honorífico, ou antes de função, dado ao soberano só pelo fato da dignidade imperial, sem que haja liame necessário e essencial entre o apelativo Kyrios e o culto imperial. A mesma distinção que os gregos conhecem entre Kyrios e Theos, os arameus conhecem entre *maran* e *élaha*".

Kyrios assinala naturalmente essa dignidade da qual está Cristo doravante revestido: "Deus constituiu Senhor e Messias, esse Jesus que vós crucificastes" (At 2.36). Geralmente, há acordo em reconhecer neste texto dos Atos um sabor arcaico.

Conservamos em nossas lembranças cristãs a aclamação cultual aramaica *maranatha* (1 Co 16.22; *Didachê*, X, 6; cf. 1 Co 11.26; Ap 22.20), que sem dúvida alguma alude à parusia. Na visão de Estêvão, Cristo aparece na atitude de sua vinda final; a oração do mártir, κύριε 'Ιησοῦ (At 7.59) dá a Jesus o título solene adequado à circunstância. Convém compará-lo com a invocação ou aclamação que deve assegurar a salvação por ocasião da vinda de Cristo (Mt 7.22, cf. At 2.20-21). As parábolas escatológicas de são Mateus, nas quais a parusia está sempre em perspectiva, empregam de bom grado o termo Kyrios (ver especialmente Mt 24.42-50).

2. Por um fenômeno compreensível, o uso do título repercutiu nas reminiscências evangélicas e chegou-se a falar do "Senhor Jesus" em referência a sua manifestação temporal. Tal é o emprego no Evangelho de Lucas e de João. O título não tem mais valor bem determinado de epíteto; designa Jesus na representação concreta que têm os cristãos de seu Salvador. No mundo aramaico, contudo, por causa da afinidade com *Marana*, verifica-se ainda que o título conota a realeza do Messias (cf. Lc 2.11; 1.43): talvez a expressão "o irmão" ou "os irmãos do Senhor" deve a estas idéias uma parte do prestígio que fez seu sucesso[645].

Outra reflexão vai, aliás, modificar o sentido do título. Cristo é o Senhor, enquanto lugar-tenente de Deus, exercendo a soberania que á Deus pertence; o termo Kyrios, nome próprio de Deus no Antigo Testamento, evocará naturalmente o caráter divino do Salvador. Os sinóticos conservaram uma controvérsia de Jesus com os doutores da Lei acerca deste tema (Mc 12.35-37 e passagens paralelas). Mas, foi dado a Paulo insistir em sua teologia nesta promoção do título.

Encontramos no uso paulino do título Kyrios reminiscências das diversas etapas pelas quais passou: prova peremptória de que Paulo depende das comunidades primitivas e mesmo do cristianismo de Jerusalém.

---

[645] Le *titre Kyrios*, II, pp. 147-150.

II - O LEGADO DA COMUNIDADE PRIMITIVA A PAULO

1. Kyrios Jesus

1. A fé da comunidade primitiva se exprime na fórmula: Jesus é Senhor. Tal é a força da ressurreição e seu significado: Deus fez Senhor aquele que os judeus haviam rejeitado. Ele é a Pedra da nova construção, o Senhor do reino de Deus.

As cartas paulinas fazem eco à fé comum. A confissão de fé é expressa pela fórmula κύριος 'Ιησοῦς[646] em Rm 10.9 e 1 Co 12.3[647]. Em Fl 2.11 reconhecemos mais uma aclamação do que uma confissão de fé, mas a fórmula é idêntica. Em outros textos, o nexo que a fé primitiva estabeleceu entre a ressurreição e o título Kyrios é perceptível (Rm 4.24; 1 Co 9.1; 2 Co 4.14). Deve-se ainda levar em conta a importância atribuída por Paulo ao nome do Senhor Jesus, 1 Co 5.4.

À comunidade primitiva deve ainda Paulo o título completo de Cristo, nosso Senhor Jesus Cristo. É verossímil que "nosso Senhor" conserve aí a alusão arcaica à soberania de Cristo. O paralelo com os títulos aramaicos de Petra é bastante significativo[648].

2. O título "Kyrios" e a parusia

As Epístolas aos tessalonicenses dão a impressão de utilizarem o título "Kyrios" em relação estreita com a idéia da parusia.

"O próprio Senhor (αὐτὸς ὁ κύριος), ao sinal dado, à voz do arcanjo, ao clangor da trombeta divina, descerá do céu" (1 Ts 4.16). Compreendemos: o Senhor em pessoa, o Senhor no exercício de seu

---

[646] Esta fórmula não é *Kyrios Christos*, porque *Christos* não se torna nome próprio a não ser no cristianismo posterior. A antítese de Lohmeyer entre *Kyrios Christos* e *Kyrios Caesar* não explica a gênese do título. O. CULLMANN, *Les Premières confessions*, insiste também na relação da fórmula *Kyrios Christos* com as perseguições: "É possível que a fórmula Kyrios Christos não tenha sido forjada senão na perseguição para opor-se a Kyrios Kaisar" (p. 21). Sobre o emprego e o sentido de *Kyrios* na comunidade primitiva, cf. *Le titre Kyrios*, II, pp. 128-143; W. G. KÜMMEL, *Kirchenbegriff und Geschichtsbewusstsein*, pp. 13-16.

[647] O. CULLMANN refere ainda esta passagem às perseguições, apesar do contexto que trata do emprego dos carismas (*ibid.*, p. 30).

[648] Ver *Le titre "Kyrios"*, I, pp. 60-64.

cargo. Ele é, efetivamente, o juiz dos vivos e dos mortos, o rei que se manifestará em toda a sua glória. Nas passagens destas epístolas que tratam da parusia, o termo κύριος volta tão regularmente que se percebe uma atração entre as duas expressões "parusia" e "Senhor". Assim, na primeira epístola trata-se da "esperança do Senhor" 1.3; cf. 2.19; da "parusia do Senhor", 3.13; 4.15; 5.23 e cf. 2.19; 2 Ts 1.7; 2.1; do "encontro (ἀπάντησις, termo técnico, com o significado de parusia) do Senhor!", 4.17. Do mesmo modo, a fórmula "o dia do Senhor" é estereotipada, 5.2; cf. 2 Ts 2.2; 1 Co 1.8; 5.5; 2 Co 1.14[649].

Demonstramos, aliás, mais acima que o cenário da parusia dependia em parte da descrição helenística das entradas solenes, onde o título Kyrios desempenha um papel[650].

3. O título "Kyrios" e Jesus em sua vida mortal

Paulo, pelo título "Kyrios", não designa unicamente o Messias celeste e transcendente ou o Filho de Deus. Ouvimos, com freqüência ressoar outra melodia: o Senhor significa Jesus em sua vida mortal, o mestre de doutrina ou aquele que deu a vida pelos seus. Por vezes mesmo o termo sugere uma intimidade com Cristo, tal como a viveram os primeiros discípulos (cf. 1 Ts 2.15). Relembremos sobretudo as passagens onde Paulo se refere à imitação do Senhor (1 Ts 1.6; cf. 4.2) e as fundamentadas nos ensinamentos dele (1 Co 7.10. 15; 9.1; 11.23). As fórmulas "os irmãos do Senhor" ou "o irmão do Senhor", Gl 1.19, são-lhe transmitidas pela comunidade apostólica e aludem à existência terrestre de Cristo.

III - O NOME DIVINO

Muitas especulações foram feitas a respeito dos nomes divinos no judaísmo[651]. O cristianismo herda esta tendência. O começo da

---

[649] Encontramos apenas nas epístolas do cativeiro a expressão "o dia de Cristo".
[650] E. PETERSON, Die Einholung des Kyrios, passim.
[651] As especulações de Fílon sobre Theos e Kyrios têm paralelos no judaísmo palestinense. Apóiam-se em parte na liturgia judaica. Nas esferas mágicas é conhecida a função desempenhada pelos nomes.

Epístola aos hebreus, elaborada à base de dados paulinos, para provar a superioridade de Cristo sobre os anjos, atribui-lhe, segundo a Escritura, três nomes incomunicáveis: Filho de Deus, Deus e Senhor[652].

Teria partido de Paulo a iniciativa de aproximar o κύριος cristão do Nome que a Bíblia grega reservava a Deus? A afirmação seria audaciosa, porque o cristianismo, desde os primórdios, estava persuadido do caráter divino de Cristo e por isso inclinava-se a compreender seu título real como enunciação de uma soberania absoluta e divina. O Messias não é um rei qualquer, mas o substituto de Deus, exercendo a função divina essencial, o governo do mundo ("mundo" no sentido de οἰκουμένη e também no sentido de cosmos) e por isso participante dos privilégios de Deus, que tem o privilégio do Nome. A controvérsia a respeito do salmo 110 (o Senhor disse a meu Senhor) revela que essas especulações fundamentam-se na doutrina do Mestre. Importa levar em conta também o uso do texto de Joel 3.5 em At 2.21 (cf. 1 Co 1.2). Seja como for, se Paulo não teve a iniciativa dessa aproximação, ele a aproveitou como tema de explanações sistemáticas.

1. *Aplicação a Cristo de textos do Antigo Testamento*

Não se deveria falar de uma regra constante seguida por Paulo, segundo a qual ele teria regularmente substituído o "Adonai" da Bíblia pelo "Senhor" dos cristãos[653]. Paulo submete-se mais do que isto à letra do Antigo Testamento. Desde que cita explícita ou virtualmente ou sobretudo quando determina e alinha suas referências com exatidão, como na Epístola aos romanos, onde quer provar sua tese pela Escritura, conserva à referência "Senhor" o valor de nome próprio de Deus (Pai). Quase não há exceção a esta regra[654]. Só quando deixa de argumentar a respeito do texto, mas o cita de memória, aplica a Cristo as expressões do Antigo Testamento. Classificamos

---

[652] O. MICHEL, *Der Brief an die Hebräer*, Göttingen, 1949, pp. 54-56.
[653] J. BONSIRVEN, *Exégèse rabbinique et exégèse paulinienne*, Paris, 1939, p. 377.
[654] Apresentamos prova dessa asserção: "'Kyrios' dans les citations pauliniennes de l'Ancien Testament", em *Ephem. Theol. Lovanienses*, XX (1943), pp. 5-17.

nesta categoria: "a mesa do Senhor", "o temor do Senhor", "a palavra do Senhor", "a glória, a face, o dia do Senhor"[655].

Há contextos onde Paulo introduz conscientemente na letra do Antigo Testamento uma lição cristã. Fá-lo bem cônscio disso, por razões "teológicas" que modificam a exegese. Julga que, nesses casos determinados, por razões muito precisas e que provêm da economia cristã, Cristo tomou o lugar ocupado por "Senhor" no Antigo Testamento[656].

A esta categoria de textos pertencem, em primeira linha, aqueles que se referem à parusia. Paulo não inova. Os apocalipses cristãos já se inspiravam nas teofanias do Antigo Testamento. Além disso, o texto de Joel 3.5 e o de Isaías 28.16, que estabelecem o fundamento da salvação na fé e na invocação do nome do "Senhor", já haviam sido aplicados a Cristo pela comunidade primitiva. Relembremo-nos sempre de que o título divino *Kyrios* foi transferido a Cristo, desde o começo, no plano da parusia, manifestação da glória e da soberania do "Senhor". Deus entregou às mãos de Cristo o juízo, o poder, seu Nome diante do qual se dobra todo o joelho, que toda língua confessa e pelo qual somente se pode obter a salvação.

Deus já preparava a Igreja ao conduzir seu povo e ao constituir sua comunidade em torno de Moisés; pensava nela, e os acontecimentos do Antigo Testamento, sobretudo os do deserto, esboçavam-lhe a futura história. Cristo estava, pois, presente nestas figuras e a atitude do povo em relação ao "Senhor" já era figurativamente, atitude para com Cristo. Com justeza, pois, podia-se transferir para Cristo Senhor os textos. Paulo, aliás, é muito moderado na aplicação desta exegese.

Enfim, Cristo foi portador da glória e da sabedoria de Deus. Como a sabedoria de Deus nele se incorporou, é possível, sem dúvida alguma, nele pensar ao se referir a Bíblia ao pensamento do Senhor ou à glória que os verdadeiros sábios atribuem ao Senhor.

Deus continuará a ser "o Senhor" supremo. É ele quem fala nas Escrituras e Paulo (Rm 12.19 etc.) insiste nesse tema, introduzindo

---
[655] *Ibid.*, p. 163.
[656] *Ibid.*, pp. 17-23.

várias vezes, nos textos, um λέγει κύριος solene[657]. Do mesmo modo é privilégio inalienável de Deus tudo o que respeita à iniciativa da criação, da justificação ou da salvação. Paulo não cogitará de abandonar, nos textos afirmativos deste privilégio, o sentido primitivo do Antigo Testamento. Deus é a origem, como é o fim supremo (1 Co 8.6). Mas, como Cristo é aquele "por quem" as coisas foram criadas e "por quem" recebemos a salvação (*ibid.*), os cristãos têm o direito de lhe aplicar cenas textos do Antigo Testamento que profetizaram acerca do "Senhor", de tal modo que apontaram, de fato, a Cristo. E. Percy notou, quanto às epístolas do cativeiro, uma tendência geral de trasladar para Cristo privilégios divinos[658].

2. Deus nosso Pai e o Senhor Jesus Cristo

A constância com a qual Paulo emprega em todas as epístolas, desde as Cartas aos tessalonicenses, a antítese Deus (Pai, ou nosso Pai, ou o Pai de nosso Senhor) e o Senhor Jesus Cristo, tanto nos cabeçalhos das cartas como nas ações de graças, bastaria para mostrar como entendeu o cristianismo por ocasião de sua conversão: uma religião fundamentada no monoteísmo judeu; doravante, contudo, chamaria a Deus "Pai nosso", sob a influência da revelação de Cristo e acrescentaria à fé monoteísta a fé em Cristo, "o Senhor" Jesus Cristo.

Os cabeçalhos das epístolas, com exceção de 1 Tessalonicenses, encerram a frase estereotipada: "graça e paz a vós da parte de Deus, Pai nosso, e do Senhor Jesus Cristo"[659]. Mas, esta mesma Epístola aos tessalonicenses oferece uma compensação escrevendo "à igreja dos tessalonicenses em Deus Pai e no Senhor Jesus Cristo" (fórmula repetida na segunda epístola).

A antítese reaparece regularmente nas ações de graças, ora sob uma forma, ora sob outra: fé... caridade... "esperança em nosso Senhor Jesus Cristo, sob o olhar de nosso Deus e Pai" (1 Ts 1.3);

---

[657] Cf. *ibid.*, p. 15s.
[658] *Die Probleme*, p. 321.
[659] Lemos bastante regularmente ἀπὸ Θεοῦ πατρὸς ἡμῶν καὶ κυρίου Ἰησοῦ Χριστοῦ (2 Ts 1.2; Rm 1.7; 1 Co 1.3; 2 Co 1.2; Ef 1.2; Fl 1.2; Cl 1.2 contra Nestle). Quanto a Gl 1.3 é melhor ler com P[46] t. r. D G G: απο Θεου πατρος και κυριου ημων Ιησου Χριστου.

"pela graça de nosso Deus e do Senhor Jesus Cristo" (2 Ts 1.12); "dou graças a meu Deus, por meio de Jesus Cristo" (Rm 1.8; cf. 1 Co 1.4.9; 2 Co 1.3). É reiterada ainda no corpo das epístolas: 1 Ts 3.11: "Deus, nosso Pai[660], e nosso Senhor Jesus Cristo"; 3.13 "diante de nosso Deus e Pai, para o dia da vinda de nosso Senhor Jesus"; 2 Ts 2.16; 1 Co 8.6 etc.

Paulo gosta de dizer: "Deus, Pai de nosso Senhor Jesus Cristo"; isto se verifica especialmente nas fórmulas de bênção: 2 Co 1.3 ("Bendito seja o Deus e Pai de nosso Senhor Jesus Cristo, Pai das misericórdias e Deus de toda a consolação"); Ef 1.3; Rm 15.6 ("glorifiqueis a Deus e Pai de nosso Senhor Jesus Cristo")[661].

Outras fórmulas ainda justapõem "Deus" e "Pai" entendendo esta última expressão como a relação com nosso Senhor: 1 Co 15.24 "entregará o reino a Deus, seu 'Pai'" (τῷ Θεῷ καὶ πατρί); 2 Co 11.31 "Deus que é Pai de nosso Senhor Jesus"; Gl 1.1 "por mandato de Jesus Cristo e de Deus Pai, que o ressuscitou dos mortos", cf. Rm 6.4. Notar a relação com a ressurreição, Gl 1.1; Rm 6.4 (cf. 1 Ts 1.10).

Tal relação só é possível se Deus Pai e o Senhor se situam no mesmo nível de pensamento, pertencem à esfera divina e possuem um e outro os atributos da divindade. Deus não age mais, e não temos mais acesso a Deus senão por intermédio do Senhor. As fórmulas, aliás, vão precisar isso.

3. Θεός e Κύριος

O domínio do Messias é um domínio divino. No cristianismo, o Messias não é um rei comum, o Messias nacional que muitos judeus

---

[660] αὐτὸς δὲ ὁ Θεὸς καὶ πατὴρ ἡμῶν. Lemonnyer traduz "nosso Deus e Pai". Frame, igualmente. Mas, αὐτός, enfático, explica-se talvez melhor se deixarmos Deus como nome próprio absoluto; teremos então de tomar καὶ como explicativo. Nossa leitura é aprovada por 2 Ts 2.16: "E que o próprio nosso Senhor Jesus Cristo e Deus, nosso Pai (ὁ Θεὸς ὁ πατὴρ ἡμῶν) que nos amou e nos deu, pela sua graça, conforto e excelente esperança..." ; cf. 1 Co 8.6.

[661] LAGRANGE traduz: "o Deus e Pai de nosso Senhor Jesus Cristo" e anota: "tentaram destacar Θεός": "Deus, que é o Pai do Senhor", mas o sentido natural é: "Deus, o Pai do Senhor (cf. Ef 1.17: ὁ Θεὸς τοῦ κυρίου ἡμῶν 'Ι. Χ.: Deus de Cristo, tendo criado sua humanidade; Pai, porque o Pai gerou o Filho" (p. 351). Os comentadores se dividiram (cf. Sanday-Headlam, p. 396s). O texto de Ef 1.17 é isolado; regularmente ὁ Θεός é absoluto.

esperavam; é o Messias celeste do apocalipse, o Filho do homem de Daniel, um ser sobrenatural que desempenha desde aqui, da terra, sob a forma humana, uma função divina. Foi também assim que o próprio Jesus concebeu sua missão e que os primeiros cristãos a compreenderam. Quem aparece no caminho de Damasco é o Filho de Deus, este ser celeste cuja revelação é esperada.

Pelo fato mesmo, a soberania marcada pelo título "Senhor" não é uma soberania política ordinária. Cristo reina em lugar de Deus, seu reino realiza o reino de Deus.

Deste ponto decorrerá naturalmente ulterior pesquisa. Dada a importância do nome e como o nome corresponde não só à função de um ser, mas também a sua natureza, não se deveria dizer que este *nome* Kyrios usado agora por Cristo foi-lhe cedido por Deus, e que, por conseguinte, possui, no sentido estrito, valor divino, assinalando a função e até mesmo a natureza de Cristo? Em outros termos, o nome Kyrios seria o mesmo que Deus usava no Antigo Testamento.

O nome Kyrios que distingue Cristo do Pai, sendo este Θεός, não o distingue como um ser que não fosse Deus. Há dois nomes divinos, Θεός e Κύριος. O Apóstolo pensa aqui como toda a teologia judaica; conhece as especulações a respeito dos nomes divinos. Fílon, por exemplo, ensina que os apelativos Theos e Kyrios designam potências divinas distintas de Deus, identificadas contudo à divindade. Para ele, Kyrios representa o poder real e Theos o poder beneficente. Os rabinos especulavam de maneira análoga acerca dos nomes Jahvé (Adonai) e Elohim, reconhecendo neles hipóstases da misericórdia e da justiça divinas[662].

Paulo conhece o paralelismo dos dois nomes, pois escreve em 1 Co 8.5s: "Se bem que haja pretensos deuses, quer no céu, quer na terra (e existem muitos tidos por deuses e muitos senhores), contudo, quanto a nós, temos um só Deus, e Pai, de quem tudo provém, e nós somos criados por ele, e um único Senhor Jesus Cristo, por meio do qual tudo existe e nós somos salvos por meio dele". Nesta

---

[662] A. MARMORSTEIN, "Philo and the Names of God", em *Jewish Quarterly Review*, XX (1931/32), pp. 296-306; W. FOERSTER, art. κύριος. em *Theolog. Wörterbuch*, III, p. 1.086.

construção do período grego, os pretensos deuses se decompõem em *Theoi* e *Kyrioi*. Kyrios é, pois, epíteto divino (qualquer que seja a aplicação exata do termo no paganismo; quer tenha Paulo pensado em heróis ou em deuses de associação ou em divindades orientais ou em soberanos que receberam a apoteose). Paulo coloca na mesma esfera divina o Deus único e o Senhor que é Cristo e divide entre o *Theos* e o Kyrios os "Nomes" da divindade, e também a noção da divindade que exprimimos por suas relações com o mundo. *Theos* é a fonte primeira de todas as coisas e o termo final da humanidade salva; Cristo manifesta-se como Κύριος e adquire a "kyriotes" sobre o mundo, participando no ato criador; o termo, nossa salvação em Deus, no Senhor é obtido.

Em 1 Co 12.4-6, três apelativos: Espírito, Senhor e Deus se defrontam entre si. A esses três nomes correspondem três princípios que regem divinamente, de maneira diferente, os carismas cristãos. Estes mesmos podem denominar-se diversamente, segundo suas relações com os três princípios: carismas enquanto manifestações do Espírito, ministérios enquanto inspirados pelo Senhor, operações se pensarmos que é Deus quem age nestes dons; mas, tudo é carisma e tudo é dom do Espírito e de Deus pelo Senhor (cf. 2 Co 13.13; Ef 4.5).

4. *O Nome acima de todo o nome*

As especulações paulinas dão ainda um passo adiante na Epístola aos Filipenses, 2.9-11. Afirma-se agora muito explicitamente ser o nome atribuído a Cristo o nome inefável, pertencente a Deus no Antigo Testamento e revelador de seu poder. "E por isso Deus o exaltou e lhe deu o Nome que está acima de todo o nome, para que, ao nome de Jesus, todo o joelho se dobre, nos céus, na terra, e abaixo da terra, e toda a língua proclame que Jesus Cristo é o Senhor, para glória de Deus Pai" (Fl 2.9-11). Dois pontos parecem-nos fora de dúvida:

1. O nome é certa personificação: atinge o íntimo de um ser, acentuando seu poder, sua função, sua natureza.

2. O nome por excelência, τὸ ὄνομα τὸ ὑπὲρ πᾶν ὄνομα, significa o nome misterioso que é mais íntimo do ser divino[663].

---
[663] Ver W. BOUSSET, *Die Religion des Judentums*, p. 309.

Este nome acima de todo o nome é verdadeira ou completamente Kyrios? É possível, ao menos, pô-lo em dúvida.

No Livro dos Atos, por meio de milagres, atua na Igreja o nome pertencente a Cristo; este parece muito mais ser uma coisa misteriosa do que um nome determinado. Pedro faz milagres "em nome de Jesus Cristo", o que significa mais ou menos "pela 'força presente' de Jesus Cristo" (At 3.6-16). Pergunta-se efetivamente aos apóstolos: com que poder ou em nome de quem fizestes esses milagres? (4.7). A pergunta supõe a equivalência entre o poder e o nome, e Pedro explica: não há sob o céu outro nome, dado aos homens, pelo qual possamos ser salvos (cf. 4.12). Trata-se sempre no Livro dos Atos do nome de Jesus ou de Jesus Cristo, e nada, em caso algum, evoca o nome Kyrios. Isto é importante. Então Lucas nada conhecia da teologia Paulina?

Do mesmo modo, na Epístola aos hebreus, o nome "herdado" pelo Filho poderia concretamente ser o de "Filho de Deus" e talvez seja preferível não determinar. O nome é a dignidade de Cristo, superior à dos anjos e à de todas as criaturas.

O valor do nome, na antigüidade, ultrapassa muito o que hoje ele representa para nós. Basta pensar no papel que lhe compete na magia. O nome é uma verdadeira hipóstase de "poder". Representa e exterioriza um ser, exprime e realiza sua atividade[664]. Um texto como o de Fílon, *De confusione linguarum*, § 145, transporta-nos para um mundo de idéias bem diferente do nosso. O logos primogênito, o mais velho dos anjos, o arcanjo, tem vários nomes (πολυώνομος). Chama-se efetivamente: começo, nome de Deus, Lagos, o homem à imagem de Deus, o vidente, Israel. "O nome de Deus", constitui, pois, uma coisa em si, além da expressão que lhe daria o termo humano.

Porque Cristo recebeu o *Nome* que está acima de todo o nome, "ao nome de Jesus, todo o joelho se dobre... e toda a língua proclame que Jesus Cristo é o Senhor" (Fl 2.9). Na frase ὅτι κύριος 'Ιησοῦς Χριστός julgam alguns que a palavra κύριος tem a função de atributo. Estamos diante de uma aclamação: κύριος é a palavra principal, a dignidade especialmente afirmada. Mas κύριος coincidiria com o Nome acima de todo o nome?

---

[664] H. BIETENHARD, art. ὄνομα, em *Theolog. Wörterbuch*, V, p. 250s.

A própria construção da frase opõe-se a esta hipótese. Para evitar que a afirmação final se torne pura tautologia, é preciso que o nome de Jesus exprima uma dignidade que seja fonte da adoração e da confissão de sua soberania. O Nome acima de todo o nome é a raiz da soberania; não pode ser κύριος, que exprime precisamente tal soberania; deve-se procurar, além do título de Kyrios, uma realidade mais profunda, um "Nome" inacessível, indizível[665]. Poder-se-á dizer que o termo Kyrios, se for transformado em nome próprio, compete-lhe no sentido de que assinala precisamente o domínio e de que a submissão total é a maneira de nos portarmos diante do nome divino. Ou ainda, e talvez com maior exatidão, que o termo κύριος é simultaneamente exotérico e esotérico. Exotérico por significar a soberania divina; esotérico por corresponder tradicionalmente ao tetragrama. Assim se prende a um nome humano o caráter de mistério ligado ao tetragrama, e mesmo o tema do nome inefável.

---

[665] O tema da impossibilidade de nomear Deus e do Mistério do Nome não é desconhecido no judaísmo helenístico. Reencontramo-lo nos Padres apologistas (H. BIETENHARD, art. cit., p. 249). Seria impossível que tenha impressionado Paulo?

Capítulo VI
NOMES E TÍTULOS DE CRISTO

1. "Cristo" não é simples nome próprio. A teoria de J. Weiss. Necessidade de matizes – "Cristo" e a idéia messiânica; a perspectiva do Livro dos Atos – O emprego de *Christos* nas epístolas segundo os diferentes contextos. Mensagem e apostolado; fé, justificação, vida; *Christos* e o Antigo Testamento.
2. A utilização do nome "Jesus". O "Senhor Jesus" e "nosso Senhor Jesus" em contextos e fórmulas arcaicas.
3. Cristo Jesus, Jesus Cristo nas diferentes epístolas. Estabilidade da fórmula "em Cristo Jesus". Termos menos determinados e descoloridos que no nosso vocabulário hodierno.
4. "O Senhor Jesus Cristo" e "nosso Senhor Jesus Cristo" – A fórmula longa é a primitiva; a fórmula breve a serviço da antítese Theos-Kyrios – Aparição da fórmula litúrgica: Jesus Cristo nosso Senhor.
Conclusão.

As diversas fases da cristologia de Paulo refletem-se no emprego dos nomes próprios que designam Cristo e nos títulos que os acompanham. Justificamo-nos assim por colocarmos este capítulo no final.

I - CRISTO

"Cristo" é a palavra que predomina nas epístolas. É repetida mais de 400 vezes, enquanto "Jesus" é usado menos de 200 vezes.

Mesmo que "Cristo" seja simples nome próprio, como se diz correntemente, valeria a pena precisar sob que ângulo designa Jesus. Teria sido um homem, Jesus de Nazaré, que o adotou ao entrar no mundo pagão, mais ou menos como Saulo usava o de Paulo, enquanto cidadão romano? Não indicaria antes um ser celeste que, denominado "Cristo", em sua preexistência, recebeu o nome de Jesus, em sua vida terrestre, à espera de poder usar o nome-título Kyrios?

Mas, o termo "Cristo", que tinha sido um apelativo, não conservaria muitas vezes, nos escritos de Paulo, um sabor de apelativo? Não seria preciso explicar assim o fato de estar unido a fórmulas determinadas?

1. "Cristo" nome próprio

1. Há uma teoria clássica: "Cristo" de expressão grega ter-se-ia tornado no cristianismo um simples nome próprio, que não despertaria mais nenhuma idéia determinada.

Eis como explicava J. Weiss[666]. Foi em Antioquia que a religião de Cristo recebeu o pleno significado enquanto religião do "Senhor" celeste (cf. At 11.20). A comunidade aí fundada não havia conhecido Jesus em sua vida terrestre. Foi, portanto, uma etapa inteiramente nova na via seguida pelo cristianismo. Era pouco a pouco esquecido o aspecto messiânico escatológico; correlativamente, a palavra "Cristo" perdia o valor de título, deixando de acentuar a dignidade de Jesus e tornando-se pura e simplesmente nome próprio. Foi assim que, segundo At 11.26, os fiéis de Antioquia receberam de seus compatriotas o apelido de "cristãos". Eram considerados uma seita, facção dependente de uma personagem chamada Cristo. Dir-se-á mais tarde, do mesmo modo, de acordo com o nome dos fautores de heresia, os basilidianos, os valentinianos, os arianos. É mesmo muito provável que se pronunciasse "Chrestianoi" ao invés de "Christianoi"[667]. "Cristo" seria nome próprio insólito, enquanto "Chrestos" (útil) era bem divulgado. Os cristãos, aliás, haviam tomado a iniciativa de se designarem a si mesmos por suas relações com "Cristo", numa confissão solene de fé: nós, os "cristãos", somos de Cristo (1 Co 3.23; Rm 8.9) ou os servos de Cristo (1 Co 7.22).

2. É certamente exagerado asseverar ser "Cristo" apenas nome próprio e já não haver eco de seu valor apelativo em nossas epístolas. Muitos exegetas apõem corretivos à teoria.

O léxico de Bauer distingue duas especificações de sentido: o apelativo e o nome próprio. "Cristo" é apelativo não só nos Setenta,

---

[666] Ler o comentário em *Das Urchristentum*, Göttingen, 1917, p. 127s.
[667] Um exemplo encontrar-se-á em Suetônio, *Vila Claudii*, 25 *(impulsore Chresto)*.

Sl 2.2, em Sl 17.36; 18.6,8 e em diversas passagens do Evangelho, Atos e Apocalipse, mas ainda nas fórmulas 'Ιησοῦς ὁ Χριστός At 5.42 (texto recebido); 9.34 (t. r.); 1 Co 3.11 (t. r.); 1 Jo 5.6 (t. r.) e ὁ Χριστὸς 'Ιησοῦς At 5.42; 19.4 (t. r.). Bauer é de opinião que certos textos servem de transição entre esta primeira especificação de sentido e a segunda em que "Cristo" é nome próprio: conservando o significado de "Messias", ὁ Χριστός já se aplica a Jesus de modo todo particular, designando nomeadamente "o Messias Jesus", cf. Mt 11.2; At 8.5; 9.20 (t. r.); Rm 9.3-5; 1 Co 1.6.13.17; 9.12; 10.4.16; 2 Co 2.12; 4.4; Gl 1.7; 6.2; Ef 2.5; 3.17; 5.14; Fl 1.15; Cl 1.7; 2.17; 2 Ts 3.5; 1 Tm 5.11 etc. Esta lista contém, de fato, para nossas epístolas, todas as passagens em que Paulo emprega o simples κριστός com o artigo. Ao invés, quando na fórmula simples Χριστός ou nas fórmulas compostas 'Ιησοῦς Χριστός e Χριστὸς 'Ιησοῦς o artigo é omitido considerar-se-á Χριστός como nome próprio. A regra é evidentemente rígida demais, dado o uso facultativo do artigo na língua grega helenística.

Os excursos a propósito de Rm 1.1 de Lietzmann e de Sanday-Headlam têm igualmente matizes. Para Lietzmann, a fórmula "Jesus Cristo" é a transposição da confissão de fé da comunidade primitiva. "Jesus é o Messias"; "Messias", porém, logo perdeu o valor de apelativo. A fórmula invertida Χριστὸς 'Ιησοῦς que se encontra no genitivo e em composição com a preposição ἐν (a inversão seria por razão gramatical: os casos oblíquos do nome 'Ιησοῦς que têm apenas a forma 'Ιησοῦς, prefere-se começar pelo termo Χριστός que distingue genitivo e dativo) só é possível porque "Cristo" era primeiro apelativo, com o significado de "Messias".

O excurso de Sanday-Headlam explica a inversão Χριστὸς 'Ιησοῦς doutra maneira. Nos cabeçalhos das primeiras epístolas (1 Ts 1.1; Gl 1.1), Paulo escreve "Jesus Cristo"; nas epístolas do cativeiro e nas pastorais, ao contrário, "Cristo Jesus". Há hesitação na tradição quanto à primeira e 2 Coríntios e Romanos. Os fatos seriam interpretados como segue: no período em que escreveu as cartas aos coríntios e aos romanos, o Apóstolo mudou de hábito e preferiu "Cristo Jesus"; nesta última fórmula, "Cristo" é mais nitidamente nome próprio do que na primeira, Jesus Cristo, onde "Cristo" conserva ainda alguma coisa do valor de apelativo.

3. Paulo evidentemente não ignora que a Bíblia grega (sobretudo o Sl 2, tão familiar ao cristianismo primitivo), os salmos de Salomão e os cristãos traduziram por Χριστός o nome apelativo hebraico ou aramaico que transcrevemos pesadamente por nosso termo "Messias". Será verossímil que o termo que lhe é habitual para designar o Messias Jesus (o Cristo Jesus, como dizemos ainda) tenha-se tornado em sua pena um simples nome próprio, nada mais? Distingue evidentemente Cristo e Jesus, e não emprega os termos um pelo outro. Diz "Jesus" onde deve fazê-la. Quando escreve Χριστὸς 'Ιησοῦς ou 'Ιησοῦς Χριστός ou ainda ὁ κύριος ἡμῶν 'Ιησοῦς Χριστός não haveria matizes? Se Χριστός fosse simples nome próprio por que não diz jamais li ὁ κύριος Χριστός como ὁ κύριος 'Ιησοῦς?[668]

2. A idéia messiânica e Χριστός

1. Que idéia Paulo tinha do Messias do Antigo Testamento, do judaísmo e do Messias que se tornou objeto da fé cristã?

Finge ignorar o messianismo nacional. É fiel súdito de Roma. Sabe os perigos aos quais o expõe uma propaganda simplesmente imprudente[669]. Deve-se talvez atribuir em parte à situação delicada da pregação "messiânica" cristã em terra romana, no tempo em que se preparava, às ocultas, a guerra judaica e em que a revolta arvorava a bandeira messiânica, a reserva com a qual ele se refere ao reino de Deus; ou ao reino de Cristo. Relembra, contudo, que o Messias é de raça real, segundo as profecias do Antigo Testamento[670]. Conhece, pois, as perspectivas simultaneamente religiosas e nacionais que os profetas deixam entrever.

Teria partilhado, de fato, as esperanças nacionais do autor dos Salmos de Salomão, fariseu como ele? Não é provável. Fariseu da dispersão, Paulo deve ser mais próximo, em certo sentido, de Fílon de Alexandria; espiritualiza o culto e todas as esperanças do Antigo

---

[668] Exceção aparente, Rm 16.18: τῷ κυρίῳ ἡμῶν Χριστῷ. O sentido apelativo de κύριος está muito acentuado. Deve-se traduzir: "eles não servem a nosso *soberano*, Cristo, mas a seu ventre".
[669] Cf. At 17.7.
[670] Rm 1.3. Cf. At 13.23.

Testamento de modo mais radical que os Salmos de Salomão. Mas, doutro lado, não vê antes de tudo no judaísmo, como Fílon, uma submissão do pensamento ao serviço de Deus, nem diminui como ele as esperanças do futuro[671]. Deve ter esperado com mais entusiasmo do que o alexandrino o Messias, mas sem dúvida um Messias essencialmente religioso, que viria "salvar"[672]. Fílon esperava apenas um profeta; e era bem convicto?

Não estaremos longe da realidade afirmando que Paulo aguardava um Messias que viria realizar as promessas do Antigo Testamento e estenderia às nações a fé monoteísta[673]. Esperava, talvez, desde antes de sua conversão, um julgamento escatológico bastante próximo, do qual o Messias seria o instrumento e não ignorava o movimento dos apocalipses. Esperava certamente a ressurreição dos mortos neste momento escatológico.

2. Não estamos seguros de ter aceitado doutrinas messiânicas senão depois de se ter aliado à fé cristã e às idéias da comunidade primitiva. Estas podem ter estado, em certa medida, em antítese com suas idéias anteriores; podem, em determinados pontos, tê-las confirmado.

Em todo o caso, coincide com sua entrada no cristianismo a fé na ressurreição deste Jesus que os cristãos proclamam Cristo, justamente por causa da ressurreição. Cristo é, pois, para ele também aquele que Deus ressuscitou dos mortos, para fazê-lo o corifeu da ressurreição final e o juiz da parusia. Aquele que Deus ressuscitou era seu Filho, enviado para morrer numa missão salvífica. Todas essas idéias devem ter-se catalisado instantaneamente, sob o choque da visão de Damasco.

Paulo recebeu ao mesmo tempo luzes a fim de ler cristãmente o Antigo Testamento. Cristo que lhe apareceu "abriu-lhe a inteligência para compreender as Escrituras", e ele reconheceu estar escrito que Cristo devia sofrer e ressuscitar dos mortos ao terceiro dia, e que seria pregada em seu nome a penitência para a remissão dos

---

[671] F. Grégoire, "Le Messie chez Philon d'Alexandrie", em *Ephem. Theol. Lovanienses*, XII (1935), pp. 28-50.
[672] Cf. At 13.23-26.
[673] At 13.23-24, 26.46-47.

pecados a todas as nações⁶⁷⁴. Podemos concretizar ainda mais e pensar que o texto fundamental onde se lê o anúncio da morte e da ressurreição de Cristo e até da pregação às nações é Isaías 53 (passagem principal do "Servo" de Deus). Esta passagem não teria sido um raio de luz por ocasião da conversão de Paulo e ele não teria lido aí seu apelo de Apóstolo das nações? A conversão do eunuco da Candace de Etiópia desenrola-se em torno da interpretação da mesma profecia⁶⁷⁵.

Lucas nos descreve no Livro dos Atos a primeira atividade evangélica de Paulo, ao empreender ele converter os de sua raça; todo seu esforço se centralizava em demonstrar-lhes, pelas Escrituras, que Jesus era o Cristo, isto é, precisamente aquele que as Escrituras anunciavam, cuja morte e ressurreição elas haviam particularmente profetizado.

Em Damasco, "logo começou a pregar nas sinagogas que Jesus era o Filho de Deus... demonstrando que Jesus é o Cristo" (At 9.20-22). Em Antioquia da Pisídia ele explica: "Da sua descendência, Deus, segundo a promessa, fez nascer para Israel um Salvador em Jesus" (13.23); sua morte, sua ressurreição, a pregação aos gentios se realizaram segundo as Escrituras (13.29-47). Na sinagoga de Tessalônica, durante três sábados consecutivos, "discutia com eles sobre as Escrituras, explicando e demonstrando como Cristo tinha de sofrer e ressuscitar dos mortos. E este Cristo (Cristo que deve sofrer e ressuscitar) é o Cristo⁶⁷⁶ Jesus, que eu vos anuncio" (17.2-3), Em Corinto afirma "que Jesus é o Cristo" (18.5), provando-o com as Escrituras (18.28), Em seu discurso ao rei Agripa, em Cesaréia, ele resume seus ensinamentos, de acordo com o que os profetas e Moisés anunciaram; que Cristo tinha de padecer e que, primeiro a ressuscitar dos mortos, havia de anunciar uma luz ao povo (judeu) e aos gentios (26.22-23).

Seria difícil recusar o testemunho tão verossímil e tão constante de Lucas. A mensagem teve de adaptar-se ao mundo pagão. Mas, é

---

⁶⁷⁴ Cf. Lc 24.45-47. Lucas, o discípulo de Paulo, é o único dos evangelistas a nos descrever deste modo a iluminação dos apóstolos por ocasião das aparições de Cristo ressuscitado.
⁶⁷⁵ At 8.30-35.
⁶⁷⁶ Texto de B, Apreendemos ao vivo a passagem da primeira especificação à segunda (nome próprio).

possível que Paulo, ao referir-se a "Cristo", tenha feito abstração total do significado que este termo possuía para um judeu?

3. O uso de Χριστός nas epístolas

Poderia surgir na mente o pensamento de que Paulo emprega Χριστός onde não há razão alguma de usar "Filho de Deus" ou " Senhor". Há um pouco de verdade nesta maneira de ver, pois Χριστός, avizinhando-se do sentido de um nome próprio, ou conservando apenas reminiscência de um sentido apelativo, indica sempre concretamente a pessoa de Cristo.

Mas, tal proposição não é aceitável, sem mais. " Jesus" é também nome próprio; percebe-se logo que seu uso delimita o pensamento de modo completamente diverso do que Χριστός. Ao se dizer Jesus, entende-se Cristo em sua vida mortal. Ao se pronunciar "o Senhor", cogita-se de sua vida de ressuscitado e de sua presença na comunidade. Para indicar a pessoa que começa sua vida na eternidade e continua presente entre nós, dir-se-á Cristo.

É, pois, legítimo concluir que a palavra "Cristo" se impõe em certos contextos, não somente por ser o único termo bastante geral para se adaptar a tudo e sempre, mas porque seu significado fundamental com eles se harmoniza.

Vamos encarar, portanto, certos contextos, onde o emprego do termo Χριστός conserva uma relação verossímil com o sentido apelativo do termo.

1º) *A mensagem e o apostolado*

Paulo relembra aos coríntios qual a sua mensagem em meio deles.

Na verdade, os judeus pedem milagres
e os gregos procuram a sabedoria;
nós, ao invés, pregamos a Cristo crucificado,
que é um escândalo para os judeus
e uma loucura para os gentios;
mas, para aqueles que são chamados por Deus,

quer sejam judeus, quer sejam gregos,
Cristo é potência de Deus e sabedoria de Deus
(1 Co 1.22-24).

Não se consegue traduzir propriamente esse trecho oratória. Vemos o Allo escrever primeiro: "um Cristo crucificado". É forçar a nota, porque passa ao primeiro plano o sentido formal do termo, que nos parece antes ficar no segundo plano, embora mais sublinhado do que de costume. No primeiro plano, "Cristo" significa de preferência, concretamente, o Cristo Jesus[677].

A omissão do artigo é geral em todo esse belo período oratório, salvo em τοῖς κλητοῖς onde o artigo tem todo o valor e deve ser sublinhado (os eleitos, o grupo determinado, escolhido entre os helenos e os judeus). Ela é sugestiva e revela-nos que todos os substantivos devem ser entendidos sem determinação alguma que desvie a atenção do sentido formal: milagre, filosofia, escândalo, loucura, força e sabedoria se apresentam e se opõem com todo o peso de seu significado formal. "Cristo" é arrastado por este movimento de antíteses e aí se insere também com o significado formal. Para nos

---

[677] "Discute-se, escreve J. WEISS, se convém traduzir 'um Messias crucificado' (Lutero: o Cristo crucificado, den gekreuzigten Christ) ou 'o Cristo enquanto crucificado'. A omissão do artigo diante de Χριστόν não pode ser invocada como prova da primeira hipótese (cf. v. 17); no máximo, basear-se-ia no que segue imediatamente: Ἰουδαίοις μὲν σκάνδαλον. Para os judeus, efetivamente, um Messias crucificado era uma contradição (Lightfoot). Mas não se diz com isso que Paulo entenda aqui Χριστός mais como *nomem appellativum* do que enquanto *nomen proprium*; e teria contado que seus leitores compreendessem o termo de modo diferente do que no v. 17? Além disso, o conteúdo da mensagem deve ser chocante (embora de outra maneira) para os próprios pagãos, que igualmente não têm interesse algum pelo conceito de Messias" (p. 32). Não pretendemos que Χρ. seja aqui *nomen appellativum* pura e simplesmente. A linguagem de Paulo é bastante rica e flexível para que atravessem a mesma palavra, ao proferi-la ele, várias correntes de pensamento superpostas. O Allo comenta sua tradução: "Um Cristo crucificado, a aliança dessas duas palavras parece em todos os tempos e em todos os países contraste e absurdo intoleráveis, seja para os rudes 'judeus' que nisto vêem a condenação de suas esperanças carnais de bem-estar e de domínio a serem realizados pelo Messias, seja para os racionais 'helenos' que julgam não ser o fato de deixar-se prender e executar como um vulgar bandido verdadeiramente o meio de fundar uma filosofia ou um sistema religioso para pessoas sensatas e honestas" (*Première Épître aux Corinthiens*, p. 18).

certificarmos disto, basta ler o período, seja acrescentando o artigo antes de Χρ., seja substituindo Χρ. por 'Ιησοῦν. Imediatamente o tom declamatório decresce, os contrastes são menos nítidos. Quando a palavra "Cristo" é repetida no fim do período ("Cristo força de Deus"), sente-se que designa mais pessoalmente Cristo Jesus, no qual o poder e a sabedoria de Deus se manifestaram.

Outras fórmulas subentendem a mensagem aos gentios. Paulo escreve regularmente εὐαγγέλιον τοῦ Χπιστοῦ (1 Ts 3.2; Rm 15.19; 1 Co 9.12; 2 Co 2.12; 9.13; 10.14; 4.4; Gl 1.7; Fl 1.27). Note-se a constância com a qual é empregado "Christos" (não "Senhor" nem "Jesus")[678] e o uso constante do artigo[679]. Comparar com esta primeira fórmula τὸ μαρτύριον τοῦ Χριστοῦ (1 Co 1.6); τὸ κήρυγμα 'Ι. Χ. (Rm 16.25); τὸ μυστήριον τοῦ Χριστοῦ (Ef 3.4; Cl 4.3).

Os verbos correspondentes, a indicarem que Paulo pensa no objeto da mensagem evangélica, hão de nos conduzir ainda à expressão "Cristo": *pregar o evangelho* onde Cristo não foi ainda anunciado (Rm 15.20); anunciar as incompreensíveis riquezas de Cristo (Ef 3.8); *anunciar* (κηρύσσειν) a Cristo: "se é anunciado que Cristo ressuscitou dos mortos (1 Co 15.12); "na verdade, nós não nos pregamos a nós próprios, mas (o) Cristo Jesus *como* Senhor[680], e nós, como vossos servos, por amor de Jesus" (2 Co 4.5); "anunciam (καταγγέλλουσιν) a Cristo" (Fl 1.15,17); "(o) Cristo é anunciado" (Fl 1.18). Tudo isso justifica a afirmação de uma regra bem 'constante: o objeto da mensagem é "o Cristo".

É muito provável que, em todos esses casos, tenha ainda Paulo a percepção mais ou menos vaga do que representou a mensagem

---

[678] A exceção de 2 Ts 1.8 (o evangelho de nosso Senhor Jesus) explica-se por causa do contexto apocalíptico, cf. v. 7: "a revelação do Senhor Jesus"; v. 12: "o nome de nosso Senhor Jesus". Há também a regra: Paulo insiste de bom grado em uma expressão num contexto determinado.

[679] O uso do artigo poderia provir, em parte, do genitivo, mas sua regularidade é digna de nota.

[680] Χριστὸν 'Ιησοῦν κύριον. A fórmula invertida Jesus Cristo é atestada de modo muito forte (P[46] SACD, versões latinas). Observamos de passagem que se, numa fórmula semelhante, κύριος pode ter o sentido apelativo sublinhado (a antítese com servo), pode bem ser que Χριστός, no composto Jesus Cristo, conservasse qualquer ressonância de apelativo.

evangélica no mundo judaico; anunciava-se nas sinagogas que o Messias havia vindo, Jesus, Cristo Jesus; era "anunciar Cristo". À mensagem une-se a proposição da morte e da ressurreição de Cristo. Neste caso, contudo, entender-se-á geralmente "Cristo" como nome próprio. (O) Cristo morreu (omissão do artigo) (1 Co 8.11; 15.3; Gl 2.21; Rm 5.6-8; 14.9.15; cf. 1 Co 5.7; Gl 3.13). Aludir-se-á a sofrimentos do Cristo (com o artigo) (2 Co 1.5). Mesma coisa a propósito da ressurreição (1 Co 15.12-23). Nesta última passagem, "Cristo" é empregado sete vezes a respeito da ressurreição, seis vezes como sujeito (sem artigo), uma vez no acusativo (Deus ressuscitou a Cristo) com o artigo e três vezes na expressão" no Cristo". É o único nome próprio empregado. "Cristo" como sujeito (ressurreição) reaparece ainda em Rm 6.4,9 e como acusativo Rm 8.11 (com artigo); cf. no mesmo versículo: "que dos mortos ressuscitou a Cristo Jesus".

Ao se tratar de receber de Jesus Cristo a missão, o apostolado, Paulo empregará ainda regularmente o termo "Cristo". O nexo com o objeto da mensagem é quase imperceptível, sendo "o Cristo" a pessoa que usa esse título ou este nome. O artigo desaparece *regularmente*. "'Cristo' não me enviou para batizar mas para evangelizar" (1 Co 1.17); apóstolo(s) de "Cristo"[681]; servos de "Cristo" (1 Co 4.1)[682]. É impossível não notar a constância das duas fórmulas (em ambas Χρ. está no genitivo): εὐαγγέλιον τοῦ Χπιστοῦ e Χπιστοῦ ἀπόστολος. De um lado é o genitivo objetivo e de outro, o genitivo subjetivo; mas isto bastaria para legitimar o aparecimento ou a omissão do artigo? Verificar-se-ia talvez que, ao ser Cristo objeto da mensagem, torna-se mais ou menos perceptível como apelativo, enquanto aquele, que envia o apóstolo é Cristo-pessoa?

2º) *Fé, justificação, vida*[683]

Por causa da ligação interna da fé com a mensagem e sua proposição, o termo "Christos" há de representar igualmente o objetivo

---

[681] 2 Co 11.13; 1 Ts 2.7; cf. ἀπόστολος Χρ. 'Ι., 2 Co 1.1; Ef 1.1 e Cl 1.1.
[682] Rm 15.16; ministro de Cristo Jesus; ainda Rm 15.17. 2 Co 3.3: ἐπιστολὴ Χπιστοῦ; 2 Co 2.15: Χπιστοῦ εὐωδία.
[683] Documentação muito farta em W. FOERSTER, *Herr ist Jesus*.

da fé e seu princípio. O apóstolo propõe a mensagem; "Jesus é o Cristo" e o fiel responde pela "fé em Cristo Jesus". Esta última fórmula não supõe, e até certo ponto, não realça que é enquanto Cristo que Jesus salva pela fé nele depositada?

A fé em Cristo aparece nas controvérsias com os judeus-cristãos; às obras da Lei opõe-se a fé em Cristo. Paulo esboça a discussão: "Nós somos judeus de nascimento, e não pecadores provenientes dos gentios; não obstante, sabendo muito bem que nenhum homem é justificado pelas obras da Lei, mas *por meio da fé em Jesus Cristo*, também nós cremos em *Cristo Jesus*[684], para sermos justificados *pela virtude da fé* e não em virtude das obras da Lei, porque pelas obras da Lei ninguém será justificado. Mas, se enquanto procuramos ser justificados em (o) *Cristo*, tivéssemos de ser, também nós, encontrados pecadores, (o) *Cristo* seria então ministro do pecado?" (Gl 2.15-17).

Se houvéssemos sido, então, ouvintes de Paulo, não teríamos escutado a palavra "Cristo" sem perceber o sentido formal[685]. "Cristo" conserva um matiz de apelativo. Parafrasearíamos como segue: Sabendo que ninguém é justificado pela Lei, mas ao contrário pela fé de Jesus, em quem se reconhece o Cristo, nós também acreditamos

---

[684] Von Soden, contra Nestle, lê conosco, *"a fé de Jesus Cristo"* ao invés de *"a fé do Cristo Jesus"*. Não há dúvida de ser preferível esta leitura se considerarmos atentamente a tradição manuscrita:

1º Χριστου Ιησου B A 33 Victorinus.
Ιησου Χριστου P[46] S C t. r. D G.
2º Ιησουν Χριστον P[46] B H 33.
Χριστον Ιησουν A S C t. r. D G.

No 1º, a leitura Xp. I. não goza de probabilidade alguma, porque B e S (Sinaítico) se neutralizam. A e 33 não têm autoridade suficiente diante do acordo entre P[46] S, t. r., D e G. Notar que, exceto P[46], todos os testemunhos invertem o 1º e 2º elementos. Se escolhermos Ιησου Χριστου para o 1º, será preciso admitir Ιησον Χριστουν (representado, aliás, por testemunhos que nos forneceram a primeira leitura) para o 2º.

[685] Paulo, ao escrever aos gálatas, situa-se em Antioquia. Não seguem esta opinião todos os comentadores (cf. Lagrange), mas a hipótese explica bem a veemência da passagem. Paulo reproduz, no começo deste rasgo de eloqüência, a apóstrofe de Pedro. Profere, pois, palavras que os judeus-cristãos teriam entendido, e não tem em mira os gálatas ou os pagãos em geral.

em Cristo Jesus (na realização das promessas, simbolizadas pela palavra "Cristo")[686].

Reencontramos o mesmo contexto, evoluindo em torno da palavra Cristo, em Gl 5.2-6: "Se vos circuncidardes, Cristo de nada vos servirá. E declaro uma vez mais a todo o homem que se circuncida, que tem o dever de praticar toda a Lei. Vós que buscais a justificação na Lei já não podeis esperar mais nada de Cristo, decaístes da graça... De fato, nem a circuncisão, nem a incircuncisão têm valor, mas a fé que opera pela virtude da caridade". Sempre idêntica oposição entre Cristo e a Lei. "Cristo" é o princípio da justiça pelo lugar que ocupa no plano divino, tendo vindo substituir a Lei. Em torno do termo desenrola-se uma teologia completa dando colorido ao nome próprio. De maneira geral, o termo "Cristo" está unido à "fé" como o estivera à apresentação da mensagem.

Em Rm 3.22-26, encontramos sucessivamente: "fé em Jesus Cristo" (v. 22), "redenção realizada por Cristo Jesus" (v. 24), "autor da justificação daquele que crê' em Jesus" (τὸν ἐκ πίστεως 'Ιησοῦ) (v. 26). A exceção confirma a regra: no v. 26, no fim da explanação, Paulo apresenta o fato cristão no momento presente: ἐν τῷ νῦν καιρῷ, que evoca em sua mente o nome próprio, "Jesus".

Lemos ainda: "a fé em Jesus Cristo" (Gl 3.22), "a fé em Cristo Jesus" (Gl 3.26; Cl 1.4; cf. Ef 3.11s); "Cristo habita pela fé nos vossos corações" (Ef 3.17); "a justiça que se recebe da fé em Cristo" (Fl 3.9); "fé em Cristo" (Cl 2.5). Cf. 1 Tm 3.13; 2 Tm 1.13; 3.15.

Da fé e da justificação pela fé, passa-se ao conceito de santificação e de vida em Cristo, cf. 1 Co 15.22; Rm 8.2; 1 Co 1.2; 2 Co 5.17 (se alguém está em Cristo é uma nova criatura). Cristo vive em nós.

"Cristo" fornece, pois, agora a moldura (princípio, instrumento etc.) onde se realizam a santificação e a vida cristãs. É conhecido o uso que faz Paulo da comparação do "corpo" ao encarar a unidade cristã sob o prisma da unidade de vida produzida no conjunto dos cristãos pelo único princípio de sua santificação (1 Co 6.15; 12.27;

---

[686] Schlier comenta: "Ataca a justiça obtida pela observância dos preceitos, e, ao contrário, une-a à fé no Messias Jesus; soterra simultaneamente a fé dos judeus na Lei, alia a expectativa escatológica a Jesus, o Messias que já veio, e faz reconhecer o Deus único de Israel como o Deus do Messias-Jesus" (*Der Brief an die Galater*, p. 57). Inclui ele na palavra Cristo a noção messiânica.

Rm 12.5; Ef 4.12; Cl 2.17). Escreve regularmente: o corpo de Cristo (em Cristo um corpo, Rm 12.5), os membros de Cristo (1 Co 6.15). Quando visa apenas ao uso eucarístico, escreve ao invés: o corpo e o sangue do Senhor, 1 Co 11.27[687].

3º) Χριστός *e o Antigo Testamento*

Na antítese νόμος -Χριστός, em virtude mesmo da antítese, Χριστός relaciona-se com o Antigo Testamento. Se Cristo é princípio de justiça e de salvação, em lugar e substituição da Lei antiga, pode-se definir o cristão como um homem sujeito à "Lei" de Cristo (ἔννομος Χριστοῦ, 1 Co 9.21), substituto doravante da Lei judaica.

Paulo assinalou mais explicitamente, por alguns princípios, as posições recíprocas da Lei e de Cristo. Com Cristo, a Lei está consumada: τέλος γὰρ νομοῦ Χριστός (Rm 10.4). A Lei tinha a missão de preparar a vinda de Cristo; foi nosso pedagogo para Cristo, Gl 3.24s. Isto quer dizer, que ao estabelecer Deus o sistema da Lei, tinha em vista a Cristo, porque tendia para ele a Lei antiga inteira, tanto pelas profecias como pela economia.

A impotência da justiça proveniente da Lei preparava um regime mais eficaz e já se iniciava a esperança dirigida para Cristo (Rm 10.5-7).

O Antigo Testamento ultrapassa a Lei. Ao contar, por exemplo, os acontecimentos do Êxodo, a história da Igreja do deserto, tem em mira o evento cristão e prefigura-o. Encontramos também *Cristo* anunciado sob a figura do cordeiro pascal (1 Co 5.7). Havia uma presença misteriosa de Cristo na pedra do deserto (1 Co 10.4)[688].

Além e acima da Lei, havia o Testamento que recebeu Abraão da boca de Deus. Deus havia prometido ao patriarca: "Toda esta terra que vês eu a darei a ti e à tua descendência, καὶ τῷ σπέρματί σου" (Gn 13.15).

---

[687] O começo da passagem 11.23: "O Senhor Jesus, na noite em que foi traído..." dá o tom. Paulo emprega neste trecho apenas o nome Kyrios. Falará do "corpo do Senhor" e da "morte do Senhor" (11.25ss).

[688] No primeiro destes textos, há Χρ., no segundo ὁ Χρ. A razão é bastante evidente. No primeiro caso, a atenção recai diretamente sobre Jesus imolado na cruz; no segundo, traduziríamos quase por "Messias"; a afirmação é mais teórica.

Paulo destaca o singular σπέρματι. A expressão designa o Cristo (ὅς ἐστιν Χπιστός), que é o verdadeiro sujeito da promessa de Abraão (Gl 3.16). Ele o é simultaneamente como Messias visado pelo Antigo Testamento (sentido apelativo) e como este Messias que foi o Cristo Jesus (nome próprio).

Em Rm 9.4s, enumerando os privilégios dos judeus, para terminar Paulo cita a promessa de um Cristo "segundo a carne" (ἐξ ὧν ὁ Χριστός τὸ κατὰ σάρκα). A expressão "segundo a carne", sem detrimento do significado técnico que a opõe a κατὰ πνεῦμα, indica uma relação de consangüinidade. Paulo acaba de referir-se imediatamente a seus compatriotas segundo a carne, os judeus (Rm 9.3; cf. 11.14); ὁ Χριστός significa aqui o Messias nacional, descendente de seus reis, prometido aos judeus; o termo tem quase só o valor apelativo.

4º) *A preexistência de Cristo*

O Antigo Testamento forneceu a Paulo o conceito de preexistência, no sentido de que o Cristo previsto para Israel foi preparado desde toda a eternidade e existiu desde toda a eternidade nos desígnios de Deus. Esta personagem que devia realizar a obra de Deus chamava-se, no pensamento de Deus, *o seu* Cristo. Sabemos como a corrente apocalíptico-judaica concretizou esta idéia de preexistência até fazer de Cristo o Filho do homem de Daniel, um ser preexistente.

Havendo renunciado à expressão Filho do homem e se, doutro lado, *Kyrios* visa à exaltação, e "Filho de Deus" é epíteto que não desempenha verdadeiramente a função de um substantivo, restava a Paulo seguir a linha do Antigo Testamento e dos apocalipses e chamar ὁ Χριστός o Cristo preexistente, que exerce a atividade salutífera desde sua preexistência. Cristo é aquele que vem cumprir no mundo a obra de Deus.

Fora da Epístola aos Hebreus (1.9), onde se aplica a Cristo o texto do Sl 45.7, há apenas uma passagem de nossas epístolas em que Χριστός alude a uma "unção". Trata-se de 2 Co 1.21: "Ora, aquele que nos fortifica em Cristo, juntamente convosco, e que nos concedeu a unção, é Deus, o qual também nos marcou com o seu selo e colocou o Espírito em nossos corações como arras" (ὁ δὲ βεβαιῶν ἡμᾶς... εἰς Χριστὸν καὶ χρίσας ἡμᾶς Θεός). Dir-se-á que esta frase aproxima intencionalmente ὁ Χριστός e ὁ χρίσας. Os cristãos são ungidos pelo Espírito; porque Cristo foi primeiro a sê-lo (cf. Hb 1.9). A unção dos cristãos realiza-se no batismo (σφραγισάμενος, κ. τ. λ.)[689]. A unção de Cristo há de se referir à ressurreição (cf. Rm 1.4), quando ele foi sagrado "Filho de Deus em poder de santificação". Esta unção é o princípio da unção cristã. Doutro lado, a sagração de Cristo como Filho de Deus em poder de santificação supõe uma misteriosa unção de eternidade, correspondendo à qualidade de Filho de Deus[690].

II - JESUS E O SENHOR JESUS

1. Jesus

É raro que Paulo diga "Jesus", sem mais. Fá-lo, contudo, algumas vezes, de ordinário num contexto que relembra a fé primitiva, a parusia, ou a morte e a ressurreição. O Apóstolo refere-se, então, implicitamente, à maneira de se expressar da comunidade de Palestina, daqueles que foram as testemunhas de Jesus. É assim que ele exprimirá sua fé "em Jesus morto e ressuscitado" (1 Ts 4.14); falará dos "estigmas de Jesus" (Gl 6.17); dos "traços da morte" (νέκρωσιν) de Jesus (2 Co 4.10). O contexto onde se trata da morte de Cristo e da fé explicaria também Rm 3.26 (πίστις 'Ιησοῦ). O nome de Jesus está ligado à ressurreição 1 Ts 1.10 (com a parusia).

O termo se encontra aliás em relação com a mensagem apostólica (2 Co 4.5; 11.4), com a fé apoiada na mensagem (Ef 4.21) ou com a confissão da fé (1 Co 12.3).

---

[689] A exegese ressalta ordinariamente só este nexo e tenta explicar pelo rito do batismo o emprego do verbo χρίω (cf. E.-B. ALLO, *ad loc.*). Mas por que dois verbos sinônimos χρίσας, σφραγισάμενος?

[690] Basearíamos tal exegese no desenvolvimento da cristologia entre os Padres Apostólicos. Cristo, em Justino, é rei e sumo sacerdote (*Dial.* 34,2), e considerado como tal. O próprio nome Χριστός possui um significado misterioso, igual ao nome Θεός; e representa com uma palavra humana que não é verdadeiro nome, uma realidade inexprimível (*II Apol.* 6,2).

Ao todo, uma dezena de passagens se repartem em todas as epístolas; podem ser sintetizadas, dizendo-se que esses textos sempre nos reconduzem a fórmulas primitivas: o nome de "Jesus" representa um fato histórico e uma reminiscência dos primórdios do movimento cristão. Tem-se uma impressão muito direta do sentido concreto e vivo deste nome próprio ao ouvir falar, em 1 Ts 2.15, de judeus que "acrescentaram a morte do Senhor Jesus à dos profetas". Eis a comunidade primitiva a exprimir diretamente seu ressentimento contra os judeus.

2. O Senhor Jesus – nosso Senhor Jesus

A colocação das palavras é regular nessas duas fórmulas κύριος Ἰησοῦς e ὁ κύριος ἡμῶν Ἰησοῦς. A primeira é uma aclamação que se torna profissão de fé[691], a segunda, uma espécie de fórmula protocolar familiar. Ambas nos reconduzem ao vocabulário da comunidade primitiva. Referem-se quase sempre aos dados essenciais da fé: a parusia, a morte, a ressurreição, o ensinamento de Jesus recebido da tradição apostólica, o poder do "Nome".

A parusia: 1 Ts 2.19; 3.13; 2 Ts 1.7 e 8; 2 Co 1.14.

À ressurreição: 1 Co 9.1 (a visão que Paulo teve do Senhor ressuscitado e elevado à glória: Ἰησοῦς τὸν κύριον ἡμῶν ἑόρακα); 2 Co 4.14; Rm 4.24.

A morte: 1 Ts 2.15 (considerada essencialmente como fato).

O ensinamento de Jesus, conhecido pela tradição apostólica: 1 Ts 4.1 e 2 ("nós vos exortamos em nome do Senhor Jesus", isto é, segundo sua doutrina; "os preceitos que. vos demos no nome do Senhor Jesus", conformando-vos a seus ensinamentos); cf. 1 Co 11.23 ("Eu, efetivamente, aprendi do Senhor", a propósito da instituição da Ceia). Acrescentamos a estes casos Rm 14.14: "Sei e estou bem convencido no Senhor Jesus que nada é impuro em si mesmo", referindo-se ao ensinamento do Evangelho, Mc 7.14-23; Mt 15.10-20.

O nome: 2 Ts 1.12; 1 Co 5.4: "Em nome de nosso Senhor Jesus Cristo, reunidos, vós e o meu espírito, com o poder do Senhor Jesus".

---
[691] 1 Co 12.3; Rm 10.9; cf. Fl 2.9.

O poder do Senhor Jesus está presente na Assembléia deliberante; é concretizado no "nome" que é invocado.

Outras fórmulas são igualmente arcaicas, quer Paulo reproduza uma expressão do cristianismo primitivo, quer aluda ao Senhor Jesus à maneira cristã ordinária. Assim: "A graça do Senhor Jesus seja convosco" 1 Co 16.23; Rm 16.20, e no segundo caso, 1 Ts 3.11 e Fl 2.19[692].

III - (O) CRISTO JESUS – JESUS CRISTO

Nossa fórmula aparece apenas duas vezes na primeira aos tessalonicenses sob a forma "em Cristo Jesus". Aplica-se às "Igrejas de Deus que estão na Judéia que se deram a Cristo Jesus" (2.14) ou "o que Deus quer de vós em Cristo Jesus" (5.18). Ela define a esfera da religião pregada por Paulo, a religião "cristã". As Igrejas da Judéia, por sua fé em Cristo Jesus, separaram-se do judaísmo. A vontade de Deus faz os tessalonicenses aderirem à fé de Cristo Jesus, expressa na oração e na alegria contínuas.

"Cristo Jesus" encontra-se no cabeçalho de 1 e 2 Coríntios:[693] "Apóstolo de Cristo Jesus". O objeto da mensagem apostólica é Cristo, que se manifestou em Jesus. A fórmula ἐν Χριστῷ Ἰησοῦ reaparece cinco vezes na primeira aos coríntios, definindo a esfera da fé ou da vida cristã profunda (1.2; 1.30; 4.15; 4.17 [segundo P[46], S, C, 33]; 16.24). A expressão Jesus Cristo apresenta-se em 1 Co 2.2 (conhecer a Jesus Cristo, que é o objeto da mensagem: Jesus é o Cristo); 3.11: o fundamento da comunidade é Jesus Cristo; 2 Co 1.19 (alusão à mensagem); 13.5 (mesma alusão).

A Epístola aos gálatas é rica de exemplos e instrutiva. O título κύριος nela é bem raro (duas vezes só; e três vezes em composição com Jesus Cristo). Em compensação, Christos (só) mais de vinte vezes; e uma dezena de vezes em composição com Jesus. A situação

---

[692] Seria preciso levar em conta também o fato de que a parusia está em perspectiva em toda a primeira Epístola aos tessalonicenses e que Paulo nela emprega de preferência Kyrios (treze vezes) a Christos (três vezes).

[693] Quanto a 1 Coríntios, apesar das hesitações textuais, a forma parece garantida pelo acordo de P[46], B, D etc.

comanda, aliás, o uso dos nomes; estamos em plena luta com os judaizantes e a antítese Lei-Cristo (justiça pelas obras da Lei, ou pela fé em Cristo) domina o pensamento de Paulo.

A distinção entre Jesus Cristo e Cristo Jesus permanece fugidia, exceto o fato de ser Paulo fiel à fórmula" em Cristo Jesus". Para exprimir a fé cristã, ele escreve: a fé de Cristo Jesus (2.16) ou em Cristo Jesus (5.6) e a fé de Jesus Cristo (2.16; 3.22); diz: crer no Cristo Jesus (εἰς Χρ. Ἰ., 2.16).

Paulo pensa concretamente em Jesus (o Cristo manifestado em Jesus) quando diz em 4.14: "antes me acolhestes como a um anjo de Deus, como a Cristo Jesus"; o mesmo acontece ao relembrar sua pregação: "a cujos olhos foi pintado ao vivo Jesus (o) Cristo pregado na cruz" e ainda ao fazer alusão a uma revelação recebida "de Jesus (o) Cristo" (1.12). Ao referir-se a seu apostolado, no cabeçalho, ele escreve, não mais como aos coríntios, "apóstolo de Cristo Jesus", mas "Paulo, enviado, não por homens, nem por intermédio de algum homem, mas por mandato de Jesus (o) Cristo e de Deus Pai que o ressuscitou dos mortos"[694].

A expressão "em Cristo Jesus" aplica-se diretamente à fé (3.26) ou à justificação (pela fé): 3.14[695]; 5.6. O sentido se aprofunda em 3.28: "Não há judeu nem gentio... todos vós sois *um só* (a criatura nova única, porque identificada ao único que é o Cristo) em Cristo Jesus"[696].

A Epístola aos romanos trata em parte do mesmo assunto que a Epístola aos gálatas, colocando-se também do ponto de vista da grande controvérsia com os judeus-cristãos.

Aparece talvez mais claramente ser a forma Jesus Cristo a que aflora naturalmente aos lábios de Paulo (exceto a expressão estereotipada: "em Cristo Jesus"). Encontramo-la nove vezes contra quatro vezes Cristo Jesus. Trata-se geralmente da mensagem: 1.1 "servo

---

[694] Pode-se observar que, segundo o paralelismo verbal: Ἰησοῦ Χριστοῦ καὶ Θεοῦ πατρός, Ἰησοῦ e Θεοῦ são nomes próprios, Χριστοῦ e πατρός são epítetos.

[695] Com P[46], A C t. r. D G contra a recensão alexandrina B S: texto de Von Soden contra Nestle.

[696] Quanto a 5.24 e 6.12 abandonamos a lição de Nestle; lemos 5.24 οἱ δὲ τοῦ Χριστοῦ: aqueles que pertencem a Cristo (a fonte de nossa vida nova) e 6.12, a cruz de Cristo.

de Jesus Cristo"⁶⁹⁷ (para o apostolado); 1.6 "chamados de Jesus Cristo" (a vocação pela mensagem); 2.16 "no dia em que Deus julgar, por meio de Jesus Cristo, as ações secretas dos homens, segundo o meu Evangelho"⁶⁹⁸; 16.25 "a mensagem de Jesus Cristo" (aqui o genitivo é objetivo). Em 3.22, encontramos a expressão: a fé de Jesus Cristo. Duas vezes, o contexto é a liturgia: 1.8: "Dou graças a meu Deus, por meio de Jesus Cristo", e, sobretudo, mais solene: Rm 16.27.

É provável que a forma "o Cristo Jesus" acentue a idéia de confissão de Cristo: 6.3: "batizados em Cristo Jesus" (comparar com Gl 3.22, "orar em Cristo Jesus"). Além disso, qual a diferença entre "servo de Jesus Cristo" de 1.1 e "ministro de Cristo Jesus", 15.16?⁶⁹⁹

"Em Cristo Jesus" reaparece seis vezes. Rm 3.24, "redenção realizada por Cristo Jesus"; 6.11, 8.1 e 8.2 (vida em Cristo). Trate-se de Cristo Jesus que recompensará Paulo em 15.17; em 6.3: "em Cristo Jesus" significa no exercício da missão recebida.

O uso nas epístolas do cativeiro é, em geral, menos significativo. A construção ἐν Χρ. ’Ι. é estável. A ausência regular do artigo tanto em Χρ. ’Ι. assim como em ’Ι. Χρ. indica uma tendência a reunir os dois nomes para constituir uma espécie de nome próprio composto. Contudo, esta combinação é menos estabelecida do que para nós, sendo permutáveis os elementos (enquanto nós dizemos correntemente só Jesus Cristo). Não ousaríamos afirmar que Jesus Cristo fosse mais "nome próprio" do que Cristo Jesus. Numa e noutra expressão Jesus ou Cristo podem recuperar a sua autonomia; os elementos combinados são menos fracos do que hoje.

---

⁶⁹⁷ S t. r. G.
⁶⁹⁸ A t. r. D etc.
⁶⁹⁹ Por que Paulo diz 15.5: "ter uns para com os outros os mesmos sentimentos, segundo o espírito de Cristo Jesus"? Talvez poder-se-ia dizer que a fórmula κατὰ Χρ. ’Ι. equivale à forma corrente ἐν Χρ. ’Ι. Paulo joga com as preposições, ao invés de repeti-las; assim escreve φρονεῖν ἐν ἀλλήλοις (expressão já pronta) κατὰ Χρ. ’Ι. (ao invés de ἐν Χρ. ’Ι., o que seria repetição pouco elegante de preposições). Em 8.34, o texto é muito incerto. Seria melhor talvez escolher a lição Χριστός.

IV - O SENHOR JESUS CRISTO E NOSSO SENHOR JESUS CRISTO[700]

A forma longa completa (os títulos todos de Cristo) é expressa três vezes em 1 Ts 1.3; 5.9; 5.23, sempre a propósito da parusia, que é "a parusia de nosso Senhor Jesus Cristo". É, portanto, "nosso Senhor" epíteto formal muito expressivo neste contexto, que dá o tom. Jesus ou Jesus Cristo é o nome próprio de nosso Senhor, nosso Soberano (*marana*) que nós esperamos. Mesmo fenômeno em 2 Ts 2.1[701]; 2.14; 2.16; 3.6[702]. Esta fórmula longa poderia ser tradicional; a fórmula breve, 1 Ts 1.1; 2 Ts 1.1 e 1.2 seria exigida pelo paralelismo com Θεὸς πατήρ.

A primeira Epístola aos coríntios conserva o nexo da fórmula longa "nosso Senhor Jesus Cristo" com a parusia 1.7; 1.8; 15.57 (a vitória) ou com o nome (1.2) como 2 Ts 3.6; cf. At 15.26.

A fórmula breve aparece em 1.3 em seu contexto comum: "da parte de Deus, nosso Pai, e a do Senhor Jesus Cristo" (sem artigo diante de κυρίου). Reduz-se a este caso o de 6.11: "em nome do Senhor (com o artigo, por causa do artigo diante de ὄνομα) Jesus Cristo mediante o Espírito do nosso Deus". Em 8.6 encontramos uma explicitação teológica: κύριος e Θεός são como dois poderes de Deus.

Dois casos, só em aparência, irregulares. Primeiro, 1.9: "Fiel é Deus que vos chamou à comunhão de seu Filho, Jesus Cristo, nosso Senhor". O nome Jesus Cristo é aduzido pela expressão "seu Filho"; acrescenta-se "nosso Senhor" por atração, por causa da idéia da parusia (cf. 1.8). Depois 15.31: "Sois para mim objeto de glória em Cristo Jesus, Senhor nosso". A expressão Cristo Jesus está estereotipada; acrescenta-se-lhe novamente nosso Senhor por causa da parusia[703]; os cristãos são a glória de Paulo em vista do dia da parusia.

---

[700] A diferença entre a fórmula longa (com ὁ κύριος ἡμῶν) e a fórmula curta (com ὁ κύριος) reduz-se freqüentemente a uma questão de gramática (como em geral a distinção entre ὁ κύριος e ὁ κύριος ἡμῶν). Em grego omite-se de bom grado o pronome possessivo. O emprego desse último em certos casos indicaria um decalque do aramaico subjacente. Cf. *Le titre "Kyrios" et la dignité royale de Jésus*, II, p. 143s.

[701] B encurtou, suprimindo ἡμῶν. Escolhemos o texto longo.

[702] Idêntica observação.

[703] Notar de passagem como a fórmula ἐν Χριστῷ Ἰησοῦ continua concreta.

A segunda Epístola aos coríntios fornece-nos dois exemplos da fórmula longa 1.3 e 8.9 (com novo contexto, o que mostra que é simples fórmula de estilo) e a forma breve ordinária 1.2.

Notemos especialmente 4.5: "Na verdade, nós não pregamos a nós próprios, mas Jesus Cristo[704], (como) o *'Senhor'*, enquanto nós *somos* seus *'servos'*. "*Senhor*" é aqui complemento atributivo.

A Epístola aos gálatas contém duas vezes a fórmula longa 6.14 ("a cruz") e 6.18 ("a graça"); a forma breve reaparece no contexto comum do cabeçalho.

A Epístola aos romanos apresenta os exemplos costumeiros da forma longa 5.1; 5.11; 15.6. A inversão dos termos em 1.4 explicar-se-á ainda pela atração que "Filho de Deus" exerce sobre" "Jesus Cristo". Permanecemos em terreno conhecido com 6.23: "vida eterna em Cristo Jesus, Senhor nosso" e 8.39: "amor de Deus, em Cristo Jesus, nosso Senhor". Mas, eis que aparece aqui pela primeira vez a fórmula que será adotada pela liturgia: "Por Jesus Cristo nosso Senhor": 5.21 (a graça reine para levar à vida eterna, por Jesus Cristo, nosso Senhor). A forma breve está em seu lugar habitual e em seu contexto ordinário, 1.7.

Esta fastidiosa pesquisa talvez não deixe de ser frutuosa. Permite-nos alguns ajustes.

Paulo recebeu da comunidade primitiva o nome de "Jesus" ainda sobrecarregado de reminiscências da vida temporal do Messias "Jesus" e mantido como nome próprio, por excelência, de Cristo.

Herda, além disso, o título completo, "nosso Senhor Jesus Cristo". Vimo-lo, no começo da atividade epistolar de Paulo, ainda unido ao contexto natural da parusia. Nosso Senhor Jesus Cristo é Jesus, o Cristo de Deus que, por sua ressurreição, foi constituído em celeste dignidade real e soberana e que nós proclamamos Senhor, invocamos sob este título, e denominamos, como súditos e servos, nosso Senhor Jesus Cristo. Poderíamos relembrar a analogia com os títulos das cortes aramaicas, segundo o modelo: "nosso senhor Aretas, rei dos Nabateus"[705].

---

[704] Com P[46] S A C D lat.
[705] L. CERFAUX, *Le titre Kyrios*, I, p. 52, cf. p. 350.

Entre Jesus Cristo e Cristo Jesus, Paulo percebe uma diferença: o ponto de partida do pensamento, quando se diz "Jesus Cristo" é este homem, Jesus, que Deus ressuscitou e a quem ele fez reconhecer a dignidade e a função de "Cristo", salvador messiânico. Ao invés, quando dizemos "Cristo Jesus", nosso pensamento parte de Cristo preexistente que se revelou num homem, Jesus de Nazaré. A constância da fórmula "em Cristo Jesus" explica-se em grande parte pelo uso que dela se faz: substitui freqüentemente nosso adjetivo *"cristão"*, aliás, muito acentuado no sentido teológico. Destaca "Cristo" o nome que significa o poder e a função salvífica de Cristo.

Os nomes e as expressões atenuaram-se no decurso dos séculos e hesitamos amiúde diante do esforço necessário para restituir-lhes o primeiro viço. Um estilista e teólogo como Paulo, conhecedor de palavras como Χριστός, κύριος, empregava cientemente todas essas fórmulas que esfumamos num quadro acinzentado.

Capítulo VII
A CRISTOLOGIA PAULINA (SÍNTESE)

1. A teologia paulina tende para uma definição da "divindade" de Cristo – Ensaio de uma especulação sobre *Theos* e *Kyrios* – Geração eterna – Natureza "divina" – Imagem de Deus – O Cristo *Deus:* legitimidade da fórmula; a regra paulina – O texto de Rm 9.5 – Nas epístolas pastorais.
2. Paulo unifica o plano da cristologia primitiva – Aproveitamento de materiais primitivos – Progresso da síntese paulina: contribuições do Antigo Testamento e do judaísmo, sobretudo apocalíptico. Influência do estoicismo vulgar – O problema do influxo da religião helenística – A ideologia da gnose e o mito do Anthropos – Intuição fundamental da cristologia paulina.
Conclusão geral.

I - A DIVINDADE DE CRISTO

O desafio lançado pelo cristianismo ao judaísmo não consiste tanto no messianismo de Cristo quanto em sua divindade. Foi a pedra de tropeço. A divindade de Cristo entrava em conflito com o monoteísmo judaico. Apareceu muitas vezes como uma concessão voluntária ou inconsciente às formas religiosas do paganismo. Toda a fé da comunidade cristã, contudo, foi conduzida por esta certeza que se lhe impunha de dentro, do íntimo de sua vida: Cristo é Senhor, é doravante o centro do culto e a origem de toda santificação, pois cumpriu a obra salutar. Paulo não se distingue de forma alguma neste ponto da comunidade apostólica. Mas, Paulo é teólogo. Não só seria inexplicável o progresso de sua teologia, como tentamos traduzir fielmente em nossos três livros, sem a certeza subjacente de que Cristo se acha colocado na esfera divina, mas seu pensamento tende para uma definição exata da função e da pessoa de Cristo Deus.

1º) A obra de salvação por Cristo coincide com a de Deus. A mor-te e ressurreição realizam o desígnio de Deus, com o qual ele se identificou. Deus o entregou por amor e entregou-se ele também pelo mesmo amor. Pronunciará o juízo de Deus na parusia; sua glória é a glória de Deus. Refletindo mais intensamente sobre a sabedoria misteriosa que preside à obra da salvação, chegamos às fórmulas que estudamos a propósito do "mistério" cristão. A sabedoria que reconduz o mundo à unidade manifestou-se já desde a criação, na intervenção de Cristo. Cristo cumpre toda a obra de sabedoria; o plano de sabedoria, ao se realizar, manifesta-o, de modo que vem a tentação de se afirmar que ele é a própria sabedoria de Deus, sendo este o seu estatuto de existência e a sua origem.

2º) O dom que Cristo traz ao mundo, tendo-se tornado a sabedoria, a justiça, a santidade e a vida, é um dom divino e identifica-se com sua pessoa.

3º) Os nomes, os títulos, as funções de Cristo obrigam-nos a determinar suas relações transcendentes com Deus. É o assunto que nos vai reter. Aliás, não temos outra ambição do que retomar os esboços dos capítulos precedentes e mostrar a convergência de suas linhas.

1. "Senhor"

Paulo não seguiu a sugestão de Fílon ou do judaísmo rabínico para quem *Theos* e *Kyrios* representam potências de Deus, enquanto Deus, inacessível, permanece além destas.

Em toda a sua teologia, o nome *Theos* designa, não uma potência, mas a "pessoa" de Deus, que se chama ainda Pai. "Deus", ou "o Pai", é a mesma Pessoa divina, a única Pessoa de Deus, na perspectiva do Antigo Testamento. Ora, eis que o "Senhor", outra Pessoa, inscreve-se ao lado de *Theos*. Certamente, a fé cristã contemplou Cristo glorificado em sua humanidade, antes de considerá-lo no isolamento de sua divindade[706]. Mas, não nos podemos limitar a

---

[706] O. CULLMANN diz com justeza.: "Ponto de partida em referência à dignidade do Kyrios ressuscitado constitui para o cristão do primeiro século sua origem divina e mais tarde sua volta" (*Les premières confessions*, p. 47).

contemplar Cristo que recebe, em sua humanidade, as homenagens de todo o cosmos e é aclamado como "Senhor". Aliás, mesmo no estado de elevação, uma frase misteriosa de Filipenses: "Deus lhe deu o Nome que está acima de todo o nome", supõe que ele foi introduzido, além de sua dignidade de Senhor, na intimidade inacessível da subsistência divina. Franquearia uma criatura o limiar deste santuário? Cristo aí introduz sua humanidade somente porque sua pessoa jamais o deixou. Ultrapassamos a história temporal de Cristo e penetramos em seu estado de eternidade.

2. Filho de Deus

Vimos a teologia paulina remontar da noção de Filho de Deus a se manifestar na glória e no poder de sua parusia até uma filiação eterna. Era a única solução possível do problema teológico[707]. O Filho de Deus é gerado na habitação inacessível às criaturas, na eternidade. Paulo exprimiu esta idéia na fórmula: "gerado antes de toda a criatura".

O Apóstolo corrige o esquema fornecido pela literatura sapiencial, que empregava de bom grado o verbo "criar" a propósito da sabedoria, limitando-se a afirmar que a sabedoria acha-se em primeiro lugar, numa posição privilegiada, mas é criatura: "O Senhor me criou como primícias de suas obras"[708]. Cristo Criador e ser pessoal não pode prestar-se aos ilogismos de uma hipóstase como a sabedoria; quem possui verdadeira personalidade criadora não pode ser criado. Conforme, aliás, a expressão tradicional "Filho de Deus" e a afirmação do Antigo Testamento, Paulo reserva a Cristo a noção de "geração". À diferença de vocabulário corresponde uma noção teológica. Aquele que está na eternidade diante do Pai não pode ser criado, porque a idéia de criação implica um começo, introdução no tempo. Se Cristo é começo, ἀϱχή, é enquanto penetra no tempo. Mas, é precisamente sua presença na eternidade que lhe permite ser ativamente o iniciador dos seres no tempo.

---

[707] "Raciocinamos" enquanto, evidentemente, Paulo tem intuições inspiradas.
[708] Pv 8.22-25; cf. Ecl 1.4.9; 24.9.

Relembremos que a aproximação de Χριστός e χρίω em 2 Co 1.21 sugeriu-nos exegese análoga[709].

3. Ἐν μορφῇ Θεοῦ

Se a fórmula solene pela qual se inicia o hino da Epístola aos filipenses nos revelasse todo o seu mistério, permitir-nos-ia, indubitavelmente, afirmar que Paulo foi exatamente comentado pelos Padres, quando deram a μορφή o sentido de "natureza"[710]. Tentamos circunscrever o sentido da expressão. Cristo, tendo seu ser em Deus, possui direito natural aos privilégios de Deus[711]. Em outros termos, se refletirmos que Cristo precisa de um título à existência, título este que não se pode encontrar fora da "natureza" divina, seremos levados a procurá-lo precisamente na μορφή, num modo de ser pertencente a Deus, que lhe é comunicado. Chega-se assim a incluir no termo μορφή o que exprimimos pela palavra teológica "natureza". Não basta mesmo dizer que μορφή representaria a glória de Deus, da qual Cristo estava envolvido em sua preexistência. Para se envolver da glória de Deus, era preciso "ser", e não há lugar, na ordem da eternidade, senão para uma existência na "natureza" de Deus.

4. Imagem de Deus

Fórmula peculiar a Paulo, desconhecida de toda a primeira tradição, esta afirmação tomará lugar na teologia e identificar-se-á mais ou menos com a nação de Logos. Paulo já orienta a cristologia para especulações mais filosóficas.

O tema da imagem acha-se em realidade no termo de duas vias ascensionais. Se remontamos de Cristo glorificado até Cristo preexistente ou, melhor, eterno, aquele que é imagem de Deus, com poder transformante, na glória de sua elevação e de sua entronização celeste, ele o é também, e em primeiro lugar, por direito de nascimento

---

[709] Cf. p. 384.
[710] Cf. p. 299s.
[711] J. Bhem, art. μορφή, em *Theolog. Wörterbuch*, IV, p. 760.

eterno. As expressões "ser na forma de Deus", "ser semelhante a Deus", são de fato quase sinônimas e referem-se ao estado de Cristo anterior ou superior à encarnação. De outro lado, e muito explicitamente, Paulo coloca o tema da imagem no cume do movimento ascensional da criação. Todas as coisas foram criadas em Cristo, que é, antes de toda a criação, imagem de Deus: "Ele é a imagem de Deus invisível, gerado antes de toda a criatura, porque nele foi criado tudo que há nos céus e na terra, as coisas visíveis e as invisíveis" (Cl 1.15s).

O encontro das noções-imagem, mundo criado, invisibilidade de Deus, mundo visível e invisível, evoca imediatamente um meio platônico, tal como o judaísmo alexandrino[712].

Pensamos. no paralelo de nosso texto com as últimas linhas do *Timeu*, 92, c[713]. Simples paralelo verbal, evidentemente, porque é o mundo visível ou o céu ou a alma do mundo que é, para Platão, o monogenes, a imagem do mundo invisível e o deus inteligível. Com Fílon, o paralelo é muito mais real. "Imagens" de Deus são o número sete, a mônada, a sabedoria celeste (esta é ἀρχὴ καὶ εἰκὼν καὶ ὅρασις Θεοῦ, 43) o νοῦς celeste, o Logos.

O parentesco com o Livro da Sabedoria é mais importante, porque Paulo poderia ter-se inspirado na letra, e em todo o caso, o ambiente alexandrino explica suficientemente a afinidade de Paulo com Platão. O melhor comentário da frase da Epístola aos colossenses provavelmente é Sb 7.25ss onde os termos emanação, reflexo, espelho avizinham-se de "imagem". A Sabedoria é emanação da glória de Deus, reflexo da luz eterna, espelho de sua atividade, imagem de sua bondade. A atenção se volta para a própria noção de Sabedoria, para o que constituiria sua personalidade se ela fosse uma verdadeira hipóstase. Podemos dizer que o fato de ser imagem constitui Cristo em sua realidade de pessoa[714].

---

[712] H. KLEINKNECHT, art. εἰκών, em *Theolog. Wörterbuch*, II, p. 386s.

[713] ὅδε ὁ κόσμος οὕτω ζῷον ὁρατὸν τὰ ὁρατὰ περιέχον, εἰκὼν τοῦ νοητοῦ (sc ζῴου) Θεὸς αἰσθητός, μέγιστος καὶ ἄρστος κάλλιστός τε καὶ τελεώτατος γέγονεν εἷς οὐρανὸς ὅδε μονογενὴς ὤν. Reproduzimos o texto de KLEINKNECHT, *ibid*. p. 386, segundo A. E. TAYLOR, *A Commentary on Plato's Timaeus* (1928), p. 646s.

[714] M.-J. LAGRANGE, *Les Origines du dogme paulinien de la divinité du Christ*, em *Revue Biblique*, XLV (1936), pp. 20-25.

5. Ὁ ἐπὶ πάντων Θεός

1. Que Cristo, imagem de Deus, se denomine ou não "Deus", isto não pode mudar a orientação da cristologia paulina. Aquele que é a imagem de Deus, recebendo do fato de ser reflexo e imagem do Pai, a própria subsistência, é "Deus" segundo nosso atual modo de falar. Não teria este "nome", segundo Paulo, porque para ele "Deus" significa a pessoa divina que ele chama Pai e que nós hoje ainda muitas vezes entendemos, ao dizermos: Deus[715].

Paulo não alterou, com efeito, seu modo de exprimir Deus. Deus (Pai) que o chamou ao cristianismo é o Deus do Antigo Testamento, "seu Deus"[716]. Conserva a confissão e a aclamação solene εἷς Θεός e as perífrases do Antigo Testamento, ao tomar a Deus como testemunha, ao falar do Deus da paz[717], do Deus de paciência e de consolação[718] etc., ou ao juntar ao nome divino uma doxologia, ao falar do juízo[719]. Quer se coloque na hipótese de sua antiga ou nova fé, conhece apenas um só e mesmo Deus, que representa doravante para ele a pessoa de Deus, Pai.

Não é somente um hábito, mas é uma regra que Paulo codificou. Temos um só Deus, o Pai, e um só Senhor, Jesus Cristo. Cristo não é ὁ Θεός, mas é ὁ υἱὸς τοῦ Θεοῦ, a imagem de "Deus", que usa o nome que "Deus" havia reservado para si no Antigo Testamento e que agora cedeu ao Filho, unido ao próprio poder. No momento em que esses apelativos conservam ainda seu viço e significado concreto,

---

[715] Ao equívoco a respeito do nome de "Deus" junta-se uma confusão concernente à personalidade. O Deus do Antigo Testamento éuma pessoa, é eminentemente uma pessoa, um ser com quem se travam relações pessoais, um ser que age com iniciativa pessoal. Esse Deus pessoal não é, portanto, simplesmente e sem matizes a pessoa do Pai de quem se distingue, pelo conhecimento do mistério trinitário, a do Filho e a do Espírito Santo.

[716] Rm 1.8; 2 Co 12.21; Fl 1.3; 4.9; Fm 4.

[717] Rm 15.33; 16.20; 1 Ts 5.23; Fl 4.9; 1 Co 14.33.

[718] Rm 15.5.

[719] Sobretudo Rm 2.1-16 deve ser lido onde Paulo desenvolve a noção judaica de Deus, juiz soberano. Exprimiu-se como o fazia antes da conversão e à maneira dos judeus; bruscamente volta à mensagem cristã. Deus julgará as ações secretas dos homens: segundo meu evangelho, por Jesus Cristo. A mensagem especial de Paulo consiste em anunciar que é Jesus Cristo, o ressuscitado, quem há de presidir ao último juízo (cf. 1 Ts 1.10; Rm 10.1-3).

é impossível, sem uma espécie de contradição, denominar a Cristo "ὁ Θεός, Deus". Ele é o Filho de "Deus".

O termo Θεός, contudo, expressa outra coisa além da pessoa de Deus. Significa também a maneira de ser da divindade e representa a natureza e os atributos de Deus. Vê-se bem, tanto no terreno do Antigo Testamento como no da nova fé, esboçar-se uma distinção entre a pessoa de Deus (de Deus Pai) e sua natureza ou seus atributos. Paulo conhece os pretendidos deuses do paganismo (1 Co 8.1; cf. 10.20) que não são deuses "por natureza" (Gl 4.8). Os próprios pagãos podem contemplar o poder de Deus e sua majestade, o Θεῖον que se manifesta através da criação – são os atributos de Deus, visíveis na contemplação – e teriam podido remontar assim até o conhecimento de Deus (o Deus pessoal). Na revelação cristã, Deus nos comunicou sua glória (1 Co 2.7). Temos acesso aos abismos de sua riqueza, de sua sabedoria, de seu conhecimento (Rm 11.33). Referimo-nos ainda a este pléroma da divindade que habita em Cristo ressuscitado. Há, pois, distinção entre a pessoa, aquele que quer, que concebe planos, que cria, que envia seu Filho, seu Espírito etc., e a natureza ou os atributos, a maneira de ser desta pessoa.

E doutro lado, se o homem de mentira pode colocar-se acima de tudo o que se diz Deus, instalar-se no trono de Deus em seu templo e dizer-se "Deus" (o Deus verdadeiro e único) (2 Ts 2.4), não poderia Cristo, que herdou o nome divino Kyrios, receber também este nome supremo? Outro usurpa direitos divinos, mas não o Cristo de Deus.

2. Nada se oporia em teoria a essa devolução do título, contanto que só signifique a divindade, sem designar Deus Pai. Há, porém, a regra seguida por Paulo e que ele codificou. Para afirmar que viola sua própria regra, seriam necessários textos muito evidentes.

O texto de Rm 9.5, o único que é citado das primeiras epístolas, é bastante claro para demonstrar que Paulo, uma vez ao menos, derrogou o seu hábito? Não é o nosso parecer, apesar das verdadeiras autoridades e das boas razões apresentáveis em favor de outra exegese.

Estamos, evidentemente, diante de uma doxologia ὁ ὢν ἐπὶ πάντων Θεός εὐλογητὸς εἰς τοὺς αἰῶνας, ἀμήν. Paulo continuou o uso das sinagogas. No contexto de tom judaico que inicia Rm 1.18, ao tratar do "criador", acrescenta: ὅς ἐστιν εὐλογητὸς εἰς τοὺς αἰῶνας, ἀμήν (v. 25). Em 2 Co 11.31, numa frase onde apela ao testemunho de Deus, Pai do Senhor Jesus Cristo, ele intercala: ὁ ὢν εὐλογητὸς εἰς τοὺς αἰῶνα. A fórmula é firme. Além disso, Paulo, ao começar a ação de graças das epístolas, imita algumas vezes a doxologia: εὐλογητὸς ὁ Θεὸς καὶ πατὴρ τοῦ κυρίου ἡμῶν 'Ι. Χ., 2 Co 1.3; Ef 1.3; cf. 1 Pd 1.3. Outras doxologias[720] substituindo εὐλογητός por δόξα. assemelham-se menos a nosso caso.

Devemos referir esta doxologia a Deus ou a Cristo? Os Padres inclinam-se geralmente a atribuí-la a Cristo. Não apelam, contudo, para esse texto nas controvérsias por causa da incerteza que paira, apesar de tudo, sobre a exegese[721]. Os modernos tendem a voltar a esta exegese tradicional[722].

Muito se escreveu sobre o texto. Experimentou-se adaptá-lo, mas diante da solidez da tradição textual manuscrita não seria prudente. Corrige-se a pontuação e corta-se a frase de diversas maneiras[723].

Mantendo verificações mais óbvias, mais seguras, parece-nos que temos de conservar antes de tudo, em toda a nossa frase, o caráter de doxologia. O paralelo com 2 Co 11.31 é impressionante, começando esta doxologia como a nossa por ὁ ὢν e continuando por εὐλογητός; "(Deus) que é bendito por todos os séculos". Segundo este paralelo deveríamos traduzir Rm 9.5: "aquele que, Deus acima de tudo, é bendito por todos os séculos".

Teríamos de insistir sobretudo nisso, em apoio da exegese tradicional, que atribui a doxologia a Cristo. O período onde Paulo

---

[720] Gl 1.5; 2 Tm 4.18; Rm 11.36; Ef 3.21; 1 Tm 1.17. Cf. O. CULLMANN, Le Culte, p. 22.
[721] SANDAY-HEADLAM (p. 234) citam uma lista importante de Padres. Dever-se-ia acrescentar ao menos Teodoro de Mopsuéstia (K. STAAB, p. 143) e Genádio de Constantinopla (ibid., p. 387). Se Fócio pensava no Pai em seu Contr. Man., III, 14 (cf. SANDAY-HEADLAM, p. 234), ele atribui a frase a Cristo em seu comentário (K. STAAB, p. 156). Em compensação, para a atribuição a Deus, devemos citar, ao lado de Deodoro de Tarso (SANDAY-HEADLAM, p. 234 e K. STAAB, p. 96), Apolinário de Laodicéia (K. STAAB, p. 67). (Segundo E. STAUFFER, em Theolog. Wörterbuch, III, p. 106, Eusébio teria aplicado a doxologia ao Pai).
[722] E. STAUFFER, Theolog. Wörterbuch, III, p. 106; Sanday-Headlam, Lagrange, Huby, Prat. Ver também A. DURAND, "La divinité de Jésus-Crist dans saint Paul, Rm 9.5", em Revue Biblique, 1903, p. 550s. Em sentido contrário LIETZMANN, p. 98.
[723] Ver os comentários.

enumera os privilégios dos judeus termina com Χριστὸς κατὰ σάρχα. Esta fórmula requer sua antítese κατὰ πνεῦμα e parafraseariamos: aquele que os judeus não podiam conhecer e possuir segundo a carne, nós, cristãos, o possuímos e conhecemos como Deus bendito em todos os séculos[724].

As dificuldades, contudo, não faltam. Por que uma doxologia, ao invés de um desenvolvimento mais normal da antítese? Compreende-se, em rigor, que uma fórmula doxológica se dirija a Cristo. Mas, sublinha-se ao mesmo tempo que Cristo é ἐπὶ πάντων Θεός. Por que escolher esta fórmula insólita em vez de Filho de Deus, ou Senhor acima de tudo etc.? Sem levar em conta que Θεός torna-se apelativo[725] e não é mais nome próprio em sentido comum. Suavizar-se-ia, evidentemente, o caráter insólito de todo o texto cortando a frase depois de ἐπὶ πάντων: "Cristo, que é acima de todas as coisas. Seja Deus bendito". Mas teria sido preciso escrever εὐλογητός Θεός[726]. Quanto a ler "aquele que é acima de todos, Deus bendito pelos séculos", nada resolve[727].

Se referirmos a doxologia a Deus, o raciocínio se apresenta de outro modo. Paulo acaba de enumerar os privilégios dos judeus. Toda a glória seja prestada a Deus que favoreceu o povo eleito e no qual pensou continuamente a propósito do culto, do testamento e das promessas, aquele que, sendo Deus acima de todos – e doravante não somente o Deus dos judeus (cf. Rm 3.29) – é bendito nos séculos! Era a exegese de Deodoro de Tarso: "Cristo (segundo a carne) pertence-lhes, mas Deus não lhes pertence, pois é indiscriminadamente o Deus acima de todos. Eis por que os judeus perderam todos os seus privilégios"[728].

---

[724] Acentua-se, correlativamente, que a doxologia, se estivesse em referência a Deus, começaria *asyndeton*, cf. Huby, p. 327.

[725] Predicado que significa a natureza divina, como no começo do prólogo de João, Huby, p. 328s.

[726] Cf. Lagrange, p. 235.

[727] Esta tradução – e não acima de todas as coisas – é recomendada pelo paralelismo com Ef 4.6: εἷς Θεὸς καὶ πατὴρ πάντων (de todos os homens) ὁ ἐπὶ πάντων καὶ διὰ πάντων καὶ ἐν πᾶσιν.

[728] ἐξ αὐτῶν, φησίν, ὁ Χριστός· Θεὸς δὲ οὐ μόνον αὐτῶν, ἀλλὰ χοινῇ ἐπὶ πάντων ἐστὶ Θεός. (K. Staab, p. 96). Teodoro de Mopsuéstia adota tal explicação, mas aplica-a a Cristo.

Em verdade, nada se opõe a reservarmos para Deus a doxologia habitual e por isso mesmo conservarmos, segundo a regra, o nome próprio Θεός. Evitaríamos o grande inconveniente de alterar o vocabulário paulino.

3. A cristologia das epístolas pastorais desenvolve em mais de um ponto a das grandes epístolas e a das epístolas do cativeiro[729]. Não nos admiremos, pois, de encontrarmos aí novamente uma fórmula como ἐπιφάνειαν τῆς δόξης τοῦ μεηάλου Θεοῦ χαὶ σωτῆροκ ἡμῶν Χριστοῦ Ἰησοῦ. O título μέγας Θεός é cunhado por analogia com as fórmulas do culto imperial, e Θεός é epíteto, não nome próprio.

II - A ELABORAÇÃO TEOLÓGICA

A obra de Cristo, nossa salvação por sua morte e ressurreição, foi ao mesmo tempo obra de Deus, não só porque Deus cumpriu assim sua vontade, porque Cristo lhe estava unido de modo a constituir com ele apenas um só princípio de ação. "Deus estava em Cristo, reconciliando consigo o mundo" (2 Co 5.19). Os dons de justiça, de santificação e de vida que recebemos são dons de Deus, e recebemo-los pela adesão e união a Cristo. Se obtemos por Cristo justiça, sabedoria, vida, é porque Cristo participa tão estreitamente quanto possível desses atributos de Deus. E, enfim, esta união de Cristo a Deus como princípio de atividade e participante de seus atributos só se explica pelo mistério da pessoa de Cristo. "Deus está em Cristo" resolve-se finalmente nesta proposição: "Deus *é* no ser de Cristo".

Eis a intuição fundamental da cristologia paulina: onde está Cristo, está Deus, e Deus se comunica por Cristo. Tal intuição fundamental desenvolveu-se – sem deixar de ser religião, sem perder o contato com Cristo e Deus – numa teologia que desenrola a nossos olhos paisagens variadas. Após haver pormenorizado a paisagem, precisamos considerá-la de relance. A comparação do edifício, que tem a vantagem de ser paulina, prestar-nos-á mais serviço do que a de uma paisagem. O próprio Paulo comparou-se a um construtor.

---

[729] C. Spicq, *Les Épîtres Pastorales*, Paris, 1947, pp. CLIX-CLXV.

1. O plano da construção

Pormenorizamos a construção para o alto, andar por andar, fiada por fiada. Tal qual é, não se assemelha a coisa alguma; é obra de um cristão, teólogo convertido do judaísmo que tomou em mãos o plano ainda muito simples que lhe transmitia a comunidade cristã e o transformou, conservando as linhas primitivas.

A fé da comunidade cristã incluía a intervenção de Deus, ressuscitando a Cristo; a morte e a ressurreição de Jesus de Nazaré, que o haviam constituído em sua missão de Salvador; a predestinação de Jesus para esta missão, por ser o Cristo de Deus e a manifestação do preexistente Filho do homem que viera reunir a própria comunidade e salvá-la em vista do juízo e da ressurreição dos mortos.

Paulo unifica o plano e prolonga certas linhas. Todos os dados, venham eles da experiência da comunidade ou originem-se dos ensinamentos de Jesus e de seus milagres, concentram-se na noção de Cristo ressuscitado. Pois, se houve quem conhecesse a Cristo em sua vida mortal, como os apóstolos de Jerusalém, esta vida, como tal, já não existe; foi absorvida e deve ser absorvida na *evidência* da glória de Cristo ressuscitado, *Filho de Deus*. Filho de Deus, isto é, revelado, em sua glória, eficiência e existência de Filho de Deus, pela ressurreição. Filho de Deus, a saber, Filho de Deus preexistente, existente na eternidade de Deus, manifestado como Filho de Deus, porque ele o é.

Sobre os alicerces de Cristo ressuscitado, há de se elevar o edifício. O primeiro andar mostrar-nos-á a obra da salvação: a parusia, a ressurreição, a morte salutífera. O segundo andar há de considerar a salvação realizada, justiça, sabedoria, vida dos cristãos em continuidade de dependência em relação a Cristo, atuante na comunidade que ele salva, e habituar-nos-á a contemplar Cristo em seus atributos divinos. O coroamento do edifício será o mistério da unidade de Cristo com Deus, unidade antes do desenrolar do tempo cristão, unidade no tempo cristão, unidade após a parusia; a mesma unidade com Deus, seja de Cristo na preexistência, seja na vida mortal ou na glória de ressuscitado a manifestar com fulgor, numa humanidade glorificada, o que ele é em sua divindade.

2. Os materiais

1. Como o plano, as nervuras que vão assegurar a coesão do edifício e sublinhar as linhas mestras provêm do cristianismo comum. Jesus é o Senhor. Paulo repete a afirmação fundamental. Jesus, ressuscitado porque é o Cristo de Deus ou o Filho de Deus, há de ser doravante o centro da vida religiosa do povo de Deus, a Igreja. Santifica, comunica o poder aos seus, vive na Igreja e na vida dos fiéis. Ressurreição, presença de Cristo glorificado na comunidade, advento prometido na parusia esperada. Paulo partilha a fé de todos.

Cristo morreu por nossos pecados. Paulo há de adotar a fórmula, desenvolvê-la de muitos modos. Mas, o essencial fora dado no ponto de partida.

Encontram-se na cristologia paulina as perspectivas judaicas do futuro: O Messias filho de Davi, o Servo sofredor, o Filho do homem. A síntese fora realizada no cristianismo justamente na ocasião em que Paulo se converteu; ele a aceitou e dela fez o ponto de partida de sua teologia. Desde o começo, Cristo é um ser transcendente, Filho de Deus, enviado à Terra para morrer, ressuscitar, agora glorificado e que há de vir para julgar.

Para Paulo, a fé da comunidade apostólica foi ratificada por Deus na revelação do caminho de Damasco.

A teologia paulina marca contudo um progresso em relação à comunidade primitiva e ativa o desenvolvimento da fé comum. É uma fonte de luz para todo o cristianismo, e este aceita o fato. Nenhum dos apóstolos reage contra Paulo no terreno da teologia: sua elaboração pertence à fé comum.

Suas novas contribuições evidentemente são importantes e numerosas. Nós as descrevemos com minúcias no decorrer da pesquisa. De onde provêm os novos materiais empregados?

2. Pensa-se em primeiro lugar no Antigo Testamento e no judaísmo. O Antigo Testamento é interpretado segundo um método devedor do rabinismo e do judaísmo alexandrino, e que simultaneamente é tradição cristã, sem deixar de estar em contato com o sentido profundo do texto sagrado. O pensamento paulino assim foi modelado pela revelação do Antigo Testamento. O judaísmo exerce influência, diretamente imposta, ou melhor insinuada pelos textos da Bíblia.

Tivemos de ressaltar sobretudo os contatos da doutrina paulina com as doutrinas apocalípticas, que já estavam mais do que iniciados na comunidade primitiva; a teologia paulina prossegue-os. Os contatos com a tradição judaica palestinense, a transformar-se em rabinismo, não são fundamentalmente dignos de nota. O judaísmo helenístico, ao invés, forneceu mais de um tema, em particular para descrever o Cristo do mistério. A influência da corrente apocalíptica se exerce em dois momentos principais: no começo da carreira de Paulo, ao conceber ele, como os primeiros cristãos, Cristo da ressurreição e da parusia, e ao se opor ao sincretismo dos colossenses. Se a questão da dosagem tem importância própria, dever-se-á dizer que Paulo muito deve à corrente apocalíptica.

3. Como influxo direto e consciente, pode-se pensar igualmente no vocabulário do estoicismo popular, do qual Paulo adota estilo, palavras, alguns temas.

4. Isto nos leva a encarar o problema do helenismo. Por diversas razões, chegamos a delimitar melhor o domínio das influências imediatas da religião helenística. Tratar-se-ia apenas de influxos inconscientes, pois Paulo Se opõe duplamente ao paganismo, como judeu e como cristão.

Esses influxos inconscientes, para certos exegetas contemporâneos seriam preponderantes. A teoria dos *"mistérios"* gregos conserva partidários retardatários. O culto dos soberanos, que forneceu epifanias e divinizações, não está completamente abolido e procura sobreviver, amalgamando-se ao sincretismo oriental; assim, Lohmeyer, ou W. L. Knox.

5. A crítica deve, porém, perceber o antagonismo fundamental entre a expressão da doutrina paulina e a de uma religião helenística. De outro lado, apesar da diversidade dos materiais e da impossibilidade de um contato imediato, verifica-se que a cristologia propriamente dita dos primeiros cristãos se ajusta paralelamente a formações religiosas helenísticas: um homem divino desce à Terra para (sofrer e) salvar a humanidade. Donde o desígnio de achar uma atmosfera única onde estava imersas simultaneamente as religiões helenísticas, o judaísmo apocalíptico e alexandrino e o cristianismo: nomeiam-se a gnose e o sincretismo oriental.

Neste ponto, a crítica deixa de ser disciplina histórica e dissolve-se em ideologia à base de história. Pode-se certamente, como o fizeram outrora Steck e Van Manen[730], comparar o cristianismo com uma gnose alexandrina; ou com uma gnose oriental como o mazdeísmo. Mas, há ainda outra opinião. Além das religiões conhecidas, supõe-se a existência de um vasto movimento de gnose, englobando todo o sincretismo greco-oriental, com predominância de elementos orientais, que constituiria o terreno comum, onde nascem e se alimentam as diversas formações religiosas.

É uma simplificação ousada do problema histórico. Esta gnose oriental jamais "existiu" com existência própria; um movimento só tem consistência em formações religiosas concretas. Se projetarmos no passado uma imagem formada de semelhanças que se precise explicar, trata-se apenas de uma imagem irreal. Ao mesmo tempo, define-se a gnose por processos que dependem mais de métodos psicológicos do que históricos; pretende-se redescobrir – por uma introspecção na alma moderna – a intuição primitiva que seria a base das gnoses e se teria traduzido num mito. Pretende-se também conhecer este mito original que tanto deve explicar: o Homem celeste que desce à matéria, depois se constitui o próprio salvador de parcelas de si mesmo que nela se dispersaram[731]. É duvidoso que se tenha verdadeiramente provado ser o mito bastante antigo e determinado. De outro lado, uma quantidade de gnoses não possui o mito do Anthropos; seu mito sobre a queda é completamente diferente, tal como o da sophia, e há quase certeza de que o mito da sophia, paralelo ao do Anthropos, dele não depende. Haveria de comum somente a idéia da descida e da queda de um ser celeste. Enfim, fora de algumas formações gnósticas tardias, talvez influenciadas pelo cristianismo, procura-se em vão em que determinada formação antiga o mito da queda teria sido o centro de uma religião. Seria necessário multiplicar as hipóteses no vácuo, se quiséssemos verdadeiramente possuir um ambiente religioso único, a se estender do Oriente ao Ocidente, que fosse a religião do Anthropos celeste.

---

[730] A. SCHWEITZER, *Geschichte der paulinischen Forschung*, Tübingen, 1911, p. 103.
[731] Grande número de estudos modernos tomam esta direção. Cf. *Suppl. Dict. de la Bible*, art. Kyrios.

Aliás, o mito do Anthropos sozinho não basta; é combinado com outro mito, o da festa do Novo Ano e da entronização real, que teria também irrompido em todo o Oriente. Isto nada acrescenta à solidez da primeira hipótese.

Mesmo se os dois mitos reconstituídos pelos modernos tivessem, de fato, sido muito antigos, para exercer o próprio influxo, deviam ainda ter subsistido na consciência do universo helenístico; o historiador nada encontra de semelhante na consciência que se patenteia nos textos. Se julgarmos que tenham sobrevivido numa realidade misteriosa porque inconsciente, e que esta realidade misteriosa imprimiu direção paralela a todas as elaborações religiosas que apreendemos na história, seria, então, a verdadeira hipótese. Mas, é de tal modo apartada dos textos e dos fatos que revelam sua verdadeira natureza de ideologia.

Este caráter de ideologia acentua-se se pretendermos dar a razão suficiente da evolução histórica, de modo a tornar supérflua, ou impossível, outra hipótese: o compromisso nas vicissitudes da história e a complexidade dos fatos e das idéias de outra realidade misteriosa, misteriosa porque sobrenatural, que dá sentido ao cristianismo e, em parte, às elaborações religiosas que o prepararam.

3. A intuição fundamental

O sistema teológico de Paulo, como Wrede escreveu[732], é inseparável de sua religião. Sua teologia é sua religião. Constitui apenas a expressão intelectual de sua religião e de uma intuição religiosa que a subentende de uma extremidade à outra, dos princípios às fórmulas. Mas, acreditamos ter mostrado que esses princípios e essas fórmulas são fornecidos por fatos concretos, pela Bíblia, por idéias religiosas bem determinadas, até mesmo algumas fórmulas filosóficas, materiais esses que recebem seu lugar na elaboração para exprimir exatamente "a intuição".

Esta intuição não é a mística grega ordinária dos "mistérios", muito vaga e afastada demais da cristologia cristã. Não é a mística do culto dos soberanos, inexistente. Não é a intuição de gnose que

---

[732] W. WREDE, *Paulus (Religionsgeschichtliche Volksbucher)*, Tübingen, 1904.

se colocaria como base do mito do Anthropos, pois não é mais sólida do que o mito. A hipótese da escatologia não pode dilatar-se a ponto de explicar todas as coisas.

Resta, pois, a hipótese de uma intuição autenticamente cristã, sugerida desde o começo por nossos textos: a obra da salvação de Cristo, os benefícios de sua presença manifestam e incluem sua divindade. *"Deus"* se revelava *"em Cristo"*[733].

---

[733] Cf. E. HOSKYNS-N. DAVEY, *The Riddle of the New Testament*, Londres, 1931, p. 228s.

CONCLUSÃO GERAL

Não se verifica verdadeira evolução na cristologia paulina, uma vez que os materiais principais continuam os mesmos através das epístolas. Isto provém de que estavam fixos, desde o começo, os fundamentos desta teologia, assim como os meios de expressão essenciais: legado da comunidade cristã, fórmulas do Antigo Testamento e do judaísmo, visão do Ressuscitado.

De outro lado, tem-se a impressão de não ser possível sintetizar do mesmo modo o pensamento do Apóstolo nas diferentes etapas de sua carreira. Parecem-nos distinguíveis nessas etapas três níveis sucessivos pelos quais os centros de interesse, a cuja volta ele constrói sua síntese, são nitidamente diferenciados. Temos, pois, procedido, de modo conseqüente. O primeiro nível do pensamento paulino, antes do apostolado de Corinto, revela-se nas Epístolas aos tessalonicenses e no final da primeira aos coríntios. É arcaico, muito próximo da cristologia da comunidade primitiva, tal como podemos reconstituí-la segundo o Livro dos Atos e os Evangelhos sinóticos. O segundo nível provavelmente relaciona-se com a estada do Apóstolo em Corinto. Cremos redescobrir suas fórmulas nas grandes epístolas. O terceiro nível se estabelece durante o longo apostolado na Ásia Menor, sobretudo em Éfeso; é muito natural procurar suas características nas epístolas do cativeiro.

1. As duas Epístolas aos tessalonicenses são centralizadas na parusia de Cristo e em sua ressurreição. O capítulo 15 da primeira Epístola aos Coríntios continua a se interessar por esses dois temas, mais, aliás, pela ressurreição do que pela parusia. Segundo o esquema primitivo do símbolo da fé, não se separa a morte da ressurreição. Assim, indicava-se o primeiro centro de interesse, a obra da salvação do cristão, da qual Cristo é "fautor". Em suma, uma soteriologia que desenvolve os pontos principais de fórmulas de fé primitivas: nós esperamos a parusia de Cristo, que Deus ressuscitou;

Cristo morreu por nossos pecados e Deus o ressuscitou. Nosso primeiro livro quis mostrar como esses elementos primitivos se ajustaram e desenvolveram na primeira síntese paulina. O primeiro capítulo dava o tom, estudando a mensagem de salvação nos primórdios do cristianismo.

Esperamos a salvação futura, a parusia, que será o sinal de nossa ressurreição. A ressurreição de Cristo relaciona-se com sua parusia, constituindo o seu primeiro ato. *A mensagem centraliza-se, portanto, logo na Ressurreição.* Parece-nos ser esta a característica da soteriologia paulina neste primeiro nível; a ressurreição de Cristo está absolutamente em primeiro plano: de um lado prelúdio da parusia, de outro, introdução no mundo presente das exigências e das forças santificadoras do mundo futuro. Daí, a salvação não é mais simplesmente vindoura; já está presente. Sublinhamos, na análise das fórmulas paulinas consagradas à ressurreição, a peripécia essencial, quando a eficiência da ressurreição de Cristo já se introduziu em nossa vida.

Por isso, o reinado de Cristo não é também tomado somente como futuro, na parusia, mas já realizado no presente. Cristo reina desde agora. Eis a razão por que ainda a teologia da morte redentora se desenvolve, realçando sua eficácia atual.

Terminamos a primeira parte com um capítulo consagrado à encarnação. Tínhamos de explicar a posição exata de Paulo neste ponto. Sua teologia atribui tal importância à ressurreição que a presença de Cristo no mundo, antes da ressurreição de preferência se esboça em antítese com o estado de glorificação. Toda a eficiência santificadora começa na ressurreição; a encarnação só tem sentido porque torna presente no mundo um "Cristo segundo a carne", que será por isso capaz de morrer para ressuscitar e cumprir em seu corpo mortal a obra salutífera. Correlativamente a esta posição teológica, talvez por motivos muito pessoais, Paulo não ajusta à sua síntese cristológica os ensinamentos e os milagres de Cristo. Notar-se-á aqui a diferença relativamente à teologia de Marcos e à de João. Marcos reconhece a manifestação divina nos milagres; João na doutrina.

2. Da eficácia atual da ressurreição e da morte de Cristo desenvolve-se a concepção da presença no mundo de um princípio

religioso novo, constituindo nova religião. Este princípio religioso é o poder e a munificência de Deus presente em Cristo. Tal é o centro de interesse no segundo nível da cristologia paulina.

Achamos um ponto de partida literário no início da Epístola aos romanos e da primeira Epístola aos coríntios, onde vemos como Paulo apresentava a mensagem cristã em antítese com as idéias fundamentais do judaísmo e do paganismo.

Em antítese com o judaísmo, ele toma posição contra os judeus e os judeus-cristãos. A obra de Cristo pôs fim à economia da Lei. Pertencemos a uma nova economia em que Cristo, por meio da fé que nele temos, é autor de "nossa justiça".

Em antítese com a filosofia grega, alguns cristãos de Corinto teriam sido tentados de colocar a religião cristã (o monoteísmo, as experiências "espirituais") no mesmo nível de filosofias misturadas a movimentos religiosos como o orfismo e os cultos misteriosos; Paulo protesta com veemência. O cristianismo é essencialmente aceitação da eficiência de Cristo. Se há nele um elemento sapiencial, é a "sabedoria" de Deus que nos é dada pelo Espírito, tendo por objeto Cristo e os bens futuros que dele receberemos.

A salvação cristã aprofunda-se, aliás, numa vida nova. Esta, como vimos, é eficiência da ressurreição de Cristo. Paulo vai explanar, conjugando esses dois temas: Cristo é doravante Cristo espiritual e comunica-nos sua própria vida de santidade. Certas afirmações maciças da crítica obrigaram-nos a precisar as relações de Cristo espiritual com o Espírito Santo.

Doutro lado, nossa vida é uma participação na vida de Cristo, o que nos leva a criticar outra fórmula aproximativa que, tomando à letra expressões paulinas, pretende ter Paulo superposto a Cristo pessoal um Cristo místico, que viveria na vida de todos os cristãos. Pareceu-nos conveniente mantermos firme o princípio de que a mística não cria um "Cristo místico". É preferível ficar com a fórmula simples: participação de vida na vida de Cristo ressuscitado.

Cristo místico seria um Cristo coletivo: outra fórmula que é combinada com a do segundo Adão e da Igreja, corpo de Cristo. Sem negar que o pensamento paulino toca perifericamente esses temas, não vemos em que ganhe a inteligência da teologia histórica em elaborar uma síntese que os coloca como ponto de partida. Essas elaborações são talvez mais conformes com nossa maneira de pensar do que com a de Paulo. São preferidas em outros campos, visando reduzir a doutrina paulina a um sincretismo oriental em que a teoria do Anthropos estaria em destaque e alargar ao infinito a noção da "gnose". Mas a doutrina de Paulo não se elaborou com o auxilio de materiais de gnose e no plano das gnoses.

3. O terceiro nível do pensamento paulino nos fornece a síntese cristológica mais completa, que aproveita num plano novo os materiais de construções precedentes. O centro de interesse vem a ser, desta vez, a idéia do "mistério"; a maneira pela qual Deus realizou a salvação revela uma sabedoria "secreta" da qual Cristo é o objeto ao mesmo tempo que o realizador.

A atenção concentra-se agora menos na escatologia e na soteriologia, menos na presença de Cristo no mundo do que na *pessoa de Cristo*. Temos, por isso, reservado para nossa Terceira Parte os problemas fundamentais da cristologia, misturando ao desenvolvimento do mistério os temas que põem em relevo a pessoa de Cristo: concretamente, sua divindade.

Um capítulo preliminar analisa os hinos a Cristo, esse fenômeno literário que parece próprio das igrejas da Ásia. Estudamos em seguida, sucessivamente, os temas da revelação e do conhecimento do mistério, tanto em suas formas literárias como na concepção especial do cristianismo que sugere tal fórmula. Os apóstolos, Paulo sobretudo, foram encarregados de revelar o mistério cristão, e seu conhecimento constitui um bem essencial da vida cristã.

Para exprimir o conteúdo do mistério, somos obrigados a definir as relações de Cristo com o mundo. Cristo unifica o mundo, judeus e pagãos de um lado, mundo das potestades de outro, e reduz tudo à unidade em Deus. Esta obra, que não é senão uma volta à unidade original, permite-nos penetrar no mistério da pessoa de Cristo, a imagem de Deus.

Os capítulos seguintes retomam, sob o ângulo de visão da pessoa de Cristo, esses nomes e atributos que encontramos até então, sem jamais lhes consagrar verdadeiramente toda a nossa atenção. É a divindade de Cristo que está em jogo. Sem a fé na divindade de Cristo, subjacente à escatologia, à soteriologia e à mística, o desenvolvimento da cristologia paulina não teria base, nem princípio, nem razão de ser. Quando a atenção se concentra na pessoa de Cristo, toda esta força interior que acarretava o desenvolvimento emerge em plena luz; os títulos de Cristo tomam seu pleno significado: Filho de Deus, Senhor. Abordamos diretamente em nosso último capítulo o tema da divindade de Cristo. Serviu de oportunidade para tocar no problema da origem da cristologia.

Concluímos que a cristologia paulina era fruto da revelação. A solução mais moderna, que une a idéia de uma intervenção imediata de Deus (o fato cristão, encarnação do Filho de Deus, revelação de si mesmo em sua doutrina e seus milagres, morte e ressurreição, revelação da idade apostólica, inclusive as revelações muito especiais com as quais Paulo foi favorecido) a uma manifestação do sincretismo oriental que dominaria, neste momento da história, todo o horizonte religioso, procede de uma ideologia inadequada à explicação da cristologia paulina. Paulo baseou-se na revelação de Cristo, implicada na fé da comunidade primitiva, e nas suas próprias revelações e luzes inspiradas, que ele sabia conscientemente em harmonia com todo o movimento cristão. Seu pensamento não é o de um sincretista – como as elucubrações gnósticas a nós se revelam – mas de um cristão inspirado que elabora tradições e revelações, esclarecendo essas tradições.

BIBLIOGRAFIA[734]

ALLO, E.-B., *Première Épître aux Corinthiens*. Paris, 1935.
_____, *Seconde Épître aux Corinthiens*. Paris, 1937.
AMIOT, F., *Saint Paul, Épître aux Galates, Épître aux Thessaloniciens*. Paris, 1946.
BONSIRVEN, J., *L'Évangile de Paul*. Paris, 1948.
_____, *Exégèse rabbinique et exégèse paulinienne*. Paris, 1928.
BORNKAMM, G. "Die Häresie des Kolosserbriefes", em *Theologische Literaturzeitung*, LXXIII (1948), col. 11-20.
BOUSSET, W.-GRESSMANN, H., *Die Religion des Judentums*. Tübingen, 1926.
BRUECKNER, M., *Die Enststehung der paulinischen Christologie*. Strasbourg, 1903.
BULTMANN, R., "Bekenntnis – und Liedfragmente im ersten Petrusbrief", em *Coniectanea Neotestamentica*, XI (1947), pp. 1-14.
_____, *Theologie des Neuen Testaments*. Tübingen, 1948.
CERFAUX, L., "Le titre 'Kyrios' et la dignité royale de Jésus (I)", em *Revue des Sciences philosophiques et théologiques*, XI (1922), pp. 40-71; (II) *ibid.*, XII (1923), pp. 125-153.
_____, "'Kyrios' dans les citations pauliniennes de l'Ancien Testament", em *Ephemerides Theologicae Lovanienses*, XX (1943), pp. 5-17.
_____, *La Théologie de l'Église suivant saint Paul*. Paris, 1948.
_____, "L'hymne au Christ-Serviteur de Dieu (Phil., II, 6-11 = Is., LII, 13-LIII, 12)", em *Miscellanea historica Alberti De Meyer*, Louvain, 1946.
CULLMANN, O., *Le Retour du Christ*. Neuchâtel, 1945.

---

[734] Recenseamos apenas as obras ou artigos mais freqüentes citados, e de modo abreviado, em nosso estudo.

_____, *Christ et le temps*. Neuchâtel, 1947.
_____, *Les premières Confessions de foi chrétiennes*. Paris, 1948.
DAVIES, W. D., *Paul and Rabbinical Judaism*. Londres, 1948.
DEISSMANN, A., *Licht vom Osten*. Tübingen, 1923.
DESCAMPS, A., *Les justes et la justice dans le christianisme primitif*. Louvain, 1950.
DIBELIUS, M., *An die Thessalonicher I-II, An die Philipper*. Tübingen, 1937.
DUPONT, J., *Gnosis. La connaissance religieuse dans les épîtres de saint Paul*. Louvain, 1949.
FOERSTER, W., art. Κύριος, em *Theologisches Wörterbuch*, III, pp. 1.038-1.056; 1.081-1.095.
GROSS, J., *La divinisation du chrétien d'après les Pères grecs*. Paris, 1938.
KIRCHGAESSNER, A., *Erlösung und Sunde im Neuen Testament*. Freiburg-Br., 1950.
KNOX, W. L., *Saint Paul and the Church of the Gentiles*. Cambridge, 1939.
KÜMMEL, W. G., *Kirchenbegriff und Geschichtsbewusstsein in der Urgemeinde und bei Paulus*. Zürich-Upsala, 1943.
_____, "Mythische Rede und Heilsgeschehen im Neuen Testament", em *Coniectanea Neotestamentica*, XI (1948), pp. 109-131.
_____, *Das Bild des Menschen im Neuen Testament*. Zürich, 1948.
LANGRANGE, M.-J., *Épître aux Romans*. Paris, 1916.
_____, *Épître aux Galates*. Paris, 1942.
LEBRETON, J., *Historie du dogme de la Trinité*, I. Paris, 1927.
LEENHARDT, Fr. J., *Le baptême chrétien*. Neuchâtel, 1946.
LIETZMANN, H., *An die Römer*. Tübingen, 1928.
LOHMEYER, E., *Christuskult und Kaiserkult*. Tübingen, 1919.
_____, *Kyrios Jesus. Eine Untersuchung zu Phil. II, 5-11*, em *Sitzungsberichte der Heidelberger Akademie der Wissenschaften*, Philos.-histor. Kl., 1927-1928, 4. Heidelberg, 1928.
NOACK, B., *Satanas und Soteria. Untersuchungen zur neutestamentlichen Daemonologie*. Kopenhagen, 1948.
NORDEN, E., *Agnostos Theos*. Leipzig, 1913.
OEPKE, A., *Das neue Gottesvolk*. Gütersloh, 1950.
PERCY, E., *Die Probleme der Kolosser- und Epheserbriefe*. Lund, 1946.

PETERSON, E., "Die Einholung des Kyrios", em *Zeitschreift für systematische Theologie*, VII (1929), pp. 682-702.
PRAT, F., *La théologie de saint Paul*. Paris, 1929.
SANDAY, W.-HEADLAM, C., *Epistle to the Romans*. Edinbourgh, 1909.
SCHLIER, H., *Der Brief an die Galater*. Göttingen, 1949.
SCHWEIZER, E., *Das Leben des Herrn in der Gemeinde und ihren Diensten*. Zürich, 1946.
SJOEBERG, E., *Der Menschensohn in Äthiopischen Henochbuch*. Lund, 1946.
SPICQ, C., *Les Épîtres Pastorales*. Paris, 1947.
STAAB, K., *Pauluskommentare aus der Griechischen Kirche*. Münster in W., 1933.
SATUFFER, E., *Die Theologie des Neuen Testaments*. Gütersloh, 1948.
STRACK, H.-L.-BILLERBECK, P., *Kommentar zum Neuen Testament aus Talmud und Midrasch*. München, 1922-1928.
VOLZ, P., *Die Eschatologie der jüdischen Gemeinde im neutestamentlichen Zeitalter*. Tübingen, 1934.
WEISS, J., *Erster Korintherbrief*. Göttingen, 1910.

ÍNDICE DOS AUTORES MODERNOS

A

Abbott, Cf. T. K., 241
Adam, K., 277
Allo, E.-B., 50, 53, 141, 142, 385
Althaus, P., 65
Amiot, F., 40, 44, 45, 47
Arvedson, T., 287, 293
Asting, R., 313

B

Baehrens, Aem., 41
Bandas, R. G., 129
Bardenhewer, O., 119
Bartsch, H. W., 72
Bauer, 372, 373
Behm, J., 102
Benoit, P., 15, 298
Bieder, W., 317
Bietenhard, H., 50, 369, 370
Blaeser, P., 148, 175
Bonsirven, J., 87, 114, 170, 363
Bornhaeuser, K., 294, 299
Bornkamm, G., 85, 330
Bousset, W., 84, 204, 227, 353, 354, 356, 358, 368
Bréhier, E., 204, 209
Brueckner, M., 46
Buechsel, F., 112, 113, 114, 120, 256
Bultmann, R., 21, 25, 31, 42, 51, 61, 87, 118, 121, 140, 147, 149, 230, 249, 281, 290, 297, 308
Buri, F., 111

C

Campenhausen, H. F. von, 64
Casel, O., 98

Cerfaux, L., 3, 24, 42, 46, 56, 73, 82, 83, 84, 88, 107, 110, 118, 121, 124, 169, 170, 171, 173, 179, 222, 224, 227, 235, 263, 264, 266, 268, 272, 281, 332, 391
Clemen, C., 263, 337
Cornely, 117, 147, 168, 206
Cullmann, O., 22, 25, 27, 35, 44, 47, 50, 51, 54, 58, 89, 100, 124, 225, 236, 279, 280, 288, 293, 359, 361, 394, 400
Curtius, E., 200

D

Dall, N. D., 148
Dalman, G., 351, 352
Davies, W. D., 50, 120, 216, 227, 266
Deden, D., 314
Deissmann A., 36, 37, 38, 260, 293, 298, 352
Deissner, K., 76
De Lagarde, 209
Delling, G., 38, 53
Descamps A., 29, 30 107, 110, 118, 124, 291
Dibelius, M., 298, 299, 301, 304, 307, 314
Dittenberger, W., 36, 38
Dodd, H., 151
Druwé, E., 98
Duncan, G. J., 299
Dupont, J., 48, 88, 141, 199, 200, 206, 213, 299, 301, 314, 321, 322, 323, 331, 332, 334, 341, 348, 355
Durand, A., 400

E

Eck, O., 82
Elert, W., 112
Euler, K. F., 300, 306

F

FEINE, P., 230
FESTUGIERE, A. J., 43, 63
FOERSTER, W., 43, 84, 179, 358, 367, 380
FRAEYMAN, M., 275
FRAME, 44, 366
FRIDRICHSEN, A., 200
FUNK, F. X., 43

G

GAUGLER, E., 21
GEFFCKEN, 207
GELIN, 113
GEWIESS, J., 302
GIBLET, J., 188, 220
GOGUEL, M., 50, 190
GOOSSENS, W., 253, 267
GRÉGOIRE, F., 375
GRESSMANN, H., 84
GROSS, J., 137, 329
GRUNDMANN, W., 51, 109, 174
GUNKEL, H., 15
GUNTERMANN, F., 50
GUTBROD, W., 123, 175
GUTJAHR, 189

H

HANSE, H., 47
HAVET, J., 264
HIRSCH, E., 65
HOFER, H., 333
HOSKYNS, E. – DAVEY N., 408
HUBY, J., 75, 400, 401
HULSBOSCH, A., 117
HUNTER, A. M., 139

J

JEREMIAS, J., 40, 108, 119, 191, 194, 291, 293, 294, 295, 299
JOÜON, P., 299

K

KÄSEMANN, E., 31, 308, 310
KIRCHGAESSNER, A., 109, 112, 117, 118
KITTEL, G., 40, 82, 335

KLAUSNER, J., 139
KLEINKNECHT, H., 397
KNABENBAUER, 44
KNOX, W. L., 124, 157, 212, 216, 289, 306, 307, 325, 329, 405
KÜMMEL, W. G., 50, 60, 61, 64, 66, 71, 72, 129, 139, 181, 186, 217, 229, 238, 253, 291

L

LAGRANGE, M.-J., 73, 92, 147, 168, 171, 173, 177, 184, 185, 206, 261, 263, 346, 366, 381, 397, 400, 401
LEBRETON, J., 215, 352
LEENHARDT, FR. J., 107, 228, 229, 263, 279
LEIPOLDT, J., 68
LEMONNYER, A., 44, 242, 366
LEVIE, J., 184
LIECHTENHAN, R., 140, 200
LIETZMANN, H.,33, 75, 92, 118, 168, 261, 324, 373, 400
LINDESKOG, G., 273, 279
LOFTHOUSE, F., 142
LOHMEYER E., 27, 78, 293, 294, 301, 302, 303, 304, 306, 310, 352, 357, 358, 359, 361, 405
LOISY, A. 261
LOOFS, A., 302

M

MALEVEZ, L., 277
MARMORSTEIN, A., 367
MAURER, CHR., 175
MEINERTZ, M., 139
MENOUD, PH. H., 69
MICHEL, O., 166, 363
MOE, O., 120
MOORE, G. F., 204
MUNDLE, 118

N

NÉLIS, J., 96
NOACK, B., 47, 83, 87, 88
NOCK, A. D., 16
NORDEN, E., 24, 290, 308

O

Oepke, A., 37, 40, 68, 134, 166, 264, 270, 277, 302

P

Percy, E., 82, 85, 92, 95, 96, 115, 116, 123, 216, 275, 310, 313, 314, 323, 330, 331, 332, 365
Peterson, E., 37, 41, 44, 362
Pfaff, E., 16
Phythian-Adams, W. J., 266
Pohlenz, M., 199, 200
Prat, F., 44, 114, 139, 151, 184, 189, 242, 261, 298
Preiss, Th., 226, 291
Procksch, O., 114, 165, 226, 227, 234, 266
Prümm, K., 181, 358, 359

R

Rawlinson, A. E. J., 139
Reitzenstein, R., 260, 354
Rengstorf, K. H., 57, 282, 294
Resch, A., 150, 151
Riemann O.-Goelzer H., 119
Riesenfeld, H., 40, 42, 96, 103
Rigaux, B., 46, 47, 48
Ringgren, H., 228

S

Sagnard, F. M. M., 211
Sanday-Headlam, 147, 168, 257, 260, 265, 366, 373, 400
Sanders, L., 296
Scott, C. A. A., 114, 121
Schelkle, K. M., 109
Schlier, H., 46, 111, 123, 170, 171, 180, 254, 261, 263, 328, 332, 382
Schmid, J., 47
Schmid Lothar, 40
Schmid, W., 200
Schmidt, K. L., 83, 224, 273, 327
Schneider, C., 51
Schuetz, R., 293, 297

Schweitzer, A., 50, 406
Schweitzer, W., 83
Schweizer, E., 223, 265, 282, 283
Seeberg, A., 121
Sjoeberg, E., 39, 48, 52, 213, 253, 268, 294, 306, 312, 322
Spicq, C., 59, 82, 402
Staab, K., 138, 181, 185, 188, 198, 257, 400, 401
Staehlin O., 209
Stauffer, E., 15, 29, 30, 47, 136, 139, 400
Steck, 406
Strack, H. L.-Billerbeck P., 46

T

Taylor, V., 121
Thomas, J., 234
Tillmann, Fr., 139
Tisserant, E., 291, 349
Tobac, E., 267
Twisselmann, W., 263

V

Van Imschoot, P., 228
Van Manen, 406
Vincent, M. R., 300
Violet, B., 41
Volz, P., 36, 38, 41, 45, 63, 73
Vosté, J. M., 44

W

Waaning, N. A., 224
Wagenfuehrer, M. A., 310
Weinel, H., 227, 228
Weiss, J., 75, 189, 204, 215, 313, 371, 372, 378
Wendland, P., 235
Wetter, G. P., 352, 353, 354
Wiencke, G., 103, 121, 140
Wikenhauser, A., 253
Windisch, H., 147, 150, 304, 327
Wingren, G., 146
Wrede, W., 407

ÍNDICE ALFABÉTICO DOS ASSUNTOS

A

Abraão, 104, 121, 159, 160, 165, 166, 167, 169-176, 178-180, 190, 195, 272, 343, 383, 384
Ação de graças, 42, 51, 309, 311, 315, 316, 324, 357, 400
Adão (novo), 63, 78, 183, 191, 272
Adonai, 358, 363, 367
Alegoria, 169, 173, 176, 195
Anjos, 45, 48, 53, 73, 80, 83-88, 103, 179, 180, 199, 236, 237, 271, 290-292, 323, 332, 363, 369. Ver: Potestades
Antecipação, 22, 58-60, 65, 77, 125, 153, 157, 166, 195, 229, 252, 322, 345
Anthropos, 78, 183, 194, 267-269, 284, 304, 358, 393, 406-408, 412
Anticristo, 37, 46-48, 83, 87, 125
Antigo Testamento, ver: Escritura
Antítese, 22, 26, 28-33, 37, 82, 90, 93-97, 110, 117, 128-134, 136, 150-152, 160, 161, 163, 167, 183, 184, 188, 190, 191, 193-195, 196, 202, 217, 218, 219, 220, 222, 232, 235, 248, 249, 250, 255, 272, 289, 290, 295, 298, 299, 304, 308, 309, 310, 313, 328, 335, 336, 344, 345, 346, 348, 365, 371, 375, 383, 388, 401, 410, 411
Apocalíptico, 40, 46, 52, 84, 208, 341, 352, 357, 384, 393, 405
Apostasia, 46, 47, 55
Apóstolos, 17, 30, 48, 57, 64, 65, 67, 79, 129, 142, 143, 164, 198, 222, 225, 238, 274, 278, 282, 312, 319, 320, 369, 403, 404, 412

B

Batismo, 64, 92, 97, 98, 100, 102, 106, 107, 109, 135, 144, 171, 172, 175, 222, 231, 242, 246, 248, 249, 250, 257-263, 265, 270, 271, 273, 274-276, 278, 279, 316, 318, 334, 346, 348, 385
Bênçãos, 159, 165, 171, 176

C

Caridade, 55, 56, 99, 103, 104, 142, 144, 146, 150, 181, 238, 270, 275, 279, 281, 292, 293, 296, 316, 321, 323, 331, 365, 382
Carismas, 14, 59, 77, 79, 103, 152, 198, 224, 225, 229, 231, 237, 238, 246, 250, 264, 270, 275, 276, 278, 280, 282, 283, 317, 319, 322, 323, 324, 339, 368
Carne, 31, 52, 67, 76, 77, 88, 93-95, 115-117, 122, 127, 131, 132, 136, 137, 138, 141-143, 153, 163, 164, 169, 170, 173, 191, 192, 209, 217, 218, 219, 220, 222, 223, 244, 250, 251, 254, 289, 290, 291, 298, 302, 316, 318, 329, 344, 345, 384, 401, 410
Carne-Espírito, 164, 220
Ceia, 16, 42, 100, 102, 108, 109, 118, 149, 222, 278, 279, 312, 319, 324, 386
Circuncisão, 93, 143, 147, 167, 169, 170, 178, 318, 382
Cólera, 37, 182, 328, 341
Comunidade messiânica, 61, 271
Comunidade primitiva, 13, 18, 31, 55, 61, 63, 66-68, 81, 90, 97, 99, 100, 102, 118, 140, 224, 227, 246, 271, 272, 274, 343, 356, 357, 361, 364, 373, 375, 386, 391, 404, 405, 409, 413
Confissão de fé, 23, 26, 27, 32, 35, 39, 54, 66, 81, 96, 97, 99, 100, 280, 361, 373
Construção celeste, 270, 274, 275
Controvérsias, 99, 103, 174, 189, 247, 266, 381, 400
Coroa, 36, 37, 41, 57, 79
Corpo, 63, 69, 70, 71, 75-77, 93-95, 100, 102, 108, 109, 111, 115, 118, 122, 129, 136, 137,

138, 139, 153, 167, 174, 188, 192, 193, 217, 220-223, 237, 238, 240, 243, 244, 254, 255, 257, 259-265, 267, 269, 270, 273-280, 284, 309, 310, 316, 317, 320, 329, 330, 331, 334, 337, 344, 346, 366, 382, 410, 411
Corpo de Cristo, 71, 102, 193, 217, 221-223, 264, 273, 275-280, 311, 383
Corrente apocalíptica, 15, 38, 39, 53, 63, 339, 405
Criação, 49, 58, 59, 67, 77, 78, 80, 89, 95, 98, 105, 126, 161, 183, 188, 189, 192, 194, 195, 198, 200, 210, 211, 214, 220, 223, 247, 309, 310, 316, 319, 325, 326, 327, 329, 333, 336, 338, 340, 346, 350, 365, 394, 395, 397, 399
Cristianismo primitivo, 18, 64, 77, 79, 81, 124, 147, 149, 224, 243, 275, 281, 294, 332, 341, 351, 352, 356, 374, 387. Ver: Comunidade primitiva.
Cristo (nome; nome próprio), 13-18, 21-23, 25-28, 30-36, 38-40, 42, 44-61, 63-69, 71-77, 79-85, 87-112, 114-160, 162-167, 170-180, 183-199, 201, 202, 210-232, 235, 237-310, 312-338, 340, 342-350, 355-369, 371-399, 400-405, 408-413
Cristo segundo a carne, 131, 136, 141, 218
Cristo segundo o Espírito, 131, 164, 175, 217, 218, 284
Cristo-substância, 246, 253, 257, 260, 263, 267, 269, 284
Cruz (discurso da), 103, 127, 128, 129, 152, 202, 212, 323. (Ver: Morte de Cristo)
Culto, 36-38, 54, 85, 86, 103, 119, 124, 206, 219, 221, 233-237, 239, 240, 261, 278, 288, 315, 328, 340, 352, 354, 357, 374, 393, 401, 402, 405, 407

D

Demônios, 23, 83, 86, 87, 208, 235, 236, 348
Deus (Pai), 14-18, 21, 23-33, 37, 39, 40, 45-49, 51-54, 56, 58, 59, 61, 65-68, 70-73, 75-77, 79-83, 85-94, 99, 101, 103-106, 110, 111, 113-119, 121-133, 135-138, 140, 141, 146-148, 150, 153, 157-162, 164-167, 169-180, 182, 183, 186, 188, 189, 191-202, 205-215, 217-221, 223-228, 230-246, 248-254-264, 266, 270-274, 276, 277, 280-283,

287-290, 292-319, 321-338, 340-369, 374-380, 383, 384, 387-404, 408, 409, 411-413
Dia do Senhor, 35, 38, 54, 362, 364
Discípulos, 42, 57, 105, 141, 144, 146, 224, 238, 271, 291, 358, 362
Discurso de propagação, (de propaganda, pregação, anúncio), 24, 159
Divinização, 77, 137, 138, 139

E

Elohim, 367
Encarnação, 22, 105, 131-139, 153, 289, 290, 301, 302, 329, 397, 410, 413
Entrada, 36, 38, 41-44, 52, 184, 322, 326, 359, 375 (solene, festiva)
Entronização real, 407
Eon novo, 333. Ver: Século presente
Epifania, 35, 37
Escatologia, 50, 53, 63, 72, 74, 107, 157, 160, 238, 287, 408, 412
Escritura, 18, 28, 30, 66, 67, 126, 164, 176, 181, 197, 202, 206, 229, 319, 363
Esperança, 16, 35, 38, 39, 41, 54-60, 73, 95, 227, 258, 270, 280, 281, 317, 362, 365, 383
Espírito, 14, 31, 52, 60, 66, 67, 71, 75, 88, 95, 101, 112, 126, 132, 136, 150, 151, 164, 166, 169, 173, 177, 190, 192, 196, 201, 204, 208, 213, 214, 216, 217-219, 220-223, 234, 237, 240, 244, 261, 274, 289, 318, 345, 386
Esposa de Cristo, 270
Essenismo, 234
Estoicismo, 31, 110, 201, 339, 393, 405
Evangelho (mensagem apostólica), 27, 99, 274, 289, 312, 313, 345, 357, 379
Exegese, ver: Escrituras.
Exortações, 35
Expiação, 106, 117, 118, 119, 162, 196, 221

F

Fé, 15-18, 21, 25, 27, 39, 48, 49, 53-56, 59, 63, 64, 66, 68, 74, 81, 92, 94-96, 98, 99, 104-106, 109, 110, 118, 119, 122, 123, 125, 140, 143, 147, 160, 162, 165, 166, 167, 169, 170-172, 174-180, 190, 191, 195, 196, 209, 210, 212, 237, 238, 242, 247, 248, 250, 254,

261, 263, 264, 269, 270, 271, 273, 276, 278, 280-282, 287, 288, 291, 316, 318, 323, 329, 331, 334, 349, 350, 356, 357, 361, 364, 365, 371, 372, 374, 375, 380-382, 385-389, 393, 394, 398, 399, 403, 404, 409, 411-413
Fé de Abraão, 167, 172, 195
Filho de Deus, 15, 17, 18, 67, 75, 94, 115, 132, 172, 219, 231, 254, 273, 289, 302, 306, 307, 308, 323, 331, 337, 340, 341, 343-346, 349-353, 357, 385, 395, 403, 404, 413
Filho do homem, 15, 18, 61, 63, 65, 73, 215, 267, 294, 304, 341, 343, 348, 349, 353, 357, 367, 384, 403, 404
Filhos de Deus, 132, 171-173, 263, 272, 338, 347
Fílon, de Alexandria, 16, 151, 201, 203, 207, 208, 217, 220, 234, 276, 336, 367, 369, 374, 394, 397
Filosofia, 16, 18, 103, 124, 126, 128, 158, 161, 197-210, 212-214, 220, 232, 233, 283, 313, 327, 340, 355, 378, 411

G

Gentios, 17, 18, 22-25, 65, 101, 115, 149, 165, 171, 192, 199, 240, 278, 290, 291, 311-314, 316-321, 322, 326, 341, 376, 377, 379, 381
Glória, 16-18, 35, 37, 48, 56-60, 65, 68, 70, 71, 73, 75, 76, 80, 81, 93, 119, 124, 130, 134, 140, 152, 162, 167, 176, 182, 188, 195, 213, 215, 221, 228, 230, 237, 238, 241, 255, 282, 289, 290, 291, 297-299, 301, 303, 307, 316, 322, 335, 337, 338, 341, 343, 350, 362, 364, 368, 386, 390, 394, 395-397, 399, 401, 403
Gnose, 312
Gnóstico, 77, 125
Graça, 65, 113, 114, 122, 124, 134, 137, 173, 178, 182, 183, 186, 187, 228, 237, 242, 246, 247-249, 251, 254, 258, 259, 265, 282, 293, 321, 336, 341, 365, 366, 382, 387, 391
Gregos, 96, 102, 136, 137, 152, 160, 181, 190, 194, 197, 201, 204, 210, 212, 215, 238, 262, 283, 328, 353, 356, 377, 378, 405

H

Helenístico, 16, 35, 140, 191, 235, 275, 350, 352, 405, 407

Herança, 340, 348
Heresia de Colossos, 86
Hinos, 288, 289, 308, 315, 319, 320, 322, 323, 324, 412
Homem (velho), 109, 130, 190, 191, 336
Homem celeste, 406
Humanidade de Cristo, 302

I

Igreja, 16, 18, 27, 51, 61, 65, 66, 77, 80, 82, 88, 95, 104, 144, 190, 223, 225, 240, 241, 243, 244, 250, 259, 260, 263, 264, 266, 269-284, 291, 296, 309, 310, 316, 317, 319-322, 325, 329, 331, 332, 334, 364, 369, 383, 404, 411
Imagem de Deus, 188, 191, 195, 231, 327, 335-337, 346, 369, 397, 398, 412
Imitação, 101, 146, 147, 288, 296, 333, 348, 362
Irmão do Senhor, 362

J

Jesus, 16-18, 23-29, 31-34, 39, 42, 48, 54, 57, 61, 63-66, 72, 73, 76, 81, 82, 90-94, 100, 101, 105, 106, 111, 112, 119, 134, 135, 137-141, 144-151, 157, 159, 160, 162, 164, 165, 171, 186, 187, 199, 202, 211, 222, 224, 226, 230, 232, 235, 237-239, 244, 250, 251, 255, 256, 258, 259, 261-264, 270, 271, 273, 280, 289, 296, 298, 299, 304, 306-308, 315, 320, 323, 324, 329, 340, 341, 343, 348, 349, 351, 352, 354, 356-362, 365-377, 379-382, 384, 385-392, 398, 400, 403, 404
Judaísmo, 16, 18, 22, 24, 38, 61, 63, 69, 83, 84, 88, 108, 119, 120, 142, 158, 162, 165, 175, 197, 198, 201, 212, 217, 226, 227, 232, 234, 235, 236, 247, 248, 249, 269, 274, 283, 313, 328, 337, 339, 350, 352, 358, 362, 374, 375, 387, 393, 394, 397, 403-405, 409, 411
Judaísmo alexandrino, 404
Judaizantes, 99, 103, 140, 143, 162, 174, 178, 183, 190, 193, 242, 254, 388
Judeus, 16, 17, 22, 25, 30, 31, 40, 41, 43, 45, 48, 57, 68, 98, 101, 110, 116, 125, 128, 142, 143, 148, 158, 160, 162, 164, 165, 169, 171, 172, 176, 177, 180, 189, 192-194, 197, 199,

203, 208, 215, 218, 219, 221, 233, 234, 237, 239, 242, 248, 267, 276, 280, 282, 292, 311, 315, 316, 319, 322, 325-328, 330, 344, 351, 355, 361, 366, 377, 378, 381, 384, 386, 388, 401, 411, 412
Juízo, 23, 25, 35, 38, 43, 44, 46, 48, 50, 52, 53, 59, 61, 62, 82, 208, 340, 341, 364, 394, 403
Justiça (justificação), 14, 21, 24, 31, 32, 37, 59, 77, 81, 82, 91-93, 95, 97, 102, 103, 105, 106, 111, 112, 115-117, 119, 122-124, 128, 133, 138, 150, 153, 157-160, 162, 163, 165-167, 169, 170, 172, 174-179, 182-184, 187, 190, 191, 193-198, 205, 212, 217, 228, 232, 233, 237-239, 242, 246-251, 254, 255, 258, 266, 268, 272, 283, 284, 291, 299, 328, 344, 365, 367, 371, 380, 382, 383, 388, 394, 402, 403, 411

K

Kenosis, 134
Kerygma, 24, 27, 289. Ver: Mensagem.

L

Lei, 85, 87, 90, 93-95, 99, 103, 109, 111, 112, 116, 117, 121-124, 132, 133, 135, 140, 143, 150, 152, 153, 162, 165, 167, 169, 171-173, 175-183, 187, 193, 195-198, 205, 208, 218, 219, 221, 222, 234, 237, 247, 248, 250, 251, 254, 259, 282, 317, 328, 329, 343, 344, 360, 381, 382, 383, 388, 411
Liberação, 58, 59, 90, 93, 111-114, 122, 248, 338
Liberdade, 31, 93, 110-112, 115, 122, 150, 180, 228, 230, 250
Liturgia, 42, 119, 151, 241, 278, 279, 288, 294, 314, 316, 319, 320, 324, 348, 351, 389, 391
Livro dos Atos, 18, 23-29, 65-68, 102, 126, 159, 199, 272, 341, 369, 371, 376, 409

M

Mensagem, 17, 21-23, 25-29, 35, 53, 54, 67, 87, 90, 99, 103, 106, 125-129, 159, 160-162, 164, 202, 210, 212, 233, 237, 248, 273, 282, 287, 288, 289, 294, 312, 313, 345, 351, 376, 377, 379, 380, 382, 385, 387, 388, 410, 411

Mensagem apostólica, 67, 164, 385, 387
Messias, 25, 26, 29, 37, 40, 42, 61, 63, 65, 66, 73, 186, 190, 219, 227, 238, 271, 342, 348, 349, 351, 352, 359, 360, 362, 363, 366, 373, 374, 375, 380, 384, 391, 404
Milagres, 47, 135, 139, 144, 197, 225, 250, 264, 369, 377, 403, 410, 413
Missão do Filho de Deus, 346
Mistério, 13-15, 21, 47, 62, 80, 88, 125, 135, 157, 163, 165, 176, 182, 187, 195, 213, 223, 234, 277, 287, 289-291, 304, 309, 312-318, 320-326, 328, 335, 349, 370, 394, 396, 402, 403, 405, 412
Mistérios (pagãos), 57, 98
Mística, 14, 77, 92, 97, 137, 163, 198, 238, 242, 246, 247, 252-254, 257, 258, 261-263, 265, 267, 269, 284, 287, 291, 407, 411, 412
Mito, 114, 125, 165, 183, 216, 252, 266, 267, 269, 277, 284, 304, 358, 393, 406, 407, 408
Mitologia, 124, 206, 352
Moisés, 77, 175-177, 179, 186, 201, 216, 227, 234, 247, 262, 271, 272, 364, 376
Morte, 14, 21-23, 28-33, 49-51, 57, 61, 63, 66, 68, 70, 72, 74, 82, 85, 90-112, 114-118, 120-126, 128-130, 133, 136-138, 140, 142-147, 149, 151-153, 157, 158, 167, 182-185, 186-188, 190, 194, 195, 212, 214, 218, 220-223, 239, 242, 249-251, 254, 255, 257-259, 260-262, 275, 278, 279, 289, 295, 298, 304, 306, 307, 309, 310-312, 316, 323, 326, 329, 343, 344, 346, 349, 376, 380, 385, 386, 394, 402, 403, 409, 410, 413
Morte de Cristo, 14, 21, 30, 85, 97, 101-103, 105-107, 109-112, 116, 120-123, 125, 129, 142, 144, 153, 222, 254, 255, 258, 259, 310, 311, 329
Morte e ressurreição, 22, 97, 140, 157, 158, 167, 258, 275, 279, 309, 329, 376, 394, 402, 413
Mundo, 18, 21, 24, 47, 54-56, 61, 72, 77, 79, 80, 83, 85-89, 95, 103, 105-108, 110, 114, 115, 117, 122, 124-129, 135, 139, 140, 142, 143, 148, 157, 158, 160-163, 166, 172, 184-187, 189, 191, 197-200, 205, 206, 208, 210-219, 223, 230, 232, 235, 238, 242, 246, 247, 250, 257, 275, 281, 287, 290, 291, 296, 299, 306, 308, 316, 318-320, 325-328, 330-

333, 335, 337, 338, 341, 343, 345, 347, 350, 352, 355, 360, 363, 368, 369, 371, 376, 380, 384, 394, 397, 402, 410, 412

N

Nome, 16-18, 38, 42, 75, 85, 107, 123, 134, 147-149, 160, 163, 192, 203, 234, 235, 237, 239, 244, 253, 259, 262, 271, 273, 282, 284, 297, 298, 305, 306, 308, 319, 337, 340, 342, 347, 356, 358, 360, 361, 363, 364, 367-375, 377, 380, 382, 384-386, 389-392, 394, 398, 399, 401, 402
Nome de Cristo, 107
Nome divino, 306
Nova (raça nova), 239, 246, 266, 267, 272, 284
Novo Testamento, 73, 113, 151, 177, 203, 226, 236, 272, 273, 288, 359

O

Obstáculo, 47
Oração, 29, 100, 150, 224, 306, 316, 317, 321, 348, 360, 387

P

Paganismo, 23, 85, 87-89, 108, 110, 124, 158, 170, 198, 199, 201, 233, 235, 236, 248, 273, 276, 323, 328, 353, 357, 368, 393, 399, 405, 411
Palavra do Senhor, 39, 40, 149, 364
Palma, 42
Parábola (mistério), 79, 146, 346
Parábolas evangélicas, 55, 105, 135, 146, 151, 360
Parusia, 13-15, 21, 22, 26, 32, 35,-42, 46, 48, 49, 51-61, 65, 71-74, 79, 81, 85, 87, 88, 93, 97, 108, 116, 124-126, 128-130, 149, 151, 152, 157, 163, 226, 237, 239-241, 248, 252, 271, 278, 281, 289, 291, 304, 307, 312, 329, 334, 340-343, 345, 350, 359, 360-362, 364, 375, 385, 386, 390, 391, 394, 395, 403-405, 409, 410
Paternidade de Abraão, 169, 178, 343
Paz, 115, 192, 224, 227-229, 237, 309, 317, 365
Pecado, 114, 117, 181, 183, 193, 196
Perdão dos pecados, 117, 118

Perseguições, 21, 45, 47, 58, 82, 87, 94, 100, 126, 129, 281, 357
Pléroma, 88, 139, 193, 277, 325, 330, 331, 332, 399
Potestades, 51-53, 55, 79-81, 83-89, 99, 103, 109, 114-116, 124, 125, 135, 152, 198, 199, 207, 208, 221, 222, 291, 305-307, 309-311, 316, 318, 319, 320-322, 325-329, 332-334, 338, 350, 412
Preexistência, 133, 215, 301, 302, 338, 371, 384, 396, 403
Primazia de Cristo, 325
Primícias dos mortos, 72
Profetas pagãos, 16, 45, 48, 52, 67, 101, 126, 162, 164, 165, 182, 183, 201, 226, 234, 239, 271, 283, 289, 312, 319, 320, 329, 345, 351, 354, 374, 376, 386
Promessas, 16, 59, 61, 72, 121, 147, 164, 165, 178-180, 219, 237, 238, 271, 282, 317-320, 375, 382, 401
Psicologia, 147, 182

R

Rabínico, 175, 394
Realeza de Cristo, 81
Recapitulação, 325
Redenção, 59, 99, 111-113, 118, 119, 122, 130, 134, 136, 138, 153, 157, 162, 163, 174, 184, 193, 232, 233, 243, 251, 255, 263, 273, 275, 304, 316, 329, 346, 382, 389
Reinado de Cristo, 22, 26, 35, 50, 79, 81-84, 87-89, 410
Reino de Deus, 52, 71, 77, 79-81, 135, 147, 157, 189, 218, 234, 266, 361, 367, 374
Resgate, 21, 102, 111, 112, 113
Ressurreição, 14, 16, 18, 21-23, 25, 26, 28-33, 35, 36, 39, 40, 49, 50-54, 56, 58-61, 63-67, 69, 71-79, 85, 90-93, 95-98, 100, 103, 105-108, 111, 117, 125, 126, 129-140, 142-144, 151-153, 157, 158, 163, 164, 165, 167, 174, 183, 188-190, 193-195, 214, 219-224, 238, 245-247, 249, 250, 253-255, 257, 258, 266, 268, 272, 275, 279, 282, 289, 290, 309, 310, 312, 316, 325, 329, 333, 334, 337, 341-345, 358, 359, 361, 366, 375, 376, 380, 385, 386, 391, 394, 402, 403, 405, 409- 411, 413

Ressurreição de Cristo, 62, 63, 67, 72, 74, 75, 106, 126, 130, 152, 157, 245, 246, 410
Ressurreição dos mortos, 49, 67, 69, 72, 75, 95, 130, 219, 345, 403
Riquezas, 80, 113, 134, 137, 163, 224, 238, 280, 290, 318, 320-322, 331, 379

S

Sabedoria, 14, 59, 95, 103, 112, 124, 127, 135, 138, 150, 157-163, 194, 197, 198, 200-202, 204-206, 208-210, 212-216, 226, 230, 232, 233, 234, 238, 248, 255, 283, 310, 313-316, 321-323, 325, 331, 337, 350, 364, 377, 378, 394, 395, 397, 399, 402, 403, 411, 412
Sacrifício, 100, 102, 104, 108, 117-121, 146, 192, 343
Salvação, 14, 15, 18, 21, 22, 28, 36, 40, 49, 55, 57, 58, 60, 62, 71, 98, 101, 103, 108, 110, 113, 126, 127, 132, 135, 136, 138, 139, 143, 153, 157-160, 164, 176, 184-186, 205, 212-222, 223, 238, 259, 262, 279, 281, 290, 291, 293, 295, 305-307, 309, 310, 312-314, 320, 322, 326, 329, 335, 338, 339, 344, 346, 350, 360, 364, 365, 368, 383, 394, 402, 403, 408-412
Sangue, 52, 91, 100, 102, 106, 108, 113, 116, 118-120, 162, 218, 219, 233, 276, 278, 309, 383
Santidade, 21, 56, 75, 81, 82, 97, 113-115, 128, 157, 163, 191, 217, 223, 227, 231, 233-240, 242-245, 248-251, 255, 268, 271, 316, 394, 411
Satã, 83, 85, 87, 88, 291
Século presente e século futuro, 61, 79, 85, 86, 98, 106, 283
Senhor, 16, 23, 25-27, 32, 37-42, 44-46, 48, 54, 57, 58, 64-66, 71, 73, 75, 81, 82, 100, 108, 118, 124, 127, 134, 137, 145-150, 157, 162, 183, 187, 188, 199, 211, 215, 226-228, 230, 231, 235, 237, 238-240, 244, 258, 262, 264, 271, 273, 276, 278, 280, 282, 283, 287, 289, 291, 296, 298, 299, 305, 307, 315, 323, 326, 329, 330, 332, 337, 338, 340, 347, 348, 356-369, 371, 372, 377, 379, 383, 386, 387, 390, 391, 393-395, 398, 400, 401, 404, 413
Senhor Jesus, 64, 148, 150, 237, 273, 348, 365, 366, 371, 386, 387, 391

Servo de Deus, 118, 288, 294, 296, 302, 303, 304, 343, 352, 358
Simbolismo, 107, 249, 258, 261
Símbolo, 27, 32, 33, 66, 97, 98, 100, 102, 103, 107, 261, 275, 280, 304, 329, 335, 409
Soberanos (culto dos), 357

T

Templo, 48, 221, 226, 227, 233, 234, 240, 242, 243, 244, 278, 317, 399
Tempos messiânicos, 55, 58, 61, 126, 224, 226, 227
Teologia joanina, 105, 117, 135, 324, 343
Terceiro dia, 28, 29, 30, 64, 67, 375
Testamento, 73, 113, 151, 204, 227, 383
Testamento, 100, 121, 171, 172, 174, 175, 179, 227, 401
Testemunho, 26, 28, 29, 30, 31, 47, 63, 64, 66, 67, 100, 101, 140, 207, 289, 376, 400
Theologia naturalis, 200, 208
Tipo, 36, 110, 163, 167, 170, 175, 184, 186, 190, 216, 247, 271, 273, 341
Tradição, 16, 22, 23, 25, 27-31, 46, 47, 66, 92, 99-101, 108, 118, 127, 140, 145, 149, 226, 278, 288, 304, 346, 349, 354, 373, 386, 396, 400, 404, 405
Tribulações, 58, 61, 95, 146, 255
Trindade, 251

V

Vida, 13, 14, 16, 21, 24, 29, 31-35, 39, 49, 54-61, 63, 64, 71, 72, 74-77, 81, 82, 90-96, 98, 103, 105-108, 111, 114, 116, 122, 123, 126, 128, 130-132, 135, 136, 138-141, 143-145, 147, 151-153, 157, 158, 163, 166, 167, 180, 183, 184, 185, 186-188, 190, 191, 195, 198, 199, 201, 218, 219, 221-224, 228, 229, 231, 234, 235, 237, 238, 239, 242, 245-260, 263, 265-268, 270, 272, 275, 276, 278-281, 284, 289, 302, 304, 307, 312, 318, 323, 324, 329, 334, 344, 346, 348, 349, 356, 358, 362, 371, 372, 377, 382, 387, 389, 391, 393, 394, 402, 403, 404, 410-412
Vida em Cristo, 76
Visão de Damasco, 65, 375

ÍNDICE DE REFERÊNCIAS BÍBLICAS

1. ANTIGO TESTAMENTO

Gênesis
3.8	171
3.13	171
12.3	170
13.15	170, 171
13.26	171
15	169, 179
15.5	169
15.6	166, 167
17.5	169
17.10s	167
22.16	104
22.18	159, 170

Levítico
17.11	120
18.5	176, 177

Deuteronômio
7.8	113
9.26	113
13.6	113
14.1	172
15.15	113
21.8	113
21.22	28, 30
21.23	176
24.8	113
27.26	176

2 Reis
2.2	38

Neemias
1.10	114

Salmos
2.7	18, 66
8	51
8.7	81
15.12	38
17.34	73
32.1	167
32.1-2	118
40.7	120
67.35	46
78.42	113
88.8	46
110	51, 81
110.1	50, 81
118.25-26	42

Proverbios
17.17	180

Isaías
2.6-22	46
2.19	183
6.9-13	182
11.1-8	46
14.13-14	48
40.5	73
42.1	107
52.12-53	29
52.13	29
53	30, 32, 51, 108, 109
53.3-5	31
53.5	115
53.6-7	31
53.9	102
53.11	29
53.6-12	29, 119
57.19	115

66.4	46	24.12	46
66.4-16	46	24.14	47
		24.43	55
Jeremias		24.45,49	55
10.25	46	26.2	102
Ezequiel		26.4	102
28.2	48	26.24	102
		26.45	102
Daniel		26.64	50, 51
7	51	27.2,18,26	102
7.13	40	27.32	102
12.36	48	27.58-59	102
		28.19	279
Joel			
3.5	271, 363, 364	**Marcos**	
		1.10s	107
Jonas		8.38	73
2.1	68	4.46	227
		13.9-13	45
Miquéias		13.26	73
6.4	113	14.36	150
		14.41	227
Habacuc		14.62	215
2.14	166, 176	15.43	102
		15.44	102
		16.9	68
2. NOVO TESTAMENTO		16.14-16	64
Mateus			
3.16s	107	**Lucas**	
5.6	118	9.44	102
6.9	236	11.2	236
6.12,14,15	118	11.49	215
9.2	118	19.12	79
10.17-21	45	19.38	42
12.40	68	19.44	38
13.41	273	21.12-19	45
14.45-49	56	22.22	24
15.11,17-20	150	23.52	102
16.21	102	24.3,23	102
16.27	73	24..7,46	68
17.12	102	24.15	102
17.22	102	24.26,46	102
20.18	102		
21.9	42	**João**	
23.39	150	6.14	227
24.3,37,39	36	6.64	1002
24.9-14	45	12.12s	42
		13.1	104

13.33-38	46	5.42	373
16.1-4	45	6.1	141
17.11	236	7.55	27, 65, 73, 81
17.20	169	7.55s	341
19.31	102	7.56	51
20.23	118	7.59	360
		8.5	373
Atos		8.10	215
1.3	68, 102	8.30-35	376
1.21s	64	8.35	30
2.7	141	9.14	271
2.14-36	28	9.20	17, 373
2.16ss	140	9.20-22	376
2.16-18	59	9.34	373
2.20-21	360	10.34-43	28
2.21	271, 363	10.39-40	29
2.23	24, 28, 30	10.40	29, 30, 68
2.23,24	28	10.42	24, 25
2.33	59	11.20	372
2.34	27, 50, 81	11.26	372
2.34s	342	11.29	24
2.36	26, 102, 360	13.1	144
2.41-5.42	170	13.16-41	28, 29
3.6-16	369	13.23	374
3.12-26	28	13.23-24	374
3.13	30	13.29	31
3.13-15	28, 29	13.29-30	28
3.15	68, 102	13.29-47	376
3.17s	30	13.30	38
3.18	102	13.33	18
3.19-21	25	13.37	68
3.20	25, 159	13.46-47	374
3.22	227	13.47	18
3.25s	159	14.15	200
4.4	64	14.15-17	24
4.7	369	14.16	126, 207
4.8-12	28	15.26	390
4.10	28, 68, 102	17.2-3	376
4.11	29	17.3	102
4.11s	160	17.7	374
4.12	369	17.22-31	24
4.24-30	29	17.23	199
4.33	64	17.23-28	200
5.29-32	28	17.26	24
5.30	28, 30, 68	17.27	207
5.31	26	17.30	207
5.32	59	17.30-31	24
5.41	29	17.31	24, 126

17.32	69	3.21	59, 162, 177
17.34	126	3.21-4.25	247
18.5	376	3.21-22	165
18.28	376	3.21-26	24, 116, 174
19.4	373	3.22-26	382
19.5	261	3.23-26	119
20.35	40	3.24	162, 248, 389
26.6-8	16	3.24s	31
26.8	68	3.24-25	112
26.17s	18	3.25	102, 106, 110, 118
26.22-23	18, 376	3.27s	248
26.23	102	3.29	401
		4.	167
Romanos		4.3	166, 176
1.	200	4.4	167, 380
1.1	373	4.5	167
1.3	131, 145	4.6-8	176
1.4	131, 132	4.7	118
1.1-4	75	4.7-8	167
1.2-4	66	4.9	380
1.3	170, 374	4. 11-16	178
1.3s	218	4.11s	168
1.4	24, 71, 244, 252, 338, 344, 385, 391	4.12	168, 169, 178, 179
		4.13-17	171
1.4,18	17	4.15	172, 181, 182
1.7	271, 365, 391	4.16	168, 248
1.8	366, 398	4.16b-18	169
1.14-32	24	4.17	167
1.16	21, 22	4.19-20	167
1.17	249	4.24	66, 68, 73, 81, 361, 386
1.18	110, 161, 211, 400	4.25	31, 32, 91, 109
1.19-22	161	5.	115, 170, 184, 194
1.19-23	205	5.1	391
1.20	126, 207	5.2	115, 248
1.25	400	5.3	58, 231
1.32	48	5.5	58, 105, 228, 231
2.1-16	398	5.6	109, 248
2.9	147	5.6-8	380
2.12-15	182	5.6-11	102
2.14	186	5.8	104
2.15-16	44	5.9	91, 109, 116, 120
2.16	38	5.10	75, 343, 349
2.25	168	5.10-11	114
2.26	169, 194	5.10-21	165, 184
2.28s	169	5.11	391
3.8	247	5.12	189
3.9	110, 181	5.12-21	74
3.20	122	5.13	185

5.14	184, 185, 186, 190, 194, 303	8.1	389, 263
5.15	184, 185, 186, 194, 248	8.2	111, 228, 256, 382, 389
5.16	116, 184, 187	8.2-4	251
5.17	45, 74, 187	8.3	122, 219, 220
5.18	116, 174, 184, 185	8.3s	344
5.18-19	187	8.3ss	132
5.19	115, 116, 184, 185, 274	8.3-4	117, 220
5.20	248	8.6	218
5.21	110, 185, 187, 248, 391	8.7s	220
6.	91, 262	8.9	228, 372
6.2	109, 111	8.9-11	226, 251
6.2-11	92	8.10	220, 228
6.3	102, 257, 259, 261, 262, 389	8.11	59, 68, 76, 251, 380
6.3s	261	8.14-17	173
6.3-5	222	8.15	150, 173, 226, 250, 347, 350
6.3-11	98, 246, 257	8.17	76, 102, 347
6.4	73, 107, 366	8.18	58, 59
6.5	33, 75, 92	8.18-39	58
6.5-8	91	8.19-21	58
6.6	109, 111, 220	8.20	111
6.7	110, 116	8.21	113, 174
6.8	34, 75, 92	8.22	59
6.10	109, 256	8.22-27	59
6.11	256, 258, 389	8.23	59, 113, 250
6.12	220	8.29	174, 335, 347
6.14	110, 248	8.30	59
6.15	248	8.32	104, 343, 349
6.15-23	239	8.34	33. 50, 81, 120, 389
6.18	111	8.38	27, 96
6.19	239	8.38-39	86
6.20	111	8.39	391, 228
6.22	112, 111	9.3	373, 384
6.23	228, 257, 391	9.4s	384
7.	123, 177	9.5	131, 170, 373, 393, 399, 400
7.1-6	122	9.6-8	173
7.4	93, 122, 193, 220	9.23	134
7.5s	122	10.1	22
7.6	251	10.1-3	390
7.7-25	123, 181, 218	10.3	177
7.8-9	181	10.3-8	176
7.11	122	10.4	177, 383
7.14	112, 218	10.5	176
7.22	190, 218	10.5-7	383
7.23	110, 218	10.9	26, 27, 66, 68, 361
7.24	220	10.13	271
7.25	218, 251	11.8	231

11.11	22	1.18	161, 202
11.14	384	1.18-3.23	202, 203
11.16	236	1.19	126, 203, 204
11.27	118	1.20	161, 203, 206
11.33	134, 205	1.21	24, 161, 177, 200, 204, 205, 206
11.36	400		
12.1	121, 240	1.22	206, 207, 232
12.5	383	1.22-24	378
12.12	57	1.23	204
12.19	364	1.23,25	162
13.11	22, 57	1.24	215
13.11-14	60	1.25	212
14.9	32, 54, 380	1.26	232
14.11	295	1.26-29	126, 209
14.14	150, 386	1.26-31	203
14.15	104, 109, 281, 380	1.27-31	204, 294
14.17	228	1.28-31	157
15.3	147	1.30	112, 138, 197, 288, 232, 243, 262, 387
15.6	391		
15.8	147	1.31	126
15.15	389	2.1	202
15.16	121, 240, 366, 380, 389	2.1-5	210
15.17	380, 389	2.4	202, 225
15.19	379	2.6	126, 162, 207
15.20	379	2.6s	314
15.33	398	2.6-13	213
16.18	81, 374	2.6-16	202
16.19-20	110	2.7	399
16.20	58, 60, 84, 387, 398	2.7-10	204
16.25	379, 389	2.8	58, 81, 85, 124, 162, 215, 338
16.27	389		
16.29-30	110	2.9	203
		2.10	59
1 Coríntios		2.10-16	226, 228
1.2	240, 244, 271, 272, 273, 363, 382, 387, 390	2.11	228
		2.12	214
1.3	365, 390	2.14	202
1.4	225, 366	2.16	230
1.4-7	229	2.18	230
1.5	134	3.1-3	212
1.6	373, 379	3.6	181
1.7	57, 60, 390	3.11	373, 387
1.8	38, 241, 362, 390	3.13	38
1.9	226, 229, 347, 366, 373, 390	3.16	226, 228, 230
		3.16s	240
1.13	102, 107, 261, 262, 373	3.18-23	203
1.17	102, 373, 378, 380	3.19	203, 206
1.17-25	126	3.20	203, 205

3.22-23	96	10.1-11	271
3.23	372	10.2	261, 262
4.1	148, 380	10.3-5	108
4.2	148	10.4	373, 383
4.6	181	10.11	57
4.8	45, 77	10.16	102, 276, 373
4.8-13	60	10.16-21	108
4.15	349, 387	10.20	120, 399
4.17	387	11.1	147
5.4	361, 386	11.7	301, 336
5.5	38, 84, 362	11.17	301, 335
5.7	110, 120, 380, 383	11.18	301
6.9s	82	11.23	108, 145, 148, 149, 362, 386
6.9-11	239		
6.11	226, 235, 244, 248, 390	11.24	222
6.12-20	76	11.24s	149
6.14	68, 75	11.25-27	102
6.15	75, 383	11.26	108, 222, 360
6.16-18	221	11.27	102, 222, 383
6.17	222, 230, 231	11.27-32	108
6.18	110	12.1-3	264, 276, 280
6.19s	221, 240, 243	12.2	84, 276
6.20	112, 221, 242, 243	12.3	27, 225, 226, 361, 385
7.	148	12.4	225, 368
7.5	84	12.4-6	226, 252, 264
7.6	148	12.5	264
7.10	40, 148, 162, 362	12.7	225
7.12	40, 148	12.8	225
7.14	236	12.9	225
7.15	362	12.11	22, 225, 253
7.19	182	12.12	246, 263, 264
7.22	372	12.13	102, 193, 222, 231, 259, 260, 262
7.23	112		
7.25	40, 148	13.	103, 293
7.29-31	56, 60	13.8s	60
8.1	399	14.32	231
8.5s	367	14.33	398
8.6	211, 348, 350, 364, 366, 390	15.	50, 66, 72, 73, 165
		15.1	27
8.11	109, 281, 380	15.1-7	66
8.11-12	281	15.1-11	99
8.11-13	104	15.2	27
9.1	65, 73, 81, 361, 362	15.3	380
9.12	379	15.3s	27, 68
9.14	149	15.3-7	30, 145
9.15	303	15.3-8	27, 64
9.21	383	15.5-8	31
10.1	21	15.8	17

15.11	27	2.12	373, 379
15.12	27, 54, 379	2.15	380
15.12-23	380	3.3	380
15.15	68	3.4-5.10	59
15.20	72	3.4-6	141
15.20-28	39, 49	3.6	227, 228
15.21	188, 194	3.7-18	77
15.21-22	74	3.8	228
15.21s	194	3.14-17	176
15.22	185, 382	3.14-18	226
15.23	37, 72	3.17	228, 229
15.23-28	342	3.18	74, 81, 337
15.24	49, 85, 148, 206, 342, 366	4.4	81, 337, 373, 379
15.25	50, 81	4.5	27, 379, 385, 391
15.26	51	4.7	141
15.27	194	4.10	102, 228, 255, 385
15.27s	342	4.10-12	94
15.28	49, 347	4.11	255
15.31	390	4.12	255
15.40	194	4.14	58, 68, 73, 81, 361, 386
15.42-44	70	4.17	59,
15.44-49	188	4.18	59
15.45	221, 222, 231, 252, 336	5.2	59
15.46s	336	5.5	59
15.47	194	5.11-18	142
15.49	75, 174, 335	5.12	142
15.51	40	5.12s	142
15.51-52	49	5.14	109, 273
15.51-57	49	5.14-15	142
15.54-57	51	5.16	29, 141, 142, 214
15.57	390	5.17	228, 262, 382
16.22	58, 360	5.18	142
16.23	387	5.18-19	115
		5.19	118, 402
2 Coríntios		5.21	132, 145, 248
1.1	380	5.1-19	77
1.2	365, 391	5.19	115
1.3	168, 366, 390, 400	6.2	21, 22
1.3-6	58	6.14	248
1.5	94, 102, 380	6.15	84, 382
1.7	22	6.16	227
1.14	38, 57, 81, 362, 386	7.6s	37
1.19	362, 387	7.10	21, 22
1.19-20	345	8.9	134, 137, 145, 289, 302, 390
1.21	226, 384, 396		
1.21s	226	8.11	185
1.22	59, 231	9.3	303
2.11	84	9.13	379

10.8	181	3.8-14	170
10.10	37	3.10	176
10.14	379	3.11	176
11.1-6	274	3.12	176, 177
11.2	240	3.13	30, 28, 112, 123, 133, 176,
11.2s	273		221, 380
11.4	385	3.14	227, 251, 388
11.7	305	3.14b-29	170
11.13	380	3.15	179
11.14	84	3.15-18	121, 179
11.31	366, 400	3.16	170, 179, 384
12.2,4	43	3.19	179, 181
12.7	84	3.19s	180
12.21	398	3.21	179, 180
12.27	382	3.22	180, 382, 388, 389
13.4	32, 94	3.23	122, 180
13.5	228, 387	3.23-25	180
13.13	239, 368	3.23-4.7	172
		3.24	122, 180, 383
Gálatas		3.24s	383
1.1	366, 373, 388	3.26	382, 388
1.3	365	3.26-27	246, 257, 259, 260, 261,
1.4	104		262, 263
1.5	400	3.28	262, 388
1.6	313, 389	3.29	173
1.7	373, 379	4.1-3	122
1.12	388	4.2	349
1.15	227	4.4	136, 145, 180
1.15s	341	4.4s	220, 455
1.15-16	17, 65	4.4-5	132
1.16	17	4.5	123
2.4	228	4.6	150, 226, 251, 347, 350
2.15	236	4.7	173, 347
2.15s	165	4.8	207, 399
2.15-17	380	4.13	218
2.16	388, 389	4.14	388
2.18	123, 254	4.21	111, 175
2.18-20	123	4.21-31	169, 173, 176
2.19	122, 254	4.23	170
2.19s	94, 249	4.24-25	122
2.20	104, 120, 249, 254, 343	4.29	185, 218
2.21	380	4.31	123
3.	262	5.1	111
3.2	250	5.2-6	382
3.2-3	225	5.6	169, 388
3.2-5	218	5.14	150
3.5	54, 167	5.16	220
3.6	166	5.16-25	218

5.19	220	3.17	373
5.21	82	3.21	221
5.24	388	4.4	222
5.24s	250	4.5	368
6.2	150, 373	4.6	348, 401
6.8	218, 220	4.10	332
6.10	55, 57, 60	4.12	383
6.12	388	4.15-16	335
6.14	391	4.16	244
6.15	169	4.17-19	207
6.17	385	4.21	260, 400
6.18	391	4.22-24	191
		4.30	113
Efésios		5.1	113, 146
1.1	380	5.1-2	104
1.2	365	5.2	104, 120, 146
1.3	366. 400	5.5	82, 272, 347
1.4	241	5.14	373
1.7	102, 113, 118, 120	5.19	115
1.10	332	5.22-23	274
1.13	21, 22, 313	5.25s	244
1.14	59, 113	5.25-27	241
1.17	168, 366	5.26	274, 279
1.20	27, 81, 50	5.26s	244
1.20-21	85	5.31s	190, 194
1.20-23	51	6.10-20	55
1.21	86	6.11	86
1.22s	332	6.12	85, 86
2.2	84	6.19	313
2.5	92, 373	6.25-31	272
2.5s	34, 93		
2.10	191	**Filipenses**	
2.12	57	1.2	365
2.13	102, 115, 221	1.5	130, 313
2.14s	125	1.6	38
2.14-18	192	1.9-11	56
2.15	120, 192, 221	1.10	38
2.16	115, 221	1.12	130
2.17	115	1.14	130
2.18	347	1.15	373, 379
2.21s	240, 244	1.17	379
3.4	379	1.18	130, 378
3.6	313	1.19	228, 230
3.8	379	1.20	139
3.11s	382	1.20-22	130
3.12	115	1.21	255
3.14	347	1.21s	130, 301
3.16-17	191	1.23	130, 255

1.24	130, 301	1.7	373
1.26	37	1.12	272
1.27	130, 379	1.13	82, 86, 148, 347, 349
1.28	21	1.13s	346
1.29	301	1.14	113, 118
2.1	25	1.15	338, 347, 350
2.3	296	1.15s	397
2.5s	147	1.15-20	288, 346
2.5-11	133, 296, 346	1.16	85, 350
2.6	296	1.17	350
2.6-11	130, 288, 292	1.19	139
2.7	133, 350	1.20	85, 102, 115, 116
2.7s	296	1.20-22	120
2.8	133, 145	1.21	115, 221
2.9	369	1.21s	116
2.9-11	295, 368	1.22	241
2.10	295	1.24	95
2.11	27, 81, 361	2.5	382
2.12	21, 22, 37, 57, 130	2.9	139
2.13	301	2.10	85, 139
2.14s	130	2.12	92, 107, 222
2.16	38	2.12s	93
2.19	332, 334, 387	2.13	221
2.20	130	2.13-14	123
3.1	130, 228, 398	2.13-15	116, 125
3.3	169	2.14	112
3.3s	130	2.15	85, 221
3.6	191	2.17	373, 383
3.8-11	58	2.22	150
3.9	191, 382	3.1	27, 50, 81
3.9s	130	3.3s	93, 255
3.10	75, 102	3.3-4	93
3.10s	95, 130	3.4	81
3.14-20	130	3.5	207
3.20	22, 27, 39, 57,	3.9s	191
3.21	139	3.10	191
4.4	58, 228	3.11	168, 192
4.4s	60	3.16	193
4.4-9	56	3.24	81
4.5	58	4.3	379
4.7	228		
4.9	228, 390, 398	**1 Tessalonicenses**	
4.19	228	1.1	273, 373, 390
		1.3	57, 58, 365, 390
Colossenses		1.5	225
1.1	380	1.6	146, 225, 362
1.2	365	1.8	40
1.4	382	1.9s	54, 281

1.9-10	23, 125, 273	1.4	58
1.10	25, 65, 68, 72, 366, 385, 398	1.6	58
		1.7	46, 362, 379, 386
2.7	380	1.7-10	48
2.11	349	1.7-12	39, 45, 81
2.11s	56	1.8	46, 379, 386
2.12	237	1.9	200, 303
2.14	387	1.10	38, 46, 342
2.14-16	126	1.11	56, 237
2.15	32, 68, 102, 145, 362, 386	1.12	366, 386
2.19	37, 57, 81, 225, 362, 386	2.1	46, 362, 390
3.2	379	2.1-12	39, 47
3.11	366, 387	2.2	38, 225, 362
3.12s	56	2.3	37, 48
3.13	37, 81, 237, 362, 366, 386	2.3-12	45
4.	72	2.4	399
4.1	386	2.5	47
4.2	362, 386	2.6	37
4.3	243	2.8	37, 46, 52
4.3s	238	2.9	37
4.3-8	235	2.10-12	48
4.7	243	2.13	21, 237, 243
4.7s	238	2.14	238, 390
4.8	226, 231	2.16	366, 390
4.13	13	3.1	40
4.13-18	35, 39, 58	3.5	373
4.14	26, 32, 54, 66, 72, 90, 102, 106, 249, 385	3.6	390
4.14-18	36	**1 Timóteo**	
4.15	40, 149, 362	1.17	400
4.15-18	39	2.15	194
4.16	81, 361	2.20	169
4.17	40, 43, 362	3.13	382
4.18	44	3.16	219, 288
5.2	38, 54, 362	4.1	84
5.4s	38	5.11	373
5.4-8	55	5.14	180
5.5	38	6.3	150
5.8	55, 57	6.14	37
5.9	21, 22, 243, 390		
5.10	34, 109	**2 Timóteo**	
5.19	225	1.10	37
5.23	37, 55, 237, 243, 362, 390, 398	1.13	382
		1.18	38
		3.15	382
2 Tessalonicenses		4.1	25, 37
1.1	390	4.8	37, 38
1.2	365, 390	4.18	400

Tito
1.11　　　180
2.13　　　37, 73

Filemon
4　　　　398
4.6　　　121

Hebreus
1.2　　　135, 342, 347
1.3　　　51
1.9　　　384, 385
1.13　　　51, 342
2.4　　　166, 176
6.6　　　107
8.1　　　51
10.12　　51
11.23　　149
12.2　　　51

Tiago
5.7-8　　36
5.15　　　118
16　　　　180

1 Pedro
1.3　　　400
1.7　　　37
1.13　　　37

1.15s　　　236
1.18-21　　96
1.19　　　　241
2.6-8　　　275
2.12　　　　38
2.21　　　　102
2.24　　　　133
3.18　　　　102
3.22　　　　51
4.5　　　　25
4.13　　　　37, 73
5.1　　　　73

2 Pedro
1.11　　　82
1.16　　　36
3.4　　　　36
3.19　　　36

1 João
3.16　　　104
5.6　　　　373

Apocalípse
3.20　　　265
4.8　　　　236
6.10　　　236
7.9　　　　42
11.7　　　47
14.14-16　51

ÍNDICE DAS PALAVRAS GREGAS

ἀγάπη	ver caridade	μορφη	215, 299, 300
ἅγιος	234, 235, 239, 291		
ἁμάρτημα	110	νοῦς	198, 208, 214, 218,
ἁμαρτία	30, 31, 110		223, 228
ἀνιστημι	68		
ἀπάντησις	43, 362	παῖς	341, 351, 354
ἀποκαλύπτω	17, 37n, 65, 347	παράπτωμα	110
ἀποκαταλλάσσω	115	πάρεσις	118
ἄφεσις	117	παρρησία	111
		πάσχω	102
βαπτίζω	261, 262	πεποίθησις	56
		πλήρωμα	330
ἐγείρω		πνεῦμα	ver Espírito
ἔθνη	169	πνευματικός	231
ἐλευθερία	111	πρωτότοκος	332, 347
ἐπισκοπή	38		
		σάρξ	ver carne
Θεός	356, 365, 367	σῶμα	102 ver corpo
		σωματικῶς	331
θυσία	120		
		τέλος	49
ἱλαστήριον	119, 120		
		υἱὸς Θεοῦ	353
κενόω	134	ὑπάντησις	ver ἀπάντησις
κυριεύω	82	ὑπάρχω	301
κύριος	ver Senhor		